LE DESIGN D'INTÉRIEUR

Katherine Paquette

Francis D.K. Ching
Révision scientifique de Clarisse Senécal

LE DESIGN D'INTÉRIEUR

Ouvrage réalisé sous la responsabilité
du Cégep du Vieux-Montréal

Le design d'intérieur

Francis D.K. Ching

© gaëtan morin éditeur ltée, 1995

Responsabilité du projet pour le CCDMD : Sylvie Charbonneau
Coordination du projet pour le Collège : Marie-Claude Bertrand
Traduction : Johanne L. Massé
Révision linguistique : Odile Germain
Révision scientifique : Clarisse Sénécal

Catalogage avant publication de la Bibliothèque nationale du Canada

Ching, Frank, 1943-

Le design d'intérieur

Traduction de : Interior design illustrated.

Comprend des réf. bibliogr. et un index.

ISBN 2-89105-564-0

1. Architecture intérieure.   2. Espace (Architecture).   3. Décoration intérieure – Histoire – xxe siècle.   I. Titre.

NA2850.C4514 2002   729   C95-940360-4

gaëtan morin éditeur

CHENELIÈRE ÉDUCATION

5800, rue Saint-Denis, bureau 900
Montréal (Québec) H2S 3L5 Canada
Téléphone : 514 273-1066
Télécopieur : 450 461-3834 ou 1 888 460-3834
info@cheneliere.ca

Tous droits réservés.

Toute reproduction, en tout ou en partie, sous quelque forme et par quelque procédé que ce soit, est interdite sans l'autorisation écrite préalable de l'Éditeur.

ISBN 2-89105-564-0

Dépôt légal : 3e trimestre 1995
Bibliothèque nationale du Québec
Bibliothèque nationale du Canada

Imprimé au Canada

9 10 11 12 13 ITG 15 14 13 12 11

Nous reconnaissons l'aide financière du gouvernement du Canada par l'entremise du Programme d'aide au développement de l'industrie de l'édition (PADIÉ) pour nos activités d'édition.

L'Éditeur a fait tout ce qui était en son pouvoir pour retrouver les copyrights. On peut lui signaler tout renseignement menant à la correction d'erreurs ou d'omissions.

Le Centre collégial de développement de matériel didactique et le ministère de l'Éducation ont apporté un soutien pédagogique et financier à la réalisation de cet ouvrage.

Illustration de la couverture :
Daniel Samuel

Design de la présentation au feutre et au crayon sur papier calque.

Daniel Samuel est designer d'intérieur et professeur au Cégep du Vieux-Montréal.

TABLE DES MATIÈRES

AVANT-PROPOS **6**

1 **L'ESPACE**
INTÉRIEUR **9**

2 **LE DESIGN**
D'INTÉRIEUR **45**

3 **LE VOCABULAIRE**
DU DESIGN D'INTÉRIEUR **87**

4 **LES COMPOSANTES**
D'UN INTÉRIEUR **159**

5 **LES SOUS-SYSTÈMES** **277**

BIBLIOGRAPHIE **313**

INDEX **315**

AVANT-PROPOS

Nous passons la plupart de notre temps dans des espaces intérieurs délimités par l'enveloppe et l'ossature d'un bâtiment. C'est là qu'ont lieu beaucoup de nos activités. Or, ces espaces donnent corps et vie aux structures architecturales qui les abritent.

Cet ouvrage d'initiation propose un examen visuel de la nature des espaces intérieurs et de leur design. Il a pour but de faire connaître aux étudiants en design d'intérieur les éléments de tels espaces. Nous y verrons les caractéristiques de chacun de ces éléments et les options possibles lorsqu'il faut en sélectionner certains et les agencer. En nous intéressant aux choix à faire, nous insisterons sur les principes élémentaires en design et sur la manière dont les relations créées déterminent les qualités fonctionnelles, architecturales et esthétiques de tout espace intérieur. Nous débuterons par l'étude de l'espace comme tel, car c'est la matière première avec laquelle un designer doit travailler.

- Le premier chapitre de ce manuel, intitulé « L'espace intérieur », présente tout d'abord l'espace architectural en des termes généraux. Il examine ensuite les caractéristiques particulières d'un espace intérieur tridimensionnel.

- Le deuxième, intitulé « Le design d'intérieur », explique sommairement une méthode qui permet de prendre des décisions relatives au design d'un espace tridimensionnel à partir des exigences et des besoins définis au début du projet.

- Le troisième, intitulé « Le vocabulaire du design d'intérieur », porte quant à lui sur les éléments et les principes fondamentaux de l'organisation visuelle. Il applique en outre chacun d'entre eux au domaine particulier du design d'intérieur.

- Le quatrième, intitulé « Les composantes d'un intérieur », décrit pour sa part les principales catégories d'éléments intérieurs. Nous y verrons comment chacune d'entre elles influe sur le caractère fonctionnel et esthétique des espaces intérieurs.

- Le cinquième, intitulé « Les sous-systèmes », donne pour terminer un aperçu des installations électriques et mécaniques qui doivent exister à l'intérieur d'un bâtiment.

Le design d'intérieur est, pour une grande part, un art visuel. C'est pourquoi le présent ouvrage comporte de nombreux dessins qui servent à apporter de l'information, à illustrer des idées et à faire ressortir diverses possibilités. Certaines de ces figures ont un caractère abstrait ou général, tandis que d'autres se révèlent plus précises. Il faut néamoins envisager chacune d'elles à la manière d'un diagramme ayant pour but de démontrer un principe de design ou de clarifier la relation entre divers éléments d'un modèle.

Il est difficile d'établir les limites du design d'intérieur, car cet art se situe quelque part entre l'architecture et le design industriel. Il englobe aussi bien l'organisation visuelle que fonctionnelle des lieux et touche en plus divers aspects liés aux matériaux, à la construction et à la technologie. Ceci explique l'étendue de la matière que renferme le présent ouvrage. Nous avons, malgré tout, voulu aborder le sujet du design d'intérieur avec clarté pour le rendre le plus accessible possible et inciter le lecteur à poursuivre son étude et ses recherches.

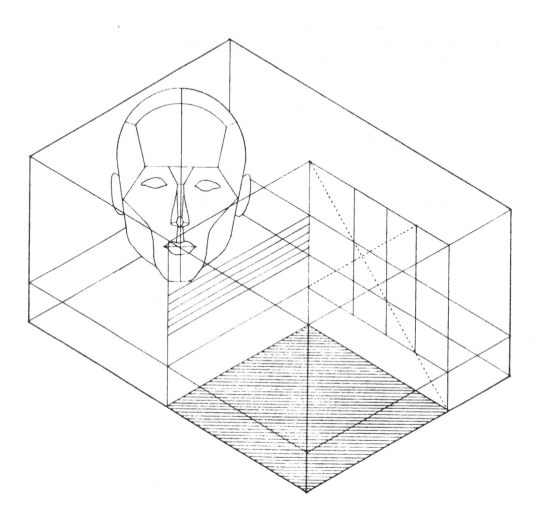

1
L'ESPACE
INTÉRIEUR

L'ESPACE

L'espace est la composante clé de tout intérieur et le principal élément à la disposition d'un designer. On se déplace dans l'espace, on y voit des formes, on y entend des bruits, on y hume le parfum des fleurs, on y sent la caresse de l'air et la chaleur du soleil. L'espace hérite des caractéristiques sensuelles et esthétiques de tous ces éléments.

Il constitue une substance matérielle au même titre que la pierre ou le bois. Néanmoins, il est par nature informe et diffus. L'espace universel s'avère donc indéfini. Dès qu'on y place un objet, toutefois, il en résulte une relation visuelle. À mesure qu'on en ajoute d'autres, diverses relations se créent entre l'espace et les éléments qu'il contient de même qu'entre ces derniers. Ce sont ces relations et la manière dont on les perçoit qui donnent forme à l'espace.

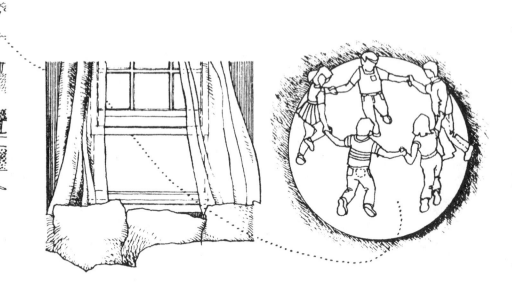

L'ESPACE ARCHITECTURAL

On peut agencer les éléments géométriques que sont le point, la ligne, la surface et le volume pour qu'ils définissent un espace et le mettent en évidence. En architecture, ces éléments prennent la forme de poteaux et de poutres ainsi que de murs, de planchers et de toits.

- Un poteau marque un point dans l'espace et le rend visible.

- Deux poteaux définissent un plan de l'espace qu'on peut traverser.

- Deux poteaux soutenant une poutre bordent une surface plane transparente.

- Un mur, surface opaque, délimite une portion de l'espace sans forme et sépare « ce côté-ci » de « ce côté-là ».

- Un plancher définit un champ spatial dont l'aire est délimitée.

- Un toit abrite un certain volume d'espace.

En architecture, on utilise ces éléments pour donner forme à un bâtiment, différencier un «dedans» et un «dehors», et établir les limites d'un espace intérieur.

LA DÉFINITION DE L'ESPACE

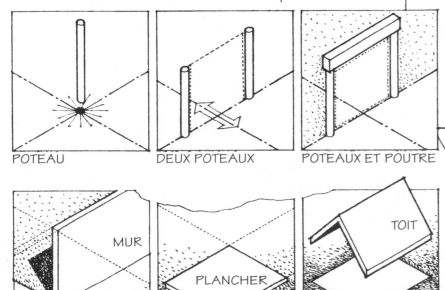

POTEAU — DEUX POTEAUX — POTEAUX ET POUTRE

MUR — PLANCHER — TOIT

L'ESPACE EXTÉRIEUR

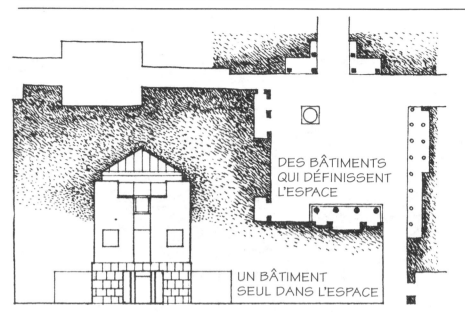

DES BÂTIMENTS QUI DÉFINISSENT L'ESPACE

UN BÂTIMENT SEUL DANS L'ESPACE

Le concepteur d'un bâtiment en établit la forme, l'échelle et l'organisation spatiale en tenant compte de divers éléments : les exigences fonctionnelles de sa destination, les aspects techniques liés aux structures et à la construction, la réalité économique des coûts, l'expressivité de son apparence et de son style. Il lui faut aussi se préoccuper de l'espace extérieur et du milieu physique où se trouvera ce bâtiment.

La relation entre une construction et son milieu varie. Un bâtiment peut s'intégrer au paysage ou le dominer. Il arrive également qu'il entoure et isole une portion de l'espace extérieur. L'une de ses façades peut être conçue pour souligner une caractéristique des lieux ou tracer la limite de l'espace extérieur. Dans chaque cas, il faut considérer avec soin la relation que les murs extérieurs du bâtiment créent entre l'espace intérieur et l'extérieur.

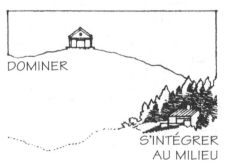

DOMINER

S'INTÉGRER AU MILIEU

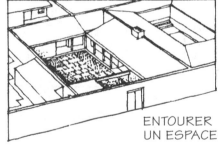

ENTOURER UN ESPACE

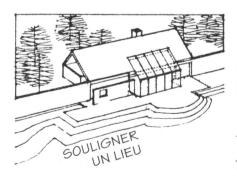

SOULIGNER UN LIEU

TRACER UNE LIMITE

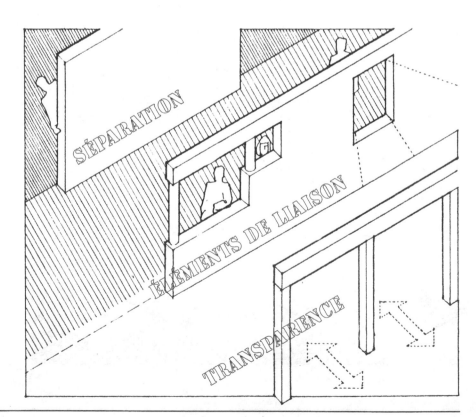

SÉPARATION

ÉLÉMENTS DE LIAISON

TRANSPARENCE

DE L'EXTÉRIEUR VERS L'INTÉRIEUR

Les murs extérieurs d'un bâtiment séparent son intérieur de son extérieur. En délimitant ces deux espaces, ils déterminent le caractère de l'un et de l'autre. Certains murs extérieurs, épais et massifs, sont là pour séparer nettement un milieu intérieur de l'espace extérieur dont on veut le protéger. D'autres, minces ou même transparents, ont pour but de permettre l'échange entre les deux espaces.

Les portes et les fenêtres qui percent les murs extérieurs d'un bâtiment marquent pour leur part une transition entre l'espace extérieur et intérieur. Leur aspect et leur taille laissent souvent deviner quelle sorte d'espaces intérieurs se trouvent derrière elles.

On peut faire le lien entre l'extérieur et l'intérieur en créant des espaces de transition qui appartiennent aux deux. Dans le cas d'une habitation, le porche offre un exemple familier d'un tel espace. Il en existe plusieurs variantes adaptées à diverses cultures et conditions climatiques. Mentionnons la véranda et la galerie à arcades.

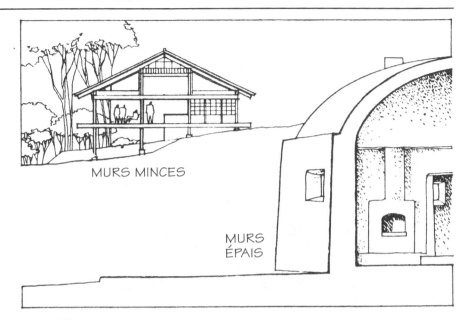

MURS MINCES

MURS ÉPAIS

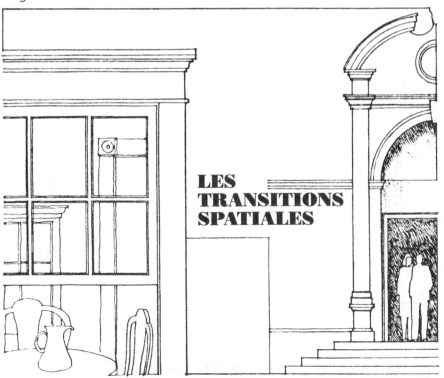

LES TRANSITIONS SPATIALES

L'ESPACE INTÉRIEUR

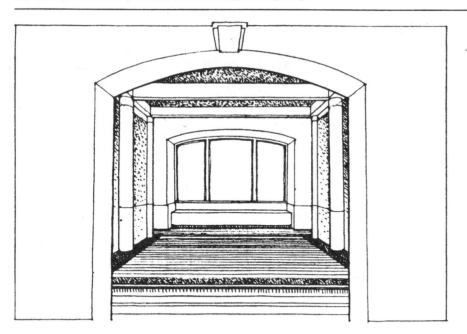

Lorsqu'on entre dans un bâtiment, on a le sentiment de se trouver dans un lieu clos et abrité. Il en va ainsi à cause du plancher, des murs et du plafond. Ces éléments architecturaux établissent les limites matérielles d'une pièce. Ils entourent un espace intérieur, en marquent les limites et l'isolent des pièces attenantes ainsi que de l'extérieur.

Leur rôle ne s'arrête cependant pas là. Par leur forme, leur agencement et la disposition de leurs ouvertures, ils confèrent certaines qualités spatiales ou architecturales à l'espace défini. Des termes comme « hall », « loft », « solarium » et « alcôve » servent ainsi à décrire la grandeur d'un espace, mais aussi à indiquer quelque chose au sujet de son échelle et de ses proportions, de son éclairage, de la nature des surfaces qui le délimitent et de sa relation avec les espaces adjacents.

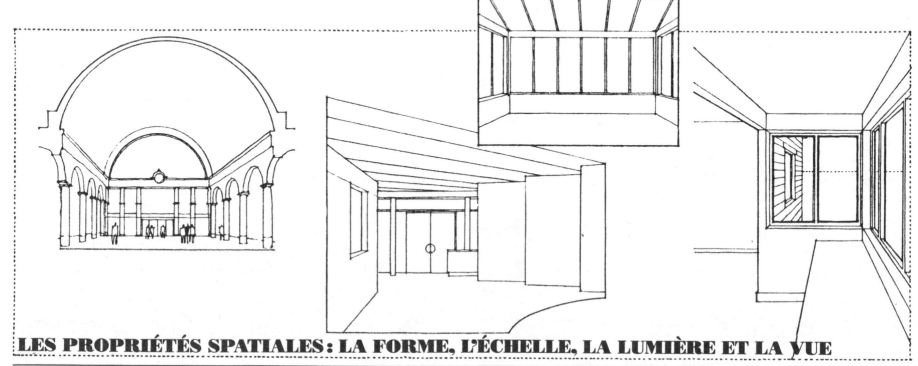

LES PROPRIÉTÉS SPATIALES : LA FORME, L'ÉCHELLE, LA LUMIÈRE ET LA VUE

Le design d'un intérieur va nécessairement au-delà de la définition architecturale d'un espace. Lorsqu'il planifie comment organiser et meubler un espace, tout designer devrait avoir pleinement conscience de ses caractéristiques architecturales ainsi que des modifications et des améliorations qui peuvent y être apportées. Il lui faut donc comprendre comment l'ossature et les surfaces d'un bâtiment donnent forme à ses espaces intérieurs. Grâce à ces connaissances, le designer pourra choisir soit de reproduire les qualités essentielles d'un espace architectural, soit d'y travailler en contraste ou même en contrepoint.

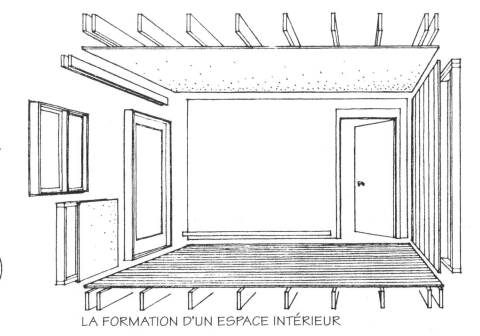

LA FORMATION D'UN ESPACE INTÉRIEUR

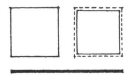

REPRODUCTION

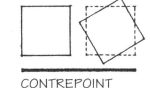

CONTREPOINT

CONTRASTE

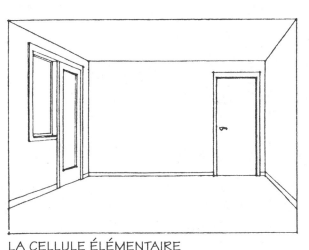

LA CELLULE ÉLÉMENTAIRE

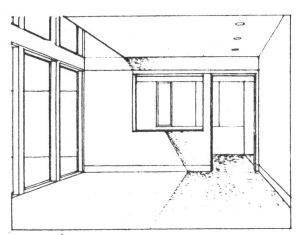

MODIFIÉE SUR LE PLAN ARCHITECTURAL

OU GRÂCE AU DESIGN D'INTÉRIEUR

LA STRUCTURATION DE L'ESPACE

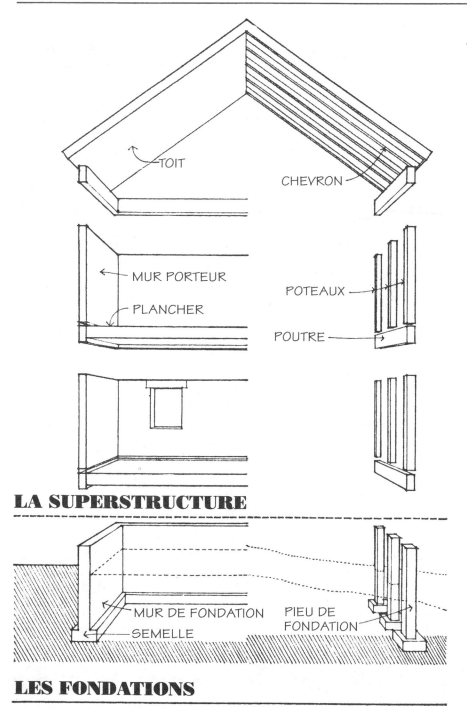

LA SUPERSTRUCTURE

LES FONDATIONS

La plupart des bâtiments présentent des fondations et une superstructure. Les fondations d'un bâtiment en constituent la base. Elles l'ancrent au sol et portent les éléments de construction de même que les espaces qui le composent.

La superstructure d'un bâtiment comprend ses planchers, ses murs, ses poteaux et son toit. Tous ces éléments doivent supporter ensemble diverses charges.

- La charge morte (charge permanente) dépend de la manière dont un bâtiment est construit. Elle englobe le poids de tous ses constituants, y compris celui des équipements intégrés.

- La charge vive (surcharge) varie suivant l'utilisation faite d'un bâtiment et correspond au poids de ses occupants ainsi que du mobilier et des accessoires qui s'y trouvent. Dans les zones au climat froid, la neige augmente la surcharge d'un bâtiment.

- La charge dynamique est déterminée par l'emplacement d'un bâtiment. Cette charge potentielle résulte de l'action de forces dynamiques comme le vent et les tremblements de terre.

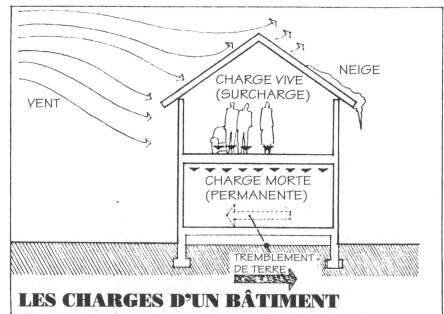

LES CHARGES D'UN BÂTIMENT

L'enveloppe d'un bâtiment est formée par ses murs extérieurs, ses fenêtres, ses portes et son toit. Elle protège ses espaces intérieurs de l'environnement extérieur.

Des murs, des cloisons et des plafonds non porteurs subdivisent et définissent l'espace intérieur d'un bâtiment. Ils ne supportent en général aucune charge, mis à part leur propre poids.

Des installations mécaniques et électriques procurent aux espaces intérieurs le confort voulu et les rendent plus habitables. Elles assurent le chauffage, la ventilation, la climatisation, l'alimentation en eau potable et en électricité, l'évacuation des eaux usées et l'éclairage.

La nature du système architectural d'un bâtiment peut se manifester dans ses espaces intérieurs. Par contre, ses installations mécaniques et électriques souvent complexes sont ordinairement dissimulées. Tout designer devrait cependant se préoccuper de leurs éléments visibles qui ont une incidence sur l'aspect d'un intérieur. Songeons ici aux appareils d'éclairage, aux prises de courant, aux bouches d'aération et de retour d'air et aux appareils sanitaires. L'espace vertical et horizontal nécessaire au passage des conduites d'eau et d'électricité ainsi que des gaines de ventilation présente aussi de l'importance.

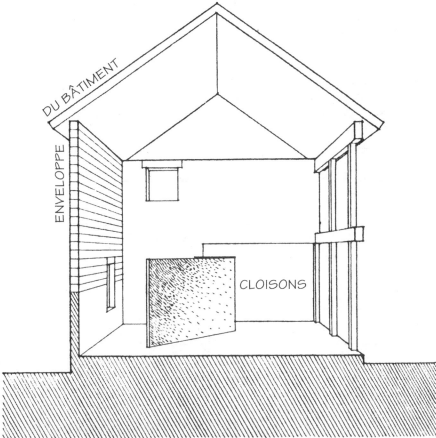

L'ENVELOPPE D'UN BÂTIMENT

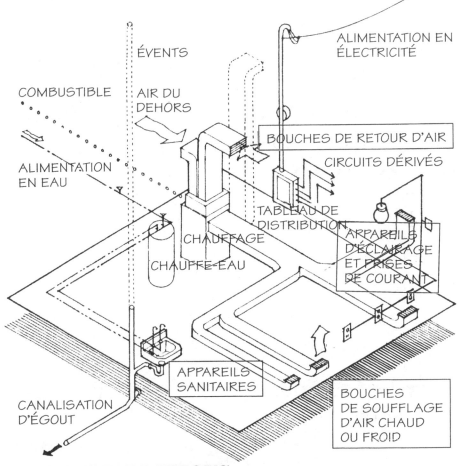

LES INSTALLATIONS ÉLECTRIQUES ET MÉCANIQUES

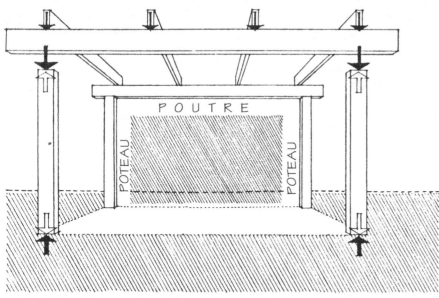

Le système architectural d'un bâtiment est fonction de la géométrie de ses composantes et de la manière dont elles réagissent aux contraintes qu'elles subissent. Par sa configuration, il influe à son tour sur les dimensions, les proportions et l'agencement des espaces intérieurs du bâtiment.

Le poteau et la poutre constituent les deux éléments linéaires de base en architecture. Un poteau est un support vertical qui transmet les forces de compression vers le bas, tout au long de son axe. Plus un poteau est gros par rapport à sa hauteur, plus sa charge peut être lourde et mieux il résiste au fléchissement attribuable à une charge décentrée ou à une force tangentielle.

Une poutre est une pièce horizontale soumise à des forces perpendiculaires qu'elle transmet le long de son axe jusqu'à ses appuis. Si elle fléchit, c'est qu'elle subit des contraintes combinées de compression et de tension. Celles-ci se révèlent proportionnellement plus grandes sur les bords qu'au milieu de la poutre. Pour obtenir plus d'efficacité avec une poutre, on peut augmenter son épaisseur et la renforcer là où les contraintes sont les plus fortes.

LES ÉLÉMENTS LINÉAIRES D'UNE CONSTRUCTION

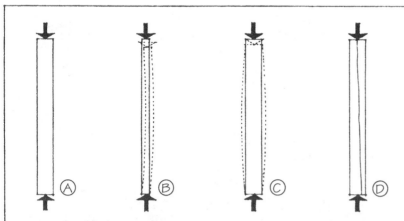

A. LES POTEAUX SONT SOUMIS À DES FORCES DE COMPRESSION.
B. LES POTEAUX ÉTROITS SONT SUJETS AU FLÉCHISSEMENT.
C. LES GROS POTEAUX PEUVENT BOMBER.
D. LES POTEAUX DE BOIS OU DE BÉTON PEUVENT SE FENDRE OU SE ROMPRE.

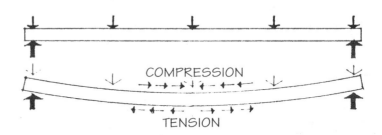

■ LES POUTRES SONT SUSCEPTIBLES DE FLÉCHIR.

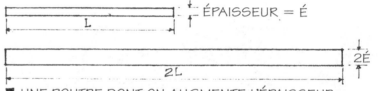

■ UNE POUTRE DONT ON AUGMENTE L'ÉPAISSEUR PEUT AVOIR UNE PLUS GRANDE PORTÉE.

Les poteaux mettent en évidence certains points de l'espace et fournissent un étalon pour mesurer ses divisions horizontales. Les poutres traversent l'espace pour établir un lien matériel et visuel entre leurs supports. Ensemble, poteaux et poutres forment une charpente qui entoure des volumes d'espace reliés les uns aux autres.

Un ensemble d'éléments linéaires peut évoquer un quadrillage délimitant plusieurs espaces. On doit cependant y ajouter des surfaces (murs, plafonds et planchers) pour soutenir et entourer les espaces intérieurs. Les poutres maîtresses, les poutres et les solives portent ainsi le plancher et le plafond, qui marquent les limites verticales d'un espace. Par ailleurs, les murs n'ont pas besoin de servir d'appui à la construction ou d'être alignés avec les poteaux de la charpente. On peut donc les placer aux endroits voulus pour établir les dimensions horizontales de l'espace suivant les besoins, les désirs ou les circonstances.

Les éléments de construction linéaires ont un effet cumulatif par nature et forment un ensemble très flexible. Ils permettent d'étendre, de modifier et d'adapter les espaces individuels en fonction d'un usage précis.

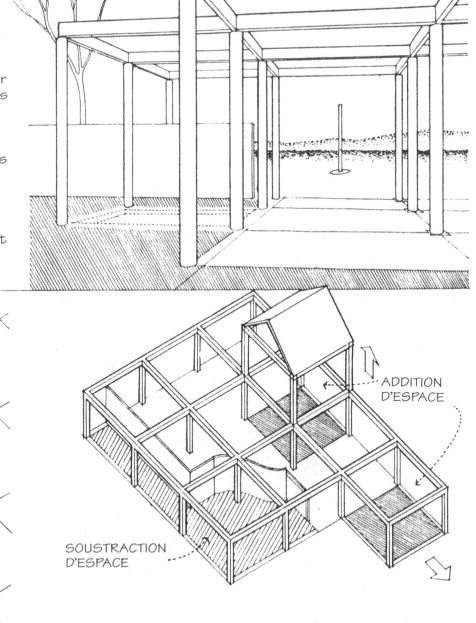

CLOISON NON PORTEUSE

QUADRILLAGE

ADDITION D'ESPACE

SOUSTRACTION D'ESPACE

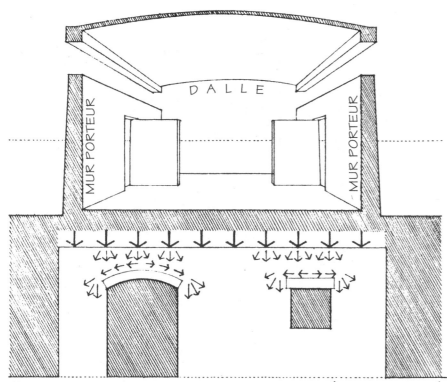

Les murs porteurs et les dalles horizontales constituent les deux principaux types d'éléments de construction d'une surface. Un mur porteur transmet au sol les forces de compression qui s'exercent sur son sommet. Tout mur extérieur doit en outre résister aux forces tangentielles, telles que l'action du vent et la pression du sol et de l'eau.

On dispose couramment les murs porteurs de façon parallèle en les reliant au moyen de chevrons et de solives qui recevront le toit et le plancher, ou par des dalles horizontales. Il est aussi fréquent de les appuyer par des murs de refend pour accroître leur stabilité latérale.

Toute embrasure de porte ou de fenêtre tend à affaiblir un mur porteur. Elle doit être surmontée d'un linteau, c'est-à-dire d'une pièce horizontale qui portera la charge du mur au-dessus de l'ouverture.

Alors que les éléments linéaires font ressortir les arêtes d'un espace tridimensionnel, ceux qui forment une surface (tels les murs porteurs) en définissent les limites physiques. Ils procurent à ses occupants l'impression d'être dans un lieu clos et intime, en plus de les protéger des intempéries.

TOUTE OUVERTURE DANS UN MUR PORTEUR DOIT ÊTRE SURMONTÉE D'UNE PETITE POUTRE OU LINTEAU.

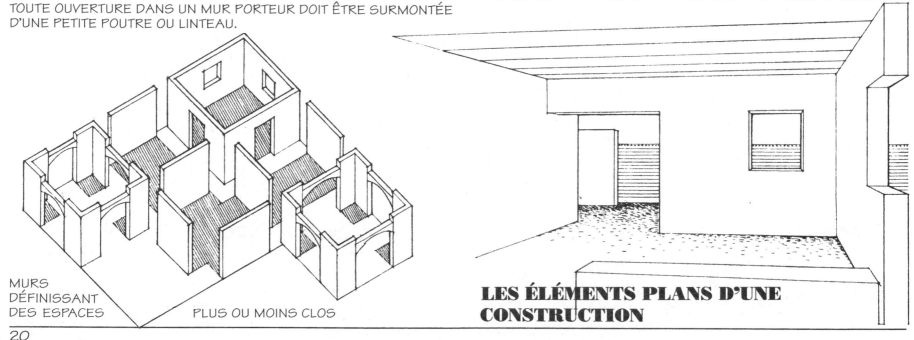

MURS DÉFINISSANT DES ESPACES PLUS OU MOINS CLOS

LES ÉLÉMENTS PLANS D'UNE CONSTRUCTION

Une dalle est une surface horizontale faite de béton armé. Elle supporte bien autant les charges concentrées que réparties, puisque les contraintes qui en résultent peuvent s'étaler à travers sa surface et être transmises à ses supports par diverses voies.

Appuyée de deux côtés, une dalle apparaît comme une large poutre peu épaisse qui s'étend dans une seule direction. Supportée le long de ses quatre bords, elle devient un élément de construction armé dans les deux sens. On peut en outre améliorer le rendement d'une dalle et en réduire le poids en y incorporant des nervures.

Lorsqu'une dalle plate fait corps avec des poteaux en béton armé, elle n'a pas besoin de s'appuyer sur des poutres. Elle délimite alors une couche dans l'espace horizontal où n'apparaissent que les poteaux qui la soutiennent.

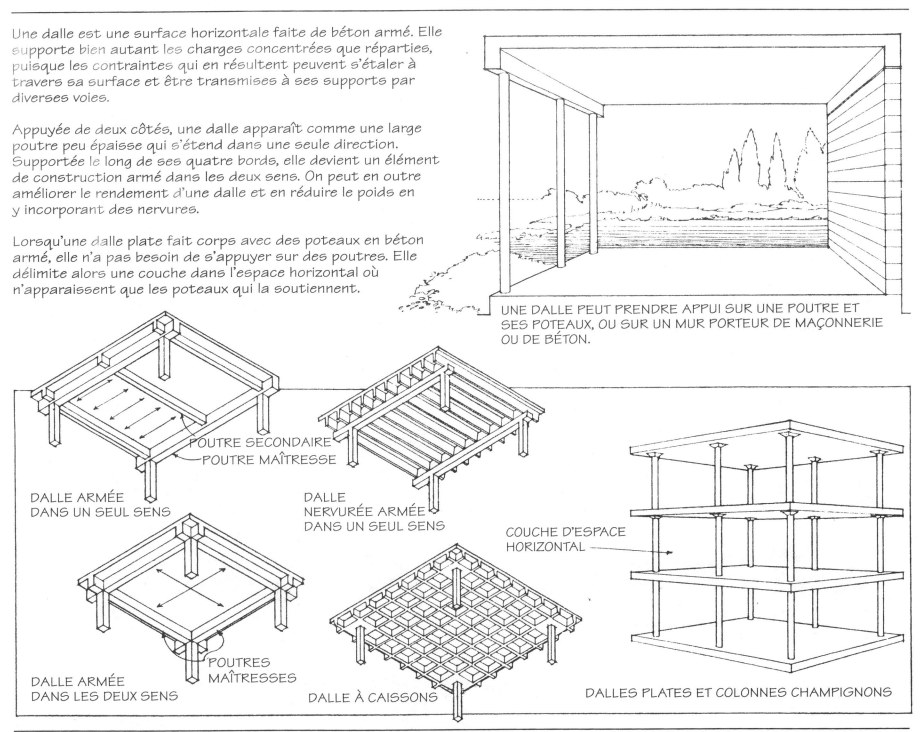

UNE DALLE PEUT PRENDRE APPUI SUR UNE POUTRE ET SES POTEAUX, OU SUR UN MUR PORTEUR DE MAÇONNERIE OU DE BÉTON.

POUTRE SECONDAIRE
POUTRE MAÎTRESSE

DALLE ARMÉE DANS UN SEUL SENS

DALLE NERVURÉE ARMÉE DANS UN SEUL SENS

DALLE ARMÉE DANS LES DEUX SENS

POUTRES MAÎTRESSES

DALLE À CAISSONS

COUCHE D'ESPACE HORIZONTAL

DALLES PLATES ET COLONNES CHAMPIGNONS

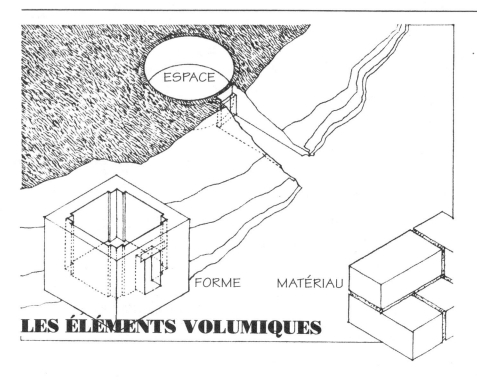

LES ÉLÉMENTS VOLUMIQUES

Un élément architectural volumique est une masse en trois dimensions. L'accumulation de ces masses sculpte un espace intérieur.

Étant donné l'efficacité des moyens techniques et la résistance des matériaux de construction modernes, les systèmes volumiques purs sont aujourd'hui rares. À petite échelle, toutefois, on peut envisager les blocs de maçonnerie d'argile et de pierres comme des éléments volumiques. De même, à plus grande échelle, on peut dire que tout bâtiment forme une structure à trois dimensions devant être résistante en largeur, en longueur et en hauteur.

La plupart des systèmes architecturaux regroupent dans les faits aussi bien des éléments associés à une ligne qu'à une surface ou à un volume. Aucun d'entre eux n'est supérieur aux autres dans toutes les situations. Chaque système présente des avantages et des inconvénients selon l'emplacement, la taille et l'utilisation qu'on compte faire d'un bâtiment. En design d'intérieur, il importe d'avoir conscience de la nature des espaces intérieurs que définit chaque système.

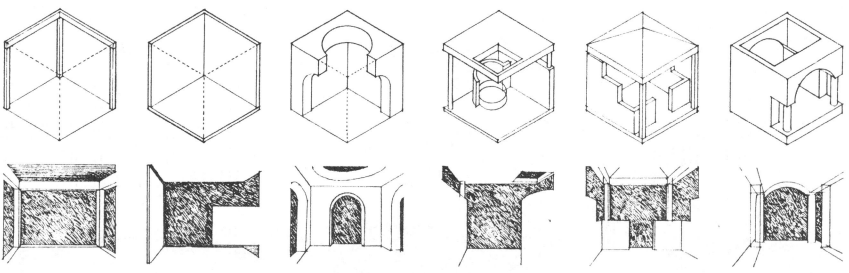

LES SYSTÈMES COMPOSITES
COMBINAISON D'ÉLÉMENTS LINÉAIRES, PLANS ET VOLUMIQUES POUR CRÉER DES FORMES ET DES ESPACES

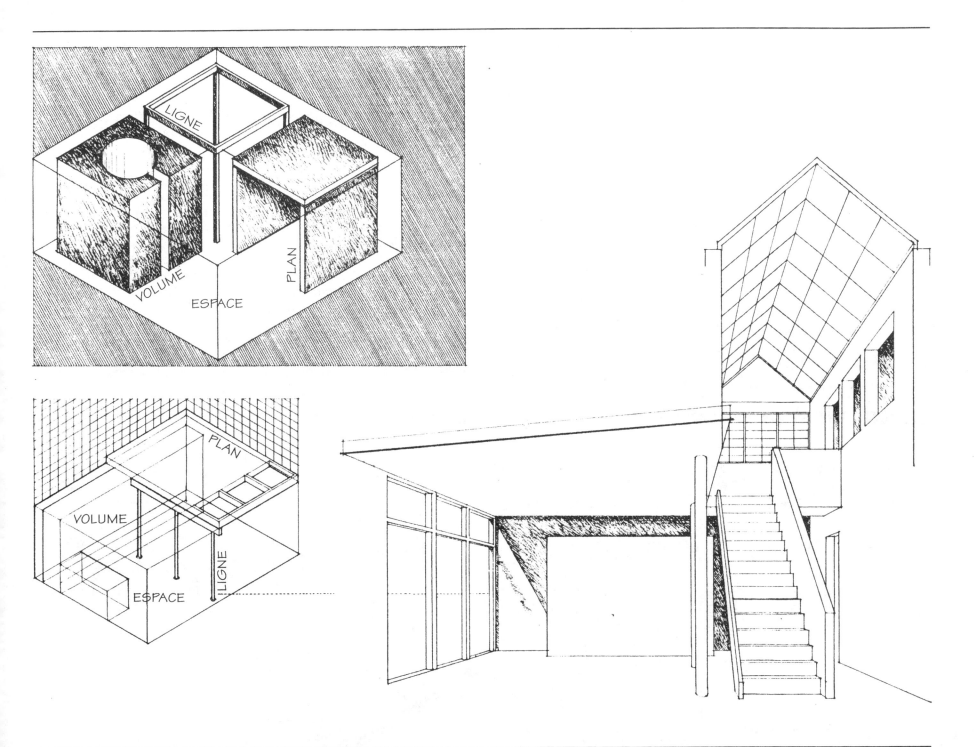

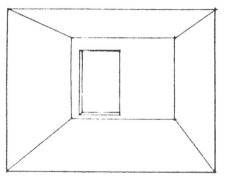
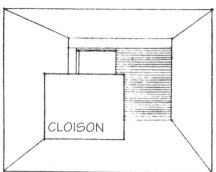
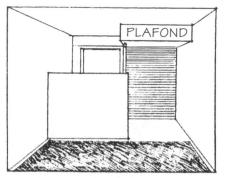
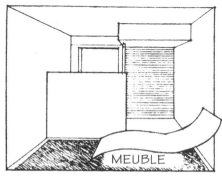

Le système architectural d'un bâtiment détermine en gros la forme et la disposition de ses espaces intérieurs. Ce sont toutefois les éléments d'un aménagement intérieur qui définissent la structure de ces espaces au bout du compte. Le terme structure désigne ici non pas l'ensemble porteur d'un bâtiment mais plutôt la disposition des éléments d'un intérieur, dont les relations visuelles définissent et organisent l'espace d'une pièce.

On utilise souvent des cloisons (murs non porteurs) et des faux plafonds pour délimiter ou modifier les espaces intérieurs d'un bâtiment. Dans une grande pièce, les meubles peuvent aussi, par leur forme et leur disposition, jouer le rôle de cloisons, créer une impression d'isolement et définir un agencement spatial. Il arrive même que la forme, le style ou la taille relative d'un élément lui permettent de dominer une pièce et d'organiser la portion de l'espace qui l'entoure.

En créant des zones d'ombre et de clarté, la lumière peut également attirer l'attention sur une partie d'une pièce, mettre les autres moins en évidence et ainsi engendrer une division de l'espace.

L'ORGANISATION DE L'ESPACE AVEC

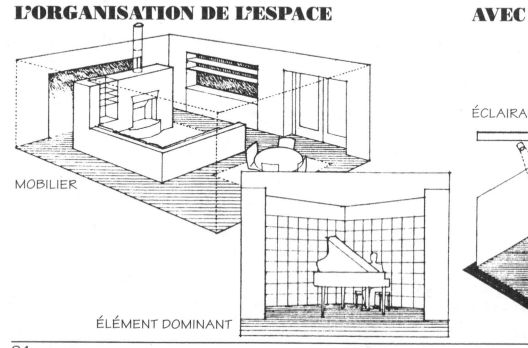
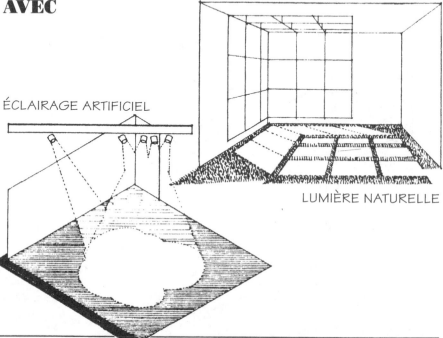

L'aspect des murs, du plancher et du plafond peut faire ressortir les limites spatiales d'une pièce. La couleur, la texture et le motif de ces surfaces influent sur la manière dont on perçoit leurs positions relatives et donc sur l'impression qu'on se fait des dimensions, de l'échelle et des proportions d'une pièce.

Même les propriétés acoustiques des surfaces d'une pièce peuvent en modifier les limites apparentes. Ainsi, les surfaces molles et absorbantes étouffent les sons, ce qui leur permet de repousser la limite acoustique d'une pièce. Les surfaces dures, au contraire, répercutent les sons à l'intérieur d'une pièce et peuvent de ce fait en accentuer les limites réelles.

Enfin, la structure d'un espace varie également selon l'utilisation qu'on en fait. La nature des activités de ses occupants et leurs habitudes ont une incidence sur la manière de planifier, d'agencer et d'organiser un espace intérieur.

LES ÉLÉMENTS DE DESIGN D'INTÉRIEUR

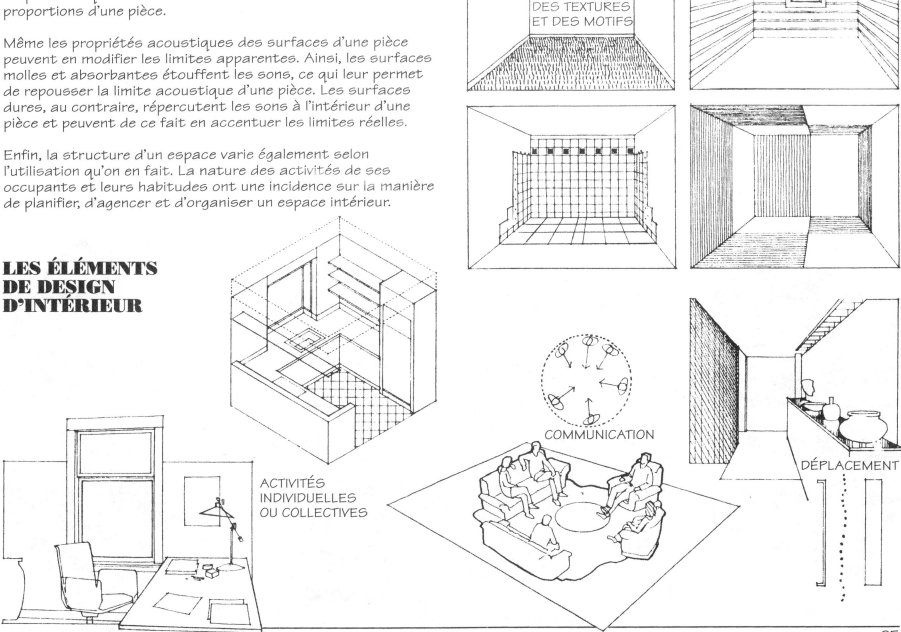

DÉLIMITER DES ESPACES PAR DES COULEURS, DES TEXTURES ET DES MOTIFS

ACTIVITÉS INDIVIDUELLES OU COLLECTIVES

COMMUNICATION

DÉPLACEMENT

LA FORME DE L'ESPACE

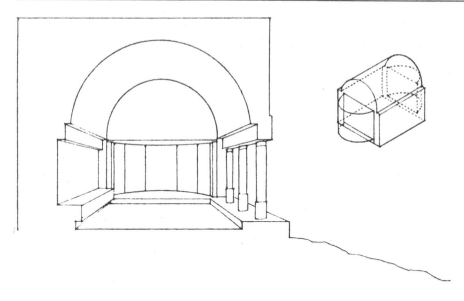

Le système architectural d'un bâtiment donne forme à ses espaces intérieurs. Des murs et des plafonds viennent ensuite définir plus précisément ces espaces reliés à d'autres par des portes et des fenêtres. Tout bâtiment présente un ensemble identifiable de ce genre d'éléments architecturaux. Chaque ensemble a une configuration qui lui est propre et modèle un espace tridimensionnel à son image.

On y gagne à savoir discerner la relation entre le fond et la forme, entre la forme des éléments qui définissent un espace et celle de ce dernier. Cette relation peut être dominée aussi bien par la structure que par l'espace. Quel que soit le cas, il faut reconnaître que l'autre élément a une importance égale dans la relation.

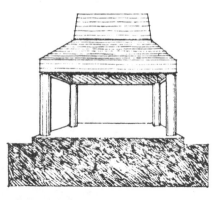
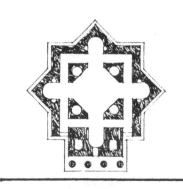
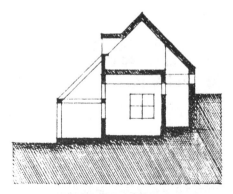

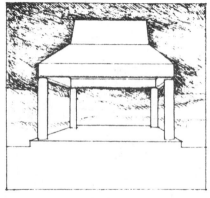

Il est tout aussi utile de percevoir cette relation entre le fond et la forme lorsqu'on place des objets, tels que tables et chaises, dans un espace intérieur.

En effet, dès qu'on place une chaise dans une pièce, elle fait plus que simplement y occuper de l'espace. Elle crée une relation spatiale avec les murs de la pièce. Étant donné qu'elle comble une partie du vide, on devrait également discerner la forme de l'espace qui l'entoure.

À mesure qu'on ajoute d'autres objets, les relations spatiales se multiplient. Ces objets en viennent à constituer des ensembles ou groupes occupant chacun un espace dont ils définissent et révèlent la forme.

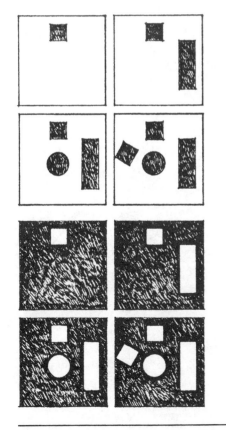

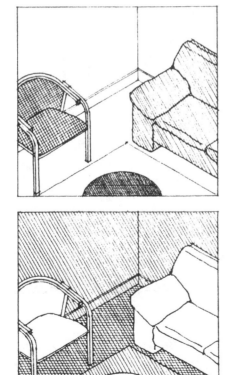

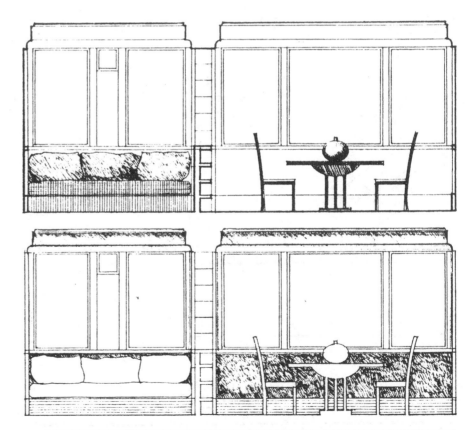

LES DIMENSIONS DE L'ESPACE

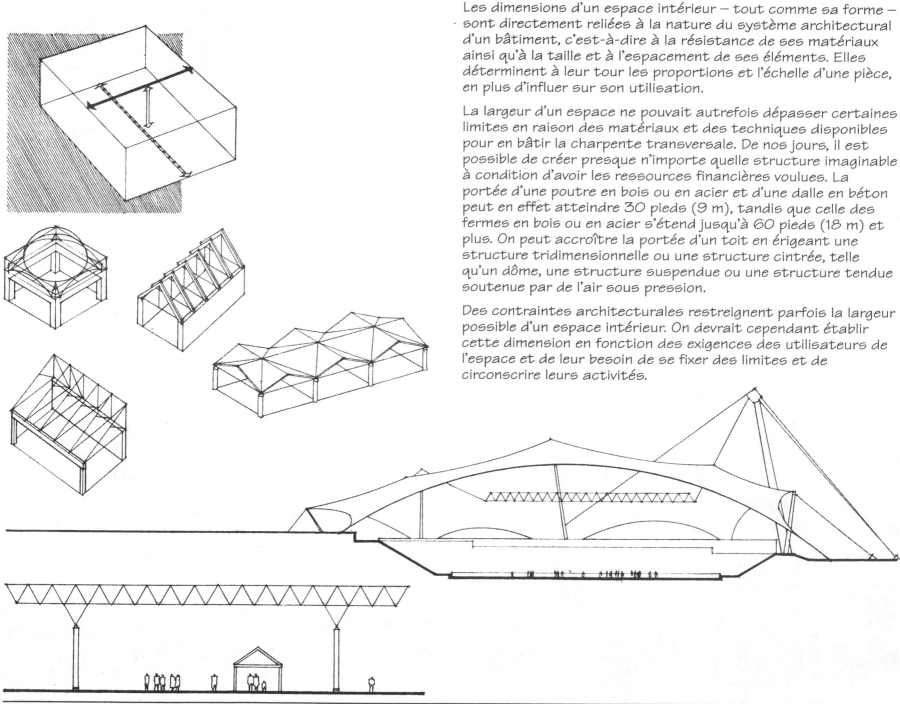

Les dimensions d'un espace intérieur — tout comme sa forme — sont directement reliées à la nature du système architectural d'un bâtiment, c'est-à-dire à la résistance de ses matériaux ainsi qu'à la taille et à l'espacement de ses éléments. Elles déterminent à leur tour les proportions et l'échelle d'une pièce, en plus d'influer sur son utilisation.

La largeur d'un espace ne pouvait autrefois dépasser certaines limites en raison des matériaux et des techniques disponibles pour en bâtir la charpente transversale. De nos jours, il est possible de créer presque n'importe quelle structure imaginable à condition d'avoir les ressources financières voulues. La portée d'une poutre en bois ou en acier et d'une dalle en béton peut en effet atteindre 30 pieds (9 m), tandis que celle des fermes en bois ou en acier s'étend jusqu'à 60 pieds (18 m) et plus. On peut accroître la portée d'un toit en érigeant une structure tridimensionnelle ou une structure cintrée, telle qu'un dôme, une structure suspendue ou une structure tendue soutenue par de l'air sous pression.

Des contraintes architecturales restreignent parfois la largeur possible d'un espace intérieur. On devrait cependant établir cette dimension en fonction des exigences des utilisateurs de l'espace et de leur besoin de se fixer des limites et de circonscrire leurs activités.

L'autre dimension horizontale d'un espace, soit sa longueur, est simplement fonction des désirs et des circonstances. Avec la largeur, la longueur d'une pièce détermine les proportions de sa surface.

Une pièce carrée (dont la longueur égale la largeur) s'avère statique et a souvent un caractère conventionnel. Étant égaux, ses quatre côtés attirent l'attention sur le centre de la pièce. On peut accentuer cette centralité à l'aide d'un plafond en coupole ou pyramidal. Il est également possible de la rendre moins évidente en créant un plafond asymétrique ou en attribuant un aspect distinct à un ou plusieurs des murs de la pièce.

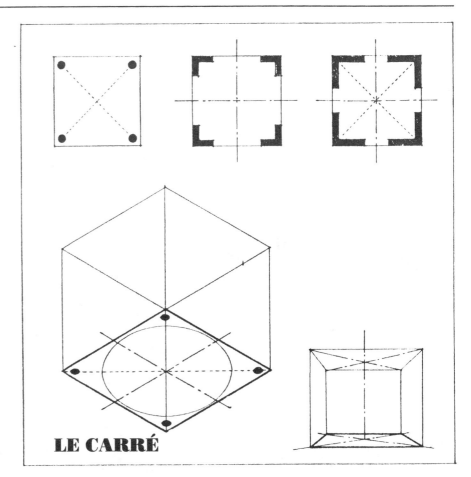

LE CARRÉ

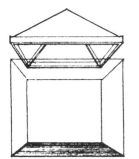  

TOITS DONT LA FORME ACCENTUE LA CENTRALITÉ D'UNE PIÈCE CARRÉE

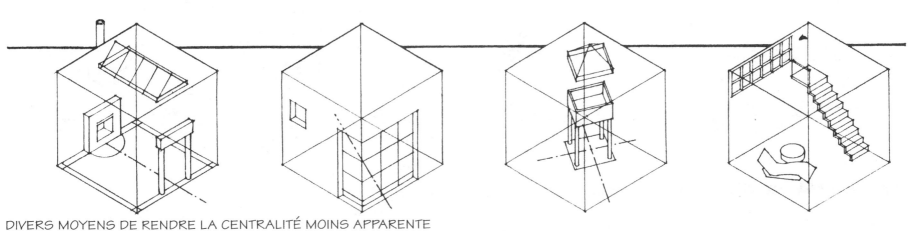

DIVERS MOYENS DE RENDRE LA CENTRALITÉ MOINS APPARENTE

Les pièces carrées sont rares et spéciales. Plus souvent, la longueur d'une pièce en excède la largeur. Un espace rectangulaire, en général surmonté par une structure prenant appui sur sa longueur, offre beaucoup de possibilités. Son caractère et son utilité varient en fonction du rapport entre sa largeur et sa longueur, mais aussi de la forme de son plafond, de la disposition de ses ouvertures et de sa relation avec les espaces adjacents.

Lorsque la longueur d'une pièce dépasse le double de sa largeur, elle a tendance à en dominer l'agencement et à en déterminer l'utilisation. Si sa largeur le permet, on peut alors diviser l'espace en des sections distinctes mais reliées les unes aux autres.

Un espace beaucoup plus long que large encourage les déplacements dans le sens de sa longueur. Cette caractéristique rend les espaces linéaires bien adaptés à l'aménagement d'une galerie ou d'une voie de circulation reliant d'autres espaces.

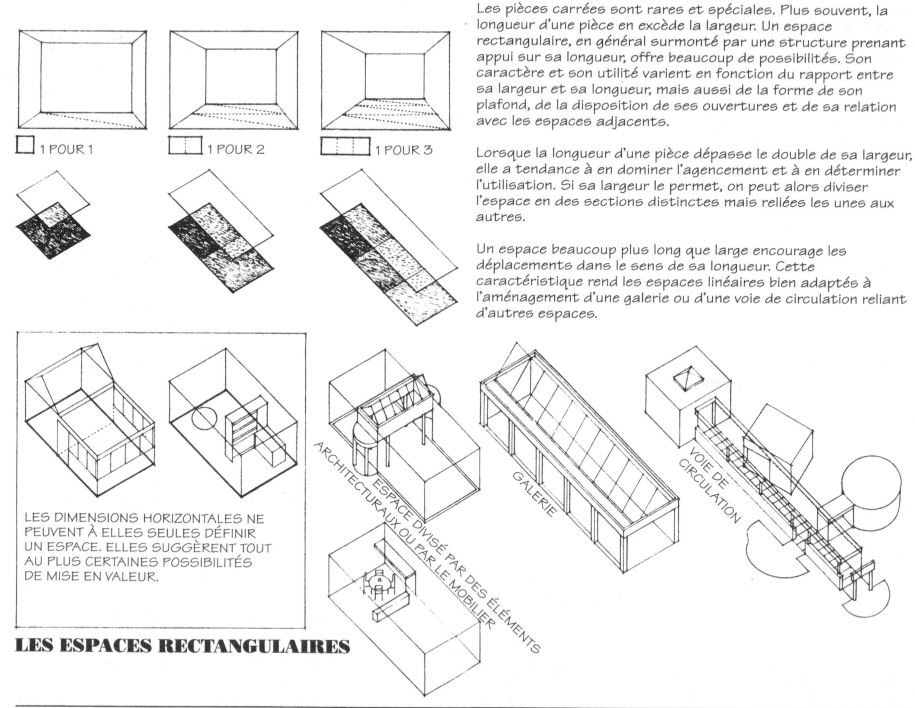

LES DIMENSIONS HORIZONTALES NE PEUVENT À ELLES SEULES DÉFINIR UN ESPACE. ELLES SUGGÈRENT TOUT AU PLUS CERTAINES POSSIBILITÉS DE MISE EN VALEUR.

LES ESPACES RECTANGULAIRES

On peut modifier tant les espaces carrés que rectangulaires par addition, par soustraction ou par intégration à un espace contigu. Cela permet, entre autres, de créer un renfoncement ou de donner à l'espace une forme qui reflète celle d'un élément voisin ou du milieu extérieur.

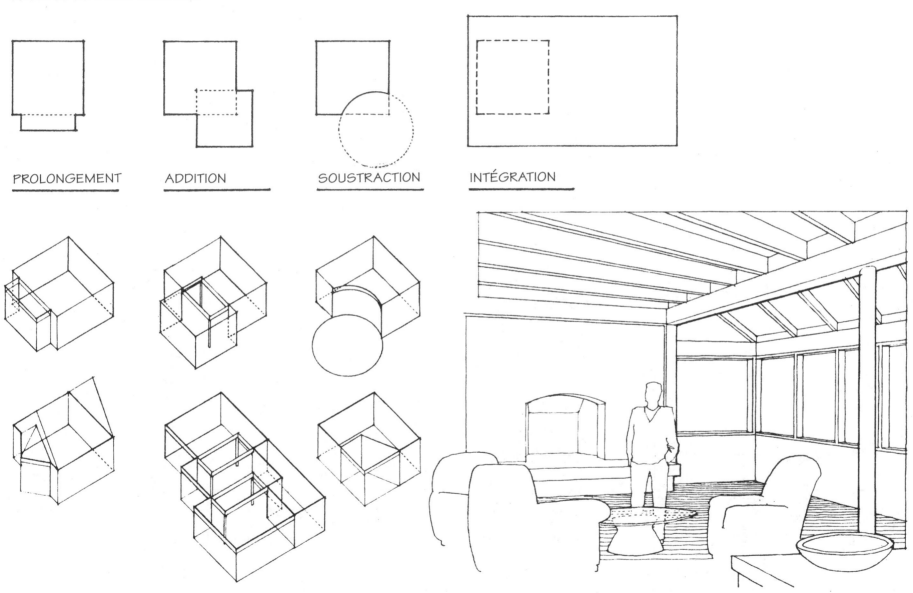

PROLONGEMENT   ADDITION   SOUSTRACTION   INTÉGRATION

En raison du façonnage habituel des matériaux et des techniques de construction, la plupart des espaces présentent une forme rectangulaire. On crée ainsi rarement un espace curviligne. Lorsqu'on le fait, c'est en général dans des circonstances toutes particulières.

L'espace curviligne le plus simple est de forme circulaire. Il est compact et concentrique. En même temps, il est relié à l'espace qui l'entoure d'une manière identique dans toutes les directions. Il n'a ni devant, ni fond, ni côtés, à moins que d'autres éléments ne les définissent.

Un espace elliptique s'avère plus dynamique puisqu'il a deux centres et des axes inégaux.

On peut considérer les autres espaces curvilignes comme le résultat de la fusion d'espaces circulaires ou elliptiques qui se chevauchent.

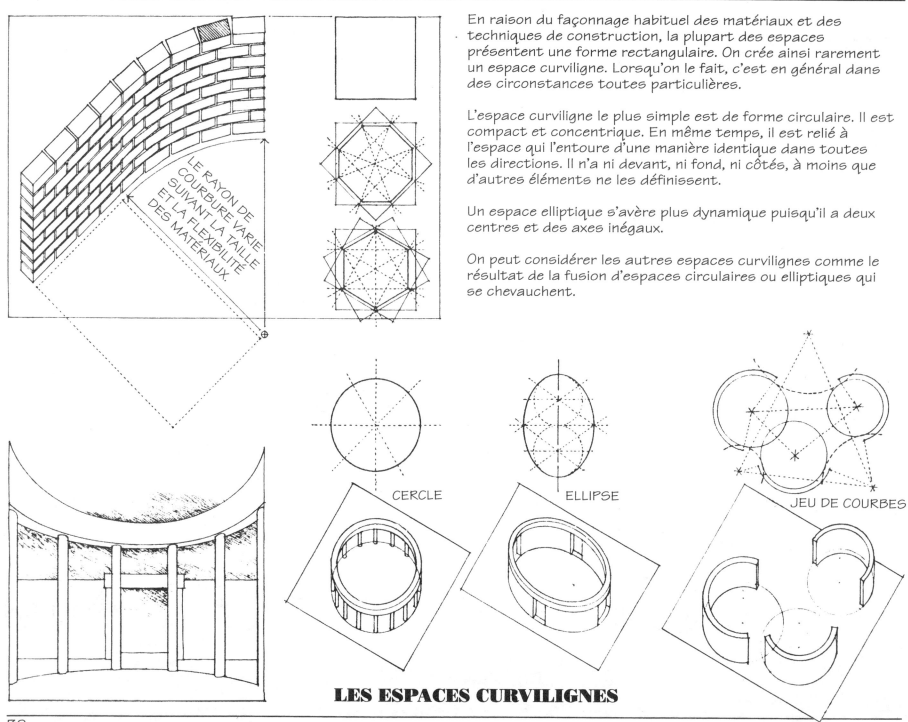

CERCLE ELLIPSE JEU DE COURBES

LES ESPACES CURVILIGNES

Tout espace curviligne ressort très nettement dans un ensemble rectiligne. Sa forme contrastante exprime l'importance de sa fonction ou son caractère unique. Il définit un volume indépendant au sein d'un espace plus vaste. Il peut également constituer un noyau autour duquel s'organisent d'autres espaces. Un espace curviligne peut aussi marquer la limite d'un bâtiment et refléter un aspect de son environnement extérieur.

Les murs courbes sont dynamiques et agissent sur le plan visuel. Ils entraînent en effet le regard de tout observateur le long de leur courbure. Leur côté concave entoure l'espace et le ramène vers l'intérieur ; tandis que leur côté convexe le repousse vers l'extérieur.

En présence d'un espace curviligne, il importe de bien réfléchir à l'aménagement du mobilier et des autres éléments à l'intérieur de la pièce. Pour éviter les antagonismes de formes, on peut disposer ces éléments librement dans l'espace. Une autre solution consiste à intégrer les meubles et les appareils aux parois courbes de la pièce.

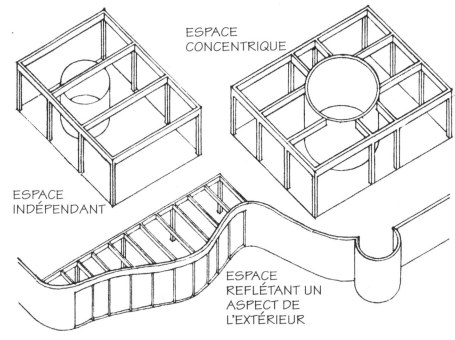

ESPACE CONCENTRIQUE

ESPACE INDÉPENDANT

ESPACE REFLÉTANT UN ASPECT DE L'EXTÉRIEUR

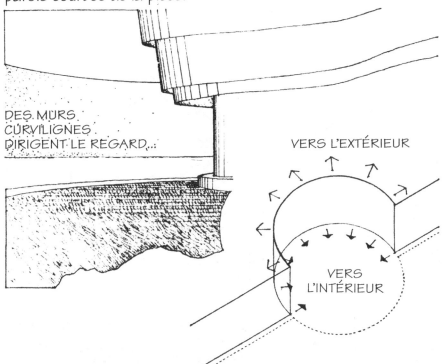

DES MURS CURVILIGNES DIRIGENT LE REGARD...

VERS L'EXTÉRIEUR

VERS L'INTÉRIEUR

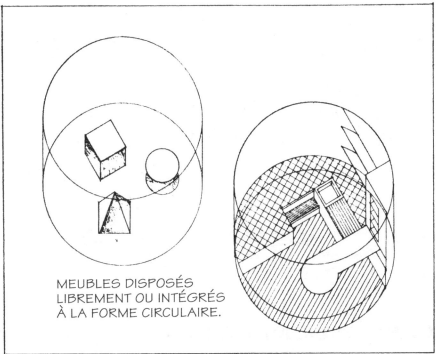

MEUBLES DISPOSÉS LIBREMENT OU INTÉGRÉS À LA FORME CIRCULAIRE.

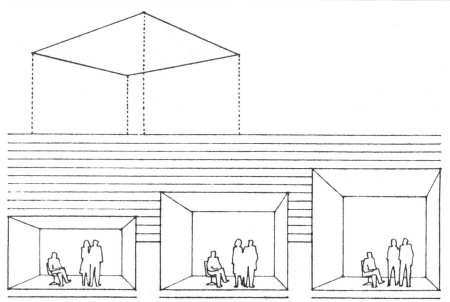

C'est le plafond qui détermine la troisième dimension d'un espace, soit sa hauteur. Cette dimension verticale influe tout autant sur les caractéristiques spatiales d'une pièce que ses dimensions horizontales.

En réduisant les distances, la perspective fausse souvent la perception qu'on a des dimensions horizontales d'une pièce. Les gens peuvent toutefois se faire une idée plus juste de la relation entre la hauteur d'un espace et leur propre taille. Toute variation mesurable de la hauteur sous plafond semble modifier davantage l'impression qu'on a d'un espace qu'une variation équivalente de sa largeur ou de sa longueur.

On associe fréquemment un plafond haut à une impression de grandeur et de magnificence et un plafond bas, à un sentiment de chaleur et d'intimité. La manière dont on perçoit l'échelle d'un espace varie toutefois non seulement en fonction de sa hauteur mais aussi de la relation entre cette dernière et ses autres dimensions (longueur et largeur).

L'EFFET DE DIVERSES HAUTEURS DE PLAFOND

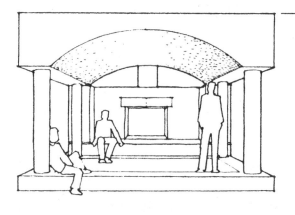
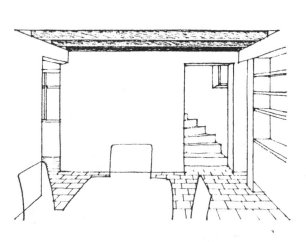
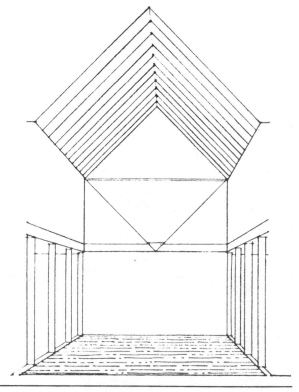

LA HAUTEUR D'UN ESPACE

Un plafond défini par un plancher est plat. Tout plafond créé par une charpente de toit peut adopter la forme de cette dernière et en reproduire l'effet. Les plafonds inclinés, en pignon et en voûte donnent un sens à l'espace; les plafonds en coupole et pyramidaux mettent son centre en évidence.

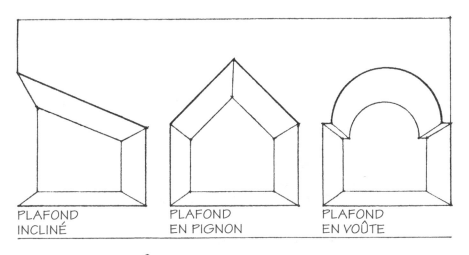

PLAFOND INCLINÉ

PLAFOND EN PIGNON

PLAFOND EN VOÛTE

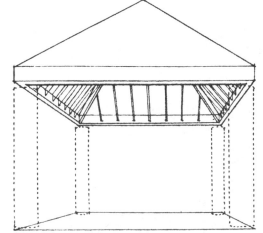

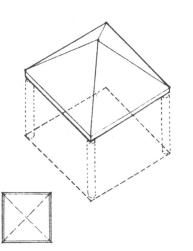

UN PLAFOND PYRAMIDAL OU EN COUPOLE ACCENTUE LA CENTRALITÉ D'UN ESPACE.

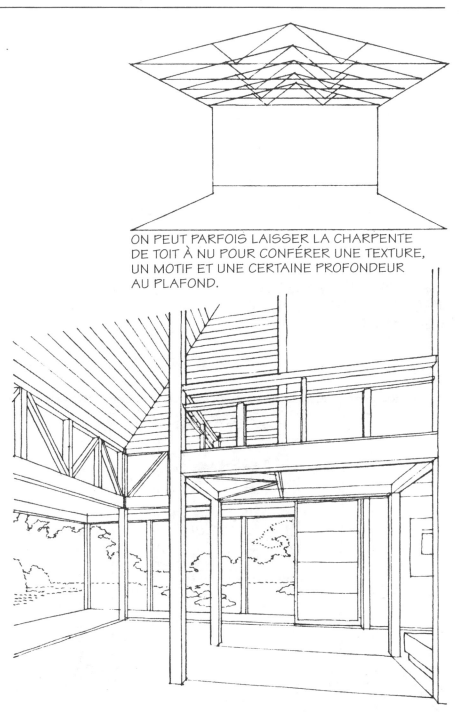

ON PEUT PARFOIS LAISSER LA CHARPENTE DE TOIT À NU POUR CONFÉRER UNE TEXTURE, UN MOTIF ET UNE CERTAINE PROFONDEUR AU PLAFOND.

LES TRANSITIONS SPATIALES

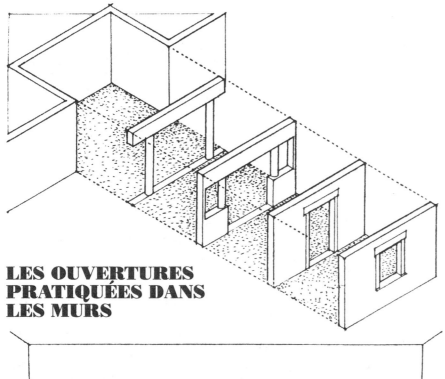

LES OUVERTURES PRATIQUÉES DANS LES MURS

Il arrive qu'on élabore et qu'on crée plusieurs espaces en les destinant chacun à un usage particulier ou à certaines activités. On les regroupe toutefois à l'intérieur d'un bâtiment parce qu'ils sont reliés entre eux sur le plan fonctionnel, parce qu'ils servent aux mêmes gens ou parce qu'ils ont une raison d'être commune. Les relations établies entre ces espaces résultent de leur position à l'intérieur d'un bâtiment, mais aussi de la nature des espaces qui les unissent et de leurs limites communes.

Le plancher, les murs et le plafond d'une pièce définissent et isolent une portion de l'espace. Ce sont toutefois les murs qui en constituent les limites les plus évidentes, car ils sont perpendiculaires à la ligne de vision normale d'un occupant. Ils délimitent le champ visuel de ce dernier et restreignent ses déplacements. Les ouvertures pratiquées dans les murs (portes et fenêtres) rétablissent la communication avec les espaces adjacents desquels on avait initialement isolé la pièce.

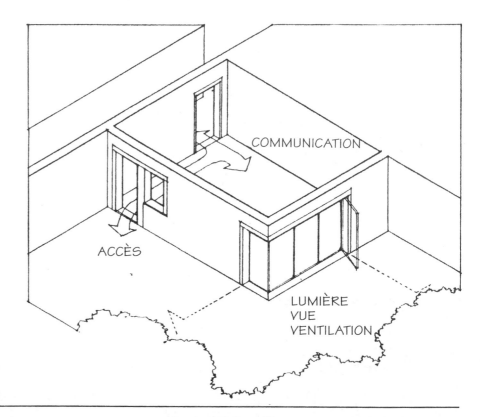

Les portes permettent le passage d'un espace à un autre. Fermées, elles isolent une pièce des espaces contigus. Ouvertes, elles créent un lien visuel, spatial et acoustique entre divers espaces. Une porte imposante laissée ouverte rend une pièce moins intime et renforce ses liens avec les espaces adjacents ou l'extérieur.

L'embrasure d'une porte laisse voir l'épaisseur du mur qui sépare deux espaces. Or, celle-ci détermine jusqu'à quel point on perçoit une démarcation lorsqu'on traverse cette porte en passant d'une pièce à l'autre. L'échelle et l'aspect d'une porte peuvent aussi fournir certaines indications visuelles relatives à la nature de l'espace où on entre.

Le nombre et l'emplacement des portes dans une pièce revêtent aussi de l'importance. Ils influent sur la circulation à l'intérieur de cet espace, sur l'agencement possible de son mobilier et sur la manière dont ses occupants peuvent y organiser leurs activités.

LES PORTES

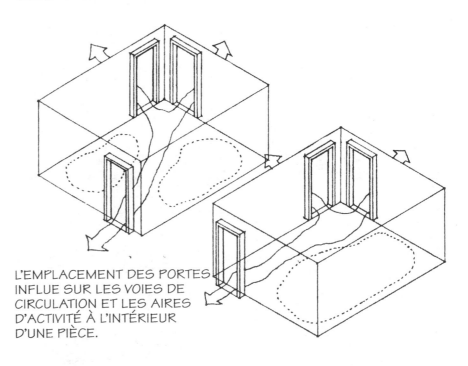

L'EMPLACEMENT DES PORTES INFLUE SUR LES VOIES DE CIRCULATION ET LES AIRES D'ACTIVITÉ À L'INTÉRIEUR D'UNE PIÈCE.

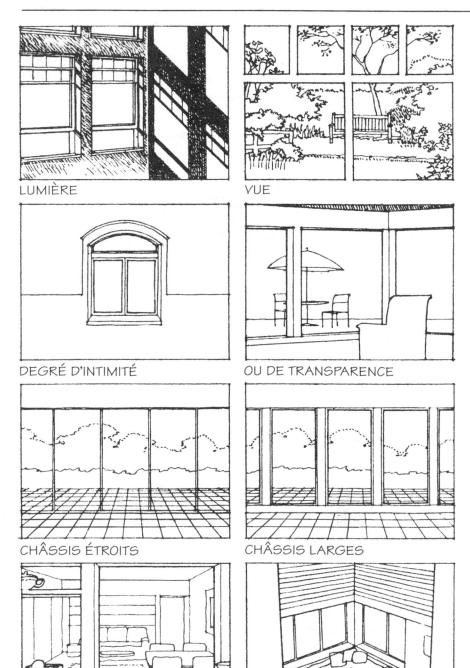

LUMIÈRE

VUE

DEGRÉ D'INTIMITÉ

OU DE TRANSPARENCE

CHÂSSIS ÉTROITS

CHÂSSIS LARGES

FENÊTRES INTÉRIEURES

Les fenêtres laissent filtrer l'air et la lumière dans les espaces intérieurs d'un bâtiment et permettent d'avoir vue sur l'extérieur ou sur un espace adjacent. Leurs dimensions et leur emplacement par rapport au mur où elles se trouvent déterminent aussi en partie jusqu'à quel point un espace intérieur semble isolé du milieu extérieur.

Une fenêtre entourée par la surface d'un mur attire le regard en raison de sa clarté et de la vue qu'elle offre. La séparation que crée le mur demeure cependant intacte. Par opposition, les fenêtres de grande taille et les parois vitrées tentent de fusionner l'espace intérieur et l'extérieur, tout au moins sur le plan visuel. Peu importe le type de fenêtre choisi, l'apparence de son châssis peut soit accentuer les limites perçues d'un espace intérieur, soit les rendre moins sensibles. De la même façon, les fenêtres intérieures peuvent donner l'impression qu'une pièce s'étend au-delà de ses limites réelles et fait partie intégrante de l'espace intérieur qui l'entoure.

LES FENÊTRES

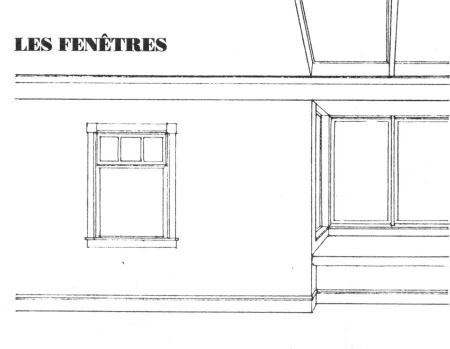

Les escaliers représentent un autre type important de transitions entre différents espaces. Ainsi, un escalier extérieur à l'entrée d'un bâtiment peut séparer le domaine privé de la voie publique et mettre en valeur un espace de transition tel un porche ou une terrasse.

Un escalier intérieur relie différents étages d'un bâtiment. La manière dont il remplit ce rôle détermine la façon dont on l'approche, l'allure qu'on adopte pour le monter ou le descendre et les choses qu'on peut faire en cours de route. Des marches profondes et peu élevées constituent parfois une invitation, tandis qu'un escalier raide et étroit peut conduire à un lieu plus privé. En séparant deux volées de marches, un palier peut servir à changer la direction d'un escalier et offrir un espace où s'arrêter, se reposer et regarder aux alentours.

Il arrive qu'un escalier occupe beaucoup d'espace. Sa forme peut néanmoins s'harmoniser à un intérieur de diverses manières. Un escalier peut ainsi occuper un espace et en être le centre d'intérêt, courir le long d'un mur ou faire le tour d'une pièce. On peut aussi parfois l'intégrer aux limites d'un espace ou le prolonger par des plateformes.

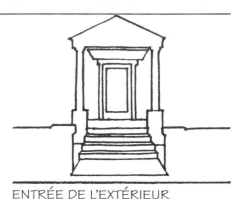

ENTRÉE DE L'EXTÉRIEUR

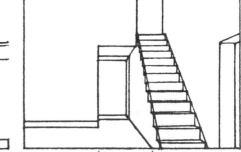

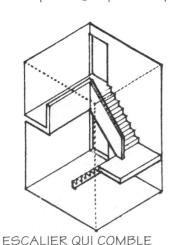

ESCALIER QUI COMBLE UN ESPACE

ESCALIER QUI LONGE UN MUR

VOIE D'ACCÈS PUBLIQUE   VOIE D'ACCÈS PRIVÉE

 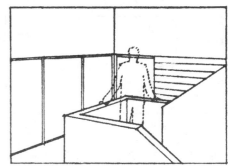

ESCALIER INTÉGRÉ À UN MUR

UN PALIER DÉGAGÉ EST INVITANT ET OFFRE UNE VUE

LA MONTÉE   LA DESCENTE

LES ESCALIERS

LA MODIFICATION DE L'ESPACE

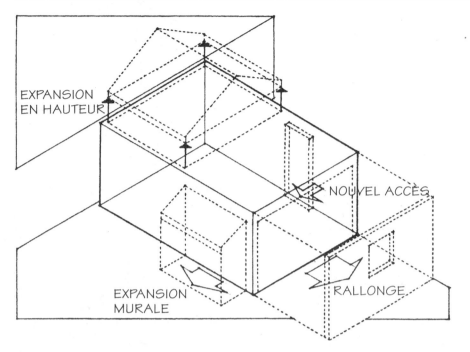

Les plans et l'aménagement prévu d'un nouvel édifice tiennent compte de la nature des activités devant s'y dérouler, des exigences spatiales liées à la forme, à l'échelle et à la lumière ainsi que des relations qu'on souhaite établir entre ses divers espaces intérieurs. Lorsqu'on veut changer la vocation d'un immeuble existant, toutefois, celui-ci doit répondre aux nouvelles exigences que cela entraîne. Sinon, on pourrait devoir en modifier les espaces intérieurs.

Les transformations envisageables se divisent en deux grandes catégories. D'un côté, on peut modifier les éléments architecturaux délimitant l'espace intérieur, ce qui engendre des transformations plus permanentes. De l'autre, on peut faire appel au design d'intérieur pour apporter des modifications et des améliorations sans toucher à la structure du bâtiment.

Une transformation architecturale entraîne d'ordinaire la suppression ou l'ajout de murs. Elle a pour but de modifier la forme et la disposition des espaces existants ou d'ajouter un espace nouveau.

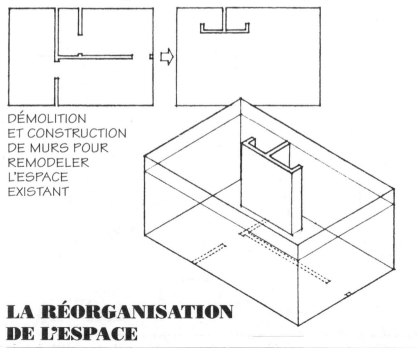

LA RÉORGANISATION DE L'ESPACE

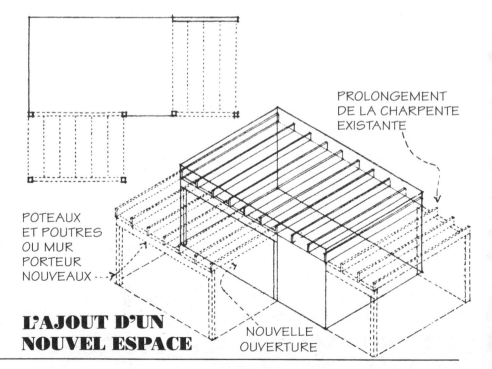

L'AJOUT D'UN NOUVEL ESPACE

On peut aussi changer la disposition des ouvertures d'un espace existant. Il arrive ainsi qu'on augmente la taille ou le nombre des fenêtres pour laisser entrer plus de lumière ou mettre un panorama en valeur. De même, on choisit parfois d'ajouter une porte ou de la déplacer pour rendre un espace plus facilement accessible ou améliorer la circulation à l'intérieur de la pièce. On peut aussi envisager de percer une grande porte dans un mur pour fusionner deux espaces contigus.

Il importe de planifier avec soin toute modification des limites matérielles d'un espace pour éviter d'affaiblir la structure du bâtiment. On peut démolir une partie d'un mur porteur à condition de lui substituer des poteaux surmontés d'une poutre en s'assurant qu'ils prennent appui sur des éléments capables de porter ces charges maintenant concentrées. De même, il est possible de pratiquer une ouverture dans un mur porteur en prenant soin d'installer un linteau pour supporter la charge du mur qui la surmonte.

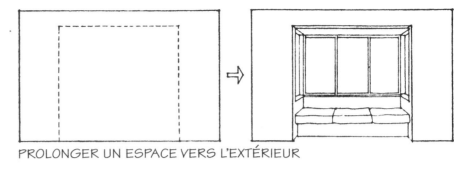

PROLONGER UN ESPACE VERS L'EXTÉRIEUR

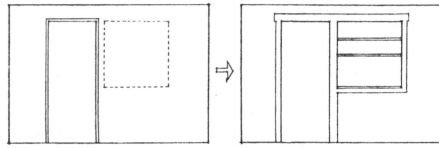

AGRANDIR UNE OUVERTURE EXISTANTE

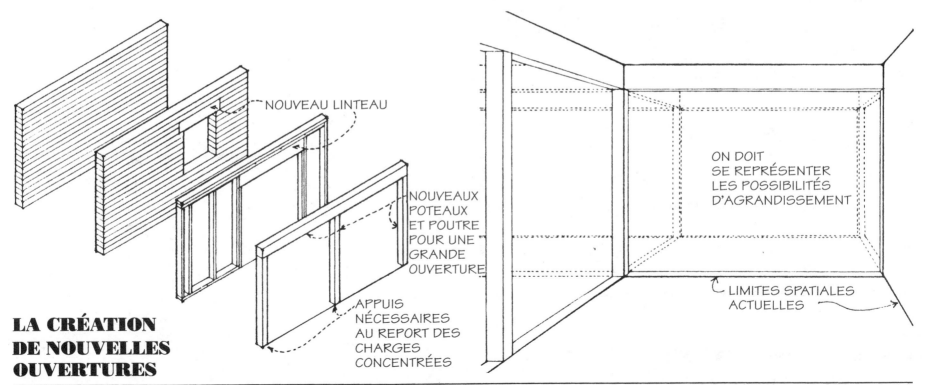

LA CRÉATION DE NOUVELLES OUVERTURES

- NOUVEAU LINTEAU
- NOUVEAUX POTEAUX ET POUTRE POUR UNE GRANDE OUVERTURE
- APPUIS NÉCESSAIRES AU REPORT DES CHARGES CONCENTRÉES
- ON DOIT SE REPRÉSENTER LES POSSIBILITÉS D'AGRANDISSEMENT
- LIMITES SPATIALES ACTUELLES

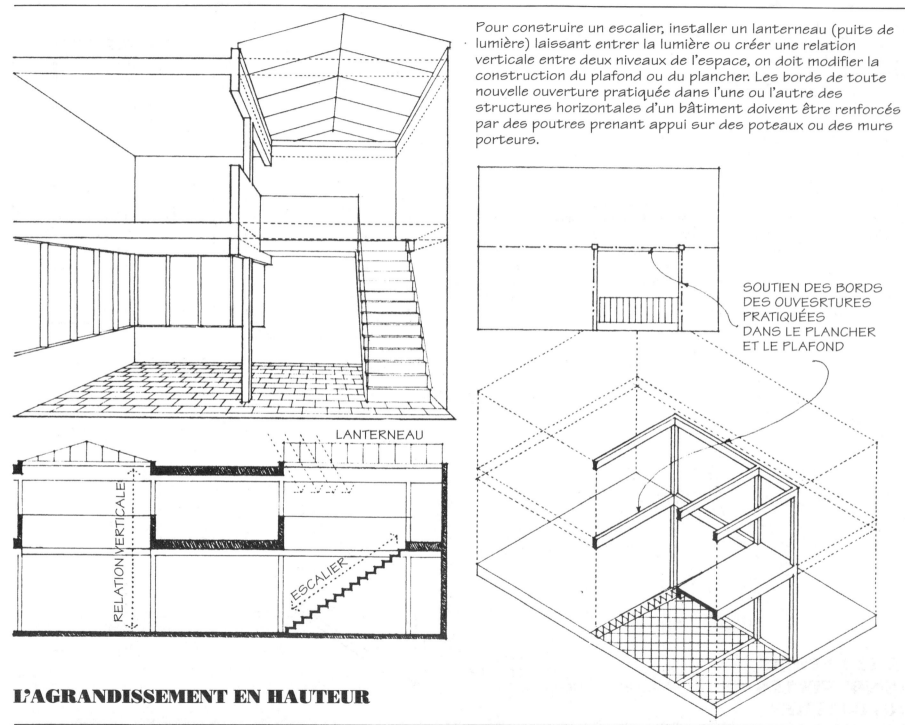

Pour construire un escalier, installer un lanterneau (puits de lumière) laissant entrer la lumière ou créer une relation verticale entre deux niveaux de l'espace, on doit modifier la construction du plafond ou du plancher. Les bords de toute nouvelle ouverture pratiquée dans l'une ou l'autre des structures horizontales d'un bâtiment doivent être renforcés par des poutres prenant appui sur des poteaux ou des murs porteurs.

SOUTIEN DES BORDS DES OUVESRTURES PRATIQUÉES DANS LE PLANCHER ET LE PLAFOND

LANTERNEAU

RELATION VERTICALE

ESCALIER

L'AGRANDISSEMENT EN HAUTEUR

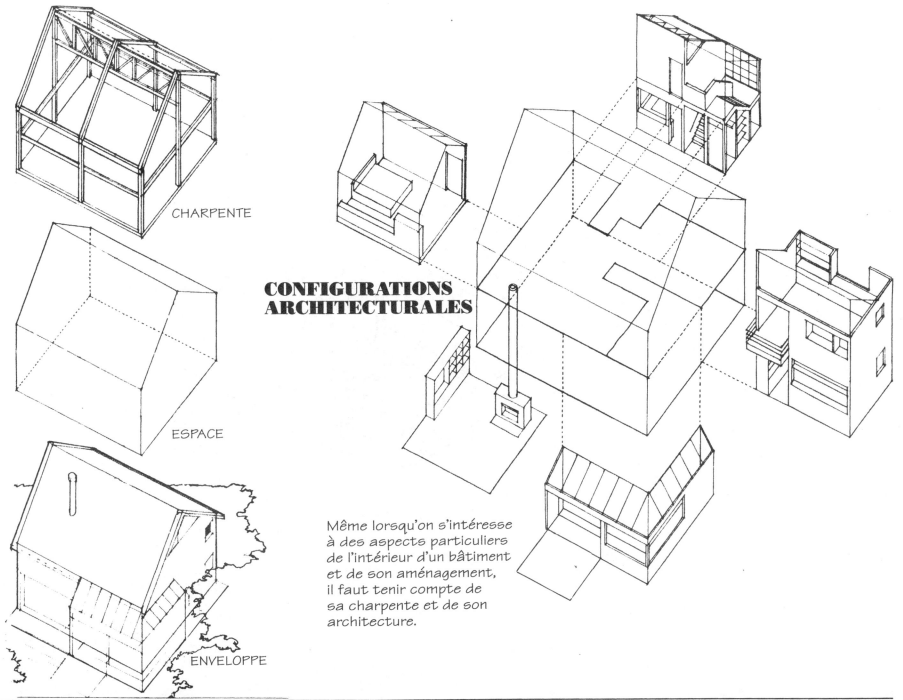

CHARPENTE

ESPACE

ENVELOPPE

CONFIGURATIONS ARCHITECTURALES

Même lorsqu'on s'intéresse à des aspects particuliers de l'intérieur d'un bâtiment et de son aménagement, il faut tenir compte de sa charpente et de son architecture.

Toute modification architecturale importante exige l'aide d'un ingénieur ou d'un architecte. On peut cependant transformer les espaces intérieurs d'un bâtiment et les mettre en valeur sans toucher à sa structure. Au lieu de modifier les limites matérielles d'un espace, on agit alors sur la manière de percevoir cet espace, de l'utiliser et de l'occuper. C'est ici qu'intervient le design d'intérieur.

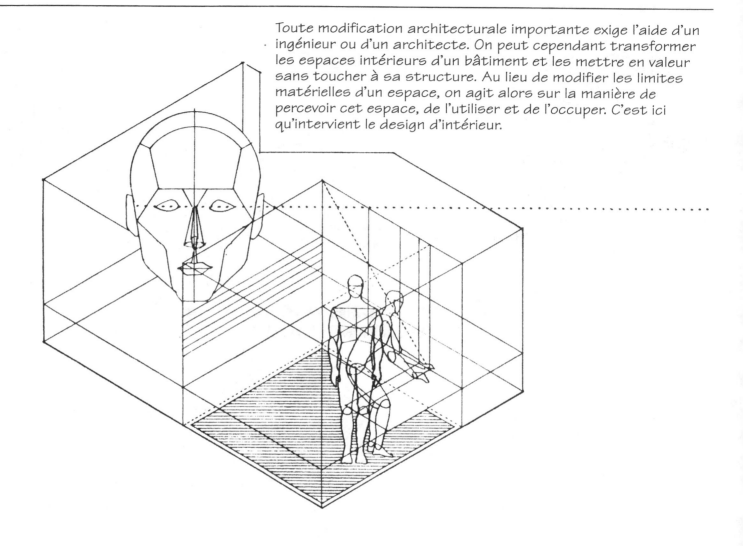

2
LE DESIGN
D'INTÉRIEUR

LE DESIGN D'INTÉRIEUR

Le rôle d'un designer consiste à organiser, à planifier et à aménager les espaces intérieurs d'un bâtiment. Tout intérieur offre un refuge et une protection, répondant ainsi à un besoin fondamental de l'homme. Il constitue en outre le cadre de certaines activités et aide à leur donner forme. En plus de soutenir les aspirations de ses occupants, il traduit leurs pensées et influe sur leur vision des choses, leur humeur et leur personnalité. Le design d'intérieur a donc pour but d'améliorer les aspects fonctionnel, esthétique et psychologique des espaces intérieurs.

Le design vise à organiser diverses parties en un tout cohérent de manière à réaliser certains objectifs. En design d'intérieur, on agence les éléments choisis dans un espace tridimensionnel en respectant certaines exigences liées à la fonction, à l'esthétique et au comportement. Les relations créées entre ces divers éléments déterminent au bout du compte les qualités visuelles et le caractère fonctionnel d'un espace intérieur. Elles influent également sur la manière dont on le perçoit et dont on l'utilise.

ÉTUDE DES BESOINS

PLANIFICATION

DESIGN

LE CONTEXTE ARCHITECTURAL

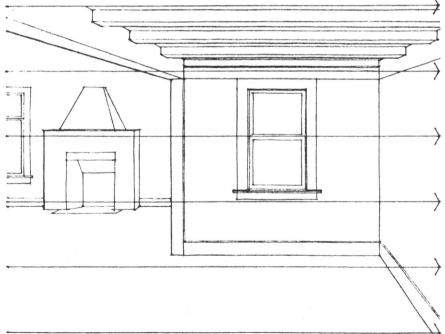

LES ÉLÉMENTS INTÉRIEURS

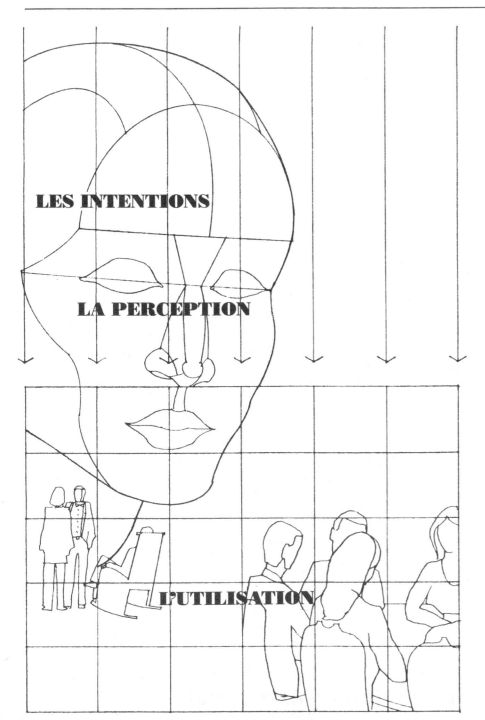

LES INTENTIONS

LA PERCEPTION

L'UTILISATION

EN UN TOUT
L'ENVIRONNEMENT INTÉRIEUR

LE PROCESSUS DE DESIGN

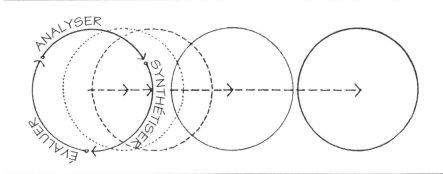

C'est par le processus de design qu'on détermine quels éléments utiliser et de quelle manière les agencer. Nous décrirons ici ce processus comme une suite d'étapes linéaire. Toutefois, il se révèle plus souvent cyclique. On reprend alors l'analyse, la synthèse et l'évaluation de l'information disponible et des solutions possibles jusqu'à ce qu'on parvienne à adapter ce qui existe à ce qu'on recherche.

L'ANALYSE

IL EST ESSENTIEL DE POUVOIR BIEN DÉFINIR ET COMPRENDRE LA NATURE DU PROBLÈME À L'ÉTUDE POUR Y APPORTER UNE SOLUTION.

QU'EXISTE-T-IL ACTUELLEMENT ?
- ☐ SE RENSEIGNER SUR LE CONTEXTE MATÉRIEL ET CULTUREL.
- ☐ DÉCRIRE LES ÉLÉMENTS EXISTANTS.
- ☐ DÉTERMINER CE QU'ON PEUT ET CE QU'ON NE PEUT PAS CHANGER.

QUE FAUT-IL RECHERCHER ?
- ☐ RECONNAÎTRE LES BESOINS ET LES PRÉFÉRENCES DES UTILISATEURS.
- ☐ ÉTABLIR DES OBJECTIFS EN CE QUI TOUCHE :
  - AUX EXIGENCES LIÉES À LA FONCTION ;
  - À L'ASPECT ESTHÉTIQUE ET AU STYLE ;
  - AU STIMULUS PSYCHOLOGIQUE ET AUX SENTIMENTS À FAIRE NAÎTRE.

QUE PEUT-ON RÉALISER ?
- ☐ DÉPARTAGER LES ÉLÉMENTS QU'ON PEUT ET QU'ON NE PEUT PAS MODIFIER.
- ☐ RECONNAÎTRE LES ÉLÉMENTS CONTRÔLABLES ET CEUX QUI NE LE SONT PAS.
- ☐ SAVOIR CE QUI EST PERMIS ET CE QUI EST INTERDIT.
- ☐ DÉFINIR LES LIMITES SUR LE PLAN TEMPOREL, ÉCONOMIQUE, LÉGAL ET TECHNIQUE.

Il importe de cerner tout d'abord le problème de design à résoudre. La définition qu'on en établit doit indiquer, entre autres, ce qu'on attend de toute solution. On devrait ici se fixer un but et des objectifs.

L'analyse du problème se fait en le décomposant, en clarifiant les questions qui s'y rattachent et en attribuant certaines valeurs à ses divers aspects. Son examen exige aussi qu'on recueille l'information pertinente pouvant aider à mieux le comprendre et à y réagir adéquatement. On y gagne à connaître dès le début les limites que toute solution devra respecter. Il importe de répartir ce qui existe entre ce qu'on peut changer et ce qui ne peut être modifié. On doit prendre note de toute contrainte (financière, légale ou technique) qui aura une incidence sur la solution.

La perception qu'on a du problème devrait se clarifier à mesure que les choses progressent. Il arrive en effet que de nouveaux renseignements obtenus intentionnellement ou par hasard changent la manière dont on perçoit ce problème et sa solution. C'est pourquoi l'analyse du problème se poursuit souvent tout au long du processus de design.

ÉNONCER DES HYPOTHÈSES ⟶   **FAIRE DES PROJECTIONS** ⟶

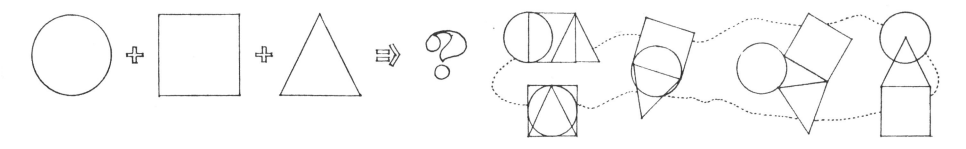

À partir de l'analyse faite du problème et de ses composantes, on peut commencer à formuler des solutions possibles. Pour ce faire, on doit synthétiser les réactions suscitées par les divers aspects du problème, c'est-à-dire les intégrer les unes aux autres en des solutions cohérentes.

Il existe plusieurs manières de générer des idées et d'en arriver par synthèse à diverses solutions possibles, soit :

- isoler un ou deux éléments qui présentent de la valeur ou de l'importance et en faire le point de départ des solutions élaborées ;

- examiner des situations analogues et s'en servir comme modèles pour formuler diverses solutions possibles ;

- trouver à certaines des composantes du problème des solutions idéales qu'on pourra combiner en un tout et réviser en fonction de ce qui existe dans les faits.

On peut difficilement élaborer une bonne solution si on n'a pas au départ beaucoup d'idées.

LA SYNTHÈSE

LE DESIGN EXIGE UNE RÉFLEXION FONDÉE SUR DES CONNAISSANCES ET UNE COMPRÉHENSION ACQUISES GRÂCE À L'EXPÉRIENCE ET AUX RECHERCHES. IL FAIT CEPENDANT UNE PLACE TOUT AUSSI IMPORTANTE À L'INTUITION ET À L'IMAGINATION, QUI AJOUTENT AU PROCESSUS RATIONNEL UN ÉLÉMENT DE CRÉATIVITÉ.

DÉFINIR LES DONNÉES DU PROBLÈME
☐ CHOISIR LES ASPECTS OU ÉLÉMENTS CLÉS ET DÉTERMINER LEUR IMPORTANCE RELATIVE.
☐ ÉTUDIER LA NATURE DES ÉLÉMENTS DE DESIGN EN CAUSE.
☐ SE REPRÉSENTER DIVERSES MANIÈRES DE LES COMBINER.

PRODUIRE DES IDÉES
☐ EXAMINER LA SITUATION À PARTIR DE DIFFÉRENTS POINTS DE VUE.
☐ DÉTERMINER COMMENT LA MODIFICATION D'UN ÉLÉMENT POURRAIT INFLUER SUR LE TOUT.
☐ CHERCHER DIVERS MOYENS DE COMBINER PLUSIEURS BONNES IDÉES EN UNE MEILLEURE.

INTÉGRER LES ÉLÉMENTS EN UN TOUT
☐

SIMULER DIVERSES POSSIBILITÉS ⟩

METTRE SES IDÉES À L'ÉPREUVE ET LES AFFINER ⟩

L'ÉVALUATION

LE DESIGN EXIGE UN EXAMEN CRITIQUE DES DIVERSES OPTIONS POSSIBLES AINSI QU'UNE ÉVALUATION APPROFONDIE DES MÉRITES ET DES FAIBLESSES DE CHACUNE. CETTE ÉTAPE DOIT PERMETTRE D'EN ARRIVER À LA SOLUTION LA MIEUX ADAPTÉE AU PROBLÈME.

COMPARER LES OPTIONS POSSIBLES
- ☐ EXAMINER CHAQUE OPTION À LA LUMIÈRE DES EXIGENCES ET DES OBJECTIFS ÉTABLIS.
- ☐ ÉVALUER LES AVANTAGES ET LES MÉRITES DE CHAQUE OPTION EN REGARD DE SES COÛTS ET DE SES FAIBLESSES.
- ☐ CLASSER TOUTES LES OPTIONS SUIVANT LEUR PERTINENCE ET LEUR EFFICACITÉ.

PRENDRE DES DÉCISIONS DE DESIGN
☐

ÉLABORER UN DESIGN ET LE RAFFINER
☐

RÉALISER CE DESIGN
☐

Il faut évaluer chacune des solutions trouvées en tenant compte des critères qu'on a établis lors de la définition du problème et qu'on a clarifiés davantage au cours de son analyse.

En revenant plusieurs fois sur le problème et en évaluant diverses solutions possibles, on devrait pouvoir limiter le nombre des choix à considérer lors de l'élaboration d'un design. Les étapes initiales du processus incitent à envisager le problème sous différents angles. Par opposition, celle de l'évaluation exige qu'on se concentre sur une solution particulière.

Une fois la décision finale prise, on doit élaborer un projet de design, le parfaire et en préparer la réalisation. On doit pour ce faire préparer des plans d'exécution et rédiger un devis descriptif, en plus de s'attarder à d'autres services liés aux achats, à la construction et à la supervision.

Le processus de design ne prend fin qu'après qu'on a déterminé si la solution mise en œuvre a bien résolu le problème. Cette évaluation critique peut permettre au designer d'accroître ses connaissances, d'améliorer son intuition et de tirer de précieuses leçons qu'il aura peut-être plus tard l'occasion de mettre en pratique.

RÉÉVALUER LE DESIGN COMPLÉTÉ

L'une des particularités du processus de design est qu'il ne débouche pas toujours sur une réponse évidente, juste et unique. De fait, il existe souvent plus d'une solution valable à un même problème. Comment peut-on alors juger un design à sa juste valeur ?

Un design donné peut plaire au designer, à son client ou aux utilisateurs de l'espace en cause pour diverses raisons, soit :

- parce qu'il remplit bien son rôle, qu'il s'avère fonctionnel ;

- parce qu'il est abordable, c'est-à-dire économique, efficace et durable ;

- parce qu'il présente une belle apparence, une certaine beauté ;

- parce qu'il fait renaître un sentiment qu'on se souvient avoir déjà éprouvé ailleurs, ce qui lui donne une signification ;

- parce qu'il semble conforme aux tendances actuelles (à la mode) ou parce qu'il fera bonne impression aux autres, devenant ainsi une source de prestige.

Comme le laisse deviner ce qui précède, tout design peut exprimer différentes choses. Certaines sont en général comprises et acceptées par le grand public, tandis que d'autres sont plus aisément perçues par des groupes particuliers. Un bon design traduit plusieurs choses, ce qui lui permet de plaire à un large éventail d'individus.

Pour qu'un design soit valable, il faut qu'on puisse en saisir la signification. Or, connaître le pourquoi des choses aide à mieux en comprendre le sens. Un design passera inaperçu ou sera jugé défavorablement s'il n'exprime aucune idée, n'a aucune signification et ne suscite aucune réaction.

LES CONSIDÉRATIONS D'IMPORTANCE EN DESIGN

Lorsqu'on définit et qu'on analyse un problème de design, on en profite pour établir des objectifs et des exigences qui permettront d'évaluer l'efficacité de toute solution. Peu importe la nature du problème à résoudre, plusieurs éléments sont à considérer.

- ## LA FONCTION ET LA RAISON D'ÊTRE

  En premier lieu, tout design doit être conforme à sa raison d'être et remplir la fonction à laquelle on le destine.

- ## L'UTILITÉ ET L'ÉCONOMIE

  En deuxième lieu, il devrait amener à choisir et à utiliser les matériaux d'une manière avantageuse, consciencieuse et économique.

- ## LA FORME ET LE STYLE

  En troisième lieu, il devrait être agréable à la vue et aux autres sens.

- ## L'IMAGE ET LA SIGNIFICATION

  En dernier lieu, il devrait projeter une certaine image et permettre à ses utilisateurs de reconnaître les liens créés entre ses divers éléments.

Le caractère fonctionnel d'un design est l'un des principaux éléments qui en font une réussite. Aucun autre aspect ne s'avère plus fondamental. On aménage ainsi les espaces intérieurs pour les rendre plus fonctionnels et faire en sorte que tout ce qu'on y accomplit soit plus facile, plus agréable et plus plaisant. Il existe bien sûr un lien direct entre le caractère fonctionnel d'un design et les intentions des utilisateurs de l'espace en cause.

On doit bien comprendre la fonction et la raison d'être d'un espace intérieur pour en assurer le respect. Il faut donc analyser avec soin les exigences de ses utilisateurs de même que celles qui sont liées aux activités qui doivent s'y dérouler. Les fiches ci-après peuvent aider un designer à reconnaître ces exigences ou besoins et à élaborer un design approprié pour ensuite l'intégrer à l'espace intérieur en cause.

1. LES EXIGENCES DES UTILISATEURS

RECONNAÎTRE LES UTILISATEURS
☐ Individu ou groupe.
☐ Taille du groupe, le cas échéant.
☐ Identité connue ou non du ou des utilisateurs.
☐ Groupe d'âge du ou des utilisateurs.
☐ ....
☐ ....

DÉTERMINER LES BESOINS
☐ Besoins collectifs.
☐ Besoins individuels particuliers.

ÉTABLIR LES EXIGENCES TERRITORIALES
☐ Espace personnel.
☐ Intimité.
☐ Interaction.
☐ Accès.

☐ Objets favoris.
☐ Couleurs préférées.
☐ Lieux de prédilection.
☐ Intérêts particuliers.
☐ ....
☐ ....

2. LES EXIGENCES LIÉES AUX ACTIVITÉS

DRESSER LA LISTE DES ACTIVITÉS PRINCIPALES ET SECONDAIRES
- ☐ Appellation et fonction de l'activité principale.
- ☐ Appellation et fonction des activités secondaires ou connexes.

ANALYSER LA NATURE DES ACTIVITÉS
- ☐ Activités passives ou actives.
- ☐ Activités bruyantes ou tranquilles.
- ☐ Activités réalisées en public, en petit groupe ou dans l'intimité.
- ☐ Degré de compatibilité des activités advenant que l'espace soit destiné à plus d'une activité.
- ☐ Fréquence d'utilisation prévue de l'espace.
- ☐ Moment(s) du jour ou de la nuit où l'espace sera utilisé.

DÉFINIR LES EXIGENCES EN CE QUI TOUCHE AUX ÉLÉMENTS CI-APRÈS
- ☐ Intimité et isolement.
- ☐ Accessibilité.
- ☐ Adaptabilité.
- ☐ Éclairage.
- ☐ Propriétés acoustiques.
- ☐ ....
- ☐ ....

3. LES EXIGENCES LIÉES AU MOBILIER

RÉPERTORIER LE MOBILIER ET LES ÉQUIPEMENTS NÉCESSAIRES À CHACUNE DES ACTIVITÉS
- ☐ Nombre, type et style :
- ☐ des sièges ;
- ☐ des tables ;
- ☐ des plans de travail ;
- ☐ des éléments de rangement et de présentation ;
- ☐ des accessoires.

- ☐ Autres équipements particuliers requis :
- ☐ appareils d'éclairage ;
- ☐ matériel électrique ;
- ☐ équipement mécanique.

DÉTERMINER LES QUALITÉS QUE DEVRAIENT PRÉSENTER LES DIFFÉRENTES PIÈCES
- ☐ Exigences sur le plan :
- ☐ du confort ;
- ☐ de la sécurité ;
- ☐ de la diversité ;
- ☐ de l'adaptabilité ;
- ☐ du style ;
- ☐ de la durabilité ;
- ☐ de l'entretien.

METTRE EN ÉVIDENCE LES DESIGNS POSSIBLES
- ☐ Regroupements fonctionnels.
- ☐ Aménagements adaptés à un usage précis.
- ☐ Aménagements flexibles.

4. L'ANALYSE DE L'ESPACE

RECUEILLIR DES DONNÉES SUR L'ESPACE EXISTANT OU PRÉVU
- ☐ Faire le relevé et tracer un plan de même que des vues en coupe et en élévation de l'espace intérieur.

ANALYSER LES CARACTÉRISTIQUES DE L'ESPACE
- ☐ La forme, l'échelle et les proportions de l'espace.
- ☐ L'emplacement des portes et autres accès de même que les voies de circulation qu'il suggère.
- ☐ Les fenêtres ainsi que la lumière, la vue et la ventilation qu'elles offrent.
- ☐ Les matériaux des murs, du plancher et du plafond.
- ☐ Les détails architecturaux d'importance.
- ☐ L'emplacement des appareils et des dispositifs électriques et mécaniques.
- ☐ Les modifications qu'il serait possible d'apporter au besoin.
- ☐ ....
- ☐ ....

5. LES EXIGENCES DIMENSIONNELLES

ÉTABLIR LES DIMENSIONS SPATIALES REQUISES
- ☐ La superficie nécessaire à chaque regroupement fonctionnel d'éléments du mobilier.
- ☐ L'espace requis pour :
- ☐ permettre l'accès aux diverses aires d'activité, les déplacements à l'intérieur de celles-ci et la circulation de l'une à l'autre ;
- ☐ accueillir le nombre de personnes voulu ;
- ☐ assurer une distance et une interaction sociales appropriées.

DÉTERMINER JUSQU'À QUEL POINT LES DIMENSIONS DE L'ESPACE CONVIENNENT AUX ACTIVITÉS PRÉVUES
- ☐ Étudier diverses manières de regrouper les activités à l'intérieur de l'espace, compte tenu de sa forme et de ses proportions au sol de même que de sa dimension verticale.

6. LES QUALITÉS RECHERCHÉES

DRESSER LA LISTE DES QUALITÉS QU'ON PEUT DONNER À L'ESPACE ET QUI RÉPONDENT AUX BESOINS OU AUX DÉSIRS, SOIT DU CLIENT, SOIT DES UTILISATEURS
- ☐ Impression, ambiance ou atmosphère.
- ☐ Image et style.

- ☐ Degré d'intimité de l'espace.
- ☐ Confort et sécurité.

- ☐ Qualité de l'éclairage.
- ☐ Centre d'intérêt et orientation de l'espace.
- ☐ Couleur et ton.

- ☐ Ambiance acoustique.
- ☐ Ambiance thermique.

- ☐ Adaptabilité.

7. LES RELATIONS SOUHAITÉES

METTRE EN ÉVIDENCE LES RELATIONS SOUHAITÉES
- ☐ Relations entre
- ☐ les aires d'activité connexes ;
- ☐ les aires d'activité et l'espace destiné à la circulation ;
- ☐ la pièce et les espaces adjacents ;
- ☐ la pièce et l'extérieur.

DÉFINIR LA RÉPARTITION VOULUE DES ACTIVITÉS
- ☐ Regrouper les activités en fonction de leur compatibilité et de leur utilité.

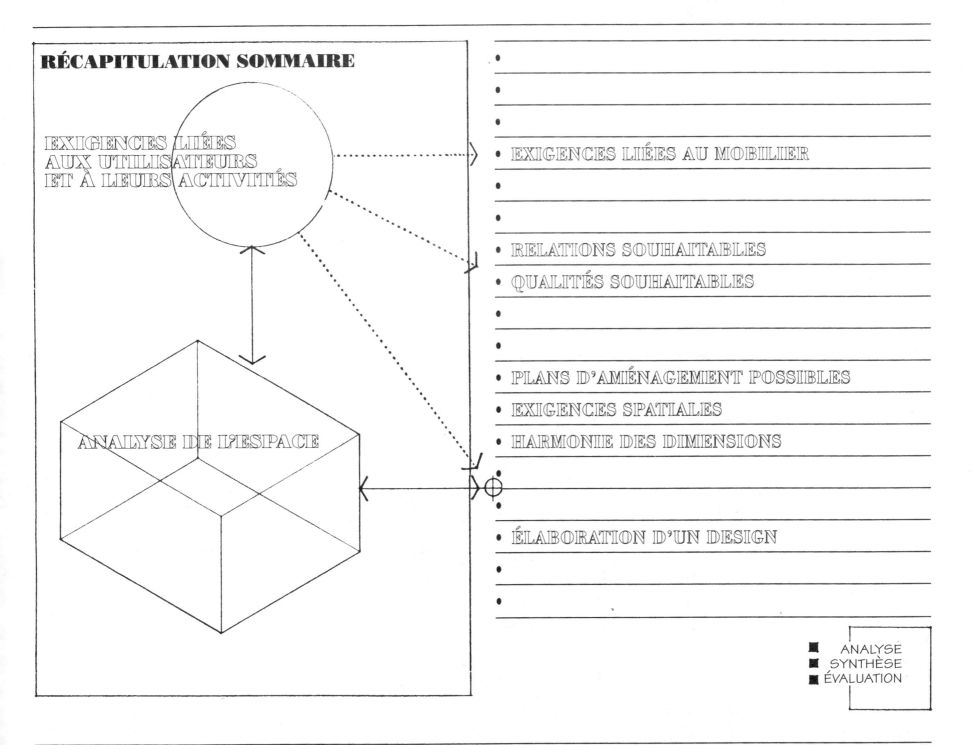

L'ÉLÉMENT HUMAIN

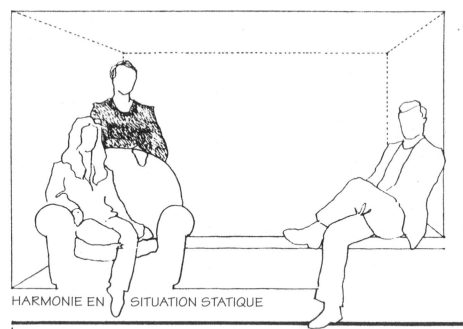

HARMONIE EN SITUATION STATIQUE

On aménage les espaces intérieurs d'un bâtiment pour que les gens puissent s'y déplacer, y accomplir certaines activités et s'y reposer. La forme et les dimensions d'un espace intérieur devraient par conséquent être adaptées à celles du corps humain.

Pareille harmonie doit exister en situation statique, par exemple lorsqu'on est assis dans un fauteuil, appuyé contre une balustrade ou installé dans un genre d'alcôve. Elle doit aussi être présente en situation dynamique, comme lorsqu'on entre dans un immeuble, qu'on monte un escalier ou qu'on passe d'une pièce à une autre. Un troisième aspect de cette harmonie touche au besoin des gens de conserver une distance sociale appropriée entre eux et de demeurer maîtres de leur espace personnel.

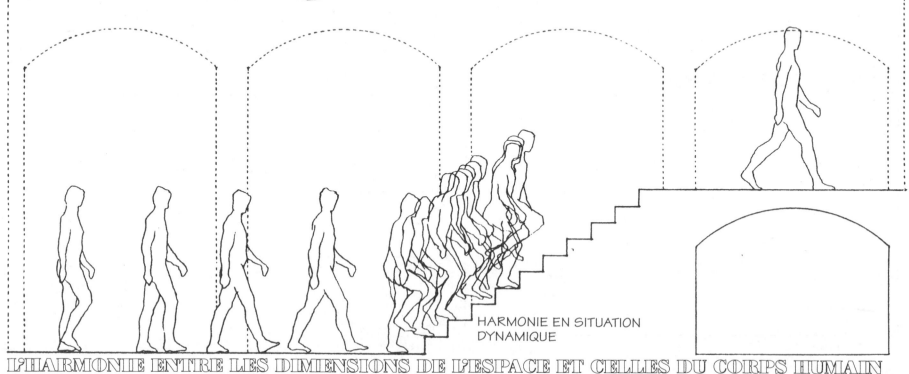

HARMONIE EN SITUATION DYNAMIQUE

L'HARMONIE ENTRE LES DIMENSIONS DE L'ESPACE ET CELLES DU CORPS HUMAIN

En plus de ses dimensions matérielles et psychologiques, tout espace présente certaines propriétés thermiques de même que des caractéristiques reliées à l'ouïe, à l'odorat et au toucher. Or, celles-ci influent sur notre perception de l'espace et nos activités.

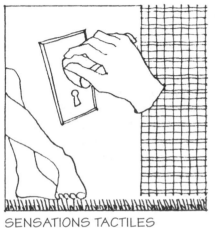
SENSATIONS TACTILES

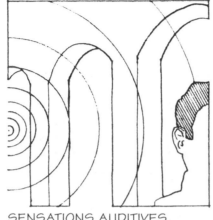
SENSATIONS AUDITIVES

SENSATIONS OLFACTIVES

SENSATIONS THERMIQUES

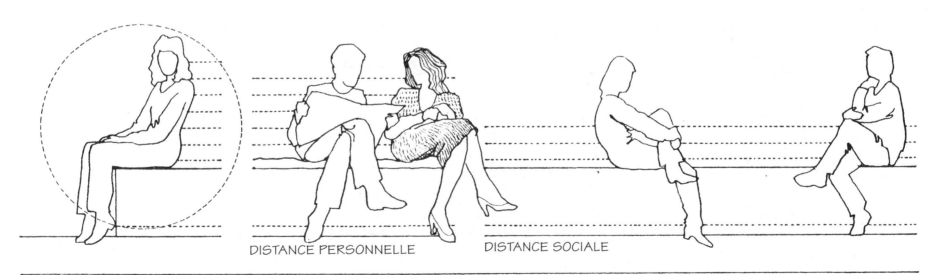
DISTANCE PERSONNELLE DISTANCE SOCIALE

L'ESPACE PERSONNEL

LES DIMENSIONS DU CORPS HUMAIN

Tant l'architecture que le design d'intérieur accordent beaucoup d'importance aux dimensions du corps humain et à la manière dont les gens perçoivent l'espace et s'y déplacent. La présente section décrit l'encombrement du corps humain dans diverses positions (debout, assise, couchée) et lors d'activités comme la marche et la montée d'un escalier. Elle fournit également des données relatives à certaines activités de groupe comme le partage d'un repas et la conversation.

Soulignons qu'il existe une différence entre les dimensions anatomiques du corps humain et son encombrement. Ce dernier résulte de la manière dont on s'y prend pour saisir un objet sur une tablette élevée, s'asseoir à table, descendre un escalier ou interagir avec d'autres personnes. Étant de nature fonctionnelle, l'encombrement varie selon la nature de l'activité en cause et le contexte social.

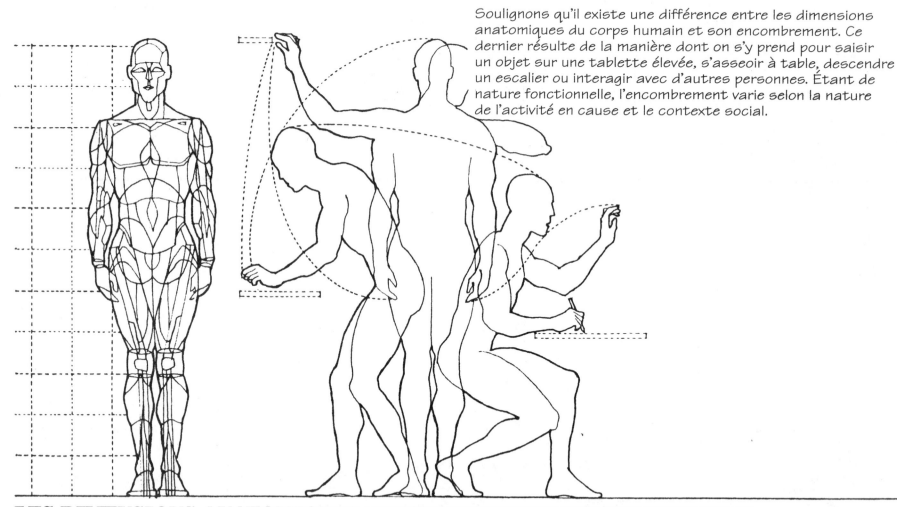

LES DIMENSIONS ANATOMIQUES ET L'ENCOMBREMENT FONCTIONNEL

Lorsqu'on utilise des tableaux de données anthropométriques ou des dessins du type présenté ici, il faut se rappeler qu'ils illustrent des dimensions moyennes qui ne s'appliquent pas nécessairement aux utilisateurs à satisfaire. Il y aura toujours des variations par rapport aux normes en raison des différences liées au sexe, à l'âge, à l'origine raciale et même à des caractéristiques individuelles.

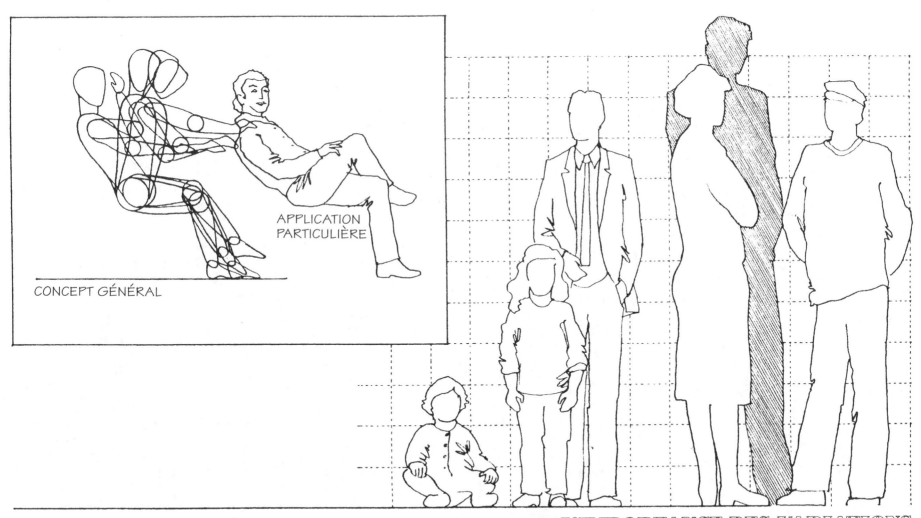

APPLICATION PARTICULIÈRE

CONCEPT GÉNÉRAL

L'IMPORTANCE DES VARIATIONS ENTRE INDIVIDUS

LES COTES D'ENCOMBREMENT DE BASE

NOTE IMPORTANTE :
Sauf indication contraire, toutes les dimensions fournies sont exprimées en pouces et, entre parenthèses, en millimètres.

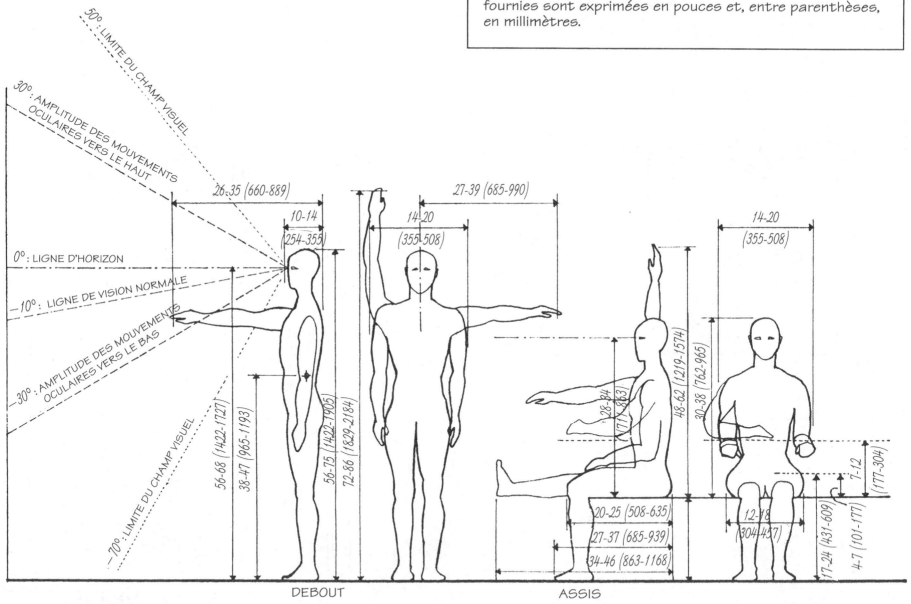

DEBOUT — ASSIS

LES DISTANCES INTERPERSONNELLES

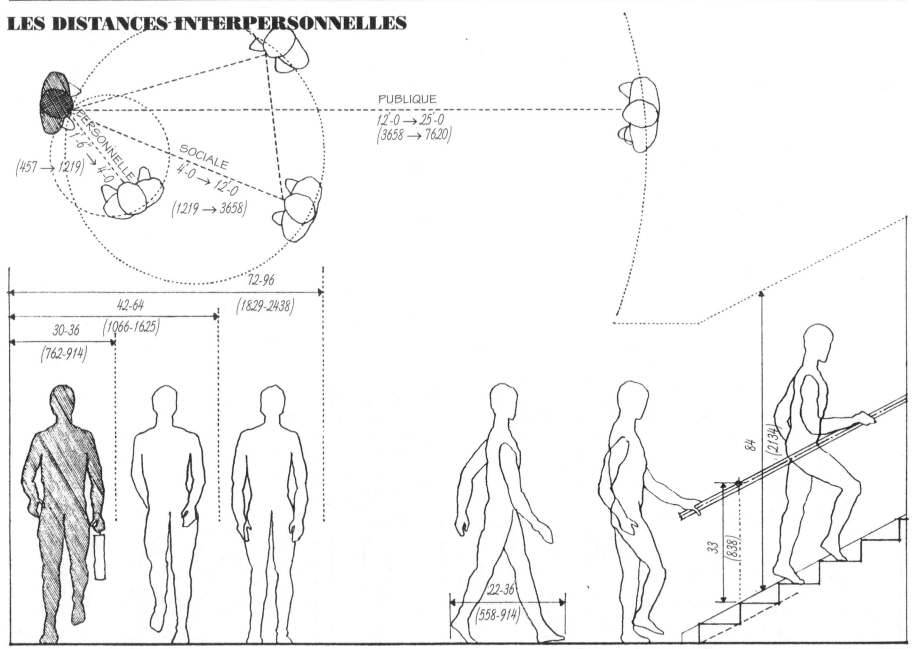

EN SITUATION DE MARCHE

DANS UN ESCALIER (voir aussi les pages 228 à 235)

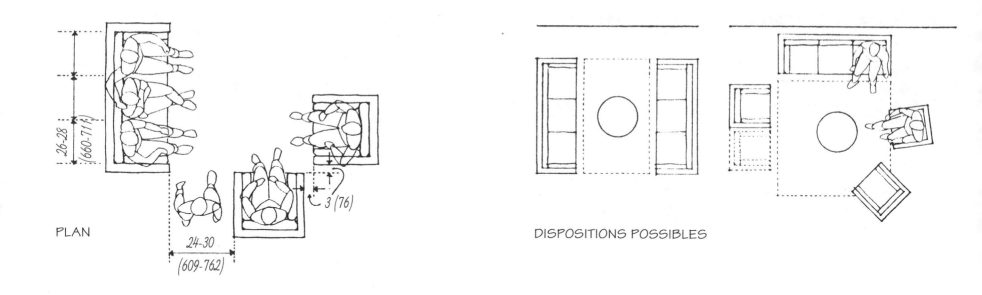

PLAN

DISPOSITIONS POSSIBLES

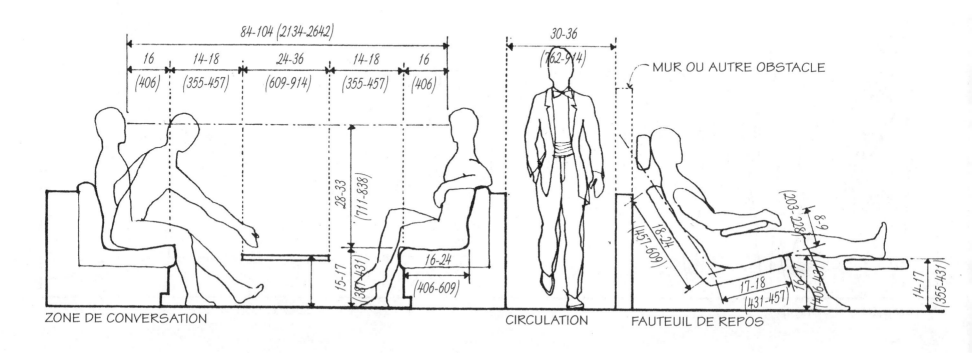

ZONE DE CONVERSATION

CIRCULATION

FAUTEUIL DE REPOS

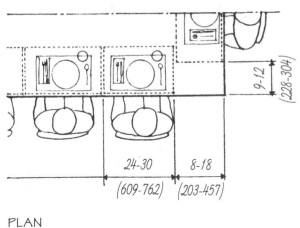

PLAN

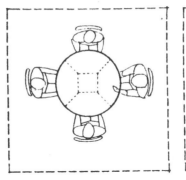
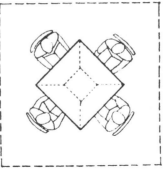
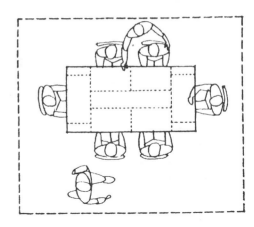

DISPOSITIONS POSSIBLES

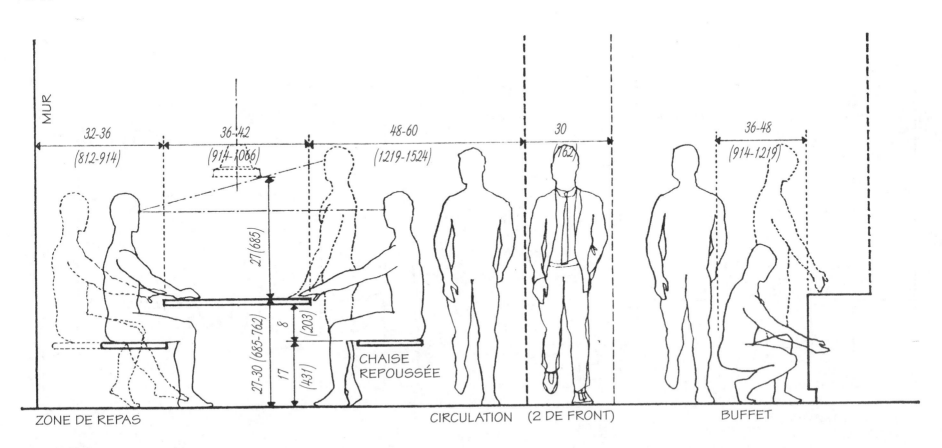

ZONE DE REPAS   CIRCULATION (2 DE FRONT)   BUFFET

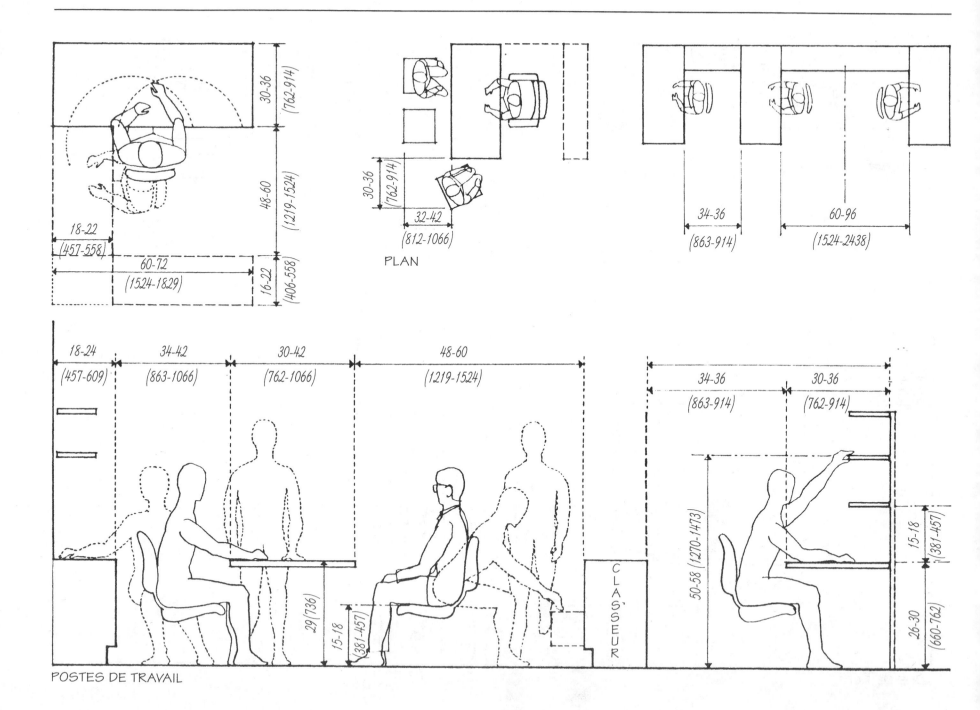

PLAN

POSTES DE TRAVAIL

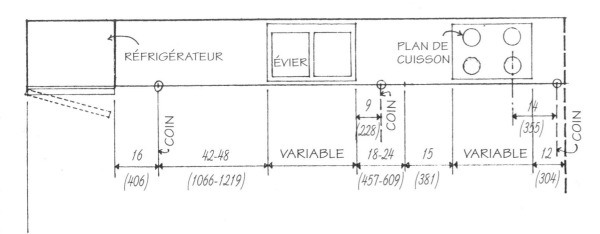

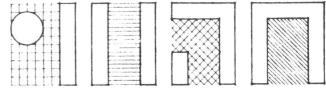

DISPOSITIONS DES PLANS DE TRAVAIL

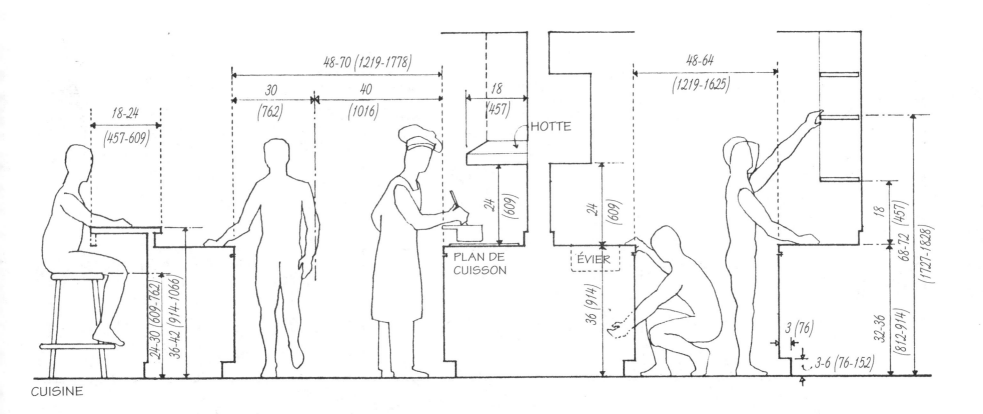

CUISINE

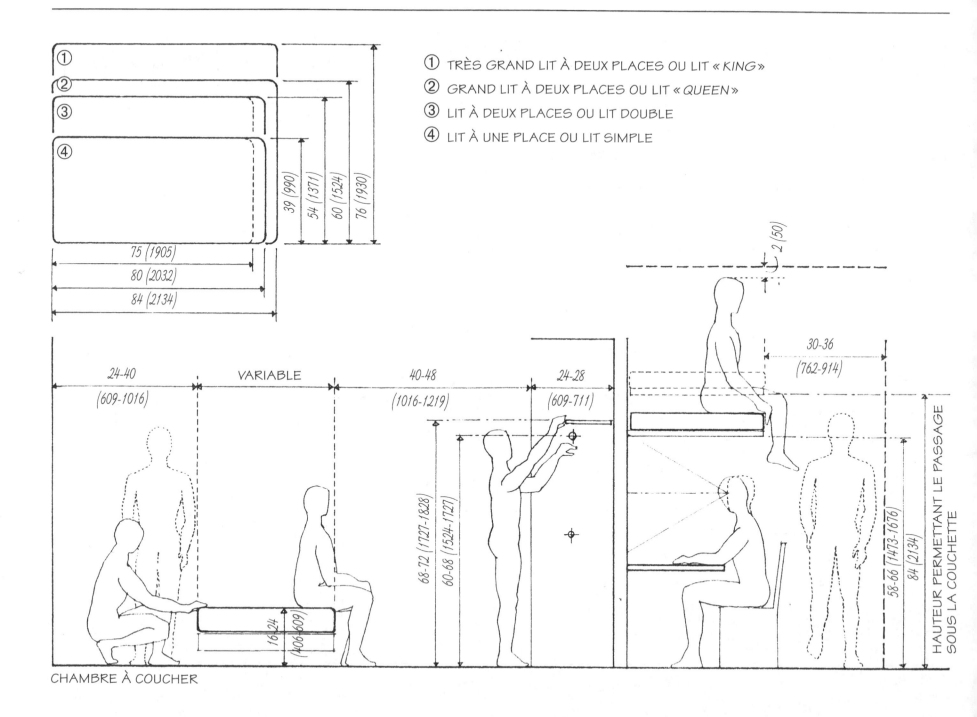

CHAMBRE À COUCHER

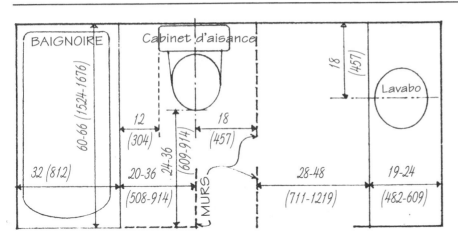

PLAN

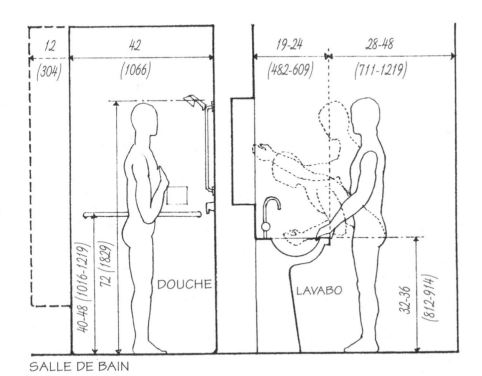

SALLE DE BAIN

HAUTEURS NORMALISÉES

8'-0 96 (2438) Plafond dans une habitation typique

89 (2261) Zone d'atteinte

7'-0 84 (2134) Porte typique dans un immeuble à bureaux

80 (2032) Porte typique dans une habitation

75 (1905) Pomme de douche

6'-0 72 (1829) Tablette élevée

64 (1625) Centre du champ visuel

5'-0

58 (1473) Thermostat

55 (1397) Objets par-dessus lesquels on peut voir

4'-0 48 (1219) Interrupteur mural

45 (1143) Barre de poussée d'une porte

42 (1066) Rampe

40 (1016) Bar

36 (914) Comptoir, poignée de porte, rampe (min.)

3'-0

31 (787) Rebord d'un lavabo

29 (736) Bureau de travail

25,5 (647) Table pour clavier

2'-0

17 (431) Siège

14 (355) Table basse

1'-0

7,5 (190) Contremarche typique

3,0 (76) Espace minimal du bout de pied

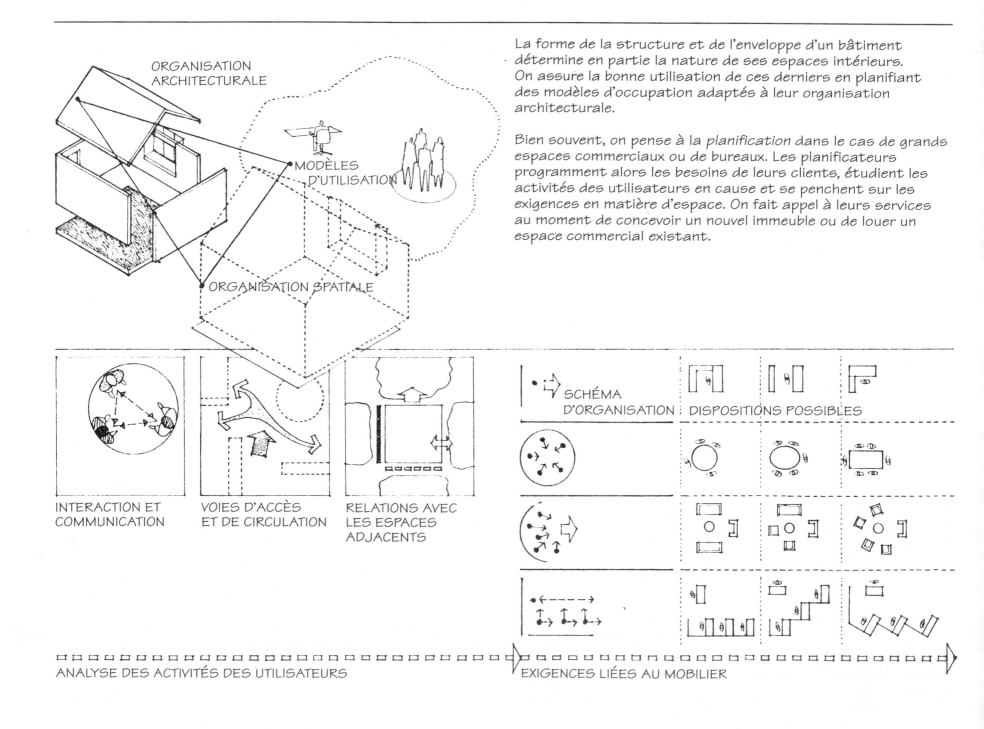

La forme de la structure et de l'enveloppe d'un bâtiment détermine en partie la nature de ses espaces intérieurs. On assure la bonne utilisation de ces derniers en planifiant des modèles d'occupation adaptés à leur organisation architecturale.

Bien souvent, on pense à la *planification* dans le cas de grands espaces commerciaux ou de bureaux. Les planificateurs programment alors les besoins de leurs clients, étudient les activités des utilisateurs en cause et se penchent sur les exigences en matière d'espace. On fait appel à leurs services au moment de concevoir un nouvel immeuble ou de louer un espace commercial existant.

Dans les faits, cependant, tous les designers d'intérieur planifient l'utilisation d'espaces commerciaux ou résidentiels plus ou moins vastes. Après avoir établi un programme de design fondé sur l'analyse des besoins de leur client ou des utilisateurs, ils doivent bien répartir les espaces disponibles ou souhaitables pour les différentes activités.

Il est possible d'évaluer la superficie des espaces nécessaires en examinant la nature de chaque activité, le mobilier et les équipements requis de même que le nombre de personnes à accueillir. On peut ensuite définir des volumes d'espace approximatifs à partir des résultats obtenus, puis les relier les uns aux autres ainsi qu'au contexte architectural pour créer un ensemble fonctionnel et esthétique.

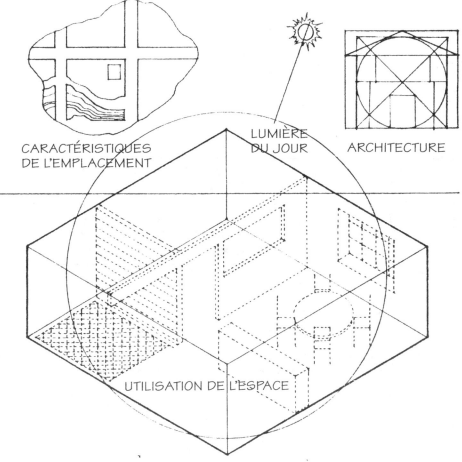

CARACTÉRISTIQUES DE L'EMPLACEMENT

LUMIÈRE DU JOUR

ARCHITECTURE

UTILISATION DE L'ESPACE

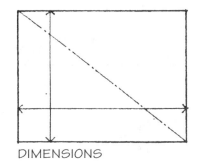

DIMENSIONS

PROPORTIONS ET ÉCHELLE

FORME ET CARACTÉRISTIQUES IMPORTANTES

ANALYSE DES ESPACES EXISTANTS OU PROPOSÉS   INTÉGRATION

LES RELATIONS ENTRE LES ACTIVITÉS

Qu'il collabore à l'aménagement d'un nouvel édifice ou qu'il planifie la rénovation d'une structure existante, tout designer tente de satisfaire les exigences liées aux activités prévues en tenant compte de l'architecture des espaces en cause. Or, il y a des activités qui doivent avoir lieu dans des espaces contigus et d'autres qu'il faut éloigner ou isoler pour qu'elles demeurent intimes. Certaines activités nécessitent par ailleurs un accès facile, tandis que d'autres obligent à un contrôle des entrées et des sorties. Il existe également des activités qui demandent une ventilation ou un éclairage naturel et d'autres qui peuvent se dérouler loin de toute fenêtre ouvrant sur l'extérieur. Enfin, certaines activités comportent des exigences précises en matière d'espace, alors que d'autres se révèlent plus facilement adaptables ou peuvent avoir lieu en un même endroit.

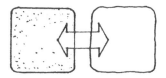

QUELLES ACTIVITÉS DEVRAIENT ÊTRE ÉTROITEMENT RELIÉES ?

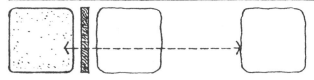

QUELLES ACTIVITÉS ISOLERA-T-ON PAR CLOISONNEMENT OU ÉLOIGNEMENT ?

QUEL EST LE DEGRÉ D'ACCESSIBILITÉ REQUIS ?

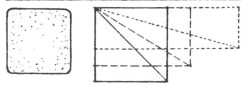

LES PROPORTIONS EXIGENT-ELLES UNE ATTENTION SPÉCIALE ?

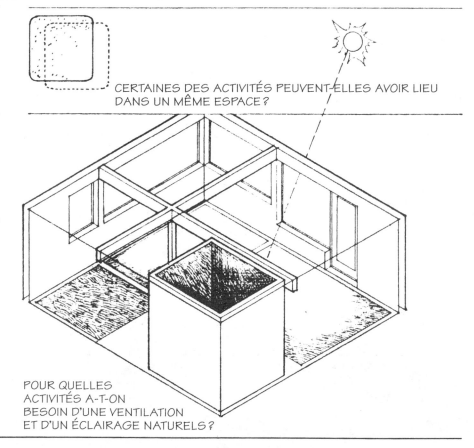

CERTAINES DES ACTIVITÉS PEUVENT-ELLES AVOIR LIEU DANS UN MÊME ESPACE ?

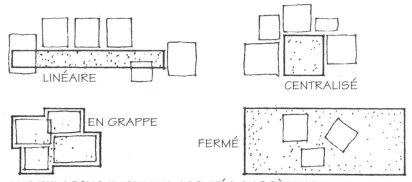

LINÉAIRE

CENTRALISÉ

EN GRAPPE

FERMÉ

LES RELATIONS ENTRE LES ACTIVITÉS SUGGÈRENT-ELLES UN MODÈLE SPATIAL PARTICULIER ?

POUR QUELLES ACTIVITÉS A-T-ON BESOIN D'UNE VENTILATION ET D'UN ÉCLAIRAGE NATURELS ?

Tout nouveau bâtiment prend forme à mesure qu'on agence ses espaces intérieurs en tenant compte de ce qui précède ainsi que de son emplacement et des structures adjacentes.

Dans le cas d'un immeuble existant, les espaces disponibles fournissent d'ordinaire des indices sur la meilleure façon de les utiliser. Par exemple, les entrées d'une pièce y définissent des voies de circulation qui la divisent en différentes zones. Certaines de ces zones peuvent s'avérer plus accessibles ou être suffisamment étendues pour servir à des activités de groupe alors que les autres ne le sont pas. Certaines d'entre elles comportent des fenêtres ou des lanterneaux (puits de lumière), tandis que les autres ne bénéficient pas d'une ventilation ou d'un éclairage naturel. Il se peut aussi que certaines parties de l'espace présentent un centre d'intérêt naturel, comme une fenêtre panoramique ou une cheminée.

HARMONISER L'ESPACE AUX BESOINS

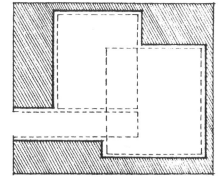

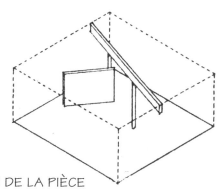

DIVISION INSPIRÉE PAR LA FORME DE LA PIÈCE OU SON ARCHITECTURE?

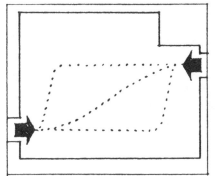

VOIES DE CIRCULATION POSSIBLES?

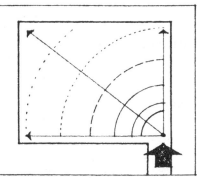

ACCESSIBILITÉ DES ZONES?

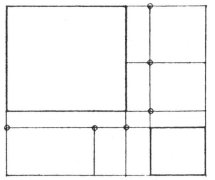

DIMENSIONS ET PROPORTIONS DES PARTIES?

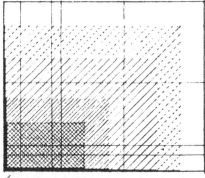

ÉCLAIRAGE NATUREL DISPONIBLE?

VUE SUR L'EXTÉRIEUR?

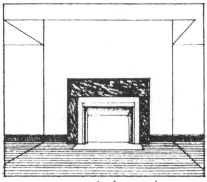

CENTRE D'INTÉRÊT INTÉRIEUR?

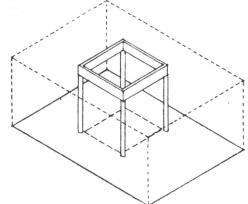

73

LES TYPES D'AMÉNAGEMENT

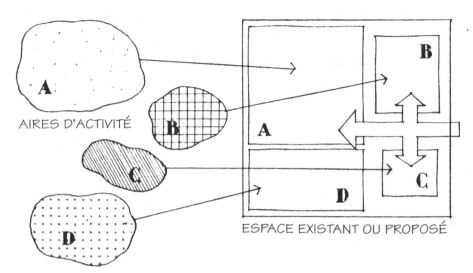

AIRES D'ACTIVITÉ

ESPACE EXISTANT OU PROPOSÉ

À partir de son analyse des activités et des espaces, un designer peut entreprendre de faire correspondre les exigences liées à chaque activité aux caractéristiques des espaces disponibles. Sa tâche consiste alors à choisir différents meubles, finis et appareils d'éclairage pour ensuite les organiser en des modèles à trois dimensions à l'intérieur des limites spatiales établies. Tout design qu'il conçoit devrait respecter certains critères liés aussi bien à la fonction qu'à l'esthétique.

LA FONCTION

- REGROUPEMENT FONCTIONNEL DES MEUBLES.
- DIMENSIONS ET ESPACES LIBRES APPROPRIÉS.
- DISTANCES SOCIALES ADÉQUATES.
- INTIMITÉ VISUELLE ET ACOUSTIQUE ACCEPTABLES.
- FLEXIBILITÉ OU ADAPTABILITÉ SUFFISANTE.
- APPAREILS D'ÉCLAIRAGE ET AUTRES ÉQUIPEMENTS ÉLECTRIQUES OU MÉCANIQUES ASSURANT LE CONFORT VOULU.

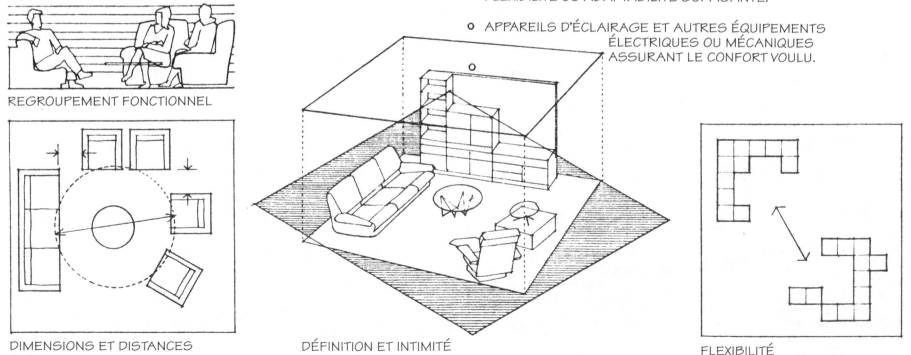

REGROUPEMENT FONCTIONNEL

DIMENSIONS ET DISTANCES

DÉFINITION ET INTIMITÉ

FLEXIBILITÉ

ÉCHELLE PAR RAPPORT À L'ESPACE

L'ESTHÉTIQUE

o ÉCHELLE APPROPRIÉE À L'ESPACE ET À LA FONCTION.

o REGROUPEMENTS VISUELS : UNITÉ ET DIVERSITÉ.

o RELATIONS PERCEPTIBLES ENTRE LE FOND ET LES FORMES.

o COMPOSITION TRIDIMENSIONNELLE : RYTHME, HARMONIE ET ÉQUILIBRE.

o ORIENTATION DES ÉLÉMENTS VERS LA LUMIÈRE, LA VUE OFFERTE OU UN CENTRE D'INTÉRÊT.

o FORME, COULEUR, TEXTURE ET MOTIF.

o

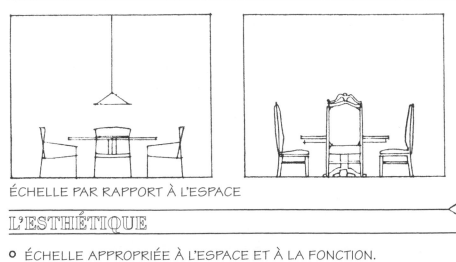

RELATIONS ENTRE LE FOND ET LES FORMES

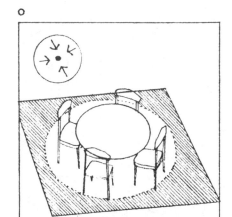 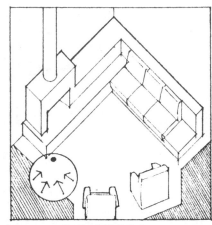  

REGROUPEMENT ET ORIENTATION   OBJETS PLACÉS DANS L'ESPACE OU S'INTÉGRANT À CELUI-CI

75

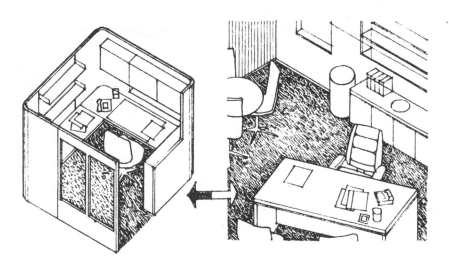

Règle générale, on peut répartir les types d'aménagement en deux grandes catégories suivant la manière d'utiliser l'espace disponible. Le premier type ajuste sur mesure la disposition du mobilier et des équipements à la nature de l'activité en cause. Cet aménagement convient en particulier lorsque l'espace est exigu ou lorsque le rendement fonctionnel revêt de l'importance. Comme il n'est pas facile de l'adapter à d'autres usages, on doit l'élaborer avec soin en fonction de l'utilisation prévue.

LES AMÉNAGEMENTS SUR MESURE

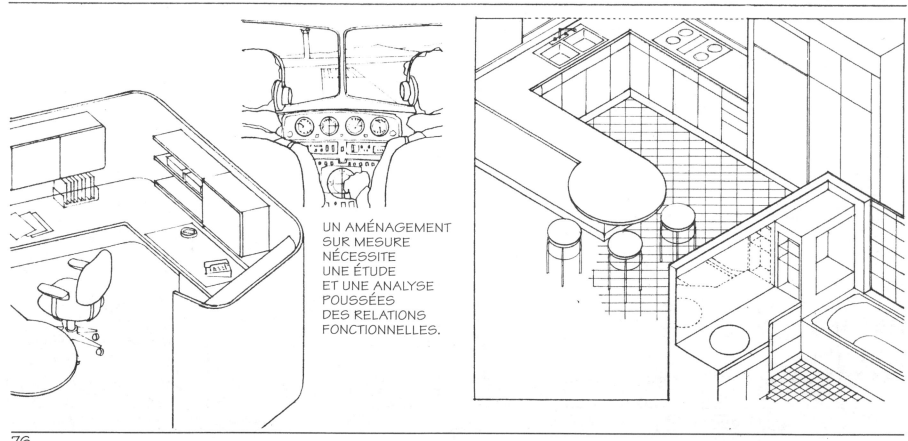

UN AMÉNAGEMENT SUR MESURE NÉCESSITE UNE ÉTUDE ET UNE ANALYSE POUSSÉES DES RELATIONS FONCTIONNELLES.

Un aménagement sur mesure fait en général appel à un ameublement modulaire dont on peut combiner les éléments de diverses façons. Souvent multifonctionnelles, les structures créées à l'aide d'un tel mobilier permettent de bien utiliser l'espace et encombrent au minimum la surface du plancher. On peut aussi recourir à un ameublement modulaire pour définir un espace à l'intérieur d'un lieu plus vaste dans le but d'y établir une plus grande intimité.

En poussant les choses à l'extrême, il est possible d'intégrer un mobilier à une pièce au moment de sa construction et d'en faire ainsi un prolongement permanent de son architecture. À l'exemple d'un ameublement modulaire, un mobilier intégré assure une utilisation efficace de l'espace, présente une apparence ordonnée et uniforme et peut contribuer à atténuer l'impression visuelle d'encombrement qui se dégage d'une pièce.

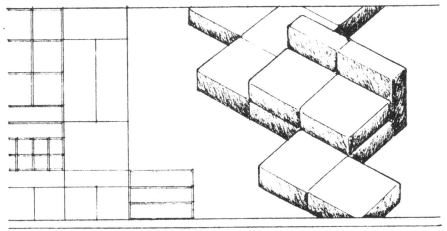

UN MOBILIER MODULAIRE = ÉCONOMIE D'ESPACE.

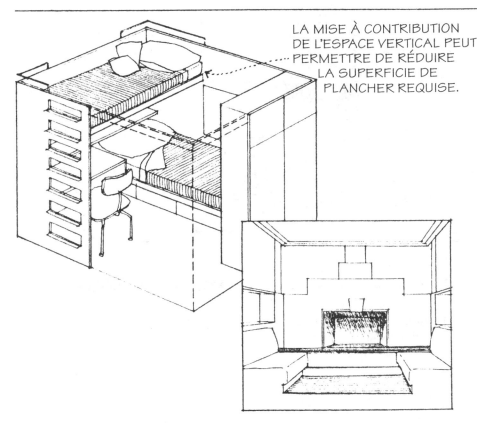

LA MISE À CONTRIBUTION DE L'ESPACE VERTICAL PEUT PERMETTRE DE RÉDUIRE LA SUPERFICIE DE PLANCHER REQUISE.

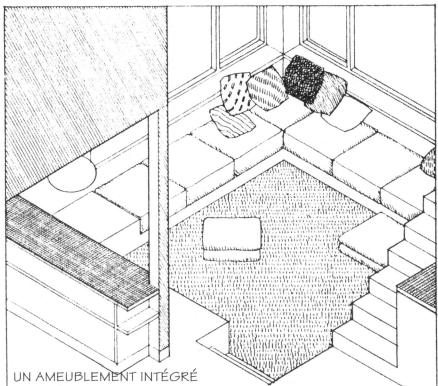

UN AMEUBLEMENT INTÉGRÉ

Plus répandu, l'autre type d'aménagement laisse plus de liberté ; ici, espace et fonction sont moins rigoureusement reliés. Cet état de choses est préférable si on désire de la flexibilité et de la diversité.

La plupart des pièces qui ont cette liberté d'aménagement peuvent servir à diverses fins, surtout lorsqu'il est facile d'en déplacer les meubles pour les agencer différemment. Le fait qu'on peut l'adapter à une utilisation ou à des circonstances nouvelles explique pourquoi on opte le plus souvent pour ce mode d'aménagement polyvalent. Il offre aussi la possibilité d'avoir à l'intérieur d'un espace des meubles de type, de taille et de style variés. Or, cette plus grande diversité permet de satisfaire aux besoins dans presque toutes les situations.

LES AMÉNAGEMENTS POLYVALENTS

UN AMÉNAGEMENT POLYVALENT EXIGE MÛRE RÉFLEXION POUR AGENCER DES FORMES TRIDIMENSIONNELLES DANS L'ESPACE.

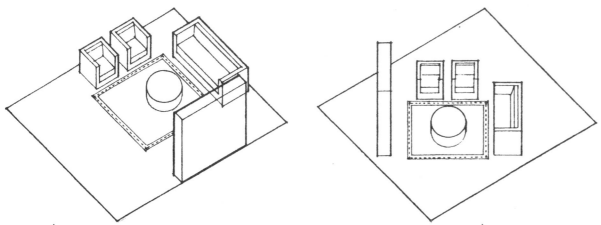

UN AMÉNAGEMENT POLYVALENT PERMET DES CHANGEMENTS QUI REFLÈTENT UNE UTILISATION OU DES CIRCONSTANCES NOUVELLES.

LES REPRÉSENTATIONS GRAPHIQUES

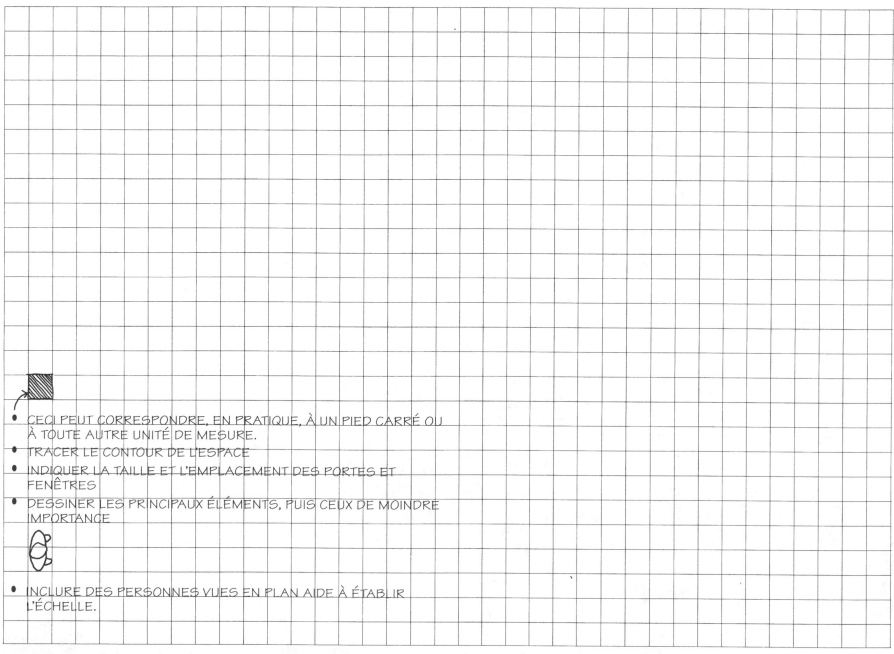

- CECI PEUT CORRESPONDRE, EN PRATIQUE, À UN PIED CARRÉ OU À TOUTE AUTRE UNITÉ DE MESURE.
- TRACER LE CONTOUR DE L'ESPACE
- INDIQUER LA TAILLE ET L'EMPLACEMENT DES PORTES ET FENÊTRES
- DESSINER LES PRINCIPAUX ÉLÉMENTS, PUIS CEUX DE MOINDRE IMPORTANCE
- INCLURE DES PERSONNES VUES EN PLAN AIDE À ÉTABLIR L'ÉCHELLE.

UNE VUE EN PLAN RÉVÈLE COMMENT SE PRÉSENTERAIT UN ESPACE INTÉRIEUR S'IL ÉTAIT COUPÉ HORIZONTALEMENT ET SI ON L'OBSERVAIT D'EN HAUT.

En design d'intérieur, les dessins s'avèrent très utiles pour visualiser différentes idées, explorer diverses options ou exposer un projet. Cette section montre des grilles représentant les principaux types de vues et de perspectives auxquels recourent les designers. On peut les utiliser comme dessins de base en les recouvrant d'un papier calque sur lequel on esquisse les possibilités envisagées. Ceci permet d'examiner ses idées, de faire la synthèse de celles qui ont du mérite et d'en évaluer les résultats.

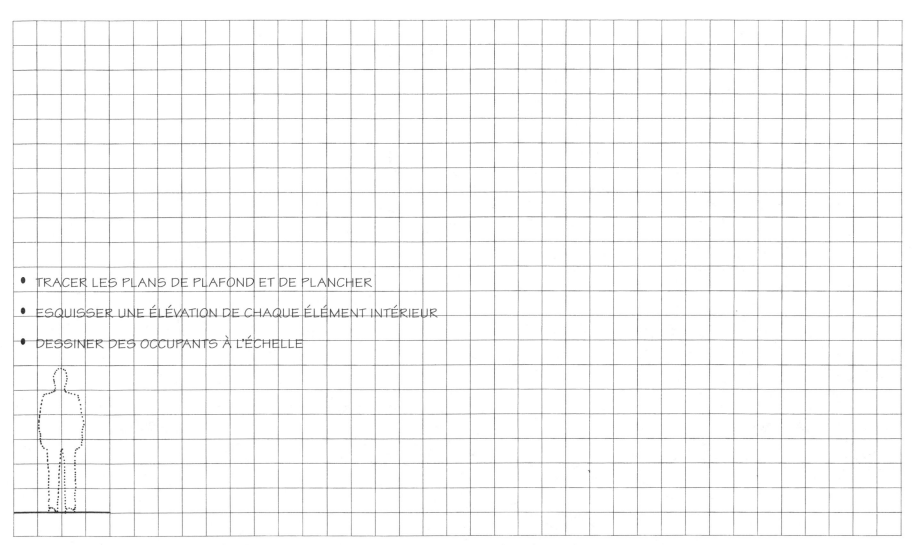

- TRACER LES PLANS DE PLAFOND ET DE PLANCHER
- ESQUISSER UNE ÉLÉVATION DE CHAQUE ÉLÉMENT INTÉRIEUR
- DESSINER DES OCCUPANTS À L'ÉCHELLE

UNE VUE EN COUPE MONTRE COMMENT SE PRÉSENTERAIT UN ESPACE INTÉRIEUR S'IL ÉTAIT COUPÉ PAR UN PLAN VERTICAL.

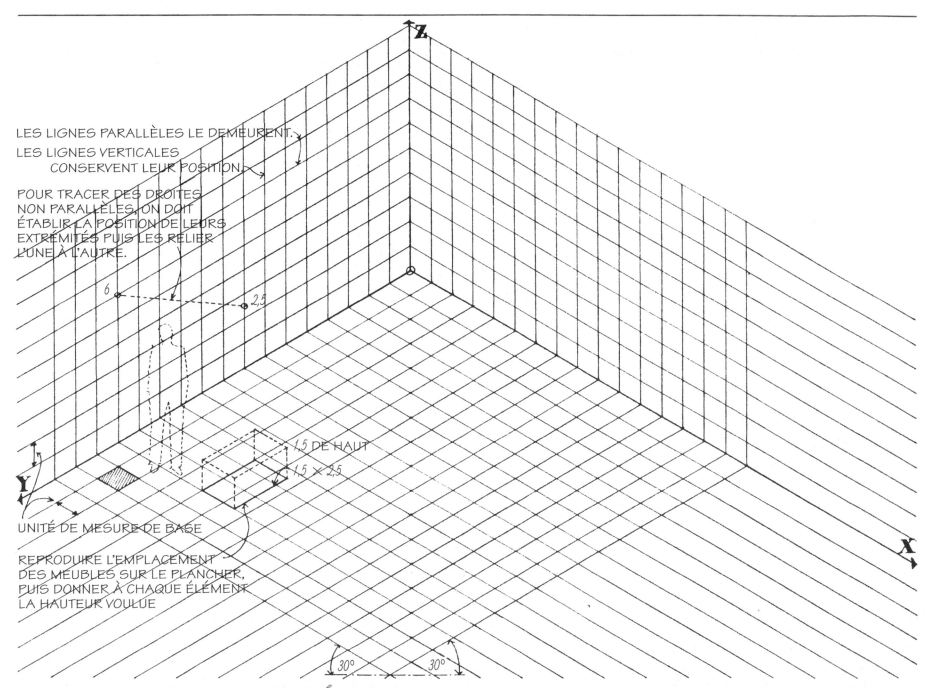

UNE VUE EN PERSPECTIVE ISOMÉTRIQUE CONSTITUE UNE REPRÉSENTATION TRIDIMENSIONNELLE D'UN ESPACE OBSERVÉ EN PLONGÉE.

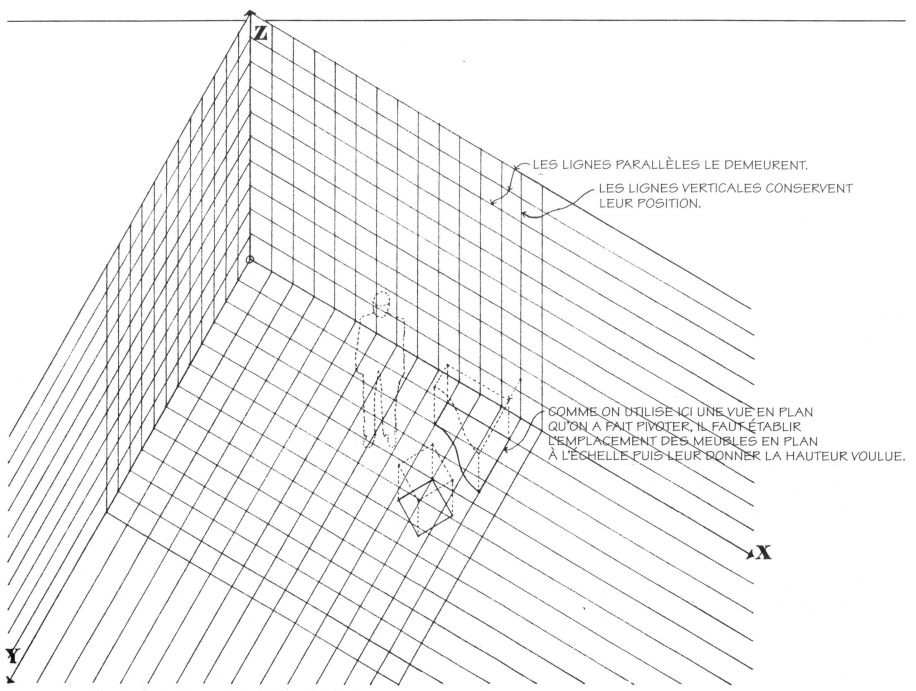

UNE VUE EN PERSPECTIVE OBLIQUE OFFRE ÉGALEMENT UNE REPRÉSENTATION GRAPHIQUE TRIDIMENSIONNELLE MAIS SE CARACTÉRISE PAR UN POINT D'OBSERVATION PLUS ÉLEVÉ.

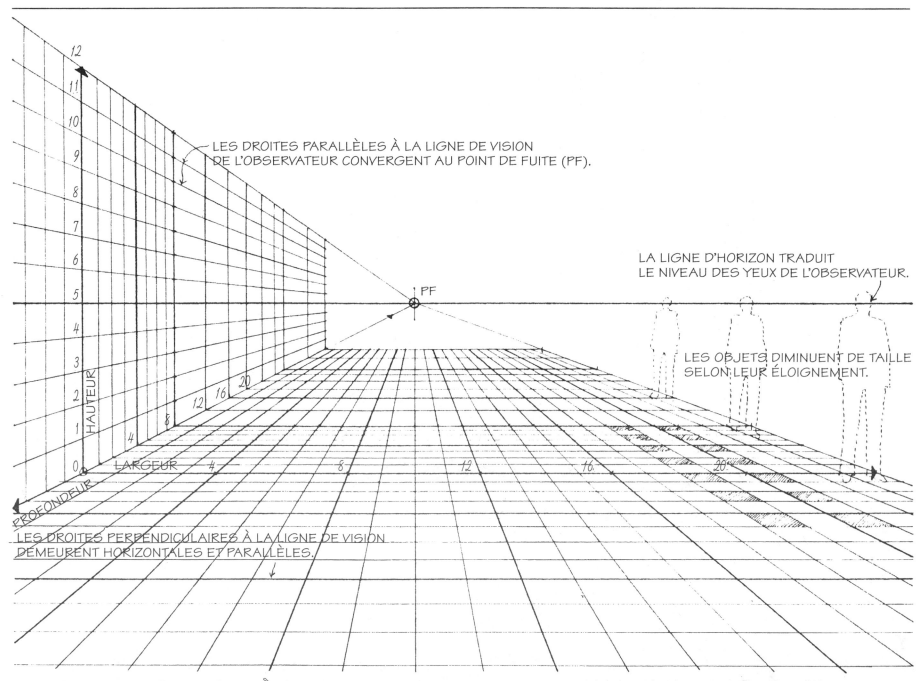

UNE VUE EN PERSPECTIVE À UN POINT DE FUITE OFFRE UNE REPRÉSENTATION TRIDIMENSIONNELLE RÉALISTE OBTENUE À PARTIR D'UN POINT PRÉCIS DE L'ESPACE.

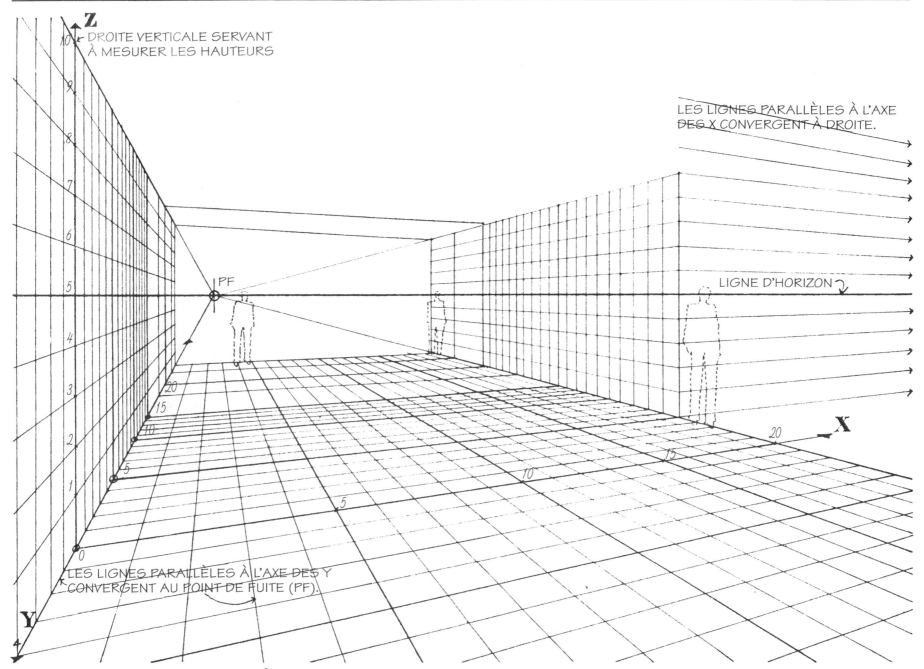

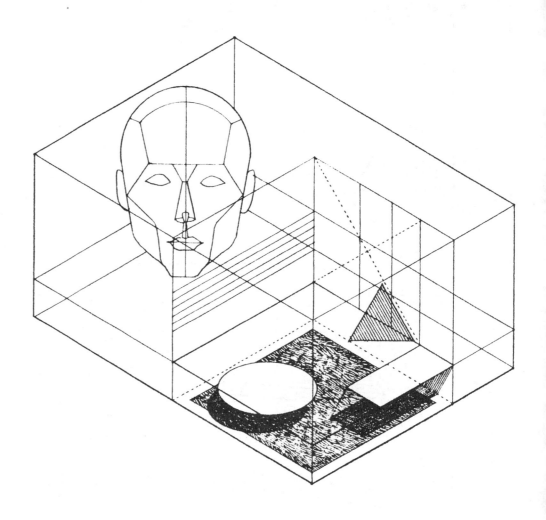

3
LE VOCABULAIRE
DU DESIGN D'INTÉRIEUR

LA PERCEPTION VISUELLE

La perception visuelle qu'on a de la forme, de la taille, de la couleur et de la texture d'un objet varie suivant les conditions optiques dans lesquelles on l'observe et les relations qu'on peut distinguer entre lui et son milieu. Ainsi, une personne ne verrait que le néant si son champ visuel ne renfermait que des éléments non différenciés. Toute variation perceptible du ton, de la couleur ou de la texture l'amènera cependant à discerner un objet ou une forme qui se détache du reste. Il lui faudra donc tout d'abord percevoir le contraste entre les objets qui occupent son champ visuel et leur arrière-plan avant de pouvoir en interpréter les lignes et la forme.

Les éléments qui semblent se détacher du fond ou de l'arrière-plan reçoivent le nom de « formes ». Ils se distinguent du fond non seulement par leur ton, mais aussi par leur forme et leur taille comparativement à celles du champ visuel de l'observateur. Tout en ayant une limite commune avec l'arrière-plan, une forme présente un contour distinct et plus reconnaissable qui amène à y voir un objet. On dit parfois que les formes constituent des éléments positifs (perceptibles) et le fond, un élément négatif ou neutre (c'est-à-dire imprécis ou indistinct).

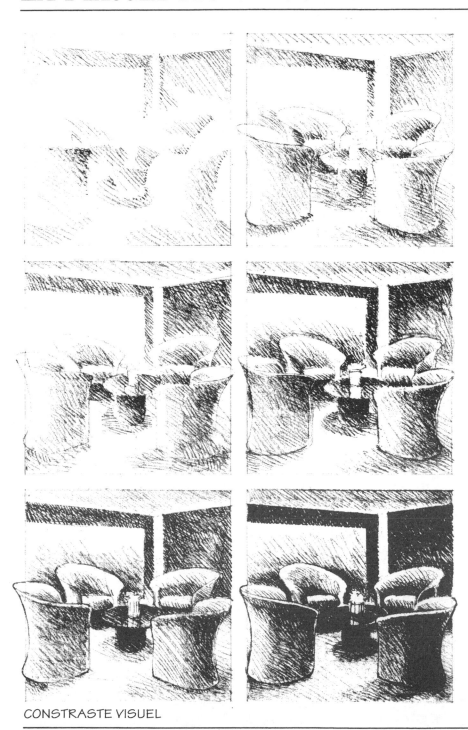

CONSTRASTE VISUEL

RELATIONS ENTRE FORMES ET FOND

On discerne le plus facilement une forme lorsqu'elle s'accompagne d'un arrière-plan étendu. Advenant qu'elle occupe au contraire une portion importante de l'espace, le fond peut acquérir une forme distincte qui interagit avec celle de l'objet. Il existe ainsi parfois une relation ambiguë entre la forme et le fond lorsque les éléments d'une composition peuvent assumer les deux rôles d'une manière successive ou simultanée.

Ce qu'on voit en réalité n'est autre qu'une image formée d'un vaste ensemble de relations du type fond-forme. Or, en design d'intérieur, ces relations existent à différentes échelles suivant le point de vue adopté.

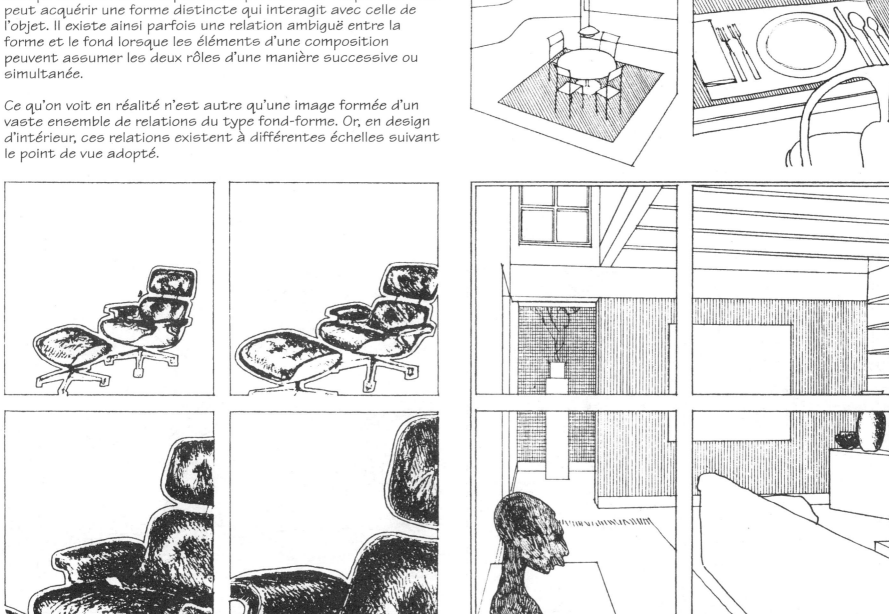

DIFFÉRENTS EXEMPLES DE RELATIONS FOND-FORME À DES ÉCHELLES VARIÉES

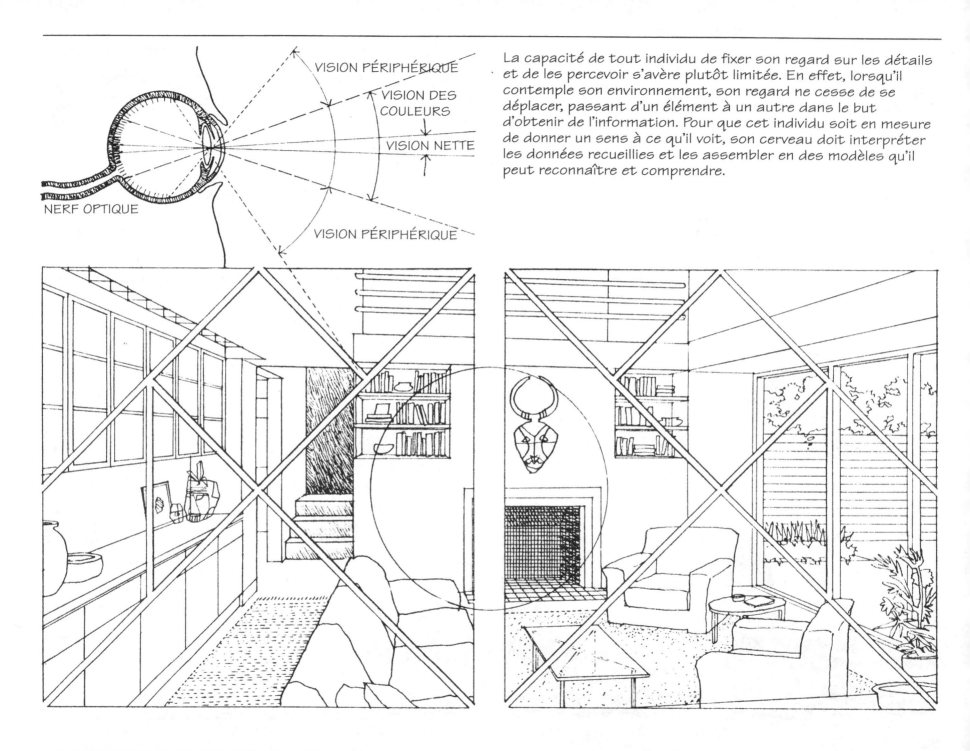

La capacité de tout individu de fixer son regard sur les détails et de les percevoir s'avère plutôt limitée. En effet, lorsqu'il contemple son environnement, son regard ne cesse de se déplacer, passant d'un élément à un autre dans le but d'obtenir de l'information. Pour que cet individu soit en mesure de donner un sens à ce qu'il voit, son cerveau doit interpréter les données recueillies et les assembler en des modèles qu'il peut reconnaître et comprendre.

Le processus normal de perception a pour but de permettre de reconnaître les objets. On parvient ainsi à identifier une chaise en la voyant si son aspect concorde avec celui d'autres sièges du même genre qu'on a vus ou utilisés par le passé. En l'examinant de près, toutefois, on pourrait aussi distinguer la forme, la taille, les proportions, la couleur, la texture et les matériaux qui la caractérisent. Cette capacité de voir davantage que la nature et l'utilité des choses revêt beaucoup d'importance pour les designers. Ceux-ci doivent sans cesse s'efforcer de reconnaître et de garder à l'esprit les caractéristiques visuelles particulières des différents objets de même que la façon dont elles interagissent pour conférer à tout environnement visuel ses qualités esthétiques.

LES CARACTÉRISTIQUES VISUELLES

VOCABULAIRE DU DESIGN D'INTÉRIEUR

FORME
COULEUR
TEXTURE
LUMIÈRE
PROPORTION
ÉCHELLE

ÉQUILIBRE
HARMONIE
UNITÉ ET DIVERSITÉ
RYTHME
ACCENTUATION

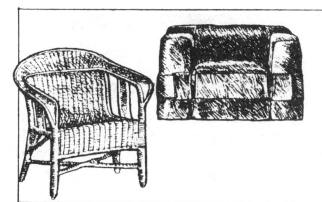

LES FIGURES GÉOMÉTRIQUES

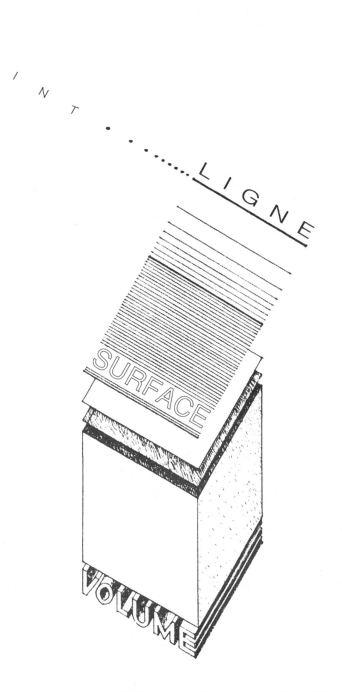

Toute forme ou figure tire son origine d'un point. En se déplaçant, ce dernier engendre une ligne, laquelle traduit une première dimension. Lorsque cette ligne prend une orientation autre que celle qu'elle avait initialement, elle définit une surface, soit une figure à deux dimensions. Si on prolonge cette surface perpendiculairement ou obliquement, elle délimite alors un volume, lequel présentera trois dimensions.

Le point, la ligne, la surface et le volume constituent ainsi les principales manifestations d'une forme. Dans la réalité, toute forme visible comporte trois dimensions. Au moment de la décrire, on différencie les éléments énumérés plus haut suivant leur longueur, leur largeur et leur profondeur relatives déterminées par les proportions et l'échelle.

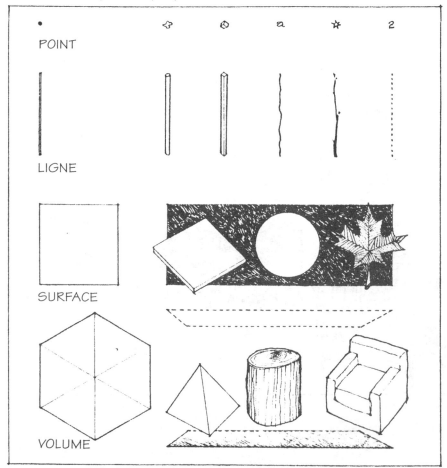

Un point met en évidence un endroit précis de l'espace. Sur le plan conceptuel, il n'a ni longueur, ni largeur, ni profondeur, ce qui le rend statique et le prive de toute orientation. Comme premier élément à l'origine de la forme, il peut marquer l'extrémité d'une ligne, l'intersection de deux lignes ou le sommet d'un angle formé soit par les limites d'une surface soit par les arêtes d'un volume.

La manifestation visible d'un point consiste le plus souvent en une forme circulaire relativement petite par rapport au champ où elle se trouve. D'autres formes peuvent aussi être assimilées à un point si elles sont assez petites, compactes et statiques.

Lorsqu'il occupe le centre d'un espace, tout point est stable et au repos, en plus d'inciter à disposer d'autres éléments autour de lui. Même excentré, il conserve cette capacité mais devient plus dynamique, une tension visuelle se créant entre lui et le champ où il se trouve. Une forme inspirée d'un point, tel cercle ou sphère, engendre aussi une organisation centrée sur elle.

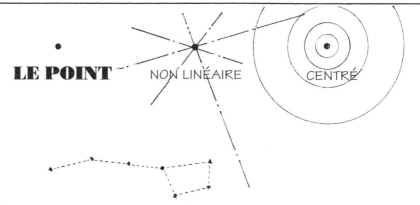
LE POINT — NON LINÉAIRE — CENTRÉ

UN ENSEMBLE DE POINTS DÉFINIT DES LIGNES ET DES MOTIFS.

LES FORMES RELATIVEMENT PETITES APPARAISSENT COMME DES POINTS.

LES FORMES INSPIRÉES DU POINT (CERCLE ET SPHÈRE), ENGENDRENT UNE ORGANISATION CENTRÉE SUR ELLES.

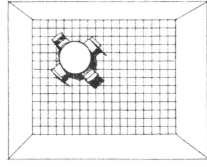

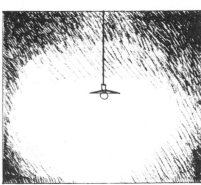

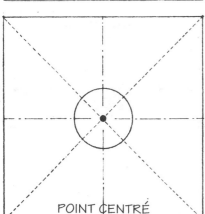
POINT CENTRÉ

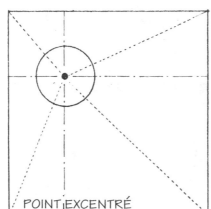
POINT EXCENTRÉ

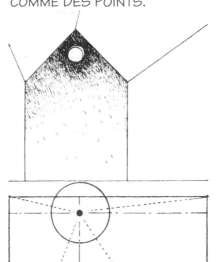
POINT RENFORCÉ

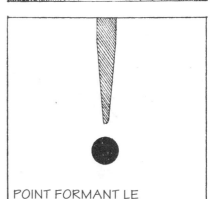
POINT FORMANT LE CENTRE D'INTÉRÊT

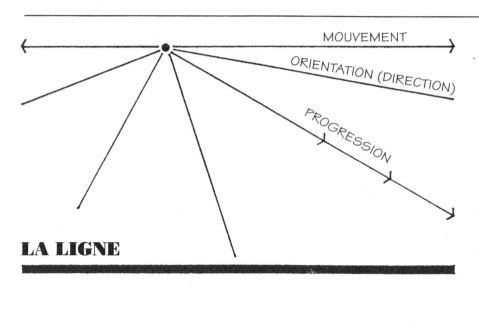

LA LIGNE

En prolongeant un point, on crée une ligne. Sur le plan conceptuel, cette dernière n'a qu'une seule dimension, sa longueur. Dans les faits, toute ligne a aussi une épaisseur, mais sa longueur en constitue la dimension dominante. Au contraire d'un point, qui est statique et sans orientation, une ligne peut exprimer une idée de mouvement, de direction et de progression.

En tant que formes visibles, les lignes peuvent différer par leur poids et leur nature. Qu'elles soient épaisses ou fines, droites ou courbes, gracieuses ou irrégulières, elles doivent leur caractère visuel à la manière dont on perçoit leur proportion longueur-largeur, leur profil et leur degré de continuité.

Notons que deux points peuvent également suggérer la présence d'une ligne. Mieux encore, la simple répétition d'éléments semblables à intervalles suffisamment rapprochés peut constituer une ligne ayant une certaine texture.

on peut voir ceci comme une ligne ayant une texture particulière.

LIGNES DONT L'ÉPAISSEUR, LE PROFIL ET LA TEXTURE VARIENT

Une ligne droite dénote la tension qui existe entre deux points. On lui reconnaît entre autres caractéristiques importantes une orientation. Ainsi, une droite horizontale peut soit exprimer la stabilité ou le repos, soit représenter la surface sur laquelle on se tient ou on se déplace. Par opposition, une droite verticale indique parfois un état d'équilibre avec la force que constitue l'attraction terrestre.

Les lignes diagonales s'écartent aussi bien de l'horizontale que de la verticale. On peut les juger ascendantes ou descendantes. Dans l'un ou l'autre cas, elles impliquent un mouvement et se révèlent actives aussi bien que dynamiques sur le plan visuel.

Une ligne courbe traduit un déplacement que des forces latérales font dévier et tend à exprimer un mouvement fluide. Suivant son orientation, elle peut donner un sentiment d'élévation ou une impression de solidité et d'attachement à la terre. De petites courbes dénotent parfois l'espièglerie ou la vitalité.

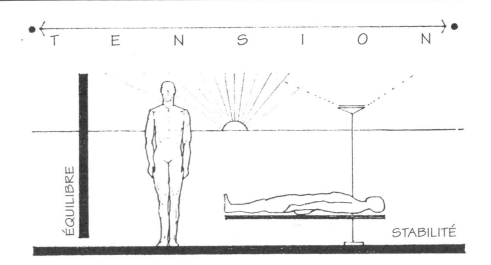

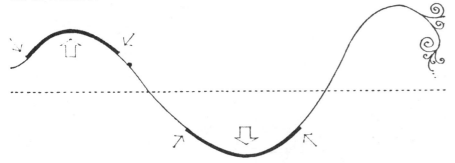

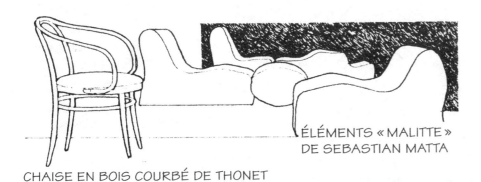

ÉLÉMENTS « MALITTE » DE SEBASTIAN MATTA

CHAISE EN BOIS COURBÉ DE THONET

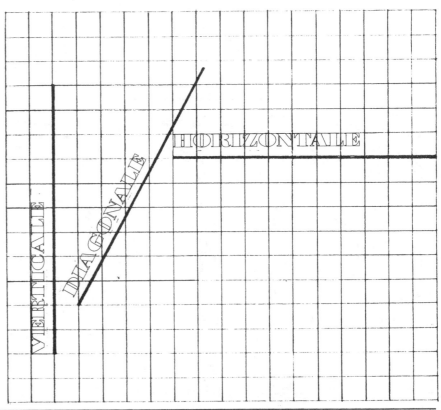

95

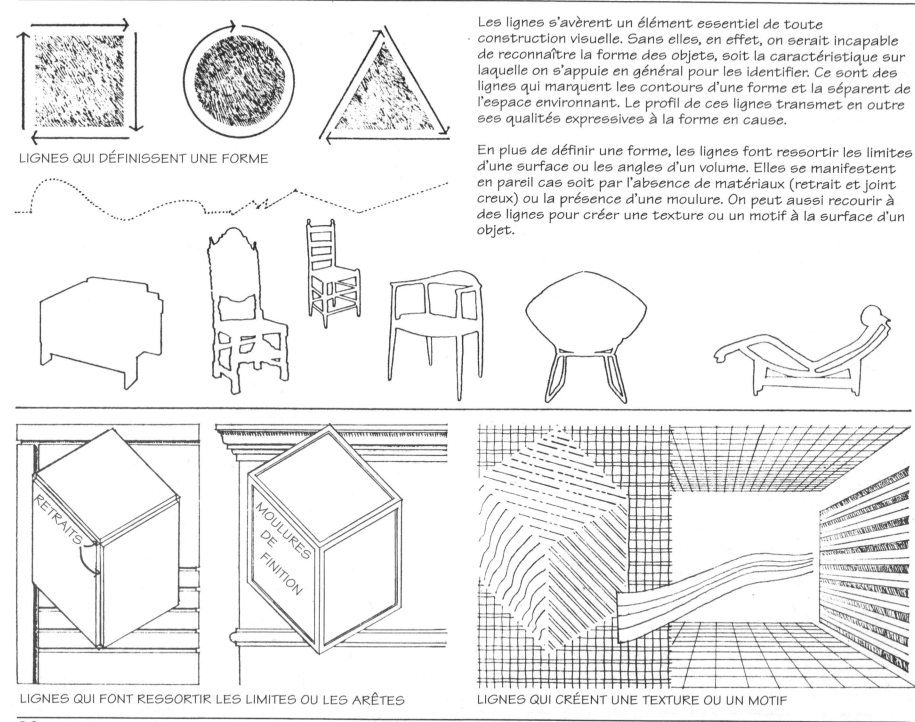

Les lignes s'avèrent un élément essentiel de toute construction visuelle. Sans elles, en effet, on serait incapable de reconnaître la forme des objets, soit la caractéristique sur laquelle on s'appuie en général pour les identifier. Ce sont des lignes qui marquent les contours d'une forme et la séparent de l'espace environnant. Le profil de ces lignes transmet en outre ses qualités expressives à la forme en cause.

En plus de définir une forme, les lignes font ressortir les limites d'une surface ou les angles d'un volume. Elles se manifestent en pareil cas soit par l'absence de matériaux (retrait et joint creux) ou la présence d'une moulure. On peut aussi recourir à des lignes pour créer une texture ou un motif à la surface d'un objet.

LIGNES QUI DÉFINISSENT UNE FORME

LIGNES QUI FONT RESSORTIR LES LIMITES OU LES ARÊTES

LIGNES QUI CRÉENT UNE TEXTURE OU UN MOTIF

Les éléments linéaires servent par tradition à fournir un support vertical, à obtenir une portée, à créer une impression de mouvement à travers l'espace et à définir les limites d'un volume. Il en va ainsi tant au niveau de l'architecture que des espaces intérieurs et de leur ameublement.

Dans le cadre du processus de design, on utilise des lignes simplement à titre de mécanismes régulateurs pour exprimer certaines relations et établir des motifs parmi les éléments d'un intérieur.

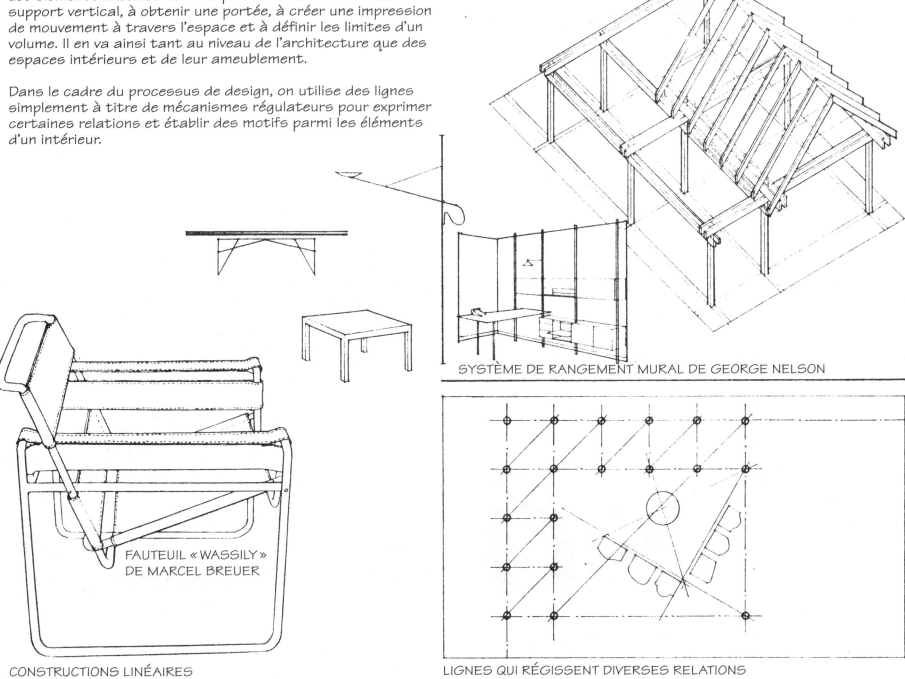

SYSTÈME DE RANGEMENT MURAL DE GEORGE NELSON

FAUTEUIL « WASSILY » DE MARCEL BREUER

CONSTRUCTIONS LINÉAIRES

LIGNES QUI RÉGISSENT DIVERSES RELATIONS

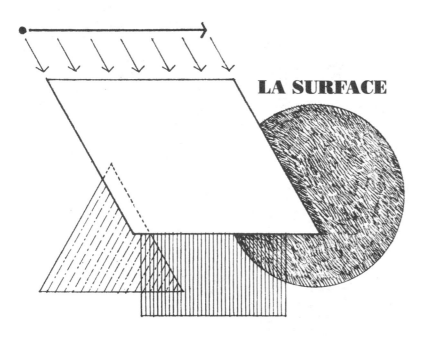

LA SURFACE

Toute ligne qui change de direction en un point quelconque définit une surface. Du point de vue conceptuel, une surface a deux dimensions : elle comporte une longueur et une largeur, mais n'a pas d'épaisseur. Dans la réalité, toutefois, la longueur et la largeur d'une surface dominent l'épaisseur qu'elle doit avoir pour être visible.

La forme d'une surface en constitue la caractéristique première. Elle résulte du profil des lignes qui en marquent les limites. Comme la perspective peut fausser la perception qu'on a d'une surface, on ne peut en voir la forme véritable que si on l'observe d'un point qui lui est perpendiculaire.

En plus de leur forme, les surfaces se distinguent par certaines qualités visuelles importantes liées aux matériaux qui les composent ainsi qu'à la couleur, à la texture et au motif qu'elles présentent. Ces caractéristiques influent sur :

- le poids visuel et la stabilité visuelle d'une surface ;
- la perception qu'on a de sa taille, ses proportions, sa position dans l'espace ;
- la quantité de lumière qu'elle réfléchit ;
- les sensations tactiles qu'elle engendre ;
- les propriétés acoustiques qu'elle démontre.

LA FORME EST LA PRINCIPALE CARACTÉRISTIQUE D'UNE SURFACE.

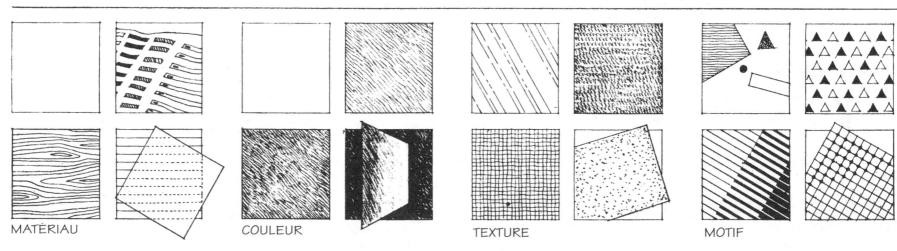

MATÉRIAU   COULEUR   TEXTURE   MOTIF

LES AUTRES CARACTÉRISTIQUES DES SURFACES

Les surfaces sont des éléments fondamentaux en architecture et en design d'intérieur. Ainsi, les planchers, les murs et les plafonds (ou le toit) d'un bâtiment entourent et définissent des volumes. Leurs caractéristiques visuelles particulières et les relations spatiales existant entre eux déterminent la forme et la nature des espaces tridimensionnels qu'ils délimitent. On peut en outre affirmer que les meubles et les autres éléments contenus dans un intérieur se composent eux aussi de surfaces.

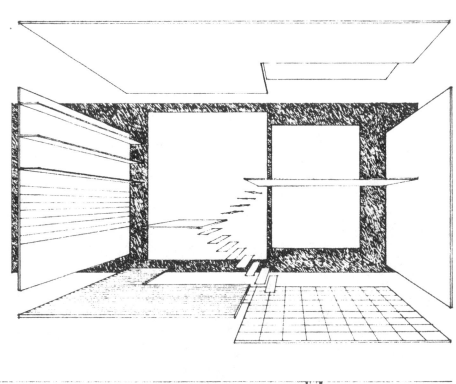

CHAISE EN CONTREPLAQUÉ MOULÉ DE CHARLES EAMES

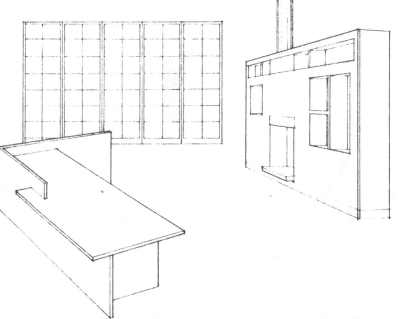

LE VOLUME

Une surface qu'on prolonge dans une direction autre que celle du plan qu'elle occupe donne naissance à un volume. Ce dernier se caractérise par trois dimensions et ce, tant du point de vue conceptuel que dans les faits.

On appelle « forme » les contours d'un volume et sa structure d'ensemble. C'est l'aspect des lignes et des surfaces qui le délimitent ainsi que les relations existant entre elles qui déterminent la forme particulière d'un volume. En architecture et en design d'intérieur, un volume se présente comme un élément tridimensionnel qui peut être soit plein (masse qui déplace un espace), soit vide (espace entouré par des surfaces).

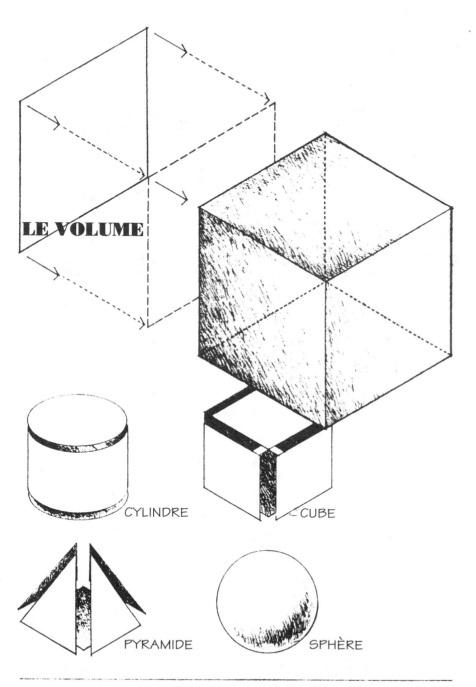

CYLINDRE — CUBE — PYRAMIDE — SPHÈRE

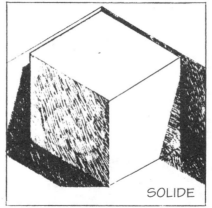

SOLIDE

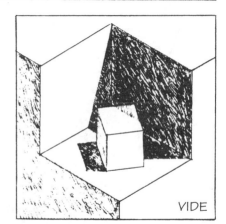

VIDE

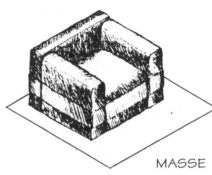

MASSE

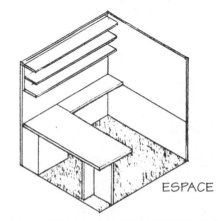

ESPACE

Masses solides et espaces vides. Cette dualité traduit l'association d'éléments contraires qui donne forme à la réalité en architecture et en design d'intérieur. Les formes visibles confèrent à l'espace ses dimensions, son échelle, sa couleur et sa texture, cependant que l'espace met toute forme en évidence. Cette relation symbiotique entre la forme et l'espace se manifeste à différentes échelles en design d'intérieur.

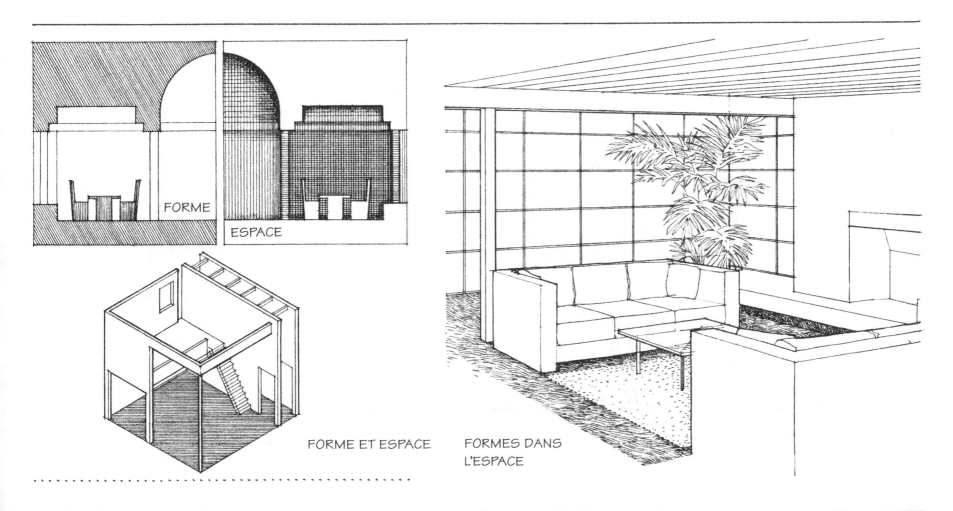

FORME

ESPACE

FORME ET ESPACE

FORMES DANS L'ESPACE

LA FORME

C'est avant tout par sa forme qu'on distingue un objet d'un autre. Ce terme peut désigner le profil d'une ligne, le contour d'une surface ou les limites d'une masse tridimensionnelle. Quel que soit le cas, la forme d'un objet varie suivant la configuration particulière des lignes ou des surfaces qui le séparent de son arrière-plan ou de l'espace environnant.

Il existe plusieurs grandes catégories de formes. Les formes naturelles se veulent une représentation de divers éléments du monde physique. Elles peuvent être abstraites (le plus souvent à la suite d'un processus de simplification) et conserver malgré tout les caractéristiques essentielles des éléments naturels dont elles tirent leur origine.

Les formes non objectives ne présentent aucun lien évident avec un objet ou un sujet particulier. Certaines d'entre elles sont le résultat d'un processus, telle la calligraphie, et ont une signification en tant que symboles. D'autres sont géométriques et suscitent une réaction par leurs qualités purement visuelles.

Ce sont les formes géométriques qu'on observe le plus fréquemment en architecture et en design d'intérieur. Elles se divisent en deux groupes distincts, les unes étant rectilignes et les autres, curvilignes. Sous leur aspect le plus régulier, les formes curvilignes sont circulaires, tandis que les formes rectilignes englobent différents polygones qu'on peut inscrire dans un cercle. Parmi ces figures géométriques élémentaires, le cercle, le triangle et le carré revêtent le plus d'importance. Lorsqu'on leur attribue une troisième dimension, ils donnent naissance à la sphère, au cylindre, au cône, à la pyramide et au cube.

FORMES NATURELLES

FORMES NON OBJECTIVES

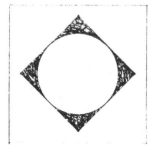

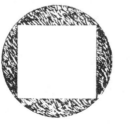
FORMES GÉOMÉTRIQUES

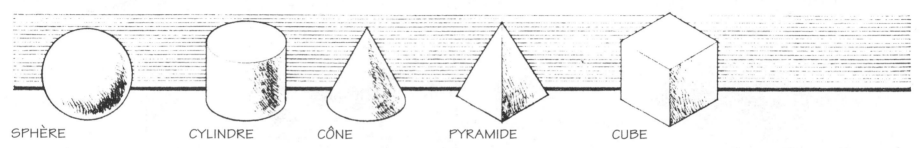
SPHÈRE   CYLINDRE   CÔNE   PYRAMIDE   CUBE

Le cercle est une forme compacte et axée sur elle-même dont le centre constitue le point d'intérêt naturel. Il s'en dégage une impression d'unité, de continuité et d'économie. Une forme circulaire est normalement stable dans son milieu, lequel s'organise autour d'elle. Toutefois, associée à d'autres lignes et formes, elle peut sembler être en mouvement.

On peut considérer toutes les autres courbes ou formes curvilignes comme des fragments ou des combinaisons de formes circulaires. Qu'elle soit régulière ou non, une forme curviligne peut refléter la douceur d'un contour, la fluidité d'un mouvement ou l'image d'une vie qui croît.

LE CERCLE

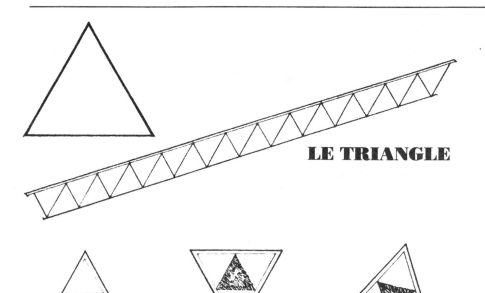

LE TRIANGLE

Le triangle représente la stabilité. On utilise souvent des formes et des modèles triangulaires pour réaliser un système architectural parce qu'on ne peut modifier leur contour sans fléchir ou briser un de leurs côtés.

Sous un aspect purement visuel, une forme triangulaire apparaît également stable si elle repose sur l'un de ses côtés. Advenant par contre qu'elle prenne appui sur l'un de ses angles, elle présentera un aspect dynamique. Elle pourra alors démontrer un équilibre précaire ou suggérer un mouvement parce qu'elle tend à basculer sur le côté.

Le dynamisme d'un triangle s'explique aussi par le rapport entre les angles que forment ses côtés. Comme la valeur de ces angles peut varier, un triangle se révèle plus flexible qu'un carré ou un rectangle. Il est en outre facile de combiner plusieurs triangles pour obtenir un nombre quelconque de figures carrées, rectangulaires ou polygonales.

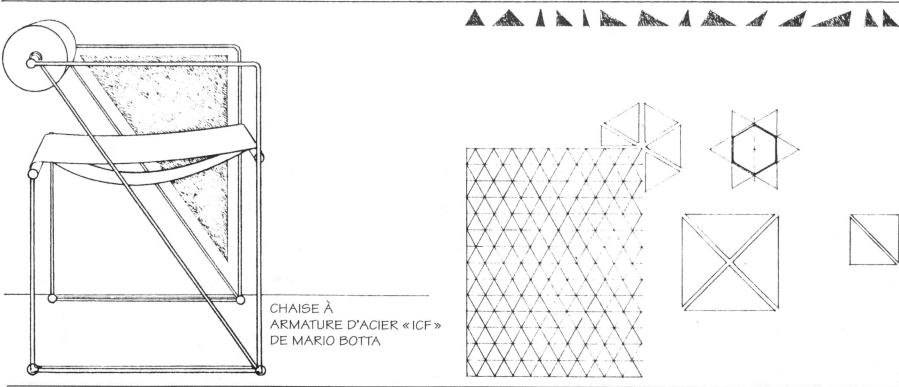

CHAISE À ARMATURE D'ACIER « ICF » DE MARIO BOTTA

Le carré exprime la pureté et la rationalité. Ses quatre côtés égaux et ses quatre angles droits contribuent à sa régularité et à sa clarté visuelle.

Une forme carrée ne présente aucune orientation dominante. Comme le triangle, le carré dégage une impression de calme et de stabilité lorsqu'il repose sur l'un de ses côtés, mais devient dynamique s'il prend appui sur l'un de ses angles.

On peut envisager tous les autres rectangles comme des variantes d'un carré prolongé dans le sens de la longueur ou de la largeur. Vu leur clarté et leur stabilité, les formes rectangulaires peuvent devenir monotones. Il est cependant possible de leur conférer une certaine diversité en faisant varier leur taille, leurs proportions, leur couleur, leur texture, leur position ou leur orientation.

Les formes rectangulaires sont sans conteste les plus répandues en architecture et en design d'intérieur.

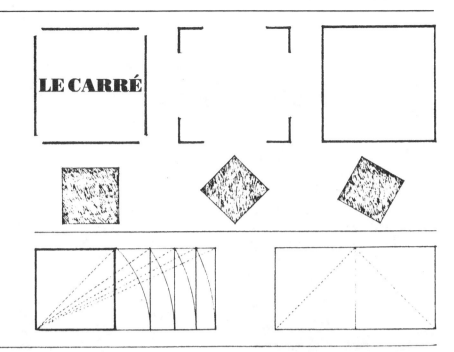

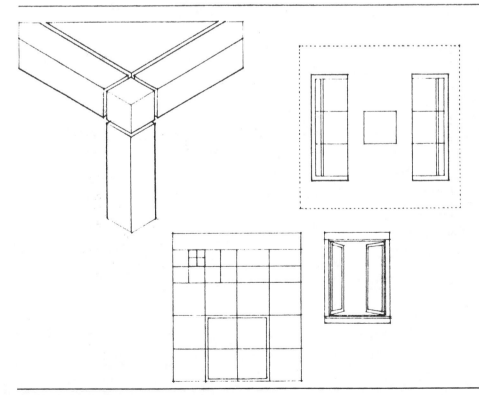

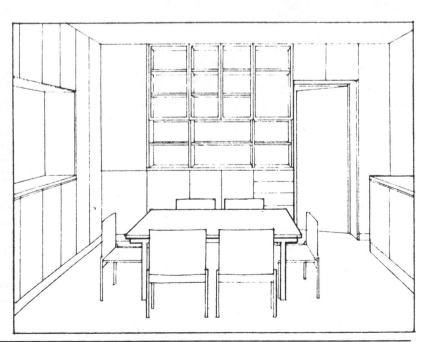

LA COULEUR

Tout comme la forme et la texture, la couleur est une propriété visuelle inhérente à tout objet. Elle abonde dans le milieu qui nous entoure. Cependant, les couleurs qu'on attribue aux objets tirent en fait leur origine de la lumière, qui éclaire et révèle les formes et l'espace. Sans lumière, la couleur ne saurait exister.

En physique, la couleur apparaît comme une propriété de la lumière. À l'intérieur du spectre visible, elle varie en fonction de la longueur d'onde. Elle passe ainsi (par ordre de longueurs d'onde décroissantes) du rouge à l'orangé, puis au jaune, au vert, au bleu, à l'indigo et enfin au violet. Lorsqu'une source génère une quantité à peu près égale de toutes ces lumières colorées, celles-ci se combinent pour produire une lumière blanche, laquelle semble n'avoir aucune couleur.

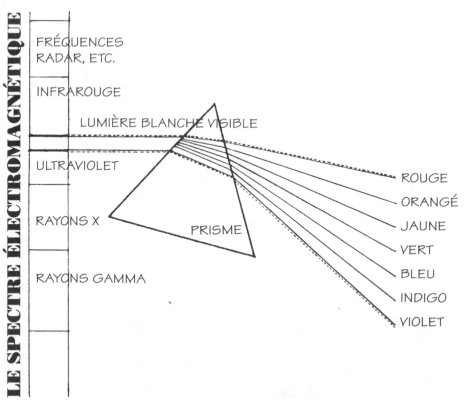

Lorsqu'une lumière blanche atteint un objet opaque, il survient un phénomène d'absorption sélective. La surface de l'objet absorbe certaines longueurs d'onde de la lumière et réfléchit les autres. C'est la couleur de la lumière réfléchie que l'œil perçoit comme étant celle de l'objet.

La lumière blanche, comme celle du soleil à midi, comprend toutes les couleurs du spectre. D'autres sources de lumière (lampe fluorescente, lumière réfléchie par un mur coloré) ne sont pas aussi équilibrées, étant dépourvues d'une partie du spectre. Les couleurs absentes d'une telle lumière sembleront aussi manquer aux surfaces qu'elle éclaire.

C'est la pigmentation d'une surface qui détermine les longueurs d'onde (ou bandes de lumière) qu'elle absorbera ou dont elle réfléchira la couleur. Une surface rouge apparaît de cette couleur parce qu'elle absorbe la plus grande partie de la lumière bleue et verte qui l'atteint, et réfléchit la portion rouge du spectre. Une surface bleue absorbe les rayons rouges. Une surface noire absorbe l'ensemble du spectre visible, alors qu'une surface blanche en réfléchit toutes les longueurs d'onde.

Toute surface présente la pigmentation naturelle du ou des matériaux dont elle se compose. On peut en modifier la coloration à l'aide de peintures, de colorants ou de teintures qui renferment des pigments. Ces derniers agissent par soustraction, au contraire de la lumière colorée qui provoque par nature une addition de couleur. Les pigments absorbent chacun une portion de la lumière blanche. Lorsqu'on les mélange, leurs pouvoirs d'absorption respectifs se combinent pour soustraire de cette lumière diverses couleurs. Les couleurs restantes définissent la teinte, la valeur et la saturation du mélange réalisé.

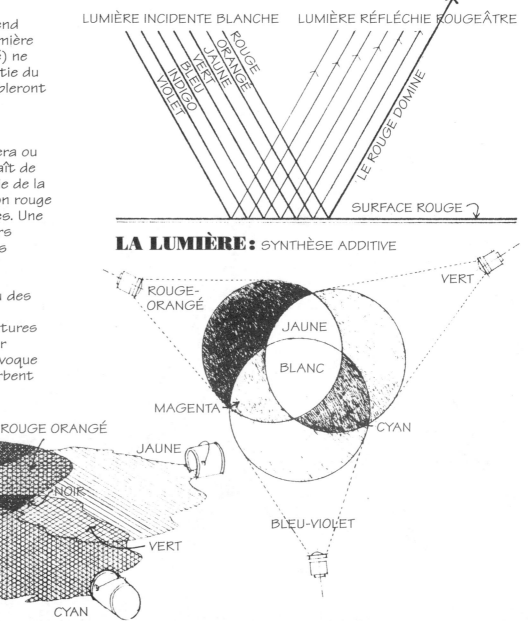

LA LUMIÈRE : SYNTHÈSE ADDITIVE

LES PIGMENTS : SYNTHÈSE SOUSTRACTIVE

Toute couleur a trois caractéristiques :

1. LA TEINTE, qui permet de la reconnaître et de la définir par un terme comme « rouge » ou « jaune » ;

2. LA VALEUR, qui indique son degré de clarté ou d'obscurité, par référence au blanc et au noir ;

3. LA SATURATION, qui désigne son degré de pureté par rapport à la couleur pure correspondante.

Il existe nécessairement des liens réciproques entre ces trois attributs. Chaque teinte fondamentale a une valeur qui lui est propre. Le jaune pur, par exemple, est plus clair que le bleu pur. De même, lorsqu'on ajoute du noir, du blanc ou une couleur complémentaire à une teinte quelconque pour l'éclaircir ou l'obscurcir, on en diminue également le niveau de saturation. Il est difficile de modifier l'un des attributs d'une couleur sans influer en même temps sur les deux autres.

On trouve plusieurs systèmes ayant pour but de représenter les couleurs et leurs attributs selon un ordre donné. Les plus simples, tel le cercle chromatique de Brewster ou de Prang, répartissent les couleurs en teintes primaires, secondaires et tertiaires.

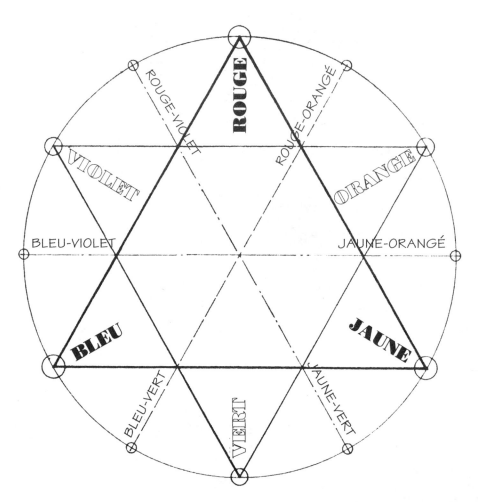

Plus complet, le système élaboré par Albert H. Munsell permet de caractériser et de décrire toute couleur avec une plus grande précision. Ce système présente les couleurs de façon ordonnée suivant leurs attributs (teinte, valeur et niveau de saturation) au moyen de trois échelles visuelles dont les degrés traduisent une progression constante.

Le système de Munsell repose sur l'existence de cinq teintes principales et cinq teintes intermédiaires. Il répartit ces dix teintes dominantes à intervalles réguliers sur le pourtour d'un cercle.

Une échelle verticale en valeurs de gris neutre traverse le centre de ce cercle ; elle comporte une gradation régulière (10 degrés) qui va du noir au blanc.

De cette échelle verticale rayonne une autre échelle qui donne des degrés de saturation. Leur nombre varie suivant le niveau de saturation que peut atteindre chaque couleur en fonction de sa teinte et de sa valeur.

Ce système permet d'identifier une couleur donnée au moyen de la notation suivante : Teinte Valeur/Saturation. Ainsi, 5R 5/14 désigne un rouge pur de valeur moyenne et saturé au maximum.

En sciences, dans le commerce et dans l'industrie, il est important de pouvoir désigner avec précision la teinte, la valeur et le niveau de saturation d'une couleur sans en fournir un échantillon. Par contre, le nom et la notation d'une couleur n'évoquent pas adéquatement la sensation visuelle qu'elle produit. C'est pourquoi il faut examiner des échantillons, sous l'éclairage approprié, lorsqu'on veut combiner des couleurs.

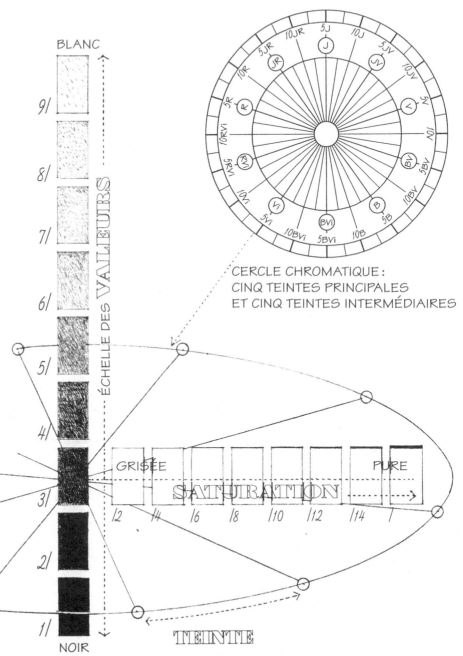

CERCLE CHROMATIQUE :
CINQ TEINTES PRINCIPALES
ET CINQ TEINTES INTERMÉDIAIRES

109

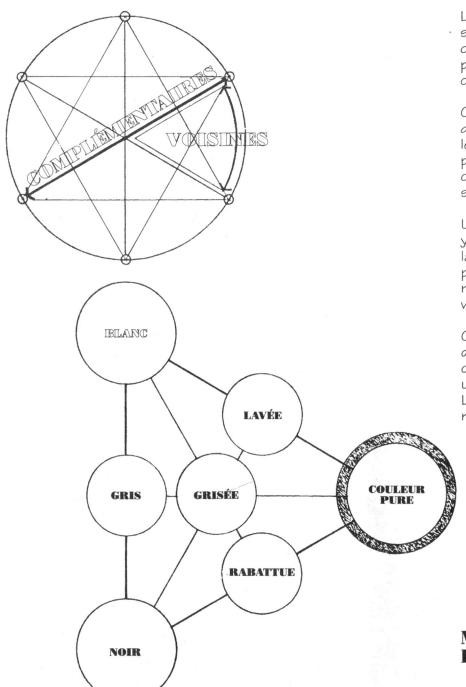

Les substances colorantes, telles que peintures et teintures, sont des moyens de modifier la couleur rendue par un objet, c'est-à-dire la couleur qu'on lui voit. En mélangeant les pigments dans les peintures et teintures, on peut faire varier chacun des attributs de la couleur.

On peut changer la teinte d'une couleur en y mélangeant d'autres teintes. Lorsqu'on mélange deux teintes voisines sur le cercle chromatique, on obtient une teinte harmonieuse très proche des deux autres. Tout mélange de teintes dites complémentaires, lesquelles sont diamétralement opposées sur le cercle chromatique, produira une teinte neutre.

Une couleur est éclaircie en y ajoutant du blanc et obscurcie en y ajoutant du noir. Dans le premier cas, on obtient une teinte lavée et dans le second, une teinte rabattue. Une couleur claire par nature, tel le jaune, se prête à la création d'un plus grand nombre de teintes rabattues que lavées. Le contraire est vrai dans le cas d'une couleur naturellement foncée.

On peut rendre une couleur plus saturée en lui ajoutant une quantité additionnelle de sa teinte dominante. Si on veut au contraire réduire son degré de saturation, il faut y incorporer une certaine quantité de gris ou de sa teinte complémentaire. Les couleurs ainsi créées s'avèrent plus ou moins grisées ou neutres.

MODIFIER LES COULEURS AVEC DES PIGMENTS...

Il arrive aussi qu'une modification apparente de la couleur d'un objet résulte des effets de la lumière ou de la juxtaposition de la couleur du fond ou d'éléments environnants. Ce phénomène revêt une importance toute particulière pour les designers, car il leur faut considérer avec soin l'interaction des différentes couleurs des éléments d'un intérieur et leur aspect sous la lumière qui les baigne.

On utilise rarement une lumière d'une teinte autre que le blanc pour assurer un éclairage général. Notons cependant que les sources choisies ne produisent pas toutes une lumière blanche parfaitement équilibrée. Les lampes à incandescence projettent une lumière chaude, tandis que nombre de lampes fluorescentes apportent un éclairage froid. La lumière du jour peut aussi être chaude ou froide selon le moment de la journée et son orientation. La couleur d'une grande surface réfléchissante peut aussi teinter la lumière d'un espace intérieur.

Un éclairage chaud tend à rehausser les coloris du même type et à neutraliser les teintes froides. À l'inverse, une lumière froide renforce les couleurs qui le sont aussi et atténue les tons chauds.

On peut aussi modifier la valeur apparente d'une couleur en faisant varier la quantité de lumière qui l'éclaire. Toute réduction d'éclairage rendra une couleur plus sombre et en neutralisera la teinte, tandis que toute augmentation la fera paraître plus claire et plus vive. Sous un éclairage très fort, cependant, les couleurs risquent de paraître moins saturées ou franchement délavées.

Les variations naturelles de la lumière dans un intérieur peuvent donc modifier les couleurs d'une manière souvent subtile. C'est pourquoi il est toujours préférable de choisir les couleurs dans le contexte où elles doivent apparaître et ce, tant à la lumière du jour que sous l'éclairage artificiel prévu.

...OU AVEC LA LUMIÈRE

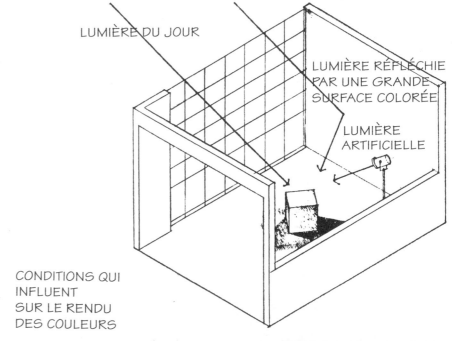

CONDITIONS QUI INFLUENT SUR LE RENDU DES COULEURS

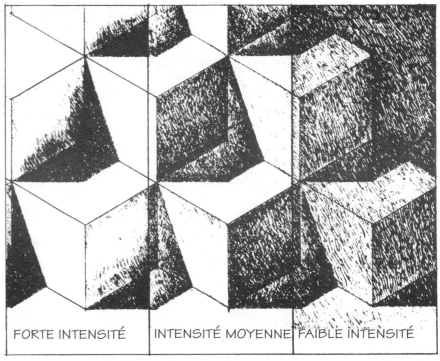

FORTE INTENSITÉ | INTENSITÉ MOYENNE | FAIBLE INTENSITÉ

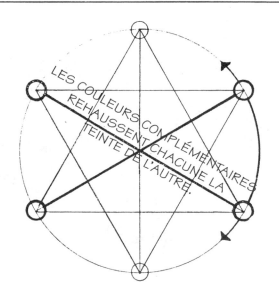

Lorsqu'on mélange des pigments de deux couleurs complémentaires, on obtient un ton neutre ou grisé. Il en va bien autrement si on les juxtapose. Du fait du contraste simultané, l'œil est porté à générer la complémentaire de toute couleur qu'il voit et à en projeter l'image rémanente sur les surfaces adjacentes. Deux couleurs complémentaires mises côte à côte auront ainsi chacune tendance à rehausser le degré de saturation et la brillance de l'autre sans amener une modification apparente de sa teinte.

L'effet produit est différent lorsque les deux couleurs en présence ne sont pas complémentaires. Chacune teinte alors l'autre de sa complémentaire, et les deux couleurs en cause sont modifiées.

On peut le plus facilement percevoir un contraste simultané de teinte lorsque les deux couleurs juxtaposées ont à peu près la même valeur. Si l'une des deux est beaucoup plus foncée que l'autre, le contraste clair-obscur ressortira davantage.

LES EFFETS DE COULEURS JUXTAPOSÉES : LE CONTRASTE SIMULTANÉ

UTILISEZ LES CARRÉS SUPERPOSÉS APPARAISSANT CI-DESSOUS COMME MODÈLES POUR ÉTUDIER LES EFFETS DU CONTRASTE SIMULTANÉ. LE CARRÉ DU CENTRE DOIT AVOIR PARTOUT LA MÊME TEINTE, MAIS CELUI DU FOND DOIT AVOIR CHAQUE FOIS UNE TEINTE DIFFÉRENTE.

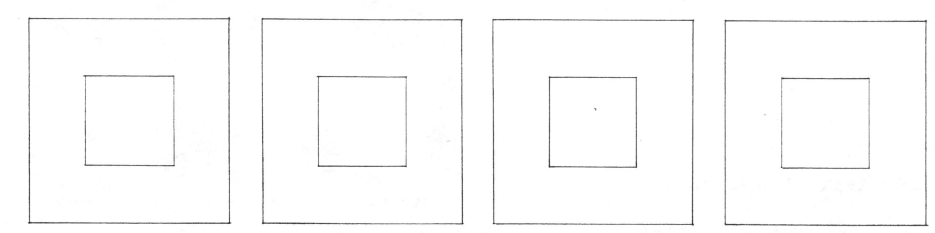

Le phénomène du contraste simultané influe également sur la valeur apparente d'une couleur. Cette dernière semblera en effet plus claire ou plus foncée suivant la valeur de la couleur qui l'entoure. Une teinte claire aura tendance à rendre un ton foncé encore plus sombre. Inversement, une couleur foncée viendra éclaircir encore davantage un ton clair.

Notons que le noir et le blanc ont aussi un effet visible sur toute couleur qui les accompagne. N'importe quelle couleur aura ainsi tendance à paraître plus riche et plus vibrante si elle est entourée de noir. Dans bien des cas, une bordure blanche produira l'effet contraire. Une couleur juxtaposée à une grande surface blanche paraît plus foncée, alors que la même couleur en touches fines sur fond blanc, par un mélange optique, paraît lavée.

Un contraste de teinte ou de valeur n'est visible que si les surfaces colorées sont assez grandes pour qu'on puisse les percevoir séparément. Lorsqu'elles sont petites et très peu espacées, l'œil n'a pas le temps de s'adapter à leurs différences et il en mélange les couleurs. On tire souvent parti de ce phénomène optique dans le secteur du tissage pour créer, avec une gamme limitée de fils colorés, des étoffes qui donnent l'impression de nombreuses variations de teinte et de valeur.

UTILISEZ LES CARRÉS SUPERPOSÉS APPARAISSANT CI-DESSOUS DE LA MANIÈRE INDIQUÉE À LA PAGE PRÉCÉDENTE POUR ÉTUDIER LES EFFETS DU CONTRASTE SIMULTANÉ SUR LA VALEUR DE COULEURS JUXTAPOSÉES.

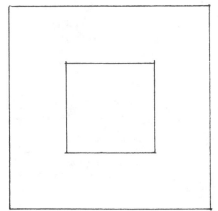
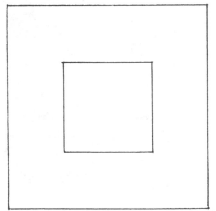

CONTRASTE SIMULTANÉ DE VALEUR

EFFET D'UNE BORDURE BLANCHE... OU NOIRE

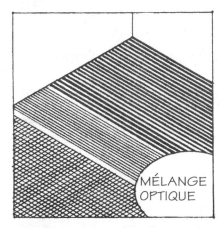

MOTIF DE COULEURS

MÉLANGE OPTIQUE

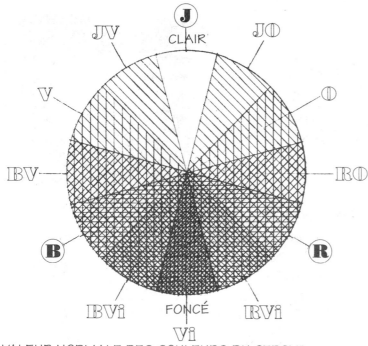

VALEUR NORMALE DES COULEURS DU CERCLE CHROMATIQUE STANDARD

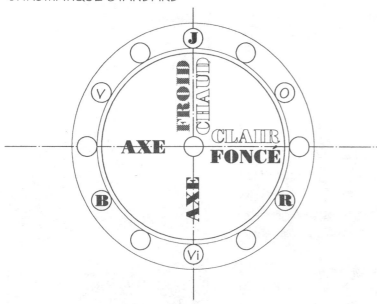

Ce n'est pas tout de savoir de quelle façon les couleurs interagissent les unes avec les autres et influent mutuellement sur leurs caractéristiques respectives. Il faut aussi connaître l'effet qu'elles peuvent avoir sur la manière dont on perçoit les formes, sur les dimensions et les qualités d'un espace intérieur.

La sensation de chaleur ou de froideur que dégage une couleur, de même que sa valeur relative et son niveau de saturation déterminent jusqu'à quel point elle peut attirer le regard, faire ressortir un objet ou créer de l'espace. Voici un bref aperçu de quelques-uns des effets associés à la couleur.

On dit que les teintes chaudes et très saturées sont actives et stimulantes sur le plan visuel. Les teintes froides et peu saturées seraient plus calmes et relaxantes. Un ton clair paraît le plus souvent gai, un ton moyen peu prétentieux et un ton foncé sobre.

Les teintes brillantes et saturées, de même que tout contraste marqué, retiennent l'attention, tandis que les couleurs moyennes et grisées s'avèrent plus effacées. Les contrastes de valeur, en particulier, mettent les formes en évidence. Les contrastes de teinte et de qualité (saturation) peuvent aussi faire ressortir les formes. Ils les définissent cependant avec moins de précision si les teintes en cause ont une valeur semblable.

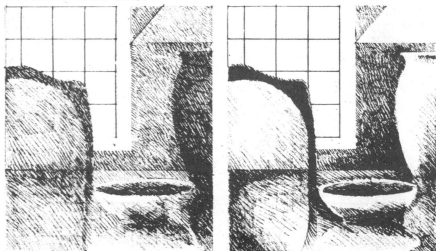

UN CONTRASTE DE VALEUR AIDE À PERCEVOIR LES FORMES.

Les teintes sombres et froides semblent se replier sur elles-mêmes. Les couleurs claires et chaudes tendent à prendre de l'expansion et à accroître la taille apparente d'un objet, surtout en présence d'un arrière-plan foncé.

Mentionnons également que les tons clairs, froids et grisés utilisés sur des surfaces donnent l'impression de repousser ou d'éloigner les limites d'un espace. On peut donc y recourir pour faire paraître une pièce plus grande et en accroître la largeur, la longueur ou la hauteur apparente.

Les couleurs chaudes semblent plutôt se rapprocher, et les teintes foncées et saturées créent une impression de proximité. Elles permettent par conséquent de réduire l'échelle d'un espace ou de donner l'illusion d'en avoir raccourci l'une ou l'autre dimension.

CLAIR SUR CLAIR   FONCÉ SUR CLAIR   CLAIR SUR FONCÉ

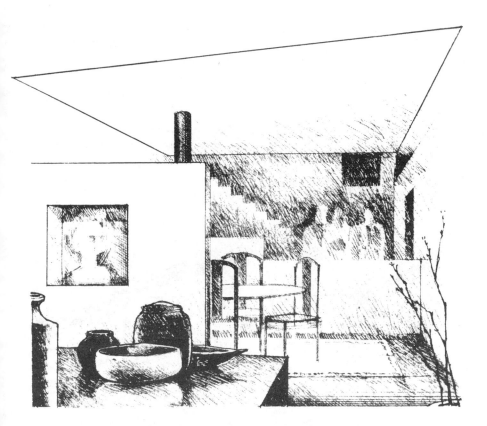

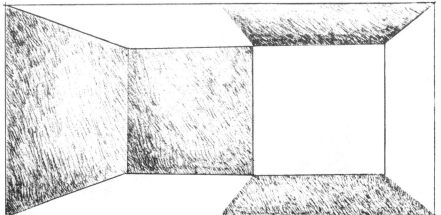

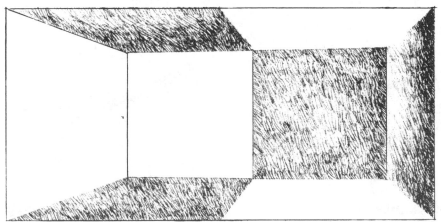

L'EFFET DES COULEURS SUR LES LIMITES D'UN ESPACE

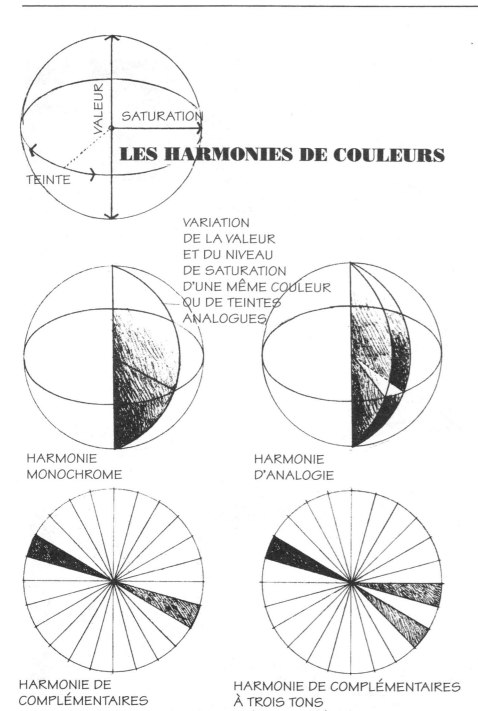

LES HARMONIES DE COULEURS

VARIATION DE LA VALEUR ET DU NIVEAU DE SATURATION D'UNE MÊME COULEUR OU DE TEINTES ANALOGUES

HARMONIE MONOCHROME

HARMONIE D'ANALOGIE

HARMONIE DE COMPLÉMENTAIRES

HARMONIE DE COMPLÉMENTAIRES À TROIS TONS

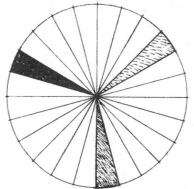

HARMONIE À TROIS TONS

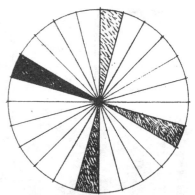

HARMONIE À QUATRE TONS

Bien que chacun puisse aimer ou détester telle ou telle couleur, il n'existe aucune teinte bonne ou mauvaise en soi. Tout au plus certaines couleurs sont-elles en vogue ou délaissées à une époque donnée, tandis que d'autres s'harmonisent ou jurent avec un ensemble particulier de teintes. Une couleur se révélera appropriée ou non, en dernière analyse, suivant l'utilisation qu'on en fait, l'endroit où on l'emploie et la manière dont elle s'intègre à l'agencement créé.

Si on compare les couleurs aux notes de la gamme, on peut dire que les harmonies de couleurs s'apparentent aux accords en musique. Elles amènent en effet à regrouper diverses couleurs en tenant compte des liens visuels existant entre leurs caractéristiques propres (teinte, valeur et degré de saturation). Les deux paragraphes suivants traitent des harmonies fondées sur la teinte.

On peut diviser ces combinaisons de couleurs en deux grandes catégories, suivant qu'elles englobent des teintes analogues ou contrastées. Les agencements de teintes analogues, qui regroupent soit plusieurs tons d'une même teinte soit un ensemble de teintes proches, favorisent l'harmonie et l'unité. On peut leur conférer une certaine diversité en faisant varier la valeur et le niveau de saturation des teintes choisies, en y associant de petites touches d'autres couleurs ainsi qu'en tirant avantage des formes et de la texture.

Les harmonies de teintes contrastées reposent pour leur part sur des accords à deux ou à trois tons. Elles sont de nature plus riche et plus variée, car elles englobent toujours des teintes chaudes et froides.

Ce qui précède fournit un aperçu des méthodes qu'on peut adopter pour combiner harmonieusement diverses teintes. Au moment d'agencer des couleurs, toutefois, on doit aussi tenir compte de la relation entre leurs autres attributs.

Le triangle chromatique de Faber Birren indique comment on peut marier des couleurs modifiées par l'ajout de blanc, de gris ou de noir. La couleur pure, le noir et le blanc en forment les trois éléments principaux. En les combinant, on obtient les éléments secondaires que sont les teintes rabattues, lavées et grisées, et le gris lui-même. Toute ligne droite à l'intérieur de ce triangle dénote une combinaison harmonieuse parce que formée d'éléments reliés entre eux sur le plan visuel.

Un agencement dégage une impression d'exubérance et d'animation ou de calme et de tranquillité selon la valeur et le niveau de saturation des couleurs choisies. Des écarts importants de valeur et de saturation créent de vifs contrastes et des effets marqués. De faibles écarts donnent des contrastes et des motifs plus subtils.

FAIBLES ÉCARTS   ÉCARTS IMPORTANTS

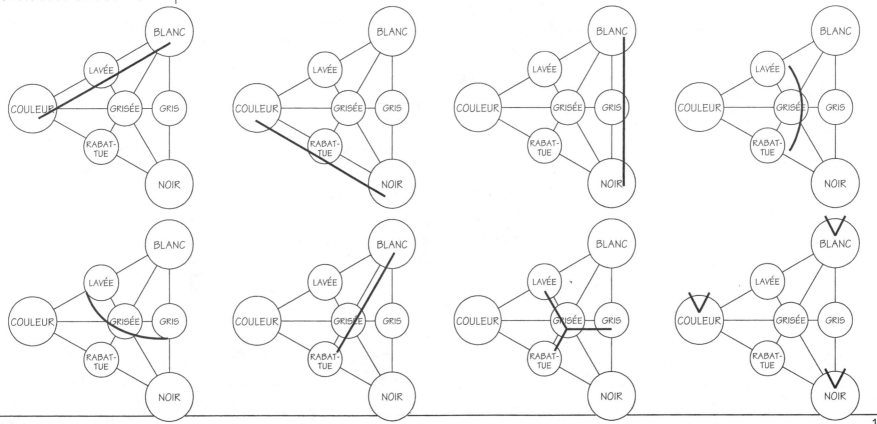

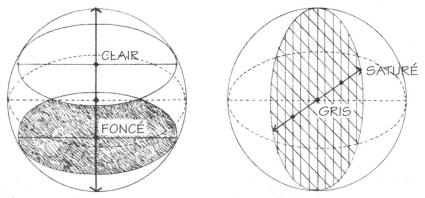

RÉPARTITION EN VALEUR ET SATURATION

Lorsqu'on élabore une coloration, on choisit le registre des valeurs, la gamme chromatique et la répartition des couleurs. L'harmonie créée doit convenir à l'utilisation prévue de l'espace et à sa raison d'être, mais aussi à son architecture.

Il faut prendre certaines décisions en ce qui a trait aux principales surfaces d'un espace intérieur et à la façon dont on pourrait utiliser la couleur pour en modifier la taille, la forme, l'échelle ou la position apparente. Quels éléments doivent être au premier plan, au second plan ou à l'arrière-plan ? Y a-t-il des caractéristiques architecturales ou des éléments de la structure à mettre en valeur ou à faire oublier ?

Les plus grandes surfaces d'une pièce, à savoir son plancher, ses murs et son plafond, ont traditionnellement les tons les plus neutres. Afin de s'en détacher, les éléments secondaires, tels que meubles imposants et carpettes, peuvent être d'une couleur plus soutenue. Il est en outre possible d'établir un équilibre dans la pièce et d'y créer des points d'intérêt en réservant les teintes les plus intenses à des objets mis en valeur, à des accessoires et à d'autres éléments de petite taille.

Les agencements de couleurs neutres sont les plus flexibles. On peut en accentuer l'effet en attribuant aux principales surfaces d'une pièce les couleurs les plus saturées et à ses éléments secondaires, une teinte moins intense. Il ne faut cependant pas abuser des grandes étendues d'un ton soutenu, en particulier dans une petite pièce, car elles réduisent les distances apparentes et peuvent être exigeantes sur le plan visuel.

LA COULEUR SOULIGNE...

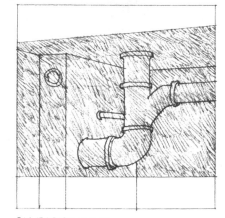

OU DISSIMULE.

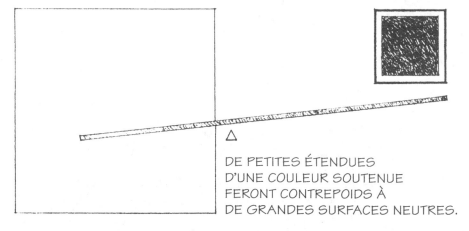

DE PETITES ÉTENDUES D'UNE COULEUR SOUTENUE FERONT CONTREPOIDS À DE GRANDES SURFACES NEUTRES.

DE GRANDES SURFACES D'UNE COULEUR FORTE AURONT UN EFFET À LA FOIS THÉÂTRAL ET EXIGEANT POUR L'ŒIL.

La répartition des valeurs claires et foncées à l'intérieur d'un espace, revêt tout autant d'importance que les couleurs choisies.

Dans bien des cas, de grandes étendues claires font contrepoids à de plus petites surfaces de valeur moyenne ou foncée. L'utilisation des teintes claires convient tout particulièrement lorsqu'il importe de bien utiliser la lumière disponible. Par contre, un agencement de couleurs foncées peut absorber la plus grande partie de la lumière à l'intérieur d'un espace et ainsi en réduire de beaucoup l'éclairement.

Une autre façon de répartir les teintes claires et foncées consiste à s'inspirer de la nature. On réserve alors la teinte la plus sombre au plancher et on attribue aux murs une couleur moyenne ou claire. Le ton choisi pour le plafond sera plutôt clair. Il faut aussi bien sûr tenir compte de la taille, de la forme et de l'échelle de l'espace en cause au moment de déterminer la répartition des teintes claires et foncées, et leur niveau de contraste. Comme les tons clairs donnent l'impression de s'éloigner et les teintes foncées de se rapprocher, le choix de leur emplacement peut modifier la perception qu'on a des dimensions et de l'apparence d'un espace.

AGENCEMENTS VERTICAUX DE TONS CLAIRS ET FONCÉS

119

LA TEXTURE

La texture est cette qualité particulière d'une surface qui découle de sa structure tridimensionnelle. Ce terme se rapporte en général à l'aspect plus ou moins lisse ou rugueux d'une surface. Toutefois, on peut aussi l'associer aux caractéristiques que présente la surface de certains matériaux familiers. Songeons ici, entre autres, au grain de la pierre, du bois et des étoffes.

On reconnaît deux grands types de texture. La texture tactile ou palpable est celle qu'on sent au toucher ; la texture visuelle est celle qui apparaît au regard. Toute texture palpable est réelle et procure également une sensation visuelle. Par opposition, une texture visuelle ne constitue parfois qu'une illusion.

Il existe un lien étroit entre les sens de la vue et du toucher. Ainsi, après avoir perçu la texture visuelle d'une surface, on réagit souvent à ses qualités tactiles sans la toucher. La réaction physique qu'on éprouve alors repose sur l'expérience qu'on a acquise de matériaux semblables.

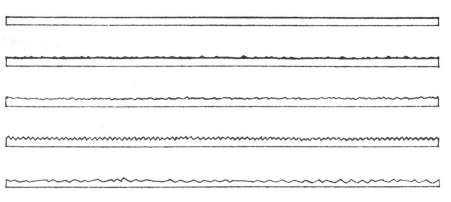

LA TEXTURE : STRUCTURE TRIDIMENSIONNELLE D'UNE SURFACE

TEXTURE MATÉRIELLE

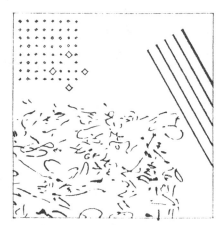

TEXTURE VISUELLE

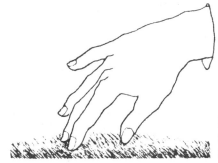

LA PERCEPTION DE LA TEXTURE SE FAIT PAR LE TOUCHER ET PAR LA VUE.

TEXTURE TACTILE

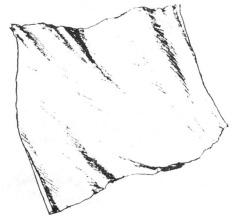

L'échelle, la distance à laquelle on se trouve et l'éclairage influent pour beaucoup sur la manière dont on perçoit diverses textures et les surfaces qu'elles mettent en évidence.

Tous les matériaux ont une texture. Plus les éléments qui lui donnent forme sont de petite taille, plus la surface en cause aura un aspect lisse. Même les surfaces les plus rugueuses peuvent sembler relativement lisses lorsqu'on les observe d'une certaine distance. Ce n'est qu'en les voyant de plus près qu'on notera leurs aspérités.

La taille relative des éléments d'une texture peut modifier la forme et la position apparentes d'une surface. Un grain orienté dans un certain sens en accentuera la longueur ou la largeur. Une texture rugueuse la fera paraître plus proche qu'elle ne l'est en réalité, en réduira l'échelle et en accroîtra le poids visuel. Règle générale, les textures s'imposent visuellement.

LA TEXTURE ET L'ÉCHELLE

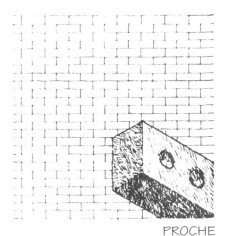

LOIN — PROCHE

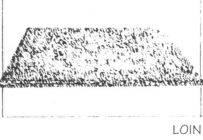
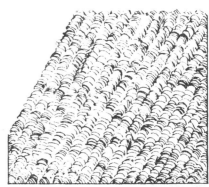

LOIN — PROCHE

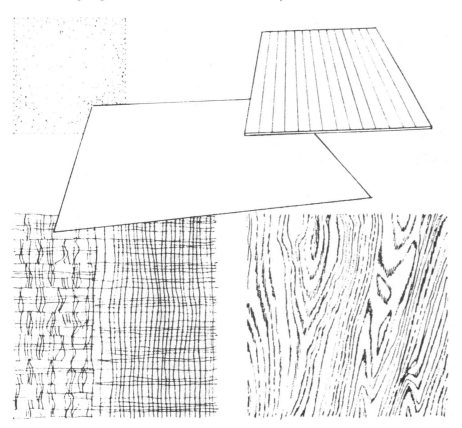

LA TEXTURE ET LA LUMIÈRE

La lumière agit sur la perception qu'on a de l'aspect d'une surface et subit elle-même l'influence de la texture qu'elle éclaire. Une lumière directe atteignant une surface en fera ressortir la texture matérielle au regard. Un éclairage diffus rendra toute texture moins évidente et pourrait même en cacher la structure tridimensionnelle.

Toute surface lisse et polie réfléchit intensément la lumière, se découpe avec précision et attire le regard. Les surfaces mates ou semi-rugueuses se caractérisent par une absorption et une diffusion inégales de la lumière. Elles paraissent de ce fait moins luisantes qu'une surface plus lisse de même couleur. Les surfaces très rugueuses projettent un ensemble marqué d'ombres et de reflets lumineux sous un éclairage direct.

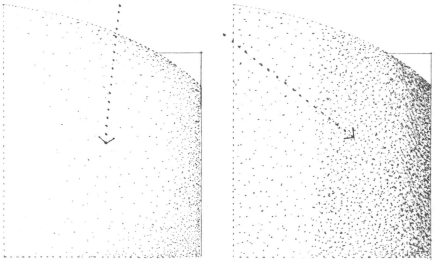

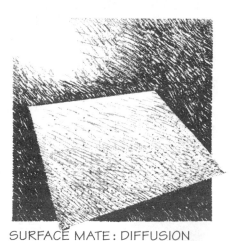

LA DIRECTION DE LA LUMIÈRE MODIFIE L'APPARENCE DE LA TEXTURE.   SURFACE POLIE : RÉFLEXION   SURFACE MATE : DIFFUSION

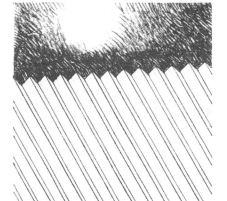

La texture d'une surface ressortira plus ou moins suivant le contraste qu'elle fait avec son environnement. Elle sautera davantage aux yeux en présence d'un arrière-plan à l'aspect uniformément lisse plutôt que semblable au sien. Une surface plus rugueuse en arrière-plan la fera paraître plus fine et en réduira l'échelle.

Mentionnons ici que la texture revêt aussi de l'importance sur le plan de l'entretien des matériaux et des surfaces d'une pièce. En effet, la poussière et l'âge sont bien visibles sur les surfaces lisses, mais ces dernières sont relativement faciles à nettoyer. Les surfaces rugueuses peuvent au contraire dissimuler la poussière. Toutefois, elles se révèlent plus difficiles d'entretien.

LA MANIÈRE DONT ON ASSEMBLE LES MATÉRIAUX LORS DE LA CONSTRUCTION DONNE AUSSI UNE TEXTURE À L'ENSEMBLE.

DEUX TEXTURES JUXTAPOSÉES RESSORTENT CHACUNE PLUS OU MOINS SELON LE CONTRASTE ENTRE ELLES.

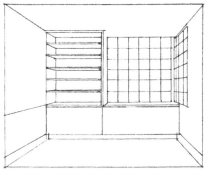
SANS TEXTURE

AVEC TEXTURE

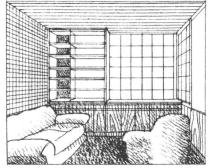
TEXTURES QUI S'IMPOSENT VISUELLEMENT

RIVALITÉS DES TEXTURES

La texture est inhérente aux matériaux qu'on utilise pour définir un espace intérieur, le meubler et l'embellir. Il faut accorder tout autant d'importance à l'agencement des textures qu'à celui des couleurs et de l'éclairage. On doit s'assurer qu'il est en harmonie avec le caractère qu'on veut donner à l'espace ainsi qu'avec l'utilisation à laquelle on le destine.

La taille du motif d'une texture devrait être proportionnelle aux dimensions de l'espace, de ses principales surfaces et des éléments secondaires qui l'occupent. On évitera par exemple les matériaux au grain prononcé dans une pièce de petites dimensions ou on en fera usage avec modération, parce qu'une surface fortement texturée a tendance à s'imposer visuellement. Dans une grande pièce, on peut mettre la texture à contribution pour réduire l'échelle de l'espace ou y définir une zone plus intime.

Une pièce où on observe peu de variations de texture semble fade. Il est possible d'y créer une certaine diversité et de la rendre intéressante en y combinant des matériaux d'aspects différents, mous et durs, lisses et rugueux, brillants et mats. Au moment de choisir et d'organiser ces textures, on doit faire preuve de modération et s'attarder à la manière de les agencer. Il peut exister une harmonie entre des textures contrastées à la condition qu'elles partagent un trait commun, tel un même pouvoir de réflexion de la lumière ou un même poids visuel.

La texture présente des liens étroits avec un autre élément clé en design, le motif. On peut définir celui-ci comme une figure ornementale, le plus souvent répétée, qui agrémente une surface. Il arrive fréquemment qu'un motif, par sa répétition, confère une certaine texture à la surface qu'il décore. Lorsque ses éléments sont si petits qu'ils deviennent indiscernables les uns des autres et se fondent en un tout d'un même ton, ils s'apparentent davantage à une texture qu'à un motif.

Certains motifs résultent de la nature même des matériaux qui forment une structure, ainsi que de leur mode de traitement, de fabrication ou d'assemblage. D'autres sont ajoutés à une surface après sa construction.

LA TEXTURE ET LE MOTIF

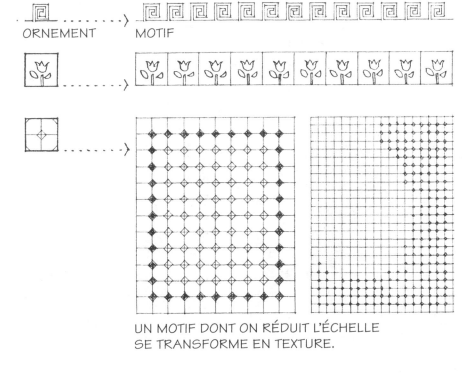

UN MOTIF DONT ON RÉDUIT L'ÉCHELLE SE TRANSFORME EN TEXTURE.

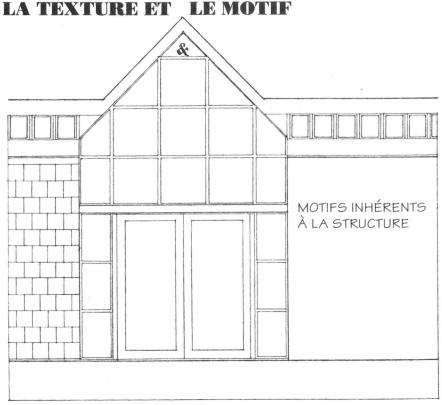

MOTIFS INHÉRENTS À LA STRUCTURE

MOTIFS AJOUTÉS EN SURFACE

125

LA LUMIÈRE

LA LUMIÈRE ANIME UN ESPACE ET RÉVÈLE FORMES ET TEXTURES.

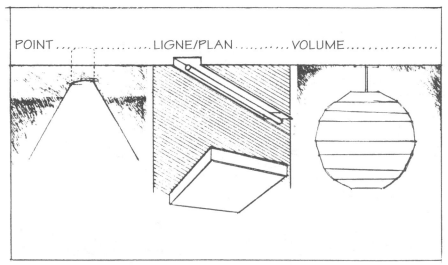

LA FORME DES SOURCES LUMINEUSES ET DES APPAREILS D'ÉCLAIRAGE

C'est avant tout la lumière qui donne vie à un espace intérieur. Sans elle, on ne pourrait distinguer les formes, les couleurs, les textures ni même les limites d'une pièce. La conception de l'éclairage a donc pour but premier d'assurer l'éclairement des formes et de l'espace d'un intérieur, et de permettre à ses occupants d'y accomplir diverses tâches et activités avec la rapidité, la précision et le confort voulus.

La méthode de calcul par zone (voir les pages 301 à 305) permet de déterminer le nombre de luminaires requis pour obtenir un niveau d'éclairement donné. Elle s'avère utile en particulier lorsqu'on veut créer un éclairage général uniforme à l'intérieur d'un espace. Soulignons toutefois que différentes combinaisons de luminaires peuvent fournir un même niveau d'éclairement. Il faut par conséquent choisir les appareils d'éclairage à utiliser et leur emplacement en fonction des exigences en matière de visibilité, mais aussi de la nature de l'espace en cause et des activités qui doivent s'y dérouler. Toute conception de l'éclairage devrait tenir compte non seulement de l'aspect quantitatif mais aussi qualitatif de la lumière.

On devrait en outre harmoniser la disposition des appareils d'éclairage, et des zones de lumière qu'ils créent, aux caractéristiques architecturales de l'espace et à son mode d'utilisation. Ceci est vrai en particulier dans le cas d'un éclairage d'appoint, car le regard est attiré par les objets les plus brillants et les contrastes de tons les plus marqués à l'intérieur du champ visuel.

Lorsqu'on planifie l'organisation visuelle des éléments d'un éclairage, on peut considérer que toute source lumineuse s'apparente à un point, une ligne, une surface plane ou un volume. Advenant que la source soit dissimulée, il faudra tenir compte de la forme de son faisceau lumineux et de la zone de lumière qu'elle projette sur une ou plusieurs surfaces. Qu'on dispose les sources lumineuses d'une façon régulière ou non, l'éclairage conçu doit avoir une composition équilibrée, susciter une impression de rythme appropriée et faire ressortir ce qui est important.

L'ÉCLAIRAGE GÉNÉRAL

Il existe trois manières d'illuminer un espace, soit par un éclairage général, un éclairage d'appoint ou un éclairage d'accentuation. Un éclairage général ou d'ambiance baigne une pièce d'une lumière relativement uniforme et le plus souvent diffuse. En dispersant la lumière, il peut aider à réduire le contraste entre les surfaces illuminées par un éclairage d'appoint et celles qui les entourent. On emploie aussi un éclairage d'ambiance pour atténuer les ombres, pour adoucir et repousser les angles d'une pièce de même que pour fournir un niveau d'éclairement permettant de se déplacer en toute sécurité et de procéder à l'entretien général des lieux.

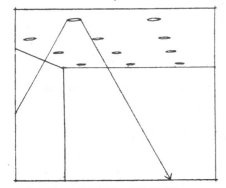

SOURCE : POINT – DIRECT

Un appareil encastré doit avoir un faisceau large pour assurer un bon éclairage général.

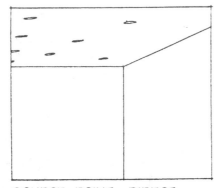

SOURCE : POINT – DIRECT

Les appareils encastrés paraissant peu, on peut les placer symétriquement ou non.

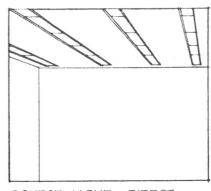

SOURCE : LIGNE – DIRECT

Des appareils fluorescents parallèles à la ligne de vision accentueront la profondeur.

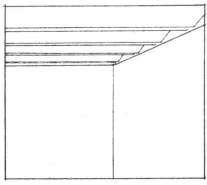

SOURCE : LIGNE – DIRECT

Les mêmes appareils perpendiculaires à la ligne de vision accentueront la largeur.

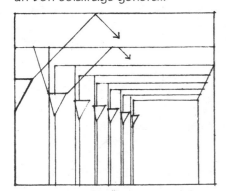

SOURCE : POINT – INDIRECT

Des appareils d'éclairage indirect à faisceau large fourniront un bon éclairage général.

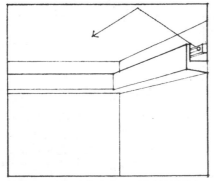

SOURCE : LIGNE – INDIRECT

Un surplomb lumineux autour d'une pièce renvoie du plafond un éclairage général.

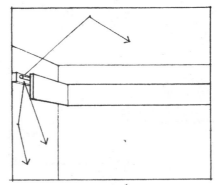

LIGNE – DIRECT/INDIRECT

Semblable au surplomb, le bandeau lumineux éclaire aussi les murs vers le bas.

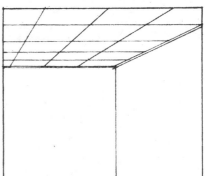

SOURCE : PLAN – DIRECT

Un plafond lumineux combine un niveau d'éclairement et de diffusion élevé à un faible éblouissement.

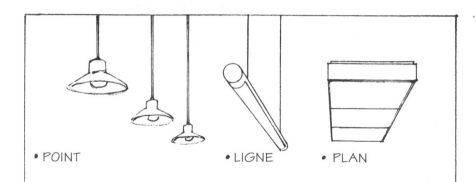

- POINT
- LIGNE
- PLAN

UN ÉCLAIRAGE D'APPOINT EST FOURNI PAR UN LUMINAIRE SUSPENDU AU-DESSUS D'UN PLAN DE TRAVAIL. PLUS ADAPTABLES, CERTAINS LUMINAIRES SONT MONTÉS SUR RAIL.

L'ÉCLAIRAGE D'APPOINT

Un éclairage d'appoint sert à illuminer une portion donnée d'un espace en vue de la réalisation d'une tâche ou d'une activité à caractère visuel. On place alors généralement les sources lumineuses à proximité du plan de travail (au-dessus ou à côté de celui-ci) pour assurer une utilisation de la puissance disponible plus efficace que dans le cas d'un éclairage d'ambiance. Les appareils utilisés offrent le plus souvent un éclairage direct. Il est aussi préférable d'opter pour des luminaires dont on peut orienter le faisceau lumineux et en modifier l'intensité (à l'aide d'un variateur ou d'un rhéostat).

On combine fréquemment l'éclairage d'appoint à l'éclairage général pour éviter qu'un plan de travail soit trop brillant par rapport à ce qui l'entoure. Selon le type d'appareils choisi, un éclairage d'appoint contribue aussi parfois à l'illumination générale d'un espace.

En plus de faciliter les tâches de nature visuelle, l'éclairage d'appoint peut amener une certaine diversité, susciter de l'intérêt, diviser un espace, baigner un regroupement de meubles ou accentuer le caractère social d'une pièce.

LAMPE FLUORESCENTE OU À INCANDESCENCE

PARE-LUMIÈRE

LAMPE FLUORESCENTE ENCASTRÉE OU LAMPES DE FAIBLE PUISSANCE

L'ÉCLAIRAGE D'APPOINT EST EN GÉNÉRAL INTÉGRÉ AUX ÉLÉMENTS ESSENTIELS D'UNE CUISINE, D'UNE SALLE DE BAIN OU D'UN AUTRE ESPACE DESTINÉ À UN USAGE PARTICULIER.

IL EST SOUVENT PRÉFÉRABLE D'UTILISER DES APPAREILS D'ÉCLAIRAGE RÉGLABLES POUR ÉCLAIRER UN PLAN DE TRAVAIL AFIN D'ÉVITER TOUT ÉBLOUISSEMENT DIRECT OU INDIRECT.

DES LAMPES DE TABLE ET DES LAMPADAIRES BIEN PLACÉS SUFFISENT POUR LIRE.

L'éclairage d'accentuation sert à établir des points d'intérêt ou un ensemble rythmique de zones sombres et claires à l'intérieur d'un espace. Au lieu de simplement fournir la lumière nécessaire à la réalisation d'une tâche ou d'une activité, il permet de briser la monotonie d'un éclairage général, de faire ressortir les caractéristiques d'une pièce ou de mettre en valeur une œuvre d'art ou tout autre objet prisé.

L'ÉCLAIRAGE D'ACCENTUATION

UN LUMINAIRE ENCASTRÉ FOURNIRA DIVERS ÉCLAIRAGES SELON LA LAMPE OU LE RÉFLECTEUR CHOISI.

PROJETER DES OMBRES   ENCADRER UNE ŒUVRE D'ART   REHAUSSER LA TEXTURE

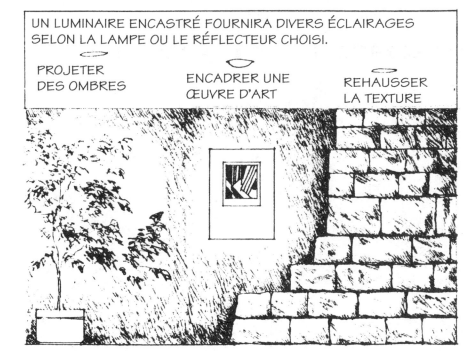

ON UTILISE DES LUMINAIRES AYANT UN FAISCEAU RELATIVEMENT LARGE POUR BAIGNER LES MURS DE LUMIÈRE. L'UNIFORMITÉ DE L'ÉCLAIRAGE AINSI CRÉÉ VARIE SELON LA DISTANCE QUI SÉPARE CES LUMINAIRES LES UNS DES AUTRES, ET DES MURS.

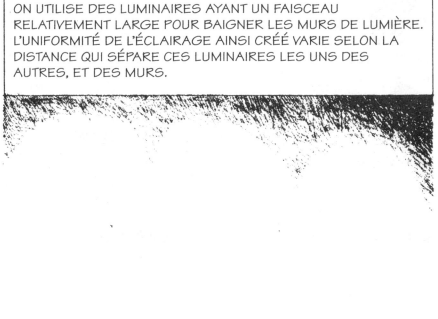

LES PRINCIPES DE DESIGN

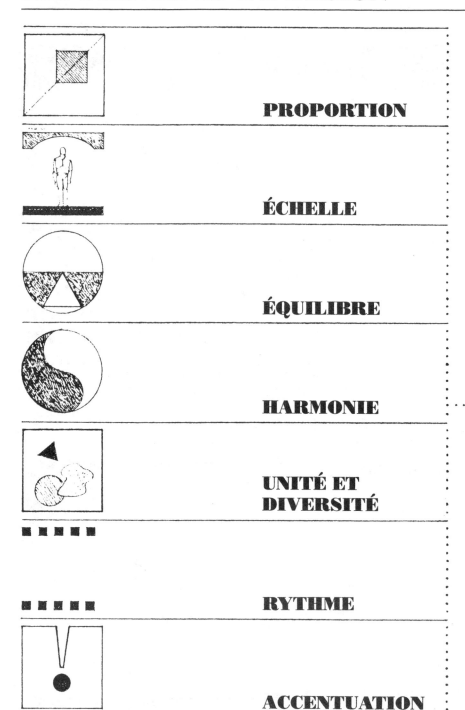

PROPORTION

ÉCHELLE

ÉQUILIBRE

HARMONIE

UNITÉ ET DIVERSITÉ

RYTHME

ACCENTUATION

Aménager un intérieur consiste à choisir les éléments qu'on y inclura et à les agencer, dans l'espace délimité, de façon à satisfaire certains besoins et désirs sur le plan de la fonction et de l'esthétique. Or, ceci amène à créer des concepts, car aucune partie ni aucun élément d'un intérieur n'existe d'une manière isolée. Dans tout concept de design, chaque élément, pièce ou partie tire son effet visuel de celui des autres. Il en va de même pour sa fonction et sa signification.

Nous nous intéresserons ici aux relations visuelles établies entre les diverses composantes d'un intérieur. Les principes de design expliqués plus loin ne se veulent pas des règles strictes et absolues, mais bien plutôt des indications générales sur la manière dont on peut agencer divers éléments pour qu'ils forment des concepts reconnaissables. En dernière analyse, il revient à chaque designer d'apprendre à juger de la pertinence d'un concept, de son effet sur l'espace intérieur et de sa signification aux yeux des utilisateurs de ce dernier. Les principes énoncés peuvent toutefois aider à créer et à maintenir une impression d'organisation visuelle au sein des éléments d'un intérieur en tenant compte de la fonction et de l'usage auxquels on les destine.

▷ L'ÉLABORATION D'UN CONCEPT

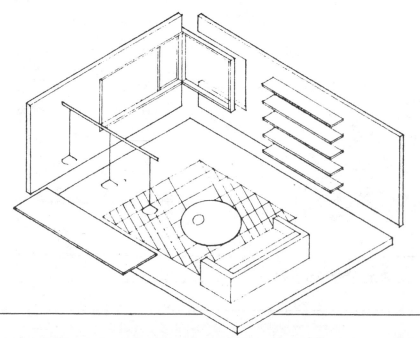

LA PROPORTION

Le terme *proportion* désigne le rapport entre deux parties, entre une partie et le tout ou entre un objet et un autre. Ce rapport en est un de grandeur, de quantité ou d'intensité.

GRANDEUR

QUANTITÉ

INTENSITÉ

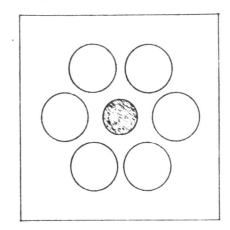 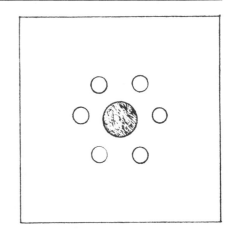

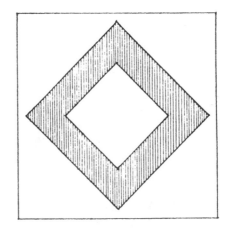 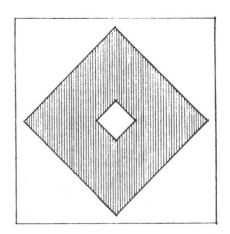

LA TAILLE APPARENTE D'UN OBJET VARIE EN FONCTION DE CELLE DES AUTRES ÉLÉMENTS DE SON ENVIRONNEMENT.

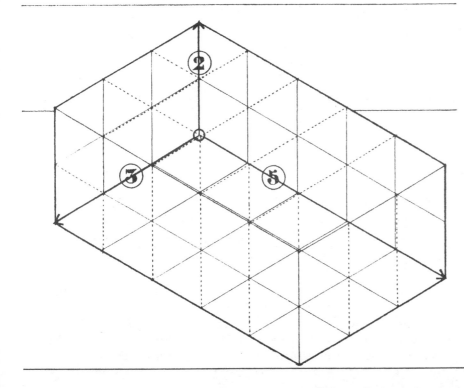

◁ LORSQU'ON AGENCE DES FORMES À L'INTÉRIEUR D'UN ESPACE, IL FAUT ENVISAGER LEURS PROPORTIONS EN TROIS DIMENSIONS.

LE RAPPORT .... A : B $\frac{A}{B}$

LA PROPORTION ... A : B : C $\frac{A}{B} = \frac{B}{C}$

LE NOMBRE D'OR

$$\frac{B}{A} = \frac{A}{A+B}$$

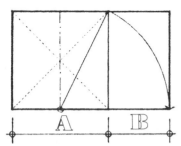

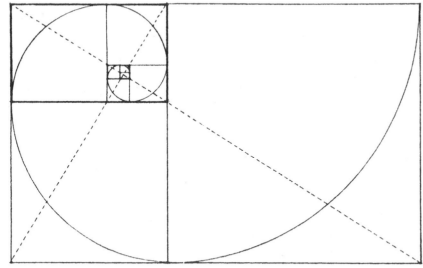

UNE COMPOSITION HARMONIEUSE DE RECTANGLES ÉTABLIE À L'AIDE DU NOMBRE D'OR

1, 1, 2, 3, 5, 8, 13, 21, 34, 55 ....

Au fil des âges sont apparues plusieurs méthodes, fondées sur la géométrie ou les mathématiques, devant permettre de définir les proportions idéales d'une chose. Or, chaque méthode va au-delà de l'aspect fonctionnel et technique pour essayer d'établir une mesure de la beauté, c'est-à-dire un idéal esthétique motivant certaines relations dimensionnelles entre les divers éléments et parties d'une construction visuelle.

Selon Euclide, mathématicien de la Grèce antique, un rapport traduit la comparaison quantitative de choses similaires, et une proportion, l'égalité entre deux rapports. Toutes les méthodes de détermination des proportions se fondent par conséquent sur un rapport particulier, une caractéristique permanente qui se transmet d'un rapport à l'autre.

De toutes ces méthodes, la plus connue pourrait bien être celle du nombre d'or mise au point par les Grecs de l'Antiquité. Ce nombre définit la relation unique existant entre deux parties inégales d'un tout lorsque le rapport entre la plus grande de ces parties et la plus petite correspond à celui entre le tout et la plus grande.

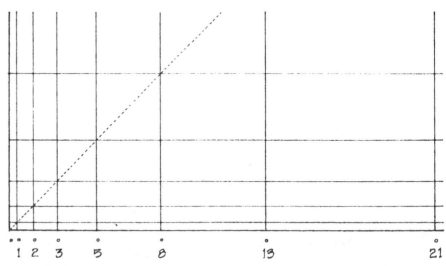

LA SÉRIE DE FIBONACCI SE COMPOSE DE NOMBRES ENTIERS, LESQUELS FORMENT UNE PROGRESSION OÙ CHAQUE TERME EST ÉGAL À LA SOMME DES DEUX QUI LE PRÉCÈDENT. LE RAPPORT ENTRE DEUX TERMES CONSÉCUTIFS DE CETTE SÉRIE CORRESPOND APPROXIMATIVEMENT AU NOMBRE D'OR.

Bien qu'on la définisse souvent en des termes mathématiques, toute méthode de détermination des proportions permet d'établir un ensemble de relations visuelles entre les différentes parties d'une composition. Il peut donc être utile d'y recourir en design pour favoriser l'unité et l'harmonie. La perception qu'on a des dimensions matérielles des objets est, toutefois, souvent imprécise. En effet, la réduction des segments par la perspective, la distance à laquelle on se trouve et même certains préjugés culturels peuvent la fausser.

Le jugement porté sur les proportions découle encore avant tout d'une évaluation critique visuelle. À cet égard, on attache de l'importance aux écarts marqués entre les dimensions relatives des divers éléments. En dernière analyse, toute proportion établie paraîtra acceptable dans une situation particulière si elle donne l'impression qu'aucun élément ni aucune caractéristique n'a une importance insuffisante ou excessive.

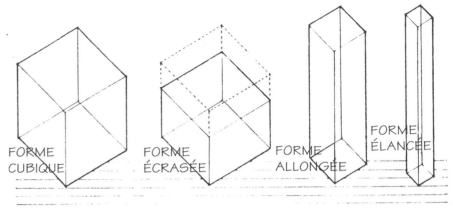

DIFFÉRENCES MARQUÉES DES PROPORTIONS

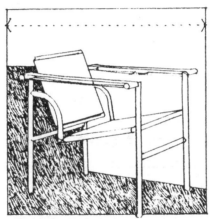 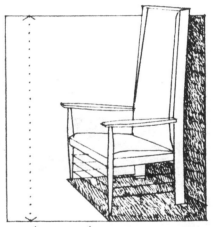

MEUBLES AYANT DES PROPORTIONS TRÈS DIFFÉRENTES

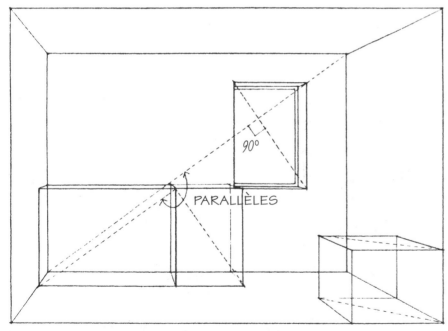

LES DIAGONALES PARALLÈLES OU PERPENDICULAIRES COUPENT EN DEUX PARTIES ÉGALES DES RECTANGLES AUX PROPORTIONS SEMBLABLES.

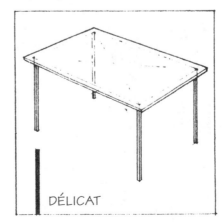 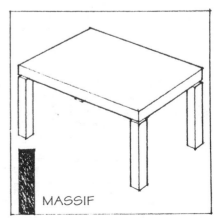

DÉLICAT   MASSIF

LES PROPORTIONS RELATIVES

En design d'intérieur, on se préoccupe de diverses proportions. De fait, on s'intéresse aux proportions entre les différentes parties d'un élément, entre les divers éléments, et entre ces derniers et l'espace intérieur où ils se trouvent.

DIFFÉRENCES DE PROPORTIONS

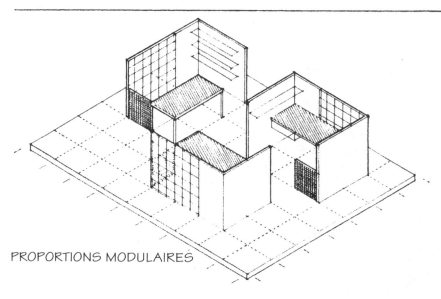

PROPORTIONS MODULAIRES

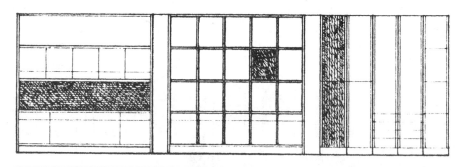

ENTRE LES PARTIES D'UN ÉLÉMENT

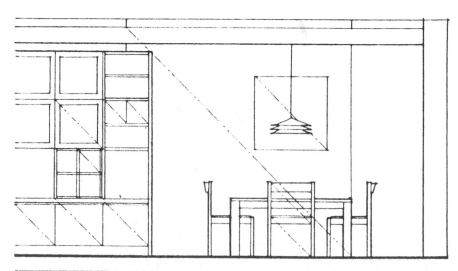

ENTRE LES ÉLÉMENTS

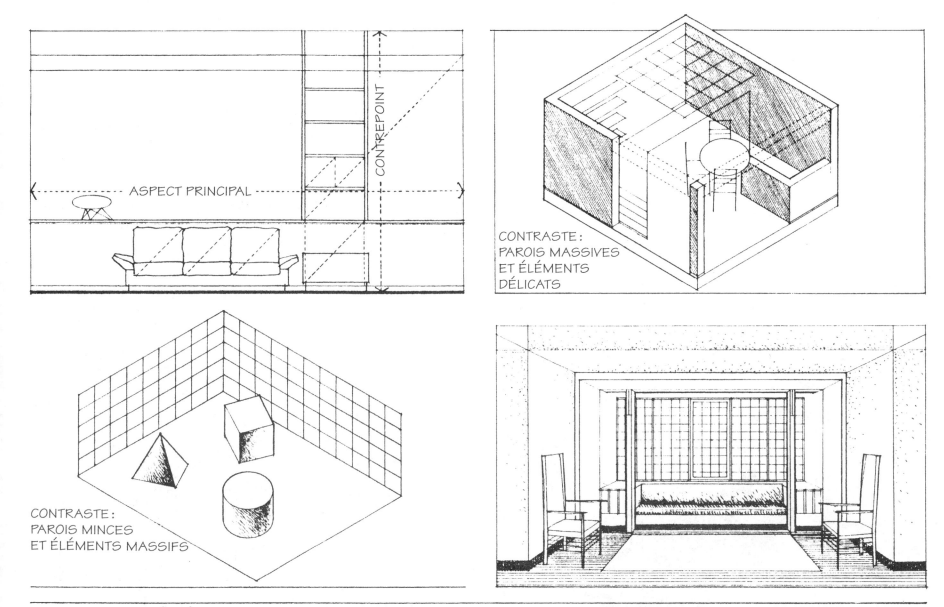

ENTRE LES ÉLÉMENTS ET LE VOLUME

L'ÉCHELLE

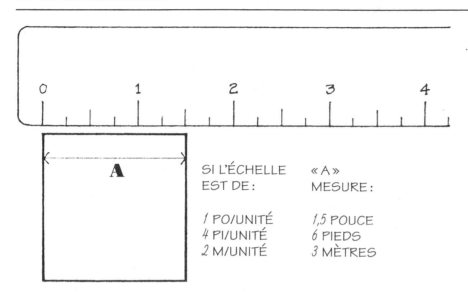

SI L'ÉCHELLE EST DE :	« A » MESURE :
1 PO/UNITÉ	1,5 POUCE
4 PI/UNITÉ	6 PIEDS
2 M/UNITÉ	3 MÈTRES

Il existe un lien entre le principe de l'échelle et celui de la proportion. En effet, tant l'échelle que la proportion intéressent la taille relative des choses. S'il faut établir une distinction entre les deux, on peut dire que la proportion a trait à la relation entre les différentes parties d'une composition, tandis que l'échelle se rattache en particulier à la taille d'un objet par rapport à une constante ou à un étalon reconnu.

L'échelle réelle est reliée aux dimensions physiques d'un objet, mesurées d'après un système de mesure officiel. On peut ainsi établir qu'une certaine table mesure 3 pieds de largeur, 6 pieds de longueur et 29 pouces de hauteur selon le système anglais. Si on est familiarisé avec ce système et avec d'autres objets d'une même taille, on parviendra à se représenter la grandeur de cette table. En utilisant plutôt le système métrique, on dira que cette dernière a une largeur de 914 mm, une longueur de 1829 mm et une hauteur de 737 mm.

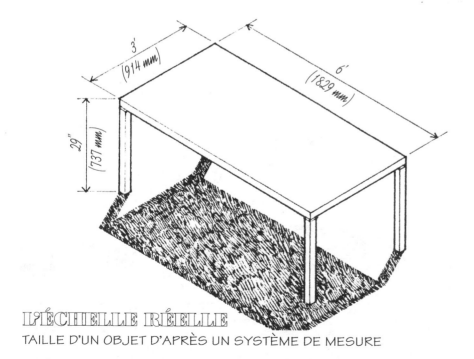

L'ÉCHELLE RÉELLE
TAILLE D'UN OBJET D'APRÈS UN SYSTÈME DE MESURE

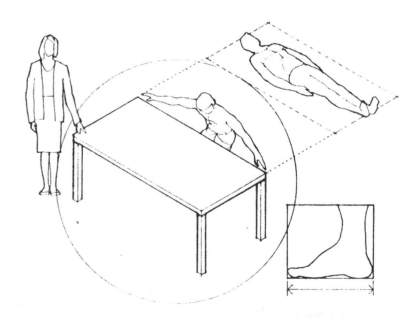

LE CORPS HUMAIN SERT AUSSI DE SYSTÈME DE MESURE.

L'*échelle visuelle* renvoie à la taille qu'un objet semble avoir lorsqu'on le compare à d'autres qui l'entourent. On évalue souvent l'échelle d'un objet en fonction de la taille relative ou connue d'autres éléments placés à proximité. Ainsi, la table prise en exemple peut donner l'impression qu'elle est ou non à l'échelle d'une pièce suivant les dimensions et les proportions relatives de cette dernière.

Un objet paraîtra de petite échelle advenant qu'on le compare à d'autres objets qui sont en général beaucoup plus gros. À l'inverse, il semblera de grande échelle s'il voisine avec des éléments relativement petits ou s'il présente des dimensions dépassant ce qu'on envisage comme la normale ou la moyenne.

PETIT ESPACE OU GROS MOBILIER ? QUESTION D'ÉCHELLE !

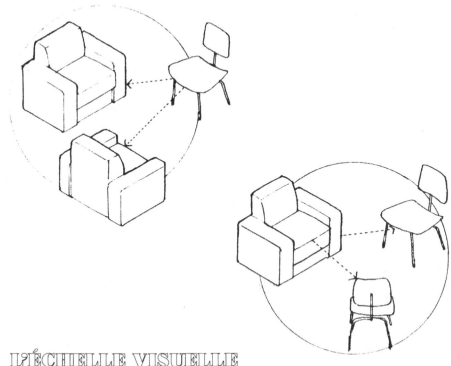

L'ÉCHELLE VISUELLE
TAILLE D'UN OBJET PAR RAPPORT AUX AUTRES ÉLÉMENTS…

OU À L'ESPACE QUI L'ENTOURE

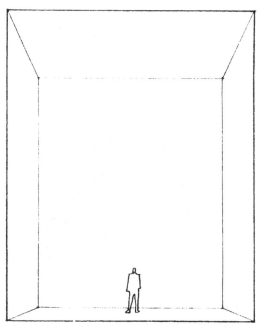

L'*échelle humaine* renvoie au sentiment qu'on a de sa propre taille devant une chose. Si une pièce ou les éléments qu'elle renferme donnent à ses occupants l'impression d'être petits, ils ne sont pas à l'échelle humaine. Mais ils le sont si on ne se sent pas écrasé par un espace et que les objets qui s'y trouvent respectent bien les exigences dimensionnelles liées à la portée, à la taille et aux déplacements de tout occupant.

Les éléments qui permettent de juger si un espace est à l'échelle humaine ont pour la plupart des dimensions établies par l'usage. Ils comprennent les portes, les escaliers, les tables et autres plans de travail de même que les différents types de sièges. On peut mettre ces éléments à contribution pour humaniser un espace qui semblerait autrement ne pas être à l'échelle humaine.

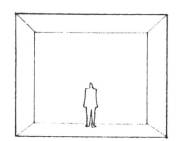
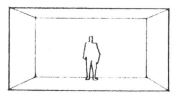

L'ÉCHELLE HUMAINE
LE SENTIMENT DE GRANDEUR OU DE PETITESSE QU'ON ÉPROUVE EN PRÉSENCE D'UN ESPACE OU D'UN ÉLÉMENT INTÉRIEUR

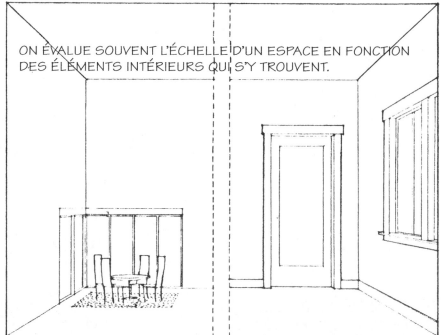

ON ÉVALUE SOUVENT L'ÉCHELLE D'UN ESPACE EN FONCTION DES ÉLÉMENTS INTÉRIEURS QUI S'Y TROUVENT.

ÉLÉMENTS RÉPANDUS DONT LES DIMENSIONS SONT FAMILIÈRES À TOUS

Dans un espace intérieur, la notion d'échelle englobe plus qu'un seul ensemble de relations. Les éléments qui s'y trouvent entretiennent simultanément des liens entre eux de même qu'avec l'ensemble de la pièce et ses occupants. Il n'est pas rare que certains éléments soient à l'échelle les uns par rapport aux autres tout en prenant une taille exceptionnelle lorsqu'on les compare à d'autres. On peut utiliser des éléments disproportionnels pour attirer l'attention ou créer un point d'intérêt et le mettre en valeur.

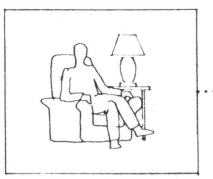
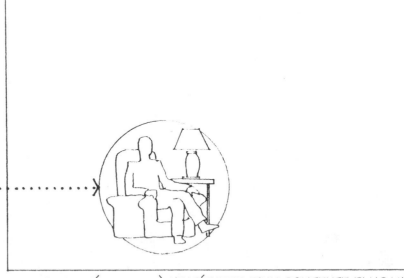

IL PEUT EXISTER TOUT UN ENSEMBLE DE RAPPORTS D'ÉCHELLE À L'INTÉRIEUR D'UN CONTEXTE PLUS VASTE.

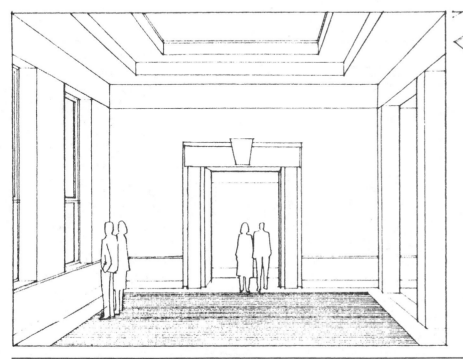
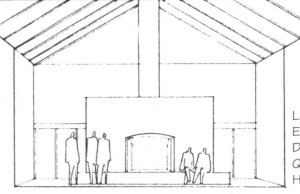

LA CHEMINÉE EST ICI À L'ÉCHELLE DE L'ESPACE, TANDIS QUE SON ÂTRE EST À HAUTEUR DE SIÈGE.

LES EMBRASURES SONT ICI À L'ÉCHELLE DE L'ESPACE, TANDIS QUE LES SEUILS DE PORTE, LES APPUIS DE FENÊTRE ET LE LAMBRISSAGE S'AVÈRENT DAVANTAGE À L'ÉCHELLE HUMAINE.

L'ÉQUILIBRE

TOUT INTÉRIEUR COMBINE DES FORMES, DES COULEURS ET DES TEXTURES.

Les espaces intérieurs — de même que les éléments qui s'y trouvent, les meubles, les accessoires et l'éclairage — se caractérisent souvent par un mélange de formes, de tailles, de couleurs et de textures. La manière dont on les aménage a pour but de satisfaire à différents besoins fonctionnels ainsi qu'à certains désirs sur le plan esthétique. En même temps, elle doit assurer un équilibre visuel entre les divers éléments, compte tenu de leurs effets respectifs.

Chaque composante d'un intérieur a des caractéristiques particulières en ce qui touche à la forme, à la taille, à la couleur et à la texture. Or, son poids visuel et l'attention qu'elle reçoit dépendent de ces particularités de même que de sa position et de son orientation.

Voici les caractéristiques qui augmentent le poids visuel d'un élément et attirent sur lui l'attention :

- une forme irrégulière ou faisant contraste ;
- une couleur vive et une texture contrastante ;
- des dimensions imposantes et des proportions inusitées ;
- des détails décoratifs.

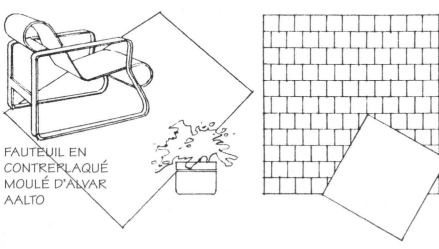

FAUTEUIL EN CONTREPLAQUÉ MOULÉ D'ALVAR AALTO

CE QUI ATTIRE L'ATTENTION :

UNE FORME IRRÉGULIÈRE   UNE TEXTURE CONTRASTANTE    DES PROPORTIONS INUSITÉES   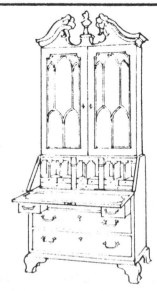 DES DÉTAILS DÉCORATIFS

La perception qu'on a d'une pièce et de la composition que forment ses éléments évolue à mesure qu'on s'y déplace. Elle varie chaque fois qu'on adopte un point d'observation nouveau. Toute pièce change aussi d'aspect au fil du temps en raison de l'éclairage naturel le jour et artificiel le soir, de l'apparition ou de la disparition de certains occupants et accessoires, et de l'usure du temps lui-même. On doit par conséquent établir un équilibre visuel (dans les trois dimensions de l'espace) entre les divers éléments d'un intérieur et s'assurer qu'il résistera aux transformations dues au passage du temps et à l'utilisation de la pièce.

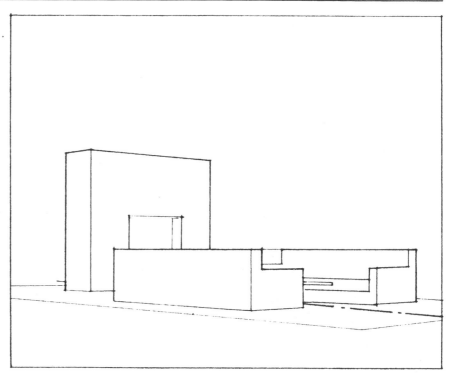

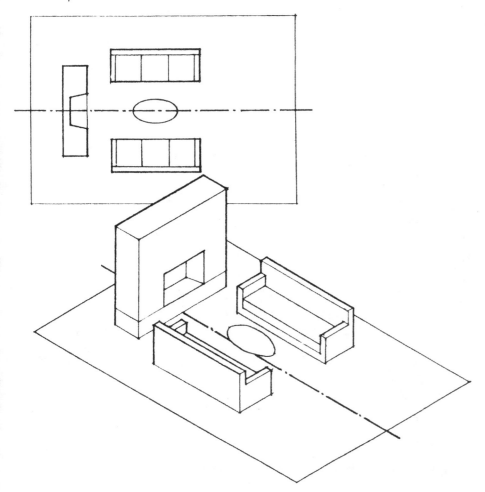

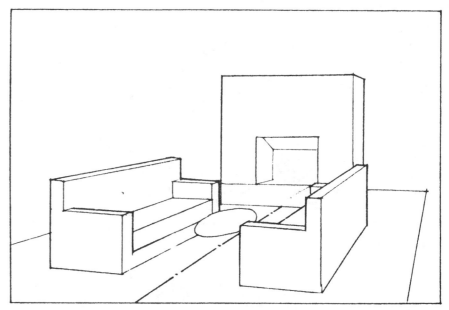

IL FAUT ENVISAGER L'ÉQUILIBRE VISUEL EN TROIS DIMENSIONS.

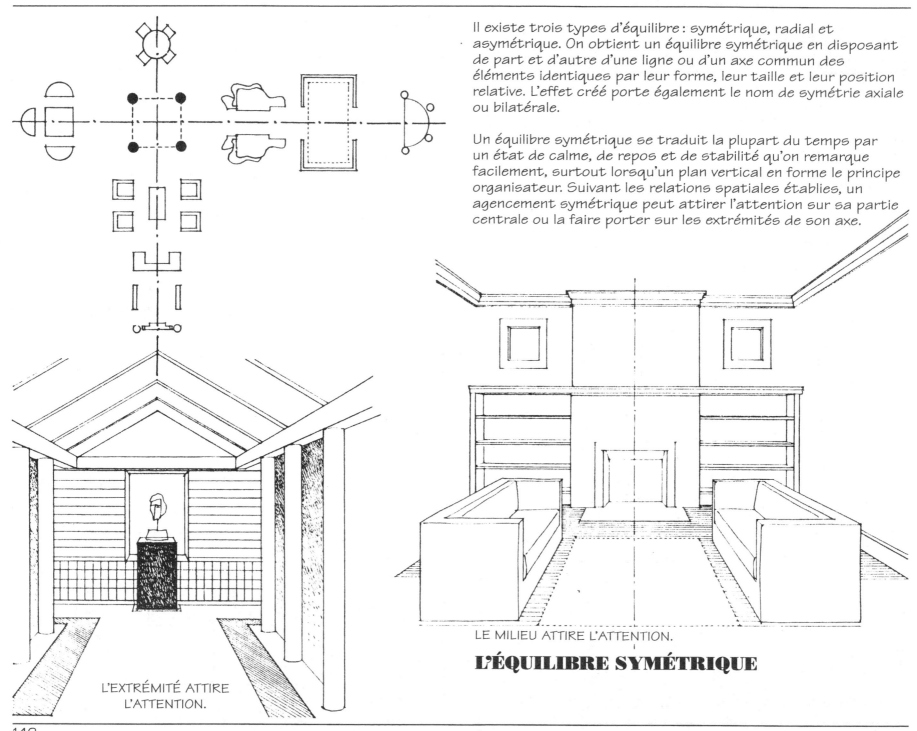

Il existe trois types d'équilibre : symétrique, radial et asymétrique. On obtient un équilibre symétrique en disposant de part et d'autre d'une ligne ou d'un axe commun des éléments identiques par leur forme, leur taille et leur position relative. L'effet créé porte également le nom de symétrie axiale ou bilatérale.

Un équilibre symétrique se traduit la plupart du temps par un état de calme, de repos et de stabilité qu'on remarque facilement, surtout lorsqu'un plan vertical en forme le principe organisateur. Suivant les relations spatiales établies, un agencement symétrique peut attirer l'attention sur sa partie centrale ou la faire porter sur les extrémités de son axe.

L'EXTRÉMITÉ ATTIRE L'ATTENTION.

LE MILIEU ATTIRE L'ATTENTION.

L'ÉQUILIBRE SYMÉTRIQUE

La symétrie offre un moyen simple mais puissant pour ordonner une composition visuelle. Lorsqu'on la pousse suffisamment loin, elle peut conférer à tout espace intérieur un aspect formel rigoureux. Dans bien des cas, cependant, la fonction attribuée à une pièce ou les circonstances rendent une symétrie parfaite inappropriée ou difficile à créer.

Il est souvent possible ou souhaitable d'aménager une ou plusieurs portions d'un espace de manière à y établir une symétrie locale. Tout regroupement symétrique à l'intérieur d'un espace est facile à reconnaître. Il constitue un tout en soi qui peut aider à simplifier ou à structurer l'aménagement d'une pièce.

Le deuxième type d'équilibre, qualifié de radial, se manifeste lorsqu'on agence divers éléments autour d'un même point. Il en résulte une composition centralisée où le milieu retient l'attention. Les éléments en cause peuvent être soit tournés vers le centre ou vers l'extérieur, soit simplement disposés en rayons autour d'un objet particulier.

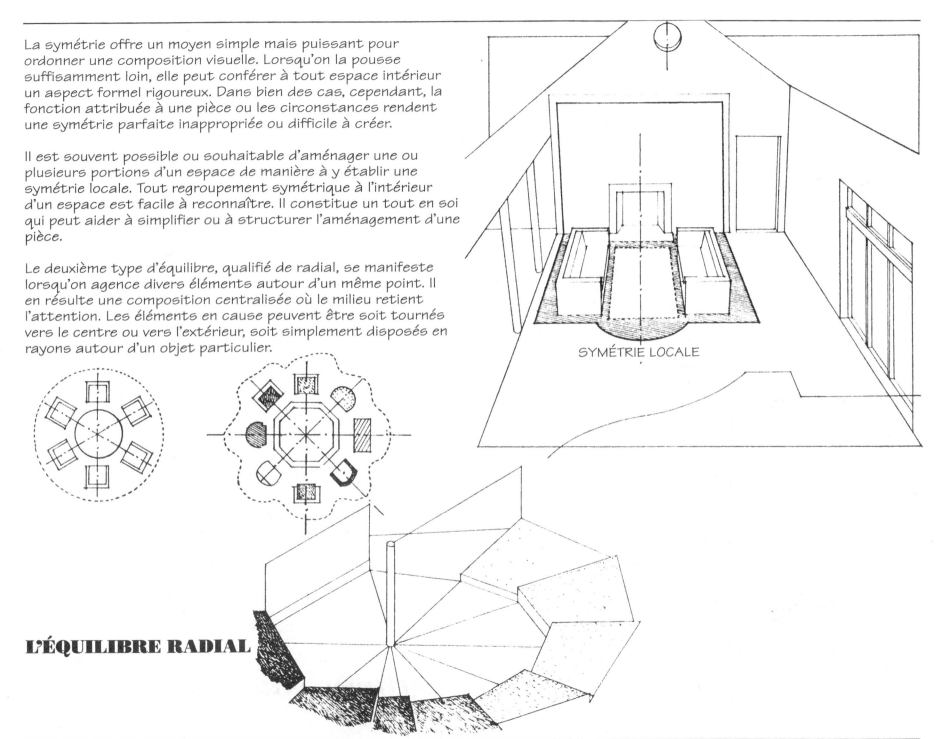

SYMÉTRIE LOCALE

L'ÉQUILIBRE RADIAL

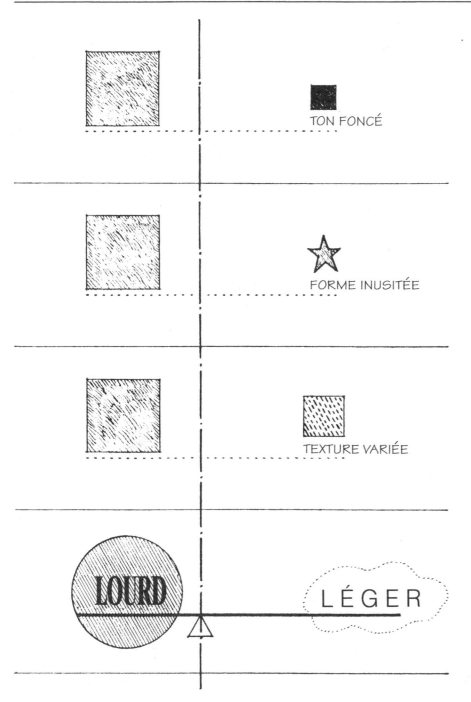

L'asymétrie représente l'absence d'une correspondance en taille, en forme, en couleur ou en position relative entre les divers éléments d'un ensemble. Au contraire d'un agencement symétrique, qui regroupe des paires d'éléments identiques, une composition asymétrique réunit des éléments dissemblables.

Pour établir un équilibre optique au sein d'une composition asymétrique, il faut tenir compte du poids ou de l'effet visuel de chaque élément et appliquer le principe du levier au moment de les agencer. On doit ainsi s'assurer que les éléments qui ont un poids visuel important et attirent l'attention (formes inusitées, couleurs vives, tons foncés, textures variées) seront contrebalancés par d'autres moins puissants qui occupent plus d'espace ou sont plus éloignés du centre de la composition.

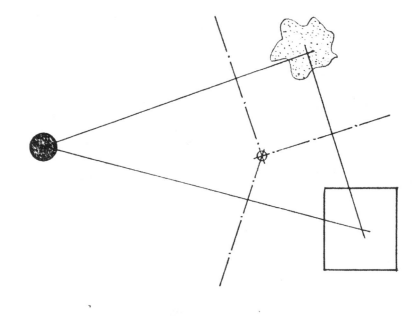

L'ÉQUILIBRE ASYMÉTRIQUE

Moins apparent que le symétrisme, l'asymétrisme est souvent plus actif et dynamique sur le plan visuel. Il peut exprimer le mouvement, le changement, même l'exubérance. Il est aussi plus flexible que le symétrisme, de sorte qu'on peut plus aisément adapter les choses à toute variation de fonction, d'espace ou de circonstances.

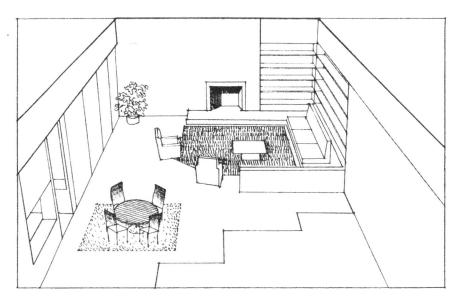

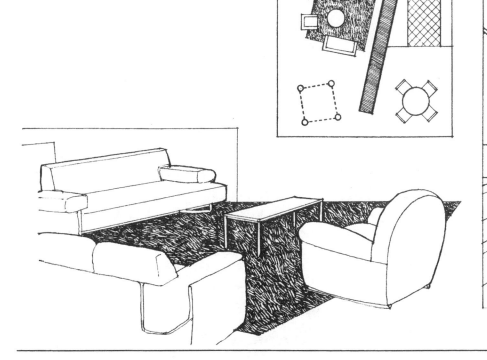

L'HARMONIE

On peut envisager l'harmonie à la manière soit d'un accord, soit d'un agencement ou d'une combinaison agréable des parties d'un ensemble. Le principe de l'équilibre permet d'unifier une composition en organisant avec soin des éléments aussi bien semblables que dissemblables. Celui de l'harmonie fait appel au choix judicieux d'éléments qui partagent un trait commun, tel qu'une forme, une couleur, une texture ou des matériaux similaires. C'est la répétition de ce trait commun qui engendre alors l'unité et l'harmonie visuelles au sein des éléments de l'intérieur en cause.

L'EXISTENCE D'UN TRAIT COMMUN :

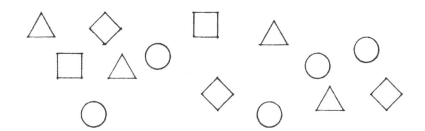

UNE TAILLE SEMBLABLE

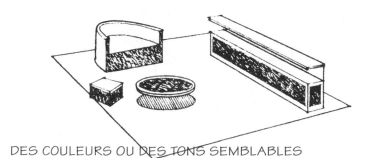

DES COULEURS OU DES TONS SEMBLABLES

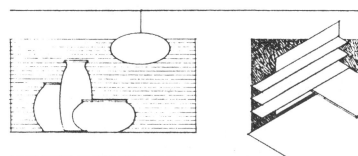

UNE FORME SEMBLABLE

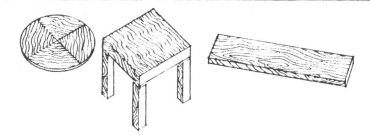

DES MATÉRIAUX SEMBLABLES

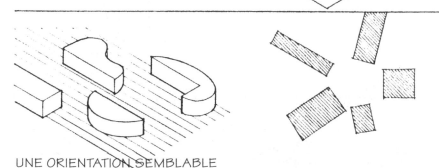

UNE ORIENTATION SEMBLABLE

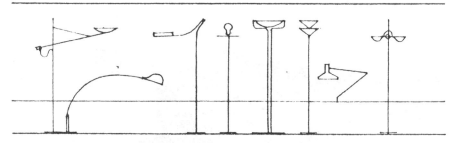

DES DÉTAILS CARACTÉRISTIQUES SEMBLABLES

Si on insiste trop sur le choix d'éléments qui ont des traits communs, l'harmonie ainsi créée peut se traduire par une composition unifiée mais sans intérêt. D'un autre côté, advenant qu'on pousse la variété à l'extrême à seule fin de rendre un design intéressant, on court le risque d'engendrer un chaos visuel. Seule une tension établie avec art et doigté entre l'ordre et le désordre (ou l'unité et la diversité) donne vie à l'harmonie et rend un intérieur digne d'intérêt.

LA CRÉATION DE LA DIVERSITÉ

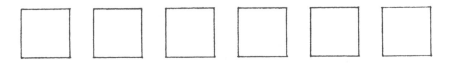

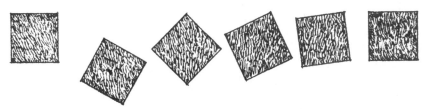

ON PEUT CONFÉRER UNE CERTAINE DIVERSITÉ À DES ÉLÉMENTS DE FORME IDENTIQUE EN FAISANT VARIER :

LEUR ORIENTATION

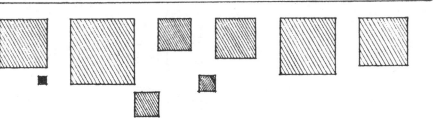

LEUR TAILLE

LEURS DÉTAILS CARACTÉRISTIQUES

LEUR TEXTURE

LEUR COULEUR

L'UNITÉ ET LA DIVERSITÉ

Il importe de souligner que les principes de l'équilibre et de l'harmonie n'empêchent pas de rechercher la diversité et l'intérêt même s'ils favorisent l'unité. Les moyens permettant d'engendrer un équilibre et une harmonie accordent au contraire une place aux éléments et aux caractéristiques dissemblables. Un équilibre asymétrique, par exemple, exige la présence d'éléments qui diffèrent par leur taille, leur forme, leur couleur ou leur texture et qui se font contrepoids. De même, l'harmonie attribuable à un trait commun à tous les éléments d'un ensemble permet aussi à ces derniers d'avoir chacun des caractéristiques individuelles distinctes et variées.

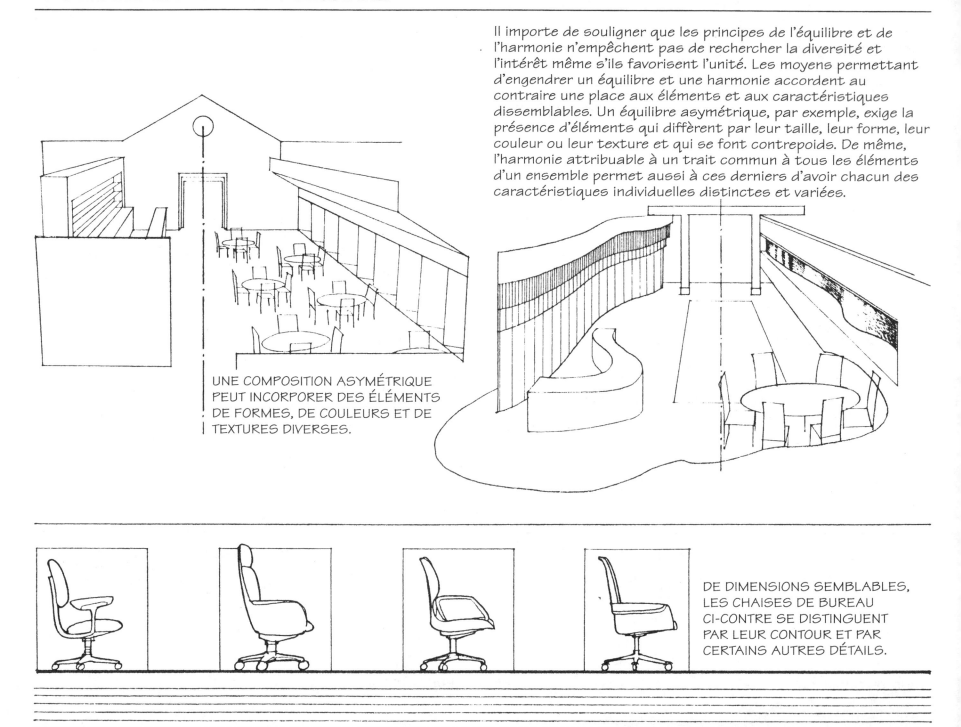

UNE COMPOSITION ASYMÉTRIQUE PEUT INCORPORER DES ÉLÉMENTS DE FORMES, DE COULEURS ET DE TEXTURES DIVERSES.

DE DIMENSIONS SEMBLABLES, LES CHAISES DE BUREAU CI-CONTRE SE DISTINGUENT PAR LEUR CONTOUR ET PAR CERTAINS AUTRES DÉTAILS.

Une autre façon d'agencer un certain nombre d'éléments dissemblables consiste tout simplement à les disposer à proximité les uns des autres. Tout observateur aura tendance à envisager pareil regroupement à la manière d'un tout dont il exclura les objets plus éloignés. On peut renforcer l'unité visuelle d'une telle composition en plaçant ses éléments de façon qu'ils marquent une ligne ou un contour.

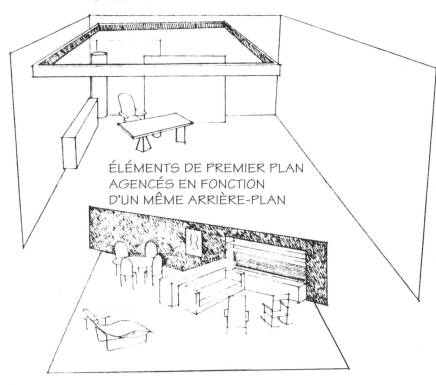

ÉLÉMENTS REGROUPÉS EN FONCTION D'UN AUTRE SITUÉ AU-DESSUS D'EUX

ÉLÉMENTS DE PREMIER PLAN AGENCÉS EN FONCTION D'UN MÊME ARRIÈRE-PLAN

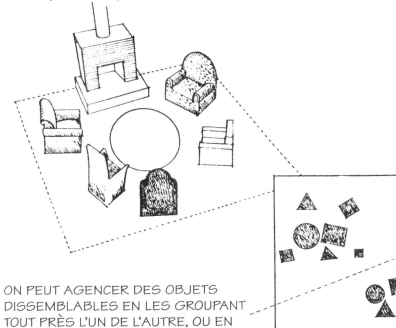

ON PEUT AGENCER DES OBJETS DISSEMBLABLES EN LES GROUPANT TOUT PRÈS L'UN DE L'AUTRE, OU EN LES DISPOSANT PAR RAPPORT À UNE LIGNE OU À UN PLAN COMMUN.

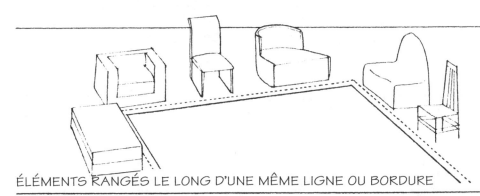

ÉLÉMENTS RANGÉS LE LONG D'UNE MÊME LIGNE OU BORDURE

LE RYTHME

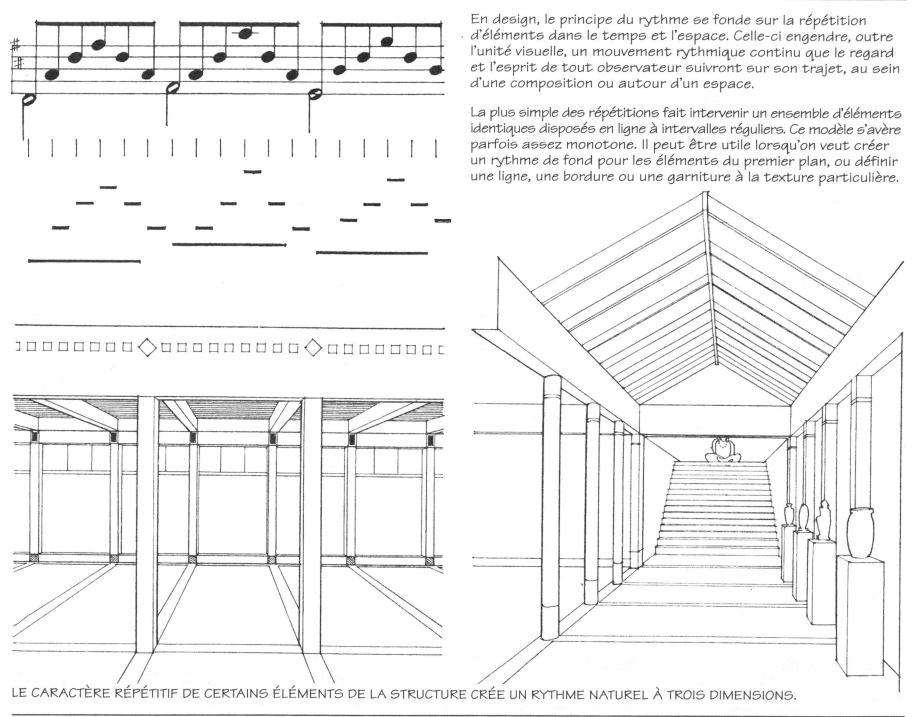

En design, le principe du rythme se fonde sur la répétition d'éléments dans le temps et l'espace. Celle-ci engendre, outre l'unité visuelle, un mouvement rythmique continu que le regard et l'esprit de tout observateur suivront sur son trajet, au sein d'une composition ou autour d'un espace.

La plus simple des répétitions fait intervenir un ensemble d'éléments identiques disposés en ligne à intervalles réguliers. Ce modèle s'avère parfois assez monotone. Il peut être utile lorsqu'on veut créer un rythme de fond pour les éléments du premier plan, ou définir une ligne, une bordure ou une garniture à la texture particulière.

LE CARACTÈRE RÉPÉTITIF DE CERTAINS ÉLÉMENTS DE LA STRUCTURE CRÉE UN RYTHME NATUREL À TROIS DIMENSIONS.

On peut établir des rythmes plus complexes en tenant compte du fait qu'il se tisse en général des liens visuels entre des éléments qui se voisinent ou qui partagent un trait commun. Par exemple, on fera varier la distance entre les éléments répétés et donc le rythme visuel produit afin de créer des groupes et des sous-groupes et de mettre en évidence certaines parties du motif. Le rythme ainsi obtenu pourra être élégant et gracieux ou vif et prononcé. Le contour du motif et la forme de ses composantes peuvent faire ressortir encore davantage la nature du rythme établi.

Bien que les éléments répétés doivent avoir un trait en commun pour s'enchaîner l'un à l'autre, rien n'empêche qu'ils varient de forme, de couleur, de texture ou par certains détails. Évidentes ou subtiles, ces différences suscitent un intérêt sur le plan visuel et ouvrent la voie à d'autres jeux rythmiques. On peut alors superposer un rythme alternatif à un autre plus régulier ou donner une certaine orientation à un motif rythmique en changeant peu à peu la taille, le ton ou la couleur de ses éléments.

VARIATION DE CERTAINS DÉTAILS

VARIATION PROGRESSIVE DU TON OU DE LA COULEUR

VARIATION PROGRESSIVE DE LA TAILLE

LE RYTHME À L'ÉCHELLE DU DÉTAIL

151

On distingue le plus facilement un rythme visuel lorsque les éléments répétés forment une ligne. Dans un intérieur, toutefois, des enchaînements non linéaires de formes, de couleurs et de textures peuvent se traduire par des rythmes plus subtils qui ne sont pas toujours évidents au premier coup d'œil.

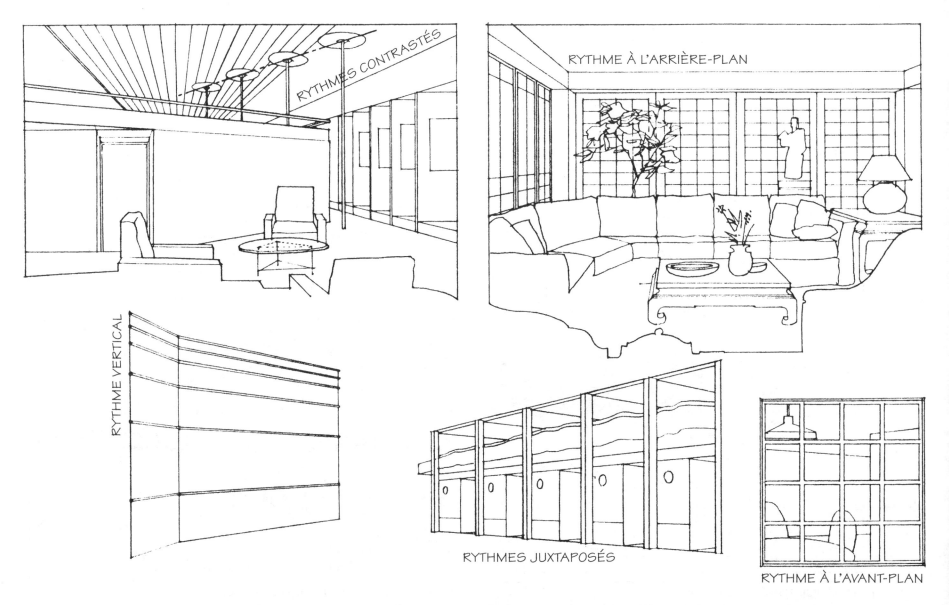

RYTHMES CONTRASTÉS

RYTHME À L'ARRIÈRE-PLAN

RYTHME VERTICAL

RYTHMES JUXTAPOSÉS

RYTHME À L'AVANT-PLAN

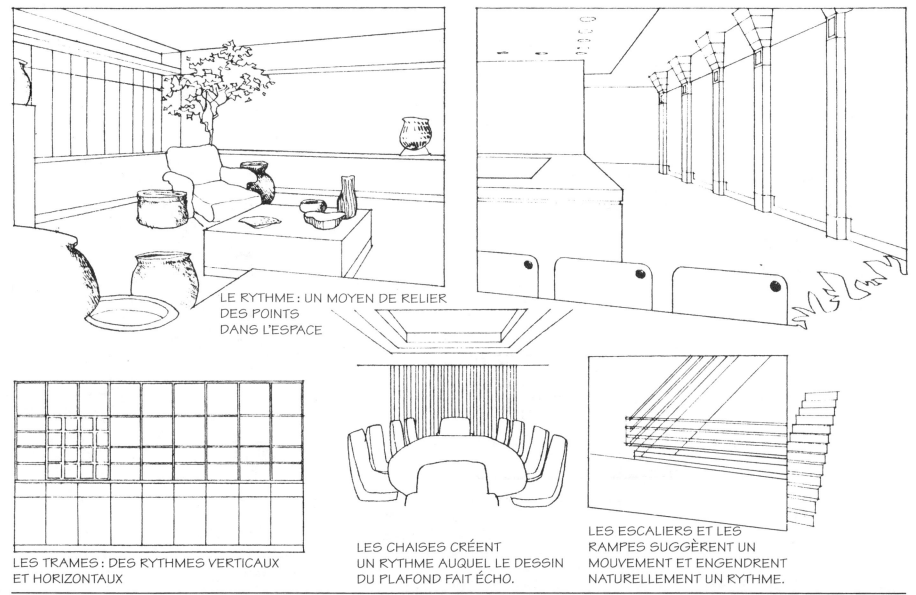

LE RYTHME : UN MOYEN DE RELIER DES POINTS DANS L'ESPACE

LES TRAMES : DES RYTHMES VERTICAUX ET HORIZONTAUX

LES CHAISES CRÉENT UN RYTHME AUQUEL LE DESSIN DU PLAFOND FAIT ÉCHO.

LES ESCALIERS ET LES RAMPES SUGGÈRENT UN MOUVEMENT ET ENGENDRENT NATURELLEMENT UN RYTHME.

L'ACCENTUATION

AUCUN ÉLÉMENT DOMINANT,
AUCUNE ACCENTUATION

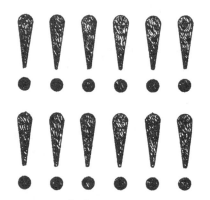

TROP D'ÉLÉMENTS DOMINANTS,
AUCUNE ACCENTUATION

Suivant le principe de l'accentuation, un aménagement intérieur doit englober aussi bien des éléments dominants que subordonnés. L'absence d'éléments prépondérants rendra en effet une composition fade et monotone. À l'inverse, une surabondance de ces éléments la fera paraître chargée et chaotique, détournant ainsi l'attention de ce qui a véritablement de l'intérêt. Chaque élément du tout que forme un design doit ressortir plus ou moins selon son importance.

On peut faire ressortir un élément ou une composante clé en lui attribuant une taille importante, une forme inusitée ou bien une texture, une couleur ou un ton distinct. Dans chaque cas, il est essentiel d'établir un contraste perceptible entre cet élément dominant et les aspects secondaires de l'espace. Pareil contraste attirera en effet l'attention en brisant le modèle normal de la composition.

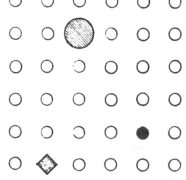

ON PEUT ACCENTUER DES ÉLÉMENTS EN LEUR ATTRIBUANT UNE TAILLE, UNE FORME, UNE COULEUR OU UN TON QUI FAIT CONTRASTE.

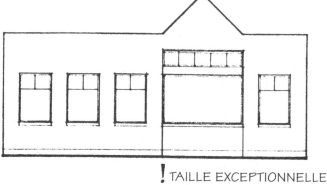

! TAILLE EXCEPTIONNELLE

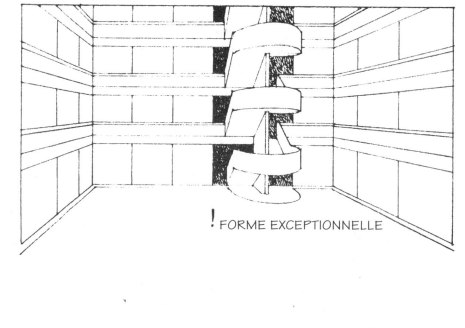

! FORME EXCEPTIONNELLE

Une autre façon de mettre un élément en évidence consiste à lui attribuer une position ou une orientation particulière. On peut ainsi le placer au centre d'un espace ou en faire le pivot d'un agencement symétrique. De même, il est possible de le décentrer ou de l'isoler des autres éléments au sein d'une composition asymétrique ou de le placer à l'extrémité soit d'un enchaînement linéaire soit d'une voie de circulation.

Tout élément gagnera aussi en importance sur le plan visuel si on lui donne une orientation qui fait contraste avec la géométrie normale de l'espace et avec celle des autres objets présents. Un éclairage particulier aura le même effet. On a également la possibilité d'agencer les lignes formées par les éléments secondaires ou subordonnés pour qu'elles attirent l'attention sur l'élément qui doit être prépondérant.

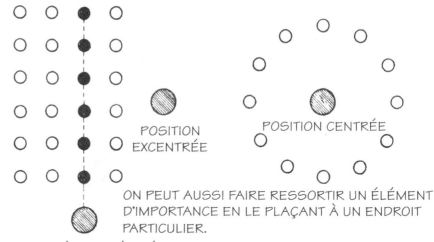

POSITION EXCENTRÉE   POSITION CENTRÉE

ON PEUT AUSSI FAIRE RESSORTIR UN ÉLÉMENT D'IMPORTANCE EN LE PLAÇANT À UN ENDROIT PARTICULIER.

POSITION À L'EXTRÉMITÉ D'UN AXE

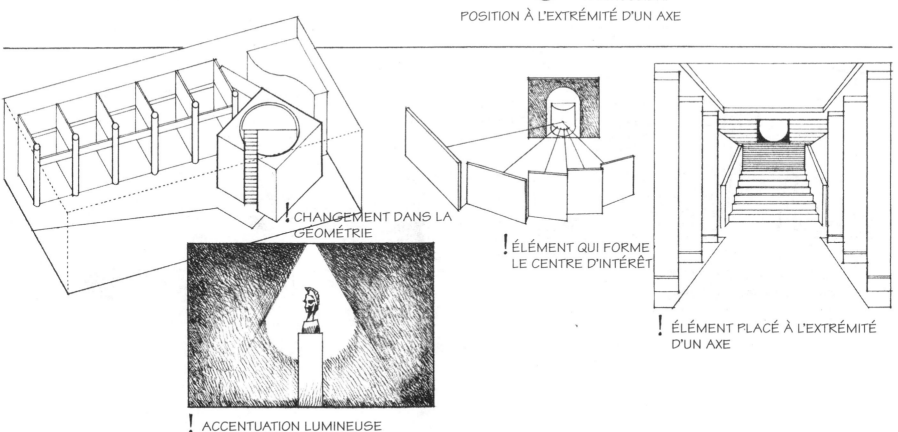

! CHANGEMENT DANS LA GÉOMÉTRIE

! ÉLÉMENT QUI FORME LE CENTRE D'INTÉRÊT

! ÉLÉMENT PLACÉ À L'EXTRÉMITÉ D'UN AXE

! ACCENTUATION LUMINEUSE

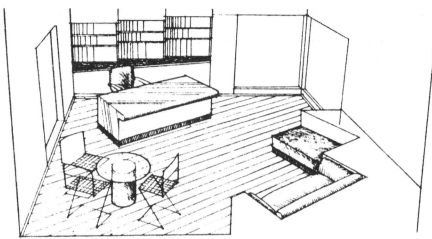

Les éléments d'un intérieur ne présentent pas tous le même intérêt. On peut les mettre plus ou moins en valeur selon leur importance relative. Une fois qu'on a reconnu les composantes clés d'un design, il convient d'élaborer une stratégie qui permettra de les faire ressortir davantage par l'agencement des éléments secondaires.

Il faut démontrer une certaine subtilité et une certaine retenue au moment d'établir les points d'intérêt d'une pièce. On doit en effet éviter que ces derniers prennent une importance telle qu'ils cessent de faire partie intégrante du design dans son ensemble. Des points d'intérêt secondaires aident dans bien des cas à lier les éléments dominants et subordonnés. En appliquant le principe de l'harmonie, on peut également utiliser des formes, des couleurs et des tons voisins pour maintenir l'unité de l'ensemble.

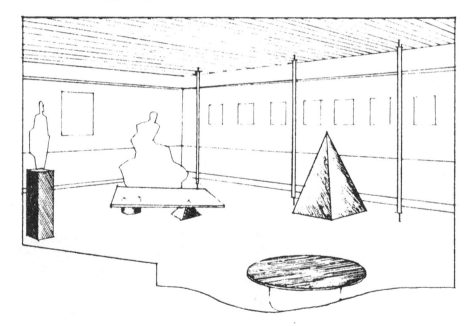

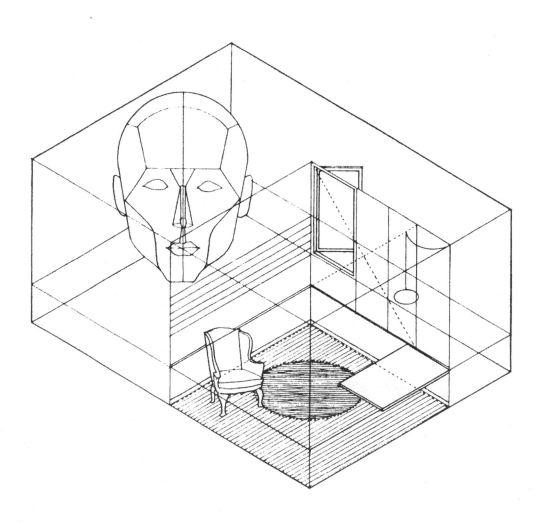

4
LES COMPOSANTES
D'UN INTÉRIEUR

LES COMPOSANTES D'UN INTÉRIEUR

Les éléments de l'ossature et de l'enveloppe d'un bâtiment — tels que poteaux, murs, planchers et toits — en définissent les espaces intérieurs. Ils donnent à un immeuble sa forme, délimitent une portion de l'espace et créent un agencement d'espaces intérieurs. Le présent chapitre traite des éléments qui servent à mettre ces espaces intérieurs en valeur, à les modifier et à les rendre habitables. Nous y parlerons des composantes d'un intérieur qui le rendent fonctionnel, esthétiquement agréable et psychologiquement satisfaisant, compte tenu de ce qu'on y fait.

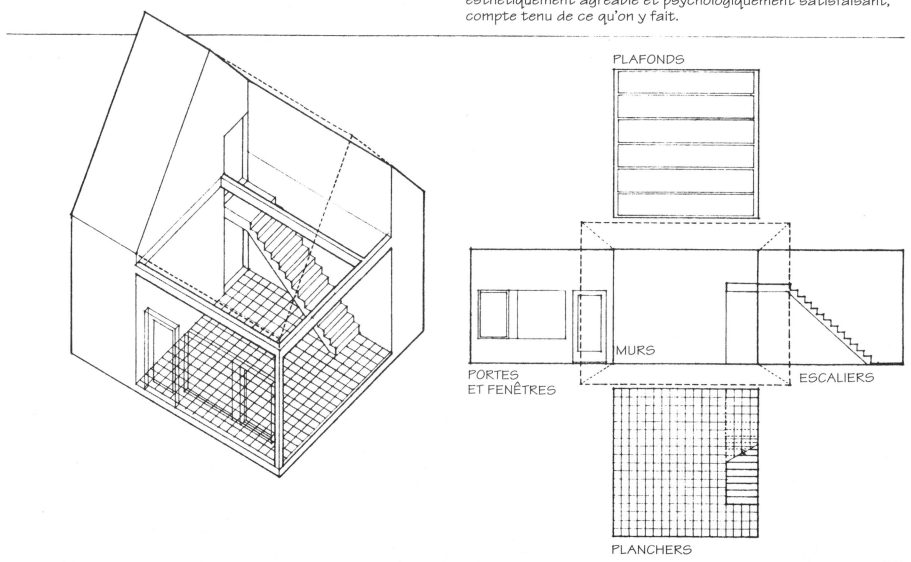

Ces éléments, et les choix qu'ils dénotent, forment l'ensemble de ce qu'un designer peut mettre à contribution. La manière dont on les sélectionne et dont on les agence en des modèles spatiaux, visuels et sensoriels influe non seulement sur la fonction et l'utilisation d'un espace mais aussi sur ses qualités expressives liées à la forme et au style.

LES PLANCHERS

Surfaces planes et horizontales, les planchers forment l'assise d'un espace intérieur. Comme ils supportent le mobilier d'une pièce et ses occupants lors de leurs activités, ils doivent avoir une structure leur permettant de porter ces charges en toute sécurité et une surface suffisamment durable pour résister à une utilisation et à une usure constantes.

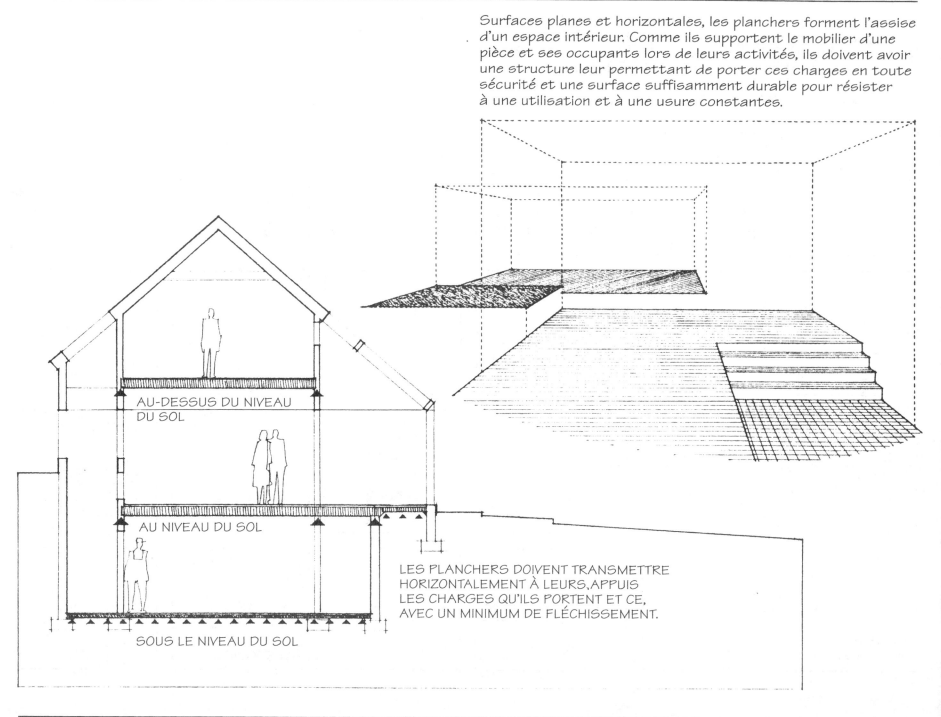

AU-DESSUS DU NIVEAU DU SOL

AU NIVEAU DU SOL

SOUS LE NIVEAU DU SOL

LES PLANCHERS DOIVENT TRANSMETTRE HORIZONTALEMENT À LEURS APPUIS LES CHARGES QU'ILS PORTENT ET CE, AVEC UN MINIMUM DE FLÉCHISSEMENT.

Un plancher typique comporte un ensemble de solives ou de poutrelles prenant appui à leurs extrémités sur des poutres ou des murs porteurs. Cette ossature horizontale est recouverte d'un support de revêtement de sol, tel un contreplaqué ou un tablier d'acier qui s'étend d'une solive à l'autre. Solives et support de revêtement sont reliés de manière à résister aux contraintes et à transférer leurs charges comme s'ils formaient un tout.

Il arrive également qu'un plancher se compose d'une dalle de béton renforcée d'acier qui peut se prolonger dans une ou deux directions. La forme que présente le dessous de cette dalle reflète souvent la manière dont elle est disposée dans l'espace et dont elle assure le transfert des charges qu'elle porte. Au lieu d'être coulée en place d'un seul bloc, une dalle peut aussi être faite de planches préfabriquées.

Qu'il se présente sous la forme d'une dalle de béton ou d'une construction à solives, tout plancher doit offrir une surface lisse, égale et suffisamment dense pour recevoir un revêtement de finition. Une couche de pose (sous-couche) ou une chape de ciment est parfois nécessaire pour en éliminer toute aspérité ou inégalité.

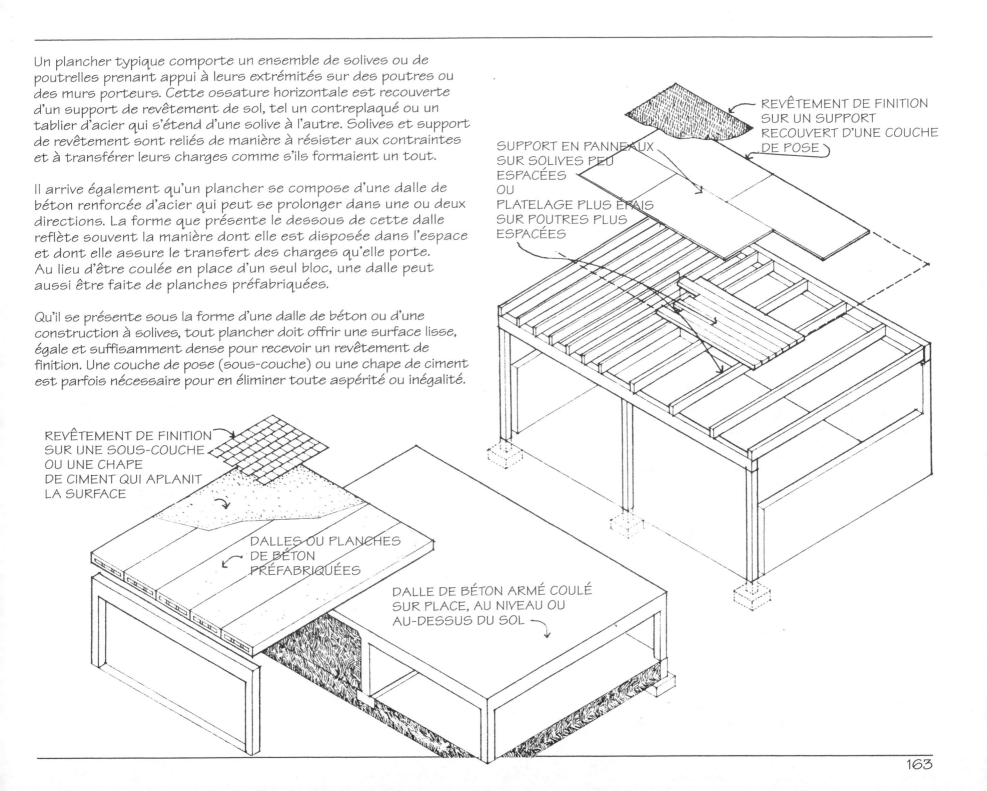

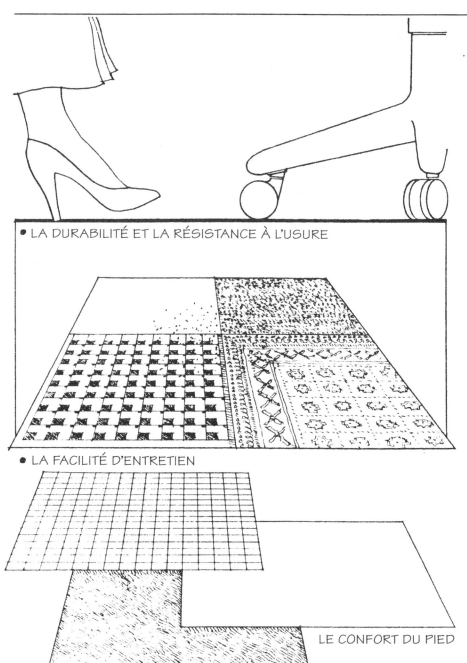

- LA DURABILITÉ ET LA RÉSISTANCE À L'USURE
- LA FACILITÉ D'ENTRETIEN

LE CONFORT DU PIED

Un revêtement de sol forme le dessus de la structure d'un plancher. Comme il subit une usure et couvre une portion substantielle des surfaces qui délimitent une pièce, on devrait le choisir en tenant compte aussi bien de son aspect fonctionnel qu'esthétique.

La durabilité a ici une très grande importance. Un revêtement de sol doit résister à l'usure qu'engendrent la circulation des occupants et le déplacement occasionnel de certains meubles ou équipements. Le matériau choisi devra être résistant à l'abrasion, aux coups et aux rayures.

La facilité avec laquelle on peut le maintenir en bon état est directement reliée à la durabilité d'un plancher. Pour qu'un revêtement de sol s'avère durable et facile d'entretien, il doit résister à la saleté, à l'humidité, aux matières grasses et aux taches, en particulier dans les aires de travail et aux endroits passants.

Divers moyens aident à camoufler la saleté inévitable et normale d'un plancher. On peut ainsi choisir un revêtement qui présente un ton neutre ou un motif dissimulant la saleté et les marques en surface. Une autre possibilité consiste à utiliser un revêtement dont la texture et la couleur naturelles sont attrayantes et retiennent davantage l'attention que toute saleté.

Le confort pour les pieds que procure un revêtement de sol dépend de sa souplesse et, pour une moindre part, de sa chaleur.

Cette dernière peut être réelle ou apparente. D'une part, un plancher peut être chauffé au moyen d'un chauffage par rayonnement et gardé chaud par une bonne isolation. D'autre part, un revêtement de sol peut paraître chaud s'il présente une texture douce, une couleur chaude, ou un ton de moyen à foncé. Dans les régions au climat chaud, une surface fraîche semblera évidemment plus confortable.

LE REVÊTEMENT DE SOL : CONSIDÉRATIONS D'ORDRE FONCTIONNEL

On évitera de poser un revêtement dur et lisse dans les endroits où un plancher risque de se faire mouiller.

• LA SÉCURITÉ DANS DES CONDITIONS GLISSANTES

Une surface rigide réfléchit les bruits aériens provenant de l'intérieur d'une pièce et amplifie le bruit de choc que fait tout occupant en marchant ou en déplaçant un meuble. Un revêtement souple peut amortir certains bruits de choc. Les matériaux de revêtement flexibles, mœlleux ou poreux réduisent le bruit de choc, en plus d'aider à assourdir les bruits aériens qui frappent leur surface.

Ajoutons qu'un plancher d'une teinte pâle réfléchit mieux la lumière et donne à une pièce plus de clarté que s'il était foncé avec une texture prononcée.

• L'ABSORPTION DU SON OU SA RÉFLEXION

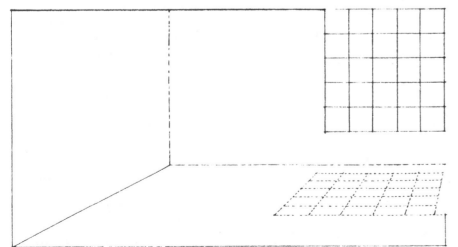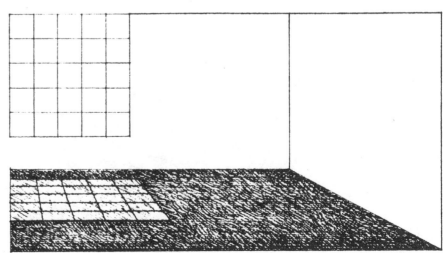

LA RÉFLEXION DE LA LUMIÈRE OU SON ABSORPTION

On envisage généralement un plancher comme une surface utilitaire et un arrière-plan visuel. Par sa couleur, son motif et sa texture, il peut toutefois jouer un rôle actif dans la détermination du caractère d'un espace.

Tout plancher accroîtra la clarté d'une pièce, s'il est pâle, et absorbera la plus grande partie de la lumière qui l'atteint, s'il est foncé. Une teinte chaude et claire crée un effet de rapprochement ; une teinte chaude mais sombre rend un plancher rassurant. Une couleur froide et claire le fait paraître plus grand et, s'il est verni, plus lisse. Une couleur froide mais sombre donne à un plancher de la profondeur et du poids.

Au contraire des murs et du plafond d'une pièce, un plancher révèle ses qualités tactiles (c'est-à-dire sa texture et sa densité) lorsqu'on marche dessus.

Le motif visuel que crée un revêtement de sol est directement relié à sa texture et à la manière dont on l'a posé. C'est cette texture visuelle qui révèle la nature du revêtement de sol et le caractère de l'espace en cause.

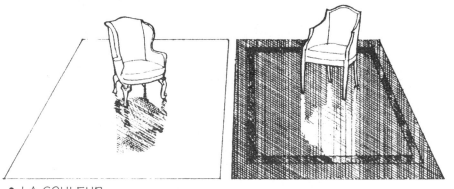

• LA COULEUR

• LA TEXTURE MATÉRIELLE ET VISUELLE

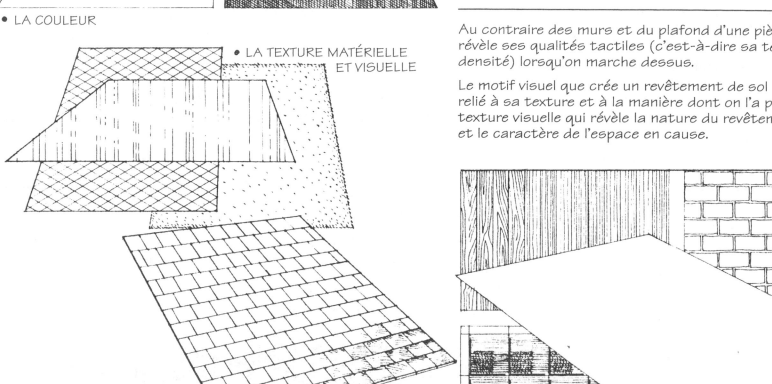

LE REVÊTEMENT DE SOL : CONSIDÉRATIONS D'ORDRE ESTHÉTIQUE

Lorsqu'il est neutre et dépourvu de tout motif, un plancher se présente comme un simple fond pour les occupants et les meubles d'une pièce. Il peut devenir un élément dominant au sein d'un intérieur si on lui confère un motif. Ce dernier servira à définir des zones, à suggérer des voies de circulation ou simplement à créer une texture intéressante.

Les lois de la perspective ont une incidence sur la perception qu'on a du motif d'un revêtement de sol. Il arrive ainsi fréquemment qu'on envisage un motif de petite taille à la manière d'une fine texture ou d'un mélange de tons plutôt que d'un agencement de figures individuelles. Tout élément linéaire continu dominera en outre le motif d'un revêtement de sol. Ces motifs directionnels peuvent souvent modifier la proportion apparente d'un plancher en faisant paraître l'une de ses dimensions plus courte ou plus longue qu'elle ne l'est.

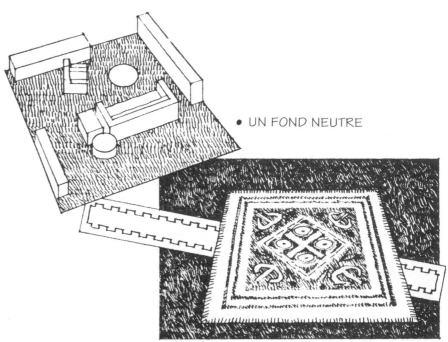

• UN FOND NEUTRE

• UN ÉLÉMENT ACTIF DU DESIGN

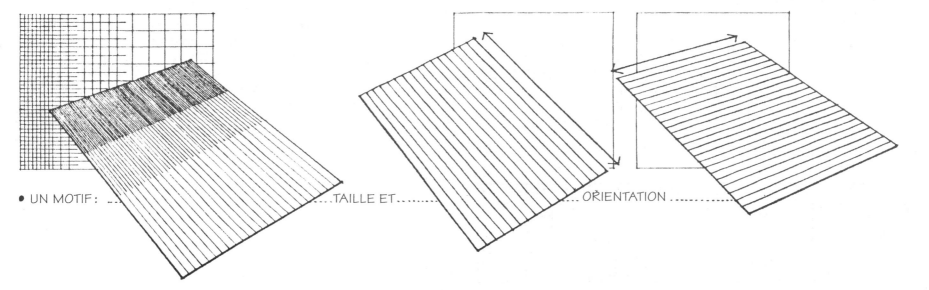

• UN MOTIF : TAILLE ET ORIENTATION

167

LES PARQUETS

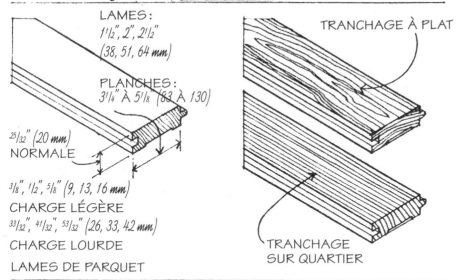

LAMES :
1¹/₂", 2", 2¹/₂"
(38, 51, 64 mm)

PLANCHES :
3¹/₄" À 5¹/₈" (83 À 130)

²⁵/₃₂" (20 mm)
NORMALE

³/₈", ¹/₂", ⁵/₈" (9, 13, 16 mm)
CHARGE LÉGÈRE

³³/₃₂", ⁴¹/₃₂", ⁵³/₃₂" (26, 33, 42 mm)
CHARGE LOURDE

LAMES DE PARQUET

TRANCHAGE À PLAT

TRANCHAGE SUR QUARTIER

CARREAU D'UN PARQUET MOSAÏQUE

⁵/₁₆" À ³/₄" (8 À 19 mm)

6" × 6" (152 × 152)
9" × 9" (228 × 228)
12" × 12" (304 × 304)

DESSINS DE PARQUETS MOSAÏQUES

Les gens admirent les parquets en bois pour leur chaleur, leur apparence naturelle et la manière intéressante dont ils combinent souplesse, confort et durabilité. Un parquet est en outre plutôt facile à entretenir, à rénover ou à remplacer, au besoin.

Différentes espèces de bois dur (chêne blanc ou rouge, érable, bouleau, hêtre et merisier) et de bois mou (pin du Sud, sapin de Douglas, mélèze de l'Ouest, pruche et autres) servent à fabriquer des parquets. Le chêne, le pin du Sud et le sapin de Douglas sont les plus couramment utilisés. Les belles planches sont classées « sélect » ou « sans défaut » ; elles ont un minimum ou pas du tout de nœuds, de gerces, d'échauffures, etc.

Un parquet se compose soit de lames, soit de carreaux ou de panneaux assemblés en usine. Les lattes ou lames prennent généralement la forme de minces bandes, bien qu'on fabrique en bois mou des planches ayant jusqu'à 6 po (152 mm) de largeur. Les carreaux pour un parquet mosaïque consistent en des lamelles assemblées en usine pour former divers motifs géométriques. Il existe aussi des panneaux produits en usine qui imitent un parquet traditionnel en lames.

On finit le plus souvent un parquet en y appliquant un vernis. Sa surface est alors lustrée, satinée ou mate. Le produit de finition devrait idéalement accroître la durabilité du bois, de même que sa résistance à l'eau, à la saleté et aux taches, sans masquer sa beauté naturelle. Une teinture permettra quant à elle de modifier la couleur naturelle du bois sans en cacher le grain. On peut aussi peindre un parquet et ce, même au pochoir. Notons cependant qu'une surface peinte exige plus d'entretien.

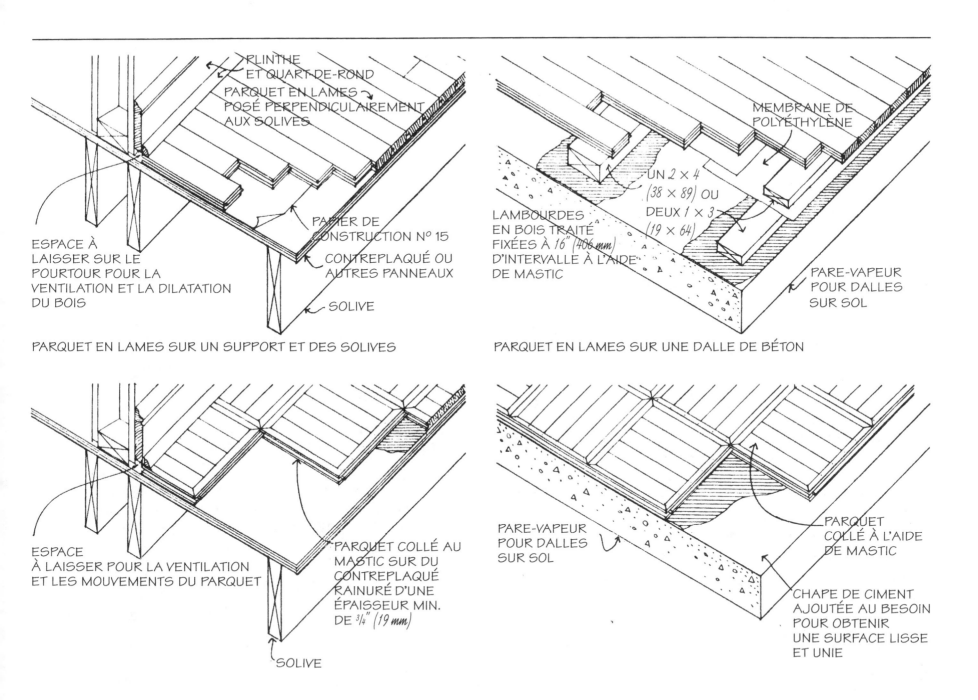

LA CÉRAMIQUE ET LA PIERRE

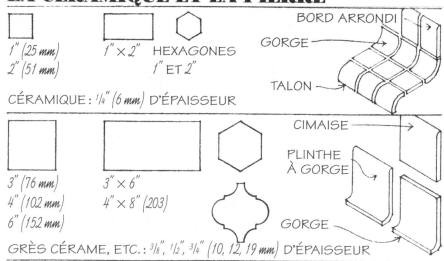

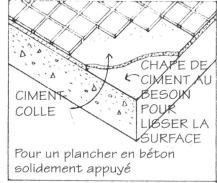

LA POSE SUR UNE DALLE DE BÉTON

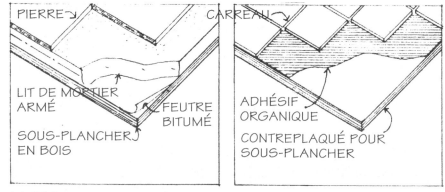

LA POSE SUR UN PLANCHER EN BOIS

La céramique et la pierre sont des matériaux solides et durables. On en fabrique des dalles et carreaux divers qui, selon leur forme et leur disposition, présentent un aspect froid et structuré ou créent une ambiance décontractée.

Les carreaux de céramique pour sols sont faits de minéraux divers. En petits morceaux de terres cuites, ils sont souvent pré-assemblés en mosaïque. Ils sont mats ou brillants selon qu'ils sont vernissés ou non. Le vernissage a pour effet de les rendre imperméables, mais altère un peu leur couleur naturelle.

En plus gros morceaux, ils sont faits de grès cérame vitrifié ou émaillé, ou en émaux de Briare. Ils sont alors très résistants à l'eau, aux taches et à l'usure. La faïence, elle, ne s'emploie que pour les murs.

La pierre fournit un revêtement de sol permanent, solide et très durable. Les couleurs vont des beiges, ocres et bruns rouges de la pierre calcaire aux gris et aux noirs de l'ardoise. De forme carrée ou irrégulière, les dalles de pierre peuvent avoir un aspect structuré ou non. Le marbre confère une certaine élégance formelle.

Le béton peut aussi finir un plancher pourvu qu'il soit assez lisse et uni. On doit alors l'imprégner d'un bouche-pores afin qu'il résiste aux taches et à la graisse. Il peut être peint, teint, ou coloré dès son coulage. Additionné d'agrégats visibles, puis lavé ou sablé, le béton offre une texture intéressante. Le terrazzo est un type particulier de ce genre de fini, avec ses éclats de marbre qui créent parfois un motif.

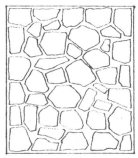 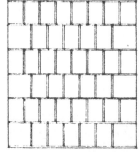 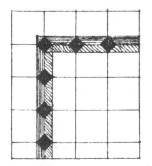

EXEMPLES D'AGENCEMENTS DE PIERRES

LES REVÊTEMENTS DE SOL SOUPLES

Les revêtements de sol souples permettent d'obtenir à peu de frais une surface dense et imperméable qui s'avère relativement durable et facile d'entretien. Grâce à leur élasticité, ils résistent aux marques permanentes tout en assourdissant les bruits de choc et en étant agréables aux pieds. Le confort qu'ils offrent varie non seulement en fonction de leur élasticité, mais aussi de l'endos choisi et de la dureté de leur support.

Le linoléum et les revêtements vinyliques se présentent en rouleaux d'une largeur de 6 à 15 pieds (1829 à 4572 mm). Quant aux autres types de revêtements souples, on les trouve sous forme de carreaux le plus souvent de 9 ou 12 pouces (228 ou 304 mm) de côté. Les produits en rouleaux permettent d'obtenir une surface où il n'y a aucun raccord, tandis que les carreaux sont plus faciles à poser si le plancher a un contour irrégulier. On peut en outre remplacer séparément tout carreau abîmé.

Aucun type de revêtement élastique n'est supérieur aux autres à tous les égards. Voici une liste des produits qui se distinguent à certains points de vue.

ÉLASTICITÉ ET ASSOURDISSEMENT DES BRUITS	Carreaux de vinyle, de liège plastifié ou non, de caoutchouc, et vinyle en rouleaux.
RÉSISTANCE AUX MARQUES	Carreaux de vinyle, de liège plastifié ou non, de caoutchouc, et vinyle en rouleaux.
TACHES	Carreaux de vinyle, vinyle en rouleaux, linoléum.
MATIÈRES GRASSES	Carreaux de vinyle, de liège plastifié, vinyle en rouleaux, linoléum.
BRÛLURES DE CIGARETTE	Carreaux de vinyle, de caoutchouc, de liège plastifié ou non.
FACILITÉ D'ENTRETIEN	Carreaux de vinyle, de caoutchouc, de liège plastifié ou non.

Le support en bois ou en béton sur lequel on pose un revêtement de sol souple doit être propre, sec, plat et lisse, car toute inégalité ou aspérité sera visible en surface.

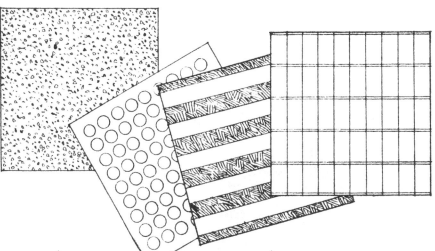

LES REVÊTEMENTS DE SOL SOUPLES PRÉSENTENT DES COULEURS ET DES MOTIFS VARIÉS.

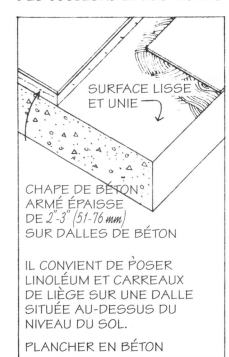

CHAPE DE BÉTON ARMÉ ÉPAISSE DE 2"-3" (51-76 mm) SUR DALLES DE BÉTON

IL CONVIENT DE POSER LINOLÉUM ET CARREAUX DE LIÈGE SUR UNE DALLE SITUÉE AU-DESSUS DU NIVEAU DU SOL.

PLANCHER EN BÉTON

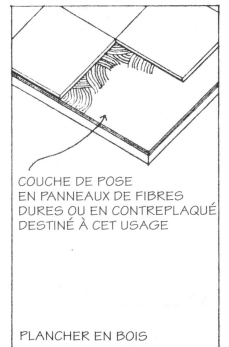

SURFACE LISSE ET UNIE

COUCHE DE POSE EN PANNEAUX DE FIBRES DURES OU EN CONTREPLAQUÉ DESTINÉ À CET USAGE

PLANCHER EN BOIS

LA POSE

LES TAPIS

Les *tapis* englobent moquettes et carpettes. Offerts dans une vaste gamme de couleurs et de motifs, ils confèrent à un plancher — par leur souplesse — une texture et un aspect visuel doux, une certaine élasticité et une certaine chaleur. Ces mêmes attributs leur permettent d'absorber les ondes sonores, d'étouffer les bruits de choc et d'offrir une surface sur laquelle on peut marcher en tout confort et toute sécurité. En général, les tapis sont relativement faciles d'entretien.

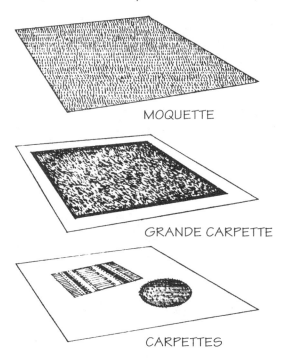

MOQUETTE

GRANDE CARPETTE

CARPETTES

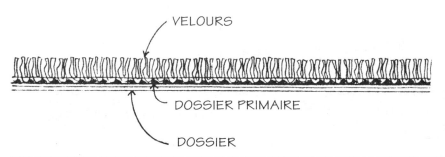

VELOURS

DOSSIER PRIMAIRE

DOSSIER

Il existe deux grandes catégories de tapis, à savoir les carpettes et les moquettes. Ces dernières sont fabriquées généralement en bandes de 12 pieds (3658 mm) de largeur. On les achète à la verge ou au mètre carré pour ensuite les tailler aux mesures voulues et les fixer au plancher le plus souvent à l'aide de baguettes d'ancrage ou d'un adhésif. Une moquette occupe en général toute la surface d'une pièce. Il est possible de la poser directement sur un support recouvert d'un sous-tapis, ce qui élimine la nécessité d'avoir au préalable un plancher fini. On peut aussi l'étendre sur un revêtement déjà en place.

Comme on fixe ordinairement une moquette au plancher, il faut la nettoyer sur place et renoncer à la tourner pour assurer une usure égale. Il s'avère en outre difficile de déménager une moquette. Si on le fait, on ne peut en réutiliser qu'une partie.

LES FIBRES SERVANT À LA FABRICATION DE MOQUETTES	
LAINE	Très souple et très chaude; se nettoye facilement; résiste bien à la saleté, aux flammes et aux agents chimiques.
ACRYLIQUE	Apparence semblable à celle de la laine; résiste bien à l'écrasement, à la moisissure et à l'humidité.
NYLON	Le plus utilisé comme fil de velours; très durable; résiste à la saleté et à la moisissure; a des propriétés antistatiques par ajout de fibres conductrices.
POLYESTER	Combine l'apparence de la laine à la durabilité du nylon; résiste aussi bien à la saleté qu'à l'abrasion; peu coûteux.
POLYPROPYLÈNE	Résiste bien à l'abrasion, à la saleté et à la moisissure; très utilisé pour faire des moquettes d'extérieur.
COTON	Moins durable que les autres fibres, mais on tire avantage de sa douceur et de sa facilité de teinture pour confectionner des tapis plats (tapis Durhi).

Chaque fabricant produit des moquettes faites de mélanges de ces fibres, combinant ainsi les qualités propres à chacune: durabilité, résistance à la saleté, facilité d'entretien, couleur, lustre.

Les carreaux de moquette consistent en des éléments qu'on peut poser de telle sorte qu'ils couvrent toute la surface d'une pièce à la manière d'une moquette sans raccord ou qu'ils forment un motif soit évident, soit subtil. Ils offrent les avantages suivants :

- on peut facilement les découper pour suivre un contour irrégulier et ce, avec un minimum de perte ;
- on peut les remplacer individuellement lorsqu'ils sont usés ou abîmés ;
- on peut les déménager et les réutiliser ;
- on peut les enlever pour avoir accès aux installations mécaniques se trouvant sous le plancher dans le cas d'un immeuble commercial.

Ces carreaux sont le plus souvent destinés à un usage commercial. Ils ont un dossier en caoutchouc et mesurent habituellement 18 ou 24 pouces (457 ou 609 mm) de côté. Leur dossier est assez solide pour éviter que ces carreaux ne s'étirent ou ne se retirent et que leurs bords ne s'effilochent. Certains carreaux doivent être collés au complet. D'autres sont posés en n'utilisant que l'adhésif nécessaire pour qu'ils ne se déplacent pas sur le pourtour du plancher et dans les endroits passants.

LES DIVERS TYPES DE MOQUETTES SELON LEUR MODE DE FABRICATION

MOQUETTE TOUFFETÉE OU TUFTÉE
— FIL DU VELOURS
— DOSSIER PRIMAIRE
— LATEX
— DOSSIER SECONDAIRE

LA MOQUETTE TOUFFETÉE OU TUFTÉE :
La plupart des moquettes produites de nos jours le sont par touffetage. Ce mode de fabrication exige qu'on pique les fils du velours dans un dossier tissé au préalable et ce, à l'aide d'une machine équipée de multiples aiguilles. On emprisonne ensuite les brins dans le dossier au moyen d'un enduit au latex épais. Il arrive qu'on ajoute un dossier secondaire à la moquette pour en accroître la stabilité dimensionnelle.

MOQUETTE TISSÉE
— FIL DU VELOURS
— FILS DE TRAME ET DE CHAÎNE ENTRELACÉS

LA MOQUETTE TISSÉE :
La moquette tissée se révèle plus durable et plus stable que le tapis touffeté, mais sa production nécessite plus de temps et d'argent. Comme les fils de son velours sont entrelacés avec ceux de son dossier, ce dernier n'est pas séparé. On distingue trois grandes méthodes de tissage, soit les méthodes Velours, Wilton et Axminster.

MOQUETTE NAPPÉE OU COLLÉE
— FIL DU VELOURS
— COUCHE DE VINYLE
— DOSSIER SECONDAIRE

LA MOQUETTE NAPPÉE OU COLLÉE :
On fabrique la moquette nappée ou collée en ancrant à chaud les fils de son velours dans une couche de vinyle qui en forme le dossier, supporté lui-même par un autre matériel.

VELOURS COUPÉ UNI
Sa surface est lisse, les extrémités de ses brins se mélangeant. Lorsque les boucles en sont rapprochées et coupées courtes, on dit qu'il a un aspect velours.

VELOURS TORSADÉ
Ses brins tordus donnent une texture plus massive et plus rugueuse que le velours coupé uni.

VELOURS BOUCLÉ UNI
Ses boucles ont une seule et même hauteur, ce qui rend sa texture plutôt uniforme. Ce velours est très solide.

VELOURS BOUCLÉ STRUCTURÉ
Ses boucles hautes et basses en alternance donnent une autre dimension à sa texture.

VELOURS COUPÉ-BOUCLÉ
Ses boucles coupées et non coupées alternent à intervalles réguliers, ce qui ajoute une certaine douceur et une certaine chaleur à sa texture.

VELOURS COUPÉ SAXONY
Sa texture se situe entre celles des velours coupés uni et à longues mèches, mais ses brins sont plus épais.

VELOURS COUPÉ À LONGUES MÈCHES
Ses longs brins tordus lui donnent une texture prononcée.

VELOURS BOUCLÉ CÔTELÉ
Sa texture se distingue par des côtes ou rayures saillantes se prolongeant dans une seule direction.

VELOURS BOUCLÉ EN RELIEF
Ses boucles de hauteur variée peuvent créer un motif en relief.

VELOURS COUPÉ-BOUCLÉ
Sa texture résulte de la présence, parmi ses boucles non coupées, de rangées de boucles coupées créant des figures géométriques symétriques à sa surface.

La texture d'une moquette est sa caractéristique visuelle la plus importante, après la couleur. Elle résulte du mode de fabrication du velours, de son épaisseur et de la manière dont on en a coupé les boucles. Il existe trois grands types de velours se différenciant par leur texture.

- Le velours coupé présente divers aspects allant du velours informe à longues mèches au velours dense à brins courts. Aussi bien les moquettes touffetées, tissées que nappées peuvent avoir un velours de ce type.

- Le velours bouclé s'avère plus durable et plus facile d'entretien que le velours coupé, mais permet une gamme moins étendue de couleurs et de motifs. Il offre aussi une texture moins douce que le velours coupé, sa surface ayant tendance à réfléchir la lumière. On peut fabriquer des moquettes bouclées par touffetage et par tissage.

- Le velours bouclé-coupé ou combiné se distingue du velours coupé par une plus grande chaleur. Il ne caractérise généralement que des moquettes touffetées ou tissées.

QUELQUES TERMES UTILES

ÉPAISSEUR DU VELOURS

JAUGE : Espace entre les aiguilles d'un métier à touffeter. On l'exprime en fraction de pouce ou en mm.

POIDS DU VELOURS : Poids total des fils du velours en onces par verge carrée.

DENSITÉ : Mesure de la quantité de fibres du velours par unité de poids pour une surface donnée. Règle générale, plus une moquette est dense, plus elle offre un bon rendement.

Une carpette est un tapis amovible fabriqué ou coupé suivant des dimensions standard dont les bords sont finis. N'étant pas conçue pour occuper toute la surface d'une pièce, une carpette repose tout simplement sur un autre revêtement de finition.

Une grande carpette peut recouvrir presque toute la surface du plancher fini, n'en laissant voir qu'une étroite bande sur son pourtour. Son apparence imite alors celle de la moquette. Elle a toutefois certains avantages par rapport à cette dernière, car on peut la déplacer si on le désire, l'enlever pour la nettoyer au besoin et la tourner pour assurer une usure égale.

Les carpettes recouvrent une portion seulement de la surface d'une pièce. On les utilise pour définir une zone, unifier des meubles regroupés ou délimiter une voie de circulation. Les carpettes décoratives, et en particulier celles qui sont faites à la main, peuvent aussi jouer le rôle d'un élément dominant et fournir un point d'intérêt au sein d'un aménagement.

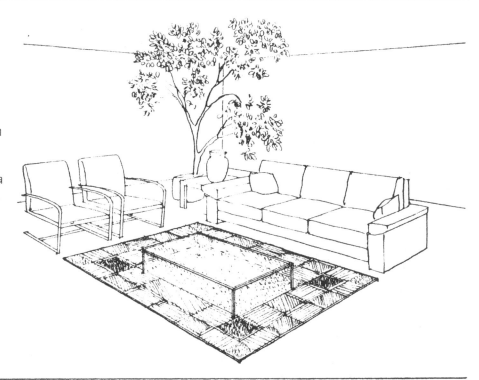

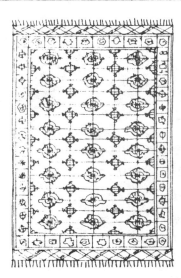

STYLE BOUKHARA OU AFGHAN

STYLE CHINOIS

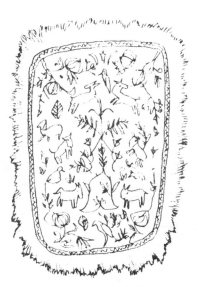

STYLE INDIEN NUMDAH

STYLE NAVAHO

LES MURS

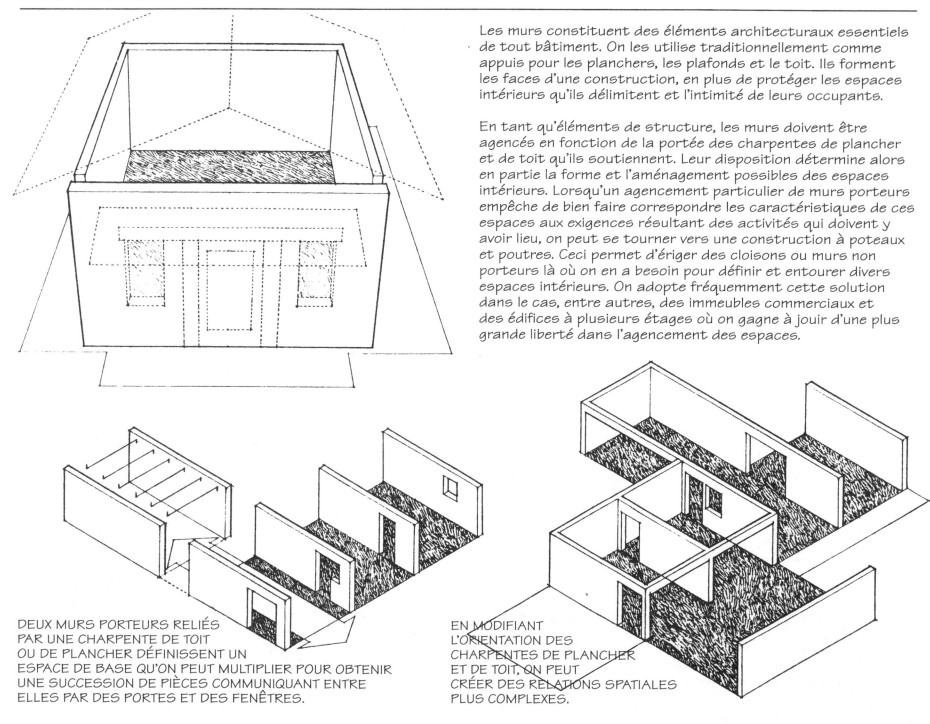

Les murs constituent des éléments architecturaux essentiels de tout bâtiment. On les utilise traditionnellement comme appuis pour les planchers, les plafonds et le toit. Ils forment les faces d'une construction, en plus de protéger les espaces intérieurs qu'ils délimitent et l'intimité de leurs occupants.

En tant qu'éléments de structure, les murs doivent être agencés en fonction de la portée des charpentes de plancher et de toit qu'ils soutiennent. Leur disposition détermine alors en partie la forme et l'aménagement possibles des espaces intérieurs. Lorsqu'un agencement particulier de murs porteurs empêche de bien faire correspondre les caractéristiques de ces espaces aux exigences résultant des activités qui doivent y avoir lieu, on peut se tourner vers une construction à poteaux et poutres. Ceci permet d'ériger des cloisons ou murs non porteurs là où on en a besoin pour définir et entourer divers espaces intérieurs. On adopte fréquemment cette solution dans le cas, entre autres, des immeubles commerciaux et des édifices à plusieurs étages où on gagne à jouir d'une plus grande liberté dans l'agencement des espaces.

DEUX MURS PORTEURS RELIÉS PAR UNE CHARPENTE DE TOIT OU DE PLANCHER DÉFINISSENT UN ESPACE DE BASE QU'ON PEUT MULTIPLIER POUR OBTENIR UNE SUCCESSION DE PIÈCES COMMUNIQUANT ENTRE ELLES PAR DES PORTES ET DES FENÊTRES.

EN MODIFIANT L'ORIENTATION DES CHARPENTES DE PLANCHER ET DE TOIT, ON PEUT CRÉER DES RELATIONS SPATIALES PLUS COMPLEXES.

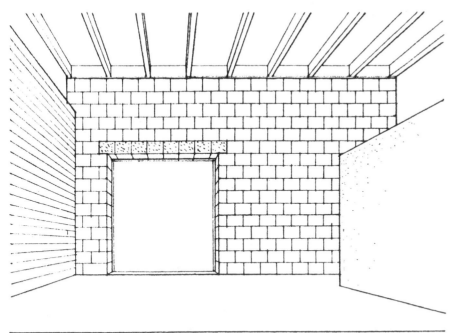

LES MURS PORTEURS DÉFINISSENT LES LIMITES D'UN ESPACE.

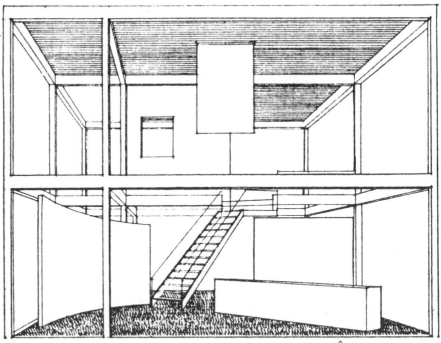

LES POTEAUX ET LES POUTRES MARQUENT LES ARÊTES D'UN ESPACE INTÉRIEUR.

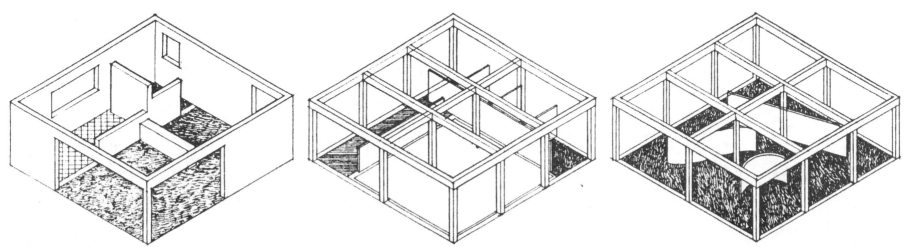

DES CLOISONS (MURS NON PORTEURS) PERMETTENT DE SUBDIVISER UN VASTE ESPACE INTÉRIEUR.

UNE CONSTRUCTION À POTEAUX ET POUTRES FORME UNE TRAME DÉFINISSANT UN ENSEMBLE D'ESPACES RELIÉS LES UNS AUX AUTRES.

ON PEUT AJOUTER DES CLOISONS À L'INTÉRIEUR DE CETTE TRAME POUR Y DÉLIMITER DES ESPACES SELON LES BESOINS.

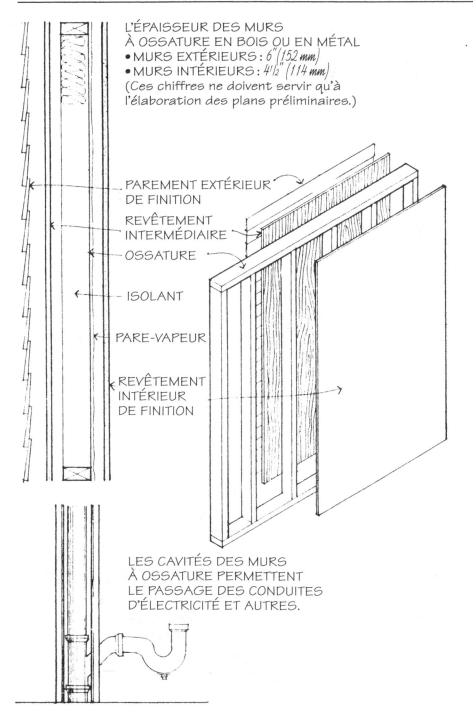

L'ÉPAISSEUR DES MURS
À OSSATURE EN BOIS OU EN MÉTAL
• MURS EXTÉRIEURS : 6" (152 mm)
• MURS INTÉRIEURS : 4½" (114 mm)
(Ces chiffres ne doivent servir qu'à l'élaboration des plans préliminaires.)

PAREMENT EXTÉRIEUR DE FINITION
REVÊTEMENT INTERMÉDIAIRE
OSSATURE
ISOLANT
PARE-VAPEUR
REVÊTEMENT INTÉRIEUR DE FINITION

LES CAVITÉS DES MURS À OSSATURE PERMETTENT LE PASSAGE DES CONDUITES D'ÉLECTRICITÉ ET AUTRES.

Dans la plupart des cas, les murs comptent plusieurs épaisseurs de matériaux. Leur ossature se compose en général de montants reliés les uns aux autres par des sablières et des lisses. On la recouvre d'une ou plusieurs couches de matériaux en feuilles, tels que contreplaqué ou panneaux de gypse, lesquels aident à rendre un mur rigide.

Les matériaux en feuilles peuvent servir de revêtement de finition pour les murs extérieurs d'un bâtiment. Toutefois, on les utilise le plus souvent comme support pour un parement distinct de bardage, de bardeaux, de stuc ou de placage de maçonnerie. Peu importe la solution choisie, les murs extérieurs doivent résister aux intempéries.

Les murs intérieurs ne sont pas soumis aux éléments, de sorte qu'on peut choisir parmi une plus grande variété de matériaux pour les habiller.

Il est possible de limiter le passage de la chaleur, de l'humidité et des ondes sonores à travers les murs. Pour ce faire, on peut soit les composer de plusieurs couches de matériaux ou les remplir d'un isolant et les munir d'un pare-vapeur.

LES MURS EXTÉRIEURS DOIVENT PROTÉGER CONTRE LA CHALEUR, L'HUMIDITÉ ET LE BRUIT, EN PLUS DE RÉSISTER

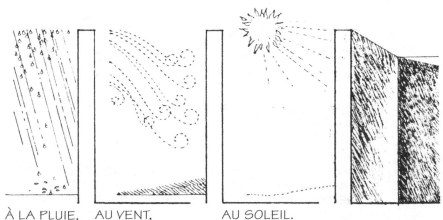

À LA PLUIE,   AU VENT,   AU SOLEIL.

Règle générale, on construit les murs porteurs en béton, en maçonnerie ou en pierre lorsqu'ils doivent résister au feu, ou lorsqu'on recherche la couleur et la texture naturelles de même que la permanence de la brique ou de la pierre.

Les murs faits uniquement de béton ou de maçonnerie sont d'ordinaire plus épais que les murs à ossature parce qu'ils tirent leur solidité et leur stabilité de leur masse. Tout en résistant bien aux contraintes verticales, ils ont besoin de murs de refend et d'une armature métallique pour ne pas se courber, à la longue, sous l'effet des autres contraintes.

On laisse le plus souvent la pierre et la brique à nu à la surface d'un mur en raison de leur couleur et de leur texture attrayantes. Même les murs en béton et en maçonnerie de béton peuvent aujourd'hui présenter une couleur et une texture intéressantes. Si on le veut, il est possible d'y ajouter un revêtement de finition en y installant des fourrures.

Les murs de béton et de maçonnerie résistent au feu, mais offrent une isolation thermique relativement faible. Il importe, avant de les construire, de prévoir l'espace nécessaire à la pose d'un isolant et au passage des conduites d'eau, d'électricité, de climatisation, etc.

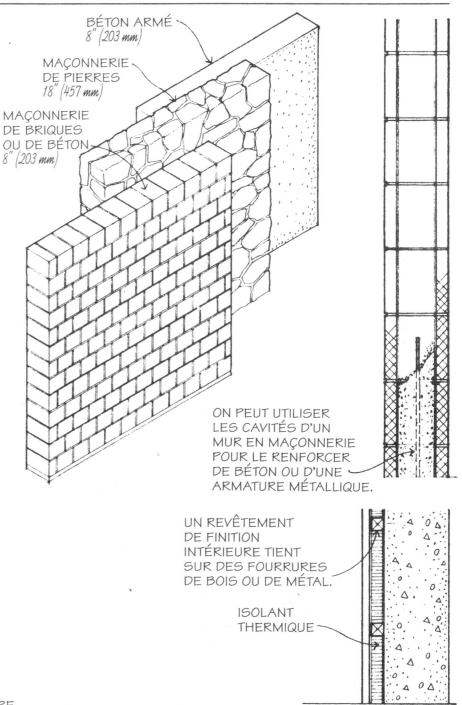

BÉTON ARMÉ
8" (203 mm)

MAÇONNERIE DE PIERRES
18" (457 mm)

MAÇONNERIE DE BRIQUES OU DE BÉTON
8" (203 mm)

ON PEUT UTILISER LES CAVITÉS D'UN MUR EN MAÇONNERIE POUR LE RENFORCER DE BÉTON OU D'UNE ARMATURE MÉTALLIQUE.

UN REVÊTEMENT DE FINITION INTÉRIEURE TIENT SUR DES FOURRURES DE BOIS OU DE MÉTAL.

ISOLANT THERMIQUE

LES MURS INTÉRIEURS DÉTERMINENT

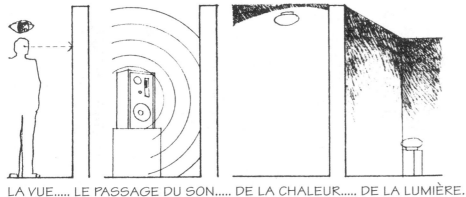

LA VUE..... LE PASSAGE DU SON..... DE LA CHALEUR..... DE LA LUMIÈRE.

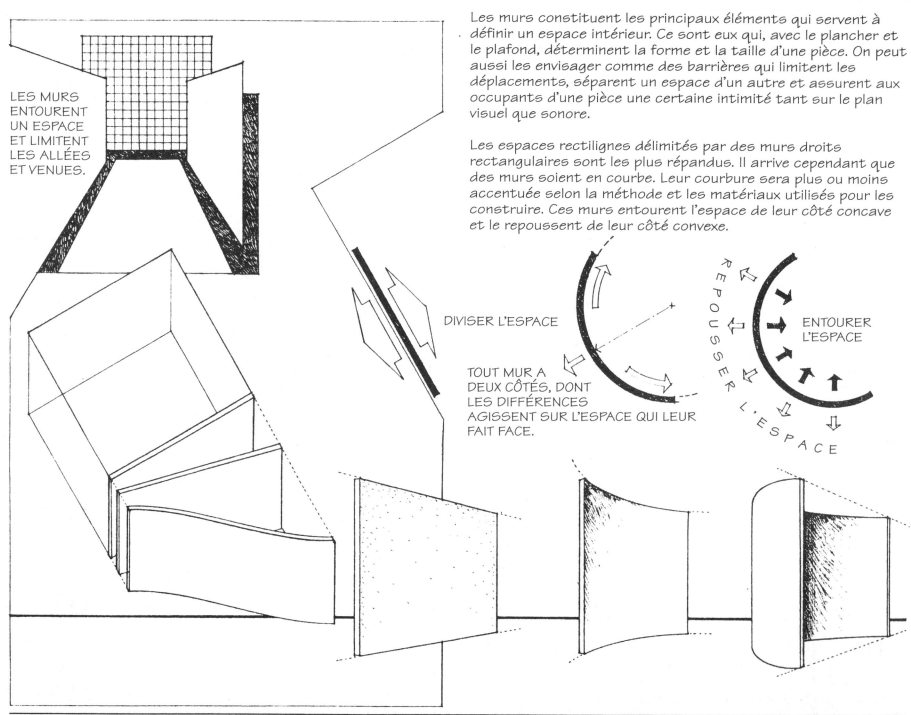

Les murs constituent les principaux éléments qui servent à définir un espace intérieur. Ce sont eux qui, avec le plancher et le plafond, déterminent la forme et la taille d'une pièce. On peut aussi les envisager comme des barrières qui limitent les déplacements, séparent un espace d'un autre et assurent aux occupants d'une pièce une certaine intimité tant sur le plan visuel que sonore.

Les espaces rectilignes délimités par des murs droits rectangulaires sont les plus répandus. Il arrive cependant que des murs soient en courbe. Leur courbure sera plus ou moins accentuée selon la méthode et les matériaux utilisés pour les construire. Ces murs entourent l'espace de leur côté concave et le repoussent de leur côté convexe.

LES MURS ENTOURENT UN ESPACE ET LIMITENT LES ALLÉES ET VENUES.

DIVISER L'ESPACE

TOUT MUR A DEUX CÔTÉS, DONT LES DIFFÉRENCES AGISSENT SUR L'ESPACE QUI LEUR FAIT FACE.

REPOUSSER L'ESPACE

ENTOURER L'ESPACE

Les ouvertures pratiquées dans les murs relient différents espaces entre eux et permettent de circuler de l'un à l'autre, en plus de laisser passer la lumière, la chaleur et les sons. En augmentant de taille, elles réduisent l'impression d'isolement et agrandissent une pièce sur le plan visuel en y annexant les espaces adjacents. Ce qu'on voit à travers ces ouvertures devient alors partie intégrante de l'espace délimité.
En présence d'une ou plusieurs ouvertures de très grandes dimensions, il ne subsisterait plus entre deux espaces qu'une séparation suggérée par un ensemble de poteaux et de poutres.

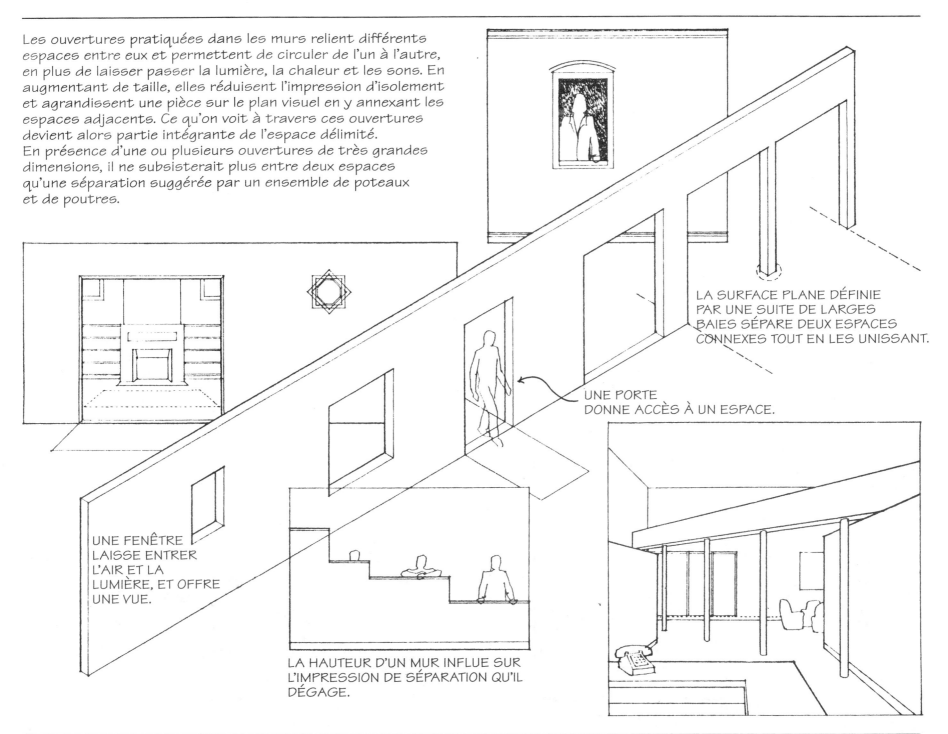

LA SURFACE PLANE DÉFINIE PAR UNE SUITE DE LARGES BAIES SÉPARE DEUX ESPACES CONNEXES TOUT EN LES UNISSANT.

UNE PORTE DONNE ACCÈS À UN ESPACE.

UNE FENÊTRE LAISSE ENTRER L'AIR ET LA LUMIÈRE, ET OFFRE UNE VUE.

LA HAUTEUR D'UN MUR INFLUE SUR L'IMPRESSION DE SÉPARATION QU'IL DÉGAGE.

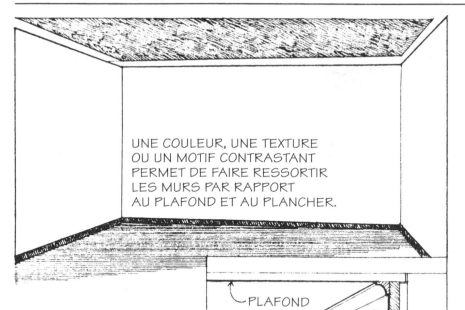

UNE COULEUR, UNE TEXTURE OU UN MOTIF CONTRASTANT PERMET DE FAIRE RESSORTIR LES MURS PAR RAPPORT AU PLAFOND ET AU PLANCHER.

Un mur peut se distinguer d'une paroi adjacente ou du plafond sur le plan visuel par sa couleur, sa texture ou sa composition. Il s'en détache encore davantage lorsque ses bords sont accentués par une moulure ou un retrait.

Une moulure, à la base et au sommet d'un mur par exemple, masque les joints non finis et les écarts entre les éléments de construction, en plus d'embellir les surfaces architecturales d'un bâtiment. Elle peut être d'aspect simple ou recherché suivant sa taille, son profil et sa finition.

Là où deux surfaces se rencontrent, on peut mettre leurs limites en évidence au moyen d'un retrait. Les bords visibles doivent alors être bien finis ou parés d'une moulure.

UNE MOULURE DISSIMULE TOUT ÉCART ENTRE LE REVÊTEMENT D'UN MUR ET CELUI DU PLAFOND OU DU SOL. SON EFFET VISUEL DÉPEND POUR BEAUCOUP DE SA TAILLE RELATIVE, DE SA COULEUR PAR RAPPORT À CE QUI L'ENTOURE ET DES OMBRES QU'ELLE PROJETTE À CAUSE DE SON PROFIL.

LORSQU'ON CHOISIT DES MOULURES, IL FAUT S'ASSURER DE BIEN EN COORDONNER TOUS LES ÉLÉMENTS, DONT LES MOULURES DE FENÊTRE, DE PORTE ET D'ESCALIER.

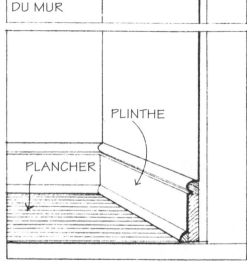

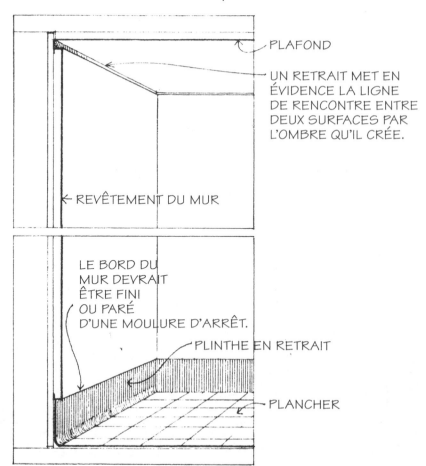

Il arrive que les murs présentent le même aspect fini que le plancher ou le plafond. Un revêtement de sol qui couvre aussi la partie inférieure d'un mur donnera l'impression d'une plus grande surface de plancher tout en réduisant la hauteur apparente de la paroi. D'autre part, en traitant de la même façon le plafond et la portion supérieure d'un mur, on fera paraître ce dernier proportionnellement moins haut.

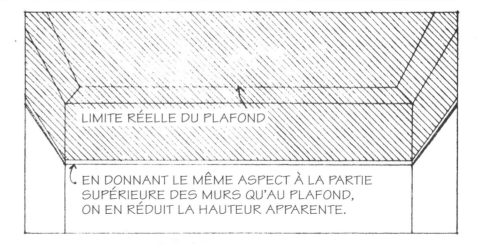

LIMITE RÉELLE DU PLAFOND

EN DONNANT LE MÊME ASPECT À LA PARTIE SUPÉRIEURE DES MURS QU'AU PLAFOND, ON EN RÉDUIT LA HAUTEUR APPARENTE.

ON FINIT EN GÉNÉRAL LES MURS ET LE PLAFOND DE LA MÊME MANIÈRE. UNE GORGE PERMET D'ADOUCIR L'ANGLE FORMÉ PAR LEUR LIGNE DE RENCONTRE.

MOULURE

UN REVÊTEMENT DE SOL (MOQUETTE OU AUTRE) COUVRANT AUSSI LA PORTION INFÉRIEURE D'UN OU PLUSIEURS MURS FAIT PARAÎTRE LE PLANCHER PLUS ÉTENDU.

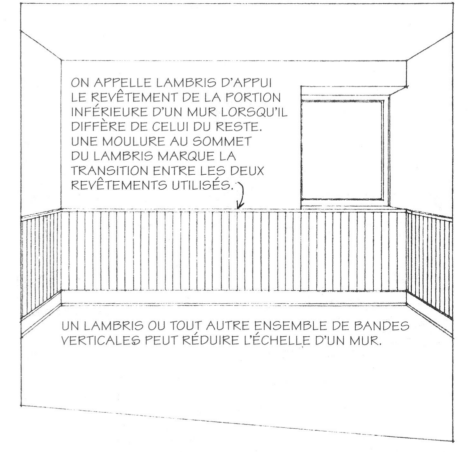

ON APPELLE LAMBRIS D'APPUI LE REVÊTEMENT DE LA PORTION INFÉRIEURE D'UN MUR LORSQU'IL DIFFÈRE DE CELUI DU RESTE. UNE MOULURE AU SOMMET DU LAMBRIS MARQUE LA TRANSITION ENTRE LES DEUX REVÊTEMENTS UTILISÉS.

UN LAMBRIS OU TOUT AUTRE ENSEMBLE DE BANDES VERTICALES PEUT RÉDUIRE L'ÉCHELLE D'UN MUR.

Par leur orientation verticale, les murs sont actifs sur le plan visuel. En délimitant une pièce, ils lui donnent forme et en déterminent le caractère dans une large mesure.

Des murs stables et symétriques dégagent une impression de raideur qu'on peut accentuer considérablement en privilégiant des textures lisses. Par opposition, des murs de forme irrégulière se révèlent plus dynamiques. Advenant qu'on leur donne une texture prononcée, ils peuvent créer une atmosphère détendue au sein d'un espace.

Les murs offrent un arrière-plan aux occupants d'une pièce et aux meubles qui s'y trouvent. Lorsqu'ils sont unis et d'un ton neutre, ils jouent le rôle d'une simple toile de fond pour les éléments de premier plan. Une forme irrégulière, une texture distincte, un motif particulier ou une couleur vive les rend plus actifs, de sorte qu'ils rivalisent pour capter l'attention.

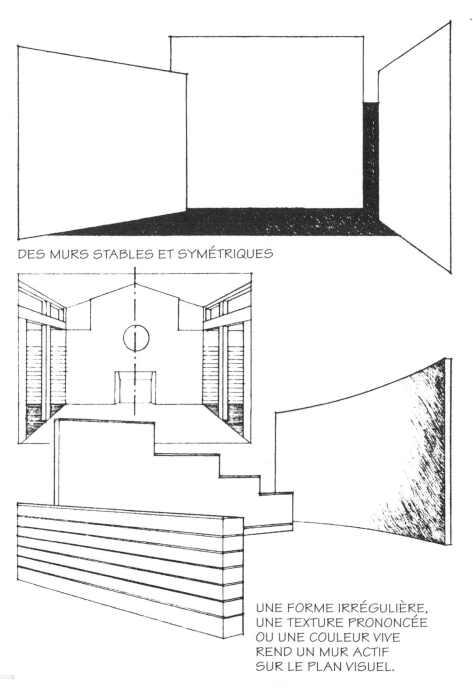

DES MURS STABLES ET SYMÉTRIQUES

UNE FORME IRRÉGULIÈRE, UNE TEXTURE PRONONCÉE OU UNE COULEUR VIVE REND UN MUR ACTIF SUR LE PLAN VISUEL.

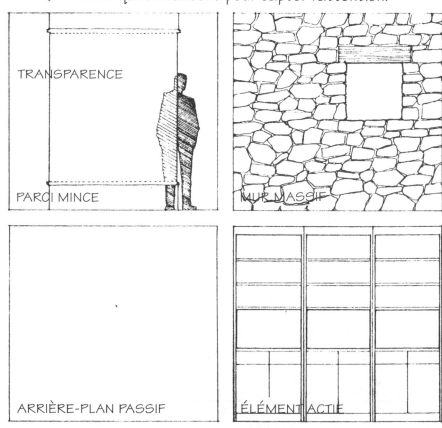

TRANSPARENCE

PAROI MINCE

MUR MASSIF

ARRIÈRE-PLAN PASSIF

ÉLÉMENT ACTIF

Tout mur d'une teinte claire réfléchit bien la lumière et constitue une bonne toile de fond pour les éléments placés devant lui. Les surfaces murales d'un ton clair et chaud dégagent une certaine chaleur, tandis que celles d'une teinte claire mais froide font paraître une pièce plus grande.

Les murs foncés absorbent la lumière, rendent une pièce plus difficile à éclairer et suscitent une impression d'isolement, d'intimité.

La texture d'un mur a aussi une incidence sur la quantité de lumière qu'il réfléchit ou qu'il absorbe. Les murs lisses reflètent plus de lumière que les surfaces rugueuses, qui tendent à la diffuser. De la même façon, un mur uni et rigide réfléchit davantage les ondes sonores à l'intérieur d'une pièce qu'un autre à la texture poreuse ou mœlleuse.

ON PEUT RECOURIR À LA COULEUR, AU MOTIF ET À LA TEXTURE POUR RENDRE UN MUR DISTINCT D'UN AUTRE ET FAIRE RESSORTIR LA FORME DE L'ESPACE.

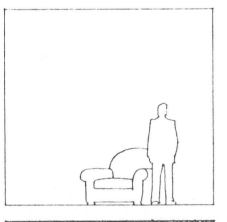

TOUT COMME DANS LE CAS DES COULEURS, LA MISE EN PRÉSENCE DE TEXTURES CONTRASTÉES EN ACCENTUE L'ASPECT LISSE OU RUGUEUX.

185

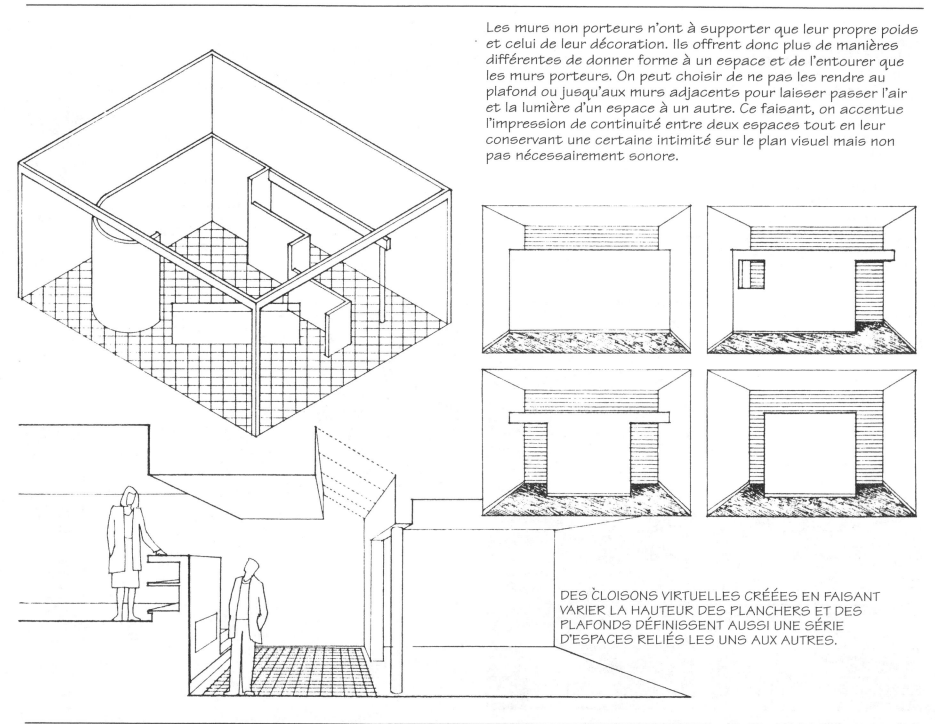

Les murs non porteurs n'ont à supporter que leur propre poids et celui de leur décoration. Ils offrent donc plus de manières différentes de donner forme à un espace et de l'entourer que les murs porteurs. On peut choisir de ne pas les rendre au plafond ou jusqu'aux murs adjacents pour laisser passer l'air et la lumière d'un espace à un autre. Ce faisant, on accentue l'impression de continuité entre deux espaces tout en leur conservant une certaine intimité sur le plan visuel mais non pas nécessairement sonore.

DES CLOISONS VIRTUELLES CRÉÉES EN FAISANT VARIER LA HAUTEUR DES PLANCHERS ET DES PLAFONDS DÉFINISSENT AUSSI UNE SÉRIE D'ESPACES RELIÉS LES UNS AUX AUTRES.

Au lieu de ne servir que de toile de fond dans une pièce, un mur peut être conçu pour porter divers éléments du mobilier tels que sièges, tablettes, plans de travail et appareils d'éclairage. On peut aussi intégrer ces éléments dans l'épaisseur d'un mur qui devient alors lui-même une composante de l'ameublement.

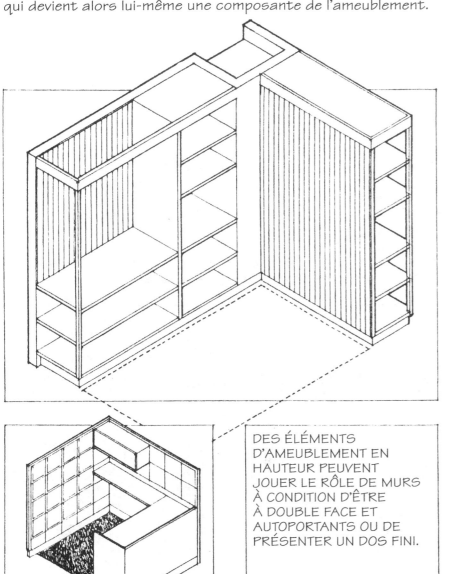

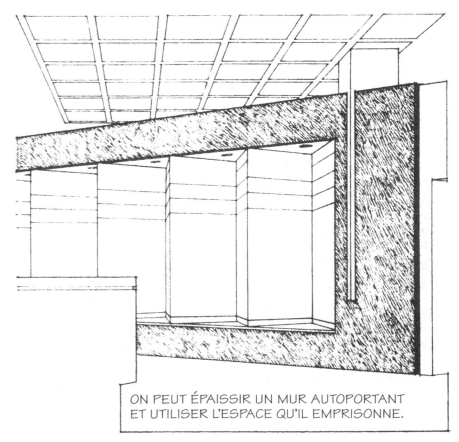

ON PEUT ÉPAISSIR UN MUR AUTOPORTANT ET UTILISER L'ESPACE QU'IL EMPRISONNE.

DES ÉLÉMENTS D'AMEUBLEMENT EN HAUTEUR PEUVENT JOUER LE RÔLE DE MURS À CONDITION D'ÊTRE À DOUBLE FACE ET AUTOPORTANTS OU DE PRÉSENTER UN DOS FINI.

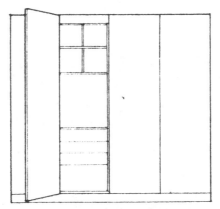

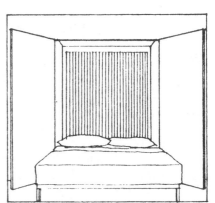

LES REVÊTEMENTS MURAUX DE FINITION

Certains revêtements de finition font partie intégrante de la structure d'un mur, alors que d'autres consistent en un matériau distinct fixé à son ossature. D'autres encore se présentent sous la forme d'un enduit ou d'un mince revêtement appliqué en surface. Au moment de faire un choix, il faut tenir compte non seulement de son aspect esthétique (couleur, texture, motif, etc.), mais aussi fonctionnel. On doit alors répondre à certaines questions :

- Dans le cas d'un revêtement à poser, de quel genre de support a-t-on besoin ?
- Si le mur existe déjà, quel type de finition, d'enduit ou de revêtement peut-on privilégier ?
- Jusqu'à quel point le matériau ou le revêtement de finition doit-il être durable et facile d'entretien ?
- Dans quelle mesure doit-il absorber les sons, réfléchir la lumière et résister au feu ?
- Combien en coûtera-t-il pour l'acheter, et le poser ou l'appliquer ?

Voici un aperçu des principaux matériaux et revêtements de finition, avec leurs caractéristiques générales.

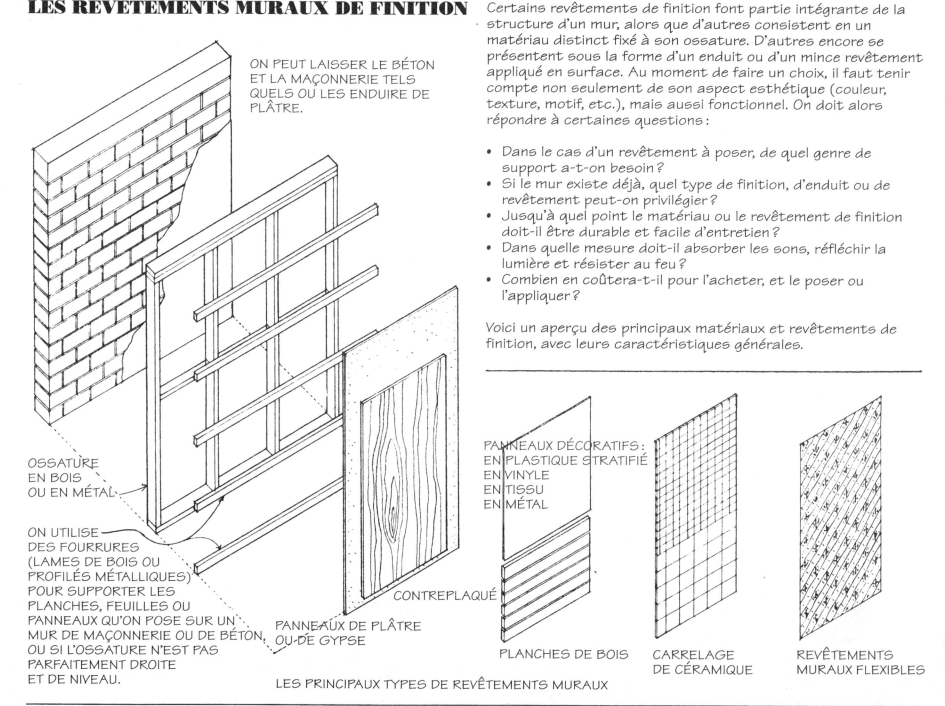

LES PRINCIPAUX TYPES DE REVÊTEMENTS MURAUX

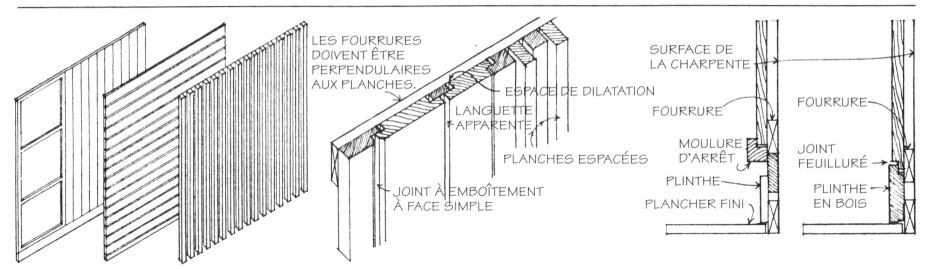

LE BOIS

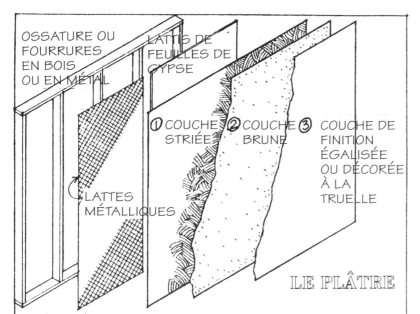

OSSATURE OU FOURRURES EN BOIS OU EN MÉTAL

LATTIS DE FEUILLES DE GYPSE

LATTES MÉTALLIQUES

① COUCHE STRIÉE ② COUCHE BRUNE ③ COUCHE DE FINITION ÉGALISÉE OU DÉCORÉE À LA TRUELLE

LE PLÂTRE

LE PLÂTRE EST UN MÉLANGE DE GYPSE, CHAUX ET SABLE QU'ON GÂCHE ET QU'ON APPLIQUE EN 2 OU 3 COUCHES SUR DES LATTES MÉTALLIQUES OU DES FEUILLES DE GYPSE PERFORÉES. ÉPAISSEUR TOTALE : 1/2" À 3/4" (12 À 19 mm).

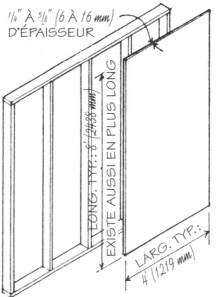

1/4" À 5/8" (6 À 16 mm) D'ÉPAISSEUR

LONG. TYP.: 8' (2438 mm) EXISTE AUSSI EN PLUS LONG

LARG. TYP.: 4' (1219 mm)

ON PEUT POSER DES PLAQUES DE GYPSE SUR UNE OSSATURE OU DES FOURRURES EN BOIS OU EN MÉTAL.

UNE PLAQUE DE GYPSE EST CONSTITUÉE D'UNE ÂME EN GYPSE REVÊTUE DE CARTON OU D'UN AUTRE MATÉRIAU. ON PEUT LA PEINDRE, OU Y COLLER UN AUTRE REVÊTEMENT RIGIDE OU FLEXIBLE.

PRINCIPAUX TYPES DE PLAQUES :

RÉGULIER – HABILLAGE DES MURS INTÉRIEURS ET DES PLAFONDS ;

HYDROFUGE – SUPPORT POUR CARREAUX DE CÉRAMIQUE EN MILIEU TRÈS HUMIDE ;

IGNIFUGE – EMPLOYÉ DANS LES CONSTRUCTIONS DEVANT RÉSISTER AU FEU.

IL EXISTE AUSSI DES PANNEAUX DÉCORATIFS AUX COULEURS, AUX TEXTURES ET AUX MOTIFS VARIÉS.

LES PLAQUES DE GYPSE

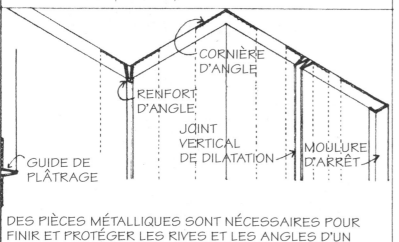

CORNIÈRE D'ANGLE

RENFORT D'ANGLE

JOINT VERTICAL DE DILATATION

MOULURE D'ARRÊT

GUIDE DE PLÂTRAGE

DES PIÈCES MÉTALLIQUES SONT NÉCESSAIRES POUR FINIR ET PROTÉGER LES RIVES ET LES ANGLES D'UN ENDUIT AU PLÂTRE.

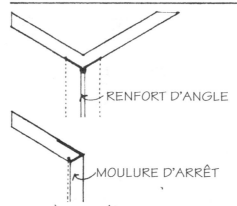

RENFORT D'ANGLE

MOULURE D'ARRÊT

DES PIÈCES MÉTALLIQUES SONT NÉCESSAIRES POUR FINIR ET PROTÉGER LES BORDS ET LES ANGLES DES PLAQUES DE GYPSE.

IL EST POSSIBLE DE COURBER PLUS OU MOINS UNE PLAQUE DE GYPSE, SUIVANT SON ÉPAISSEUR.

1/4" (6) D'ÉPAIS, 5' (1524) DE RAYON

3/8" (10) D'ÉPAIS, 7' (2134) DE RAYON

1/2" (12) D'ÉPAIS, 20' (6096) DE RAYON

POUR UNE MEILLEURE INSONORISATION ET UNE PLUS GRANDE RÉSISTANCE AU FEU, ON PEUT POSER DEUX ÉPAISSEURS DE PLAQUES DE GYPSE.

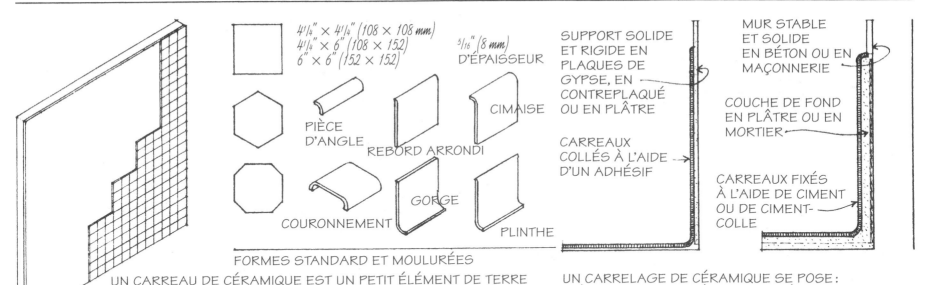

UN CARREAU DE CÉRAMIQUE EST UN PETIT ÉLÉMENT DE TERRE CUITE OU D'UN AUTRE PRODUIT CÉRAMIQUE. IL PERMET DE REVÊTIR UN MUR INTÉRIEUR D'UN MATÉRIAU PERMANENT, DURABLE ET IMPERMÉABLE. DE FINI BRILLANT OU MAT, LES CARREAUX PRÉSENTENT UNE VARIÉTÉ DE COULEURS ET DE MOTIFS. ON PEUT OBTENIR PLUS DE DÉTAILS AUPRÈS DES FABRICANTS.

UN CARRELAGE DE CÉRAMIQUE SE POSE :
1) À L'AIDE D'UN ADHÉSIF IMPERMÉABLE SUR DES PLAQUES DE GYPSE HYDROFUGES, DES PANNEAUX DE CONTREPLAQUÉ MARIN OU DU PLÂTRE ;
2) À L'AIDE D'UN ENDUIT DE PLÂTRE OU DE MORTIER SUR UNE OSSATURE RECOUVERTE DE LATTES MÉTALLIQUES OU DE PLAQUES DE GYPSE PERFORÉES.

LES CARRELAGES DE CÉRAMIQUE

EN PLUS DE PEINDRE LES SURFACES EN PLÂTRE ET EN PLAQUES DE GYPSE, ON PEUT LES RECOUVRIR D'UN REVÊTEMENT FLEXIBLE TEL QUE :
- PAPIER PEINT ;
- REVÊTEMENT DE VINYLE SUR PAPIER OU TOILE ;
- TISSU (LAINE, TOILE, COTON) ;
- RAMIE ;
- TOILE DE JUTE ;
- LIÈGE.

CES REVÊTEMENTS SONT OFFERTS DANS UNE GAMME PRESQUE INFINIE DE COULEURS, DE MOTIFS ET DE DESSINS. ON S'ADRESSERA AUX FABRICANTS POUR OBTENIR DES ÉCHANTILLONS ET CONNAÎTRE LA LARGEUR ET LA LONGUEUR DES ROULEAUX OFFERTS DE MÊME QUE LE TYPE D'ADHÉSIF À UTILISER.

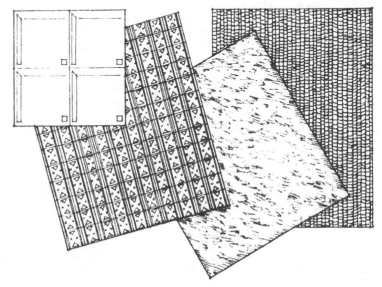

LES REVÊTEMENTS MURAUX FLEXIBLES

LES PLAFONDS

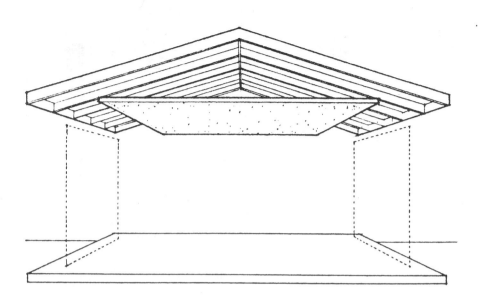

Le troisième élément architectural important d'un intérieur n'est autre que son plafond. Bien qu'il soit hors de portée et qu'on ne puisse l'utiliser comme on le fait des murs et du plancher, le plafond joue un rôle clé sur le plan visuel, car il aide à définir la forme d'un espace et le limite dans sa partie supérieure. En aménagement, on dit qu'il abrite un intérieur, offrant à ses occupants une protection aussi bien matérielle que psychologique.

C'est le dessous (la sous-face) d'un plancher intermédiaire ou du toit qui définit un plafond. On peut fixer ce dernier directement à la charpente ou l'y suspendre. Il arrive aussi qu'on laisse l'ossature du toit ou d'un plancher à nu pour qu'elle joue le rôle d'un plafond.

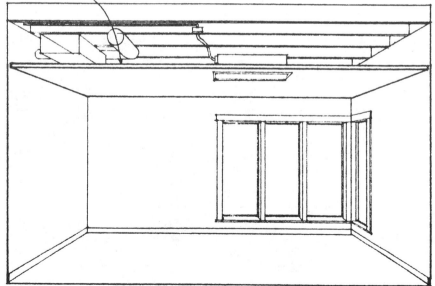

PLAFOND SUSPENDU À UNE CHARPENTE DE TOIT OU DE PLANCHER

LA CRÉATION D'UN PLAFOND

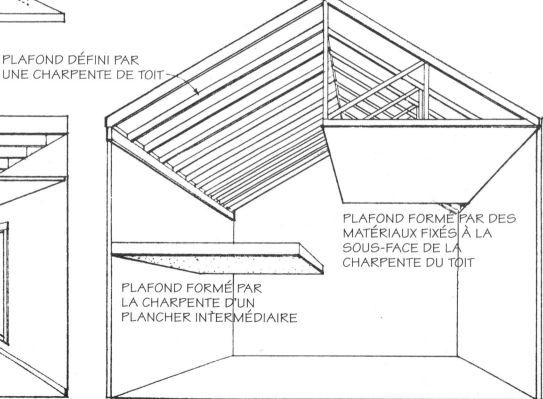

PLAFOND DÉFINI PAR UNE CHARPENTE DE TOIT

PLAFOND FORMÉ PAR DES MATÉRIAUX FIXÉS À LA SOUS-FACE DE LA CHARPENTE DU TOIT

PLAFOND FORMÉ PAR LA CHARPENTE D'UN PLANCHER INTERMÉDIAIRE

La hauteur d'un plafond influe pour beaucoup sur l'échelle d'un espace. Il convient de la juger en tenant compte des autres dimensions de la pièce ainsi que de son occupation et de son utilisation. Certaines généralisations demeurent malgré tout possibles.

Un plafond élevé tend à faire paraître un espace ouvert, aéré et dégagé. Il crée en outre une impression de majesté ou de solennité, surtout lorsqu'il présente une forme régulière. Au lieu de simplement couvrir un espace, il peut sembler planer bien au-dessus de lui.

Par opposition, un plafond bas met l'accent sur la protection qu'il offre et a tendance à rendre un espace intime et chaleureux.

Faire varier la hauteur du plafond à l'intérieur d'un espace, ou d'une pièce à l'autre, aide à définir les limites de cet espace et à le rendre distinct de ceux qui l'entourent. Chaque section d'une hauteur différente fait alors paraître les autres encore plus basses ou plus élevées, par contraste.

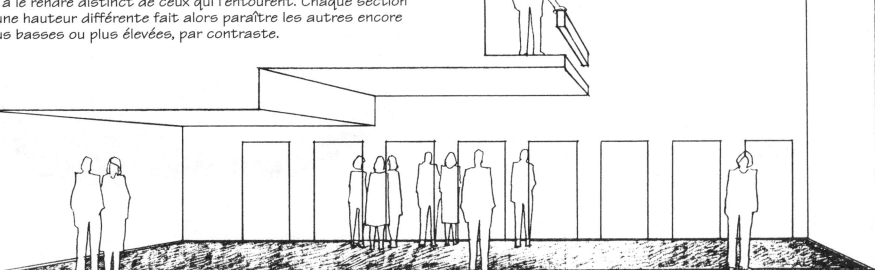

LA HAUTEUR « NORMALE » D'UN PLAFOND DEVRAIT ÊTRE ADAPTÉE AUX DIMENSIONS HORIZONTALES D'UNE PIÈCE ET À SON UTILISATION.

UN PLAFOND ÉLEVÉ PEUT RÉDUIRE LA LARGEUR APPARENTE D'UN ESPACE, PAR COMPARAISON.

LA HAUTEUR DU PLAFOND ET L'ÉCHELLE D'UN ESPACE

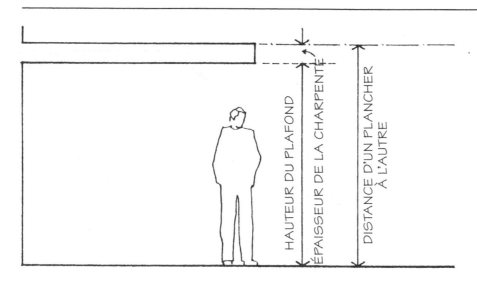

Lorsqu'un plafond est formé par la sous-face d'un plancher intermédiaire, la distance qui sépare la surface de ce dernier du plancher inférieur et l'épaisseur de sa charpente en déterminent la hauteur. Divers moyens permettent d'en modifier la hauteur apparente.

Comme les teintes claires paraissent s'éloigner, un plafond lisse et pâle réfléchissant la lumière suggère un espace plus vaste. Attribuer le même aspect aux murs qu'au plafond permet aussi d'accroître la hauteur apparente de ce dernier, surtout lorsqu'une gorge adoucit l'angle formé par leur ligne de rencontre. On peut à l'inverse réduire la hauteur qu'un plafond semble avoir en lui donnant une teinte foncée et brillante qui contraste avec celle des murs ou en recouvrant la partie supérieure des murs du même revêtement de finition utilisé dans son cas.

UN PLAFOND LISSE D'UNE TEINTE CLAIRE ET FROIDE FAIT PARAÎTRE UNE PIÈCE PLUS VASTE. ON PEUT ACCROÎTRE LA HAUTEUR APPARENTE D'UN PLAFOND EN LUI DONNANT LE MÊME ASPECT FINI QU'AUX MURS ET EN ADOUCISSANT L'ANGLE DE LEUR LIGNE DE RENCONTRE À L'AIDE DE GORGES.

EN RAISON DE SON POIDS VISUEL, UN PLAFOND D'UNE TEINTE FONCÉE ET BRILLANTE SEMBLERA PLUS BAS. DONNER LE MÊME ASPECT À LA PORTION SUPÉRIEURE DES MURS QU'AU PLAFOND PERMET DE FAIRE PARAÎTRE CE DERNIER PLUS ÉTENDU ET LES MURS, MOINS HAUTS.

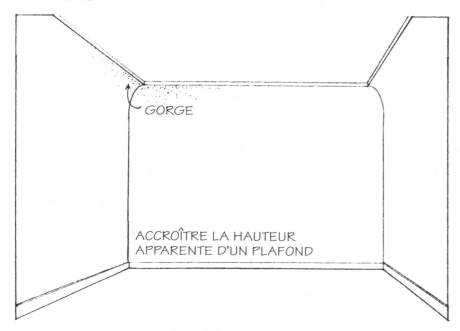

ACCROÎTRE LA HAUTEUR APPARENTE D'UN PLAFOND

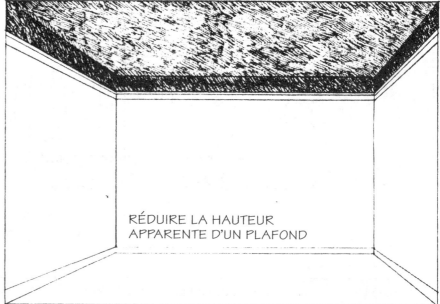

RÉDUIRE LA HAUTEUR APPARENTE D'UN PLAFOND

Au lieu de présenter une surface plane et unie, un plafond peut être constitué par la charpente même du plancher ou du toit, ou bien la reproduire. Des éléments linéaires peuvent alors y créer un motif parallèle, quadrillé ou radial. Tout motif de ce genre, en raison de son poids visuel, tend à attirer l'attention et à faire paraître un plafond moins élevé qu'il ne l'est. De plus, comme les motifs linéaires dirigent le regard, ils peuvent également accentuer la dimension d'un espace à laquelle ils sont parallèles.

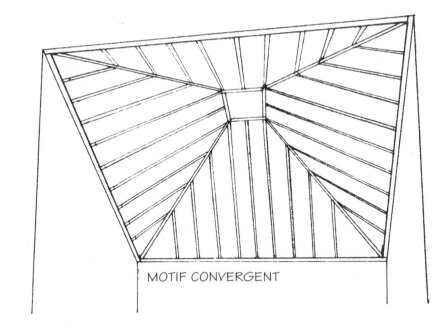

MOTIF CONVERGENT

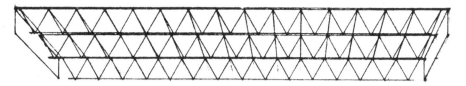

UNE CHARPENTE DE TOIT OU DE PLANCHER APPARENTE FOURNIT UN PLAFOND QUI A UNE TEXTURE, UNE PROFONDEUR, UNE ORIENTATION ET UN MOTIF. CE PLAFOND ATTIRE L'ATTENTION, SURTOUT LORSQU'IL CONTRASTE AVEC DES MURS LISSES.

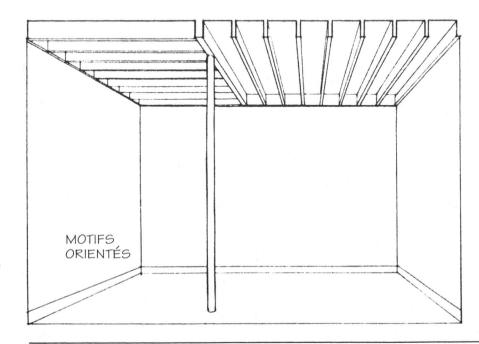

MOTIFS ORIENTÉS

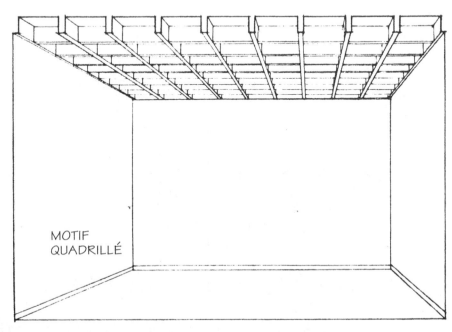

MOTIF QUADRILLÉ

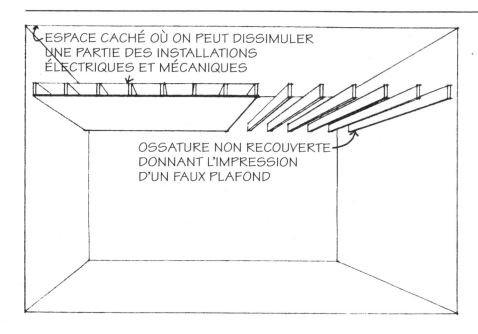

ESPACE CACHÉ OÙ ON PEUT DISSIMULER UNE PARTIE DES INSTALLATIONS ÉLECTRIQUES ET MÉCANIQUES

OSSATURE NON RECOUVERTE DONNANT L'IMPRESSION D'UN FAUX PLAFOND

Lorsqu'une pièce a une hauteur importante, on peut abaisser soit la totalité de son plafond pour en réduire l'échelle, soit une partie de celui-ci afin de rendre une portion de l'espace distincte de ce qui l'entoure. Comme un plafond ainsi abaissé est le plus souvent suspendu à une charpente de plancher ou de toit, sa forme peut contraster avec celle de l'espace en cause ou y faire écho. Un plafond suspendu ou faux plafond crée un espace caché où on peut faire passer des fils électriques et d'autres éléments du même genre, encastrer des appareils d'éclairage ou installer un isolant.

Il est possible de reproduire l'effet créé par un faux plafond sans utiliser d'éléments architecturaux, en se servant de tissus ou d'un ensemble d'appareils d'éclairage suspendus.

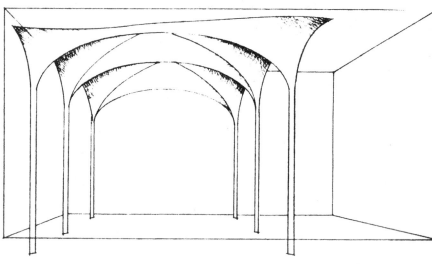

ESPACE DISTINCTIF CRÉÉ À L'INTÉRIEUR D'UNE PIÈCE PLUS VASTE

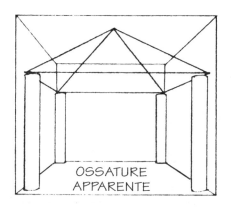

OSSATURE APPARENTE

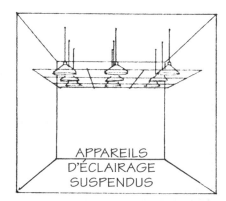

APPAREILS D'ÉCLAIRAGE SUSPENDUS

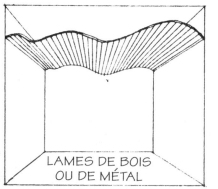

LAMES DE BOIS OU DE MÉTAL

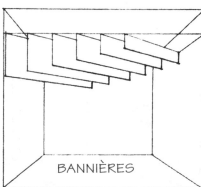

BANNIÈRES

Dans les locaux à usage commercial, on installe souvent un faux plafond modulaire pour y intégrer les appareils d'éclairage et les bouches d'air en les disposant avec une certaine latitude. Un faux plafond type de ce genre se compose de dalles ou panneaux acoustiques déposés sur une ossature métallique formant un quadrillage, laquelle est suspendue à la charpente qui la surmonte. Règle générale, on peut enlever les panneaux pour avoir accès à l'espace qu'ils dissimulent.

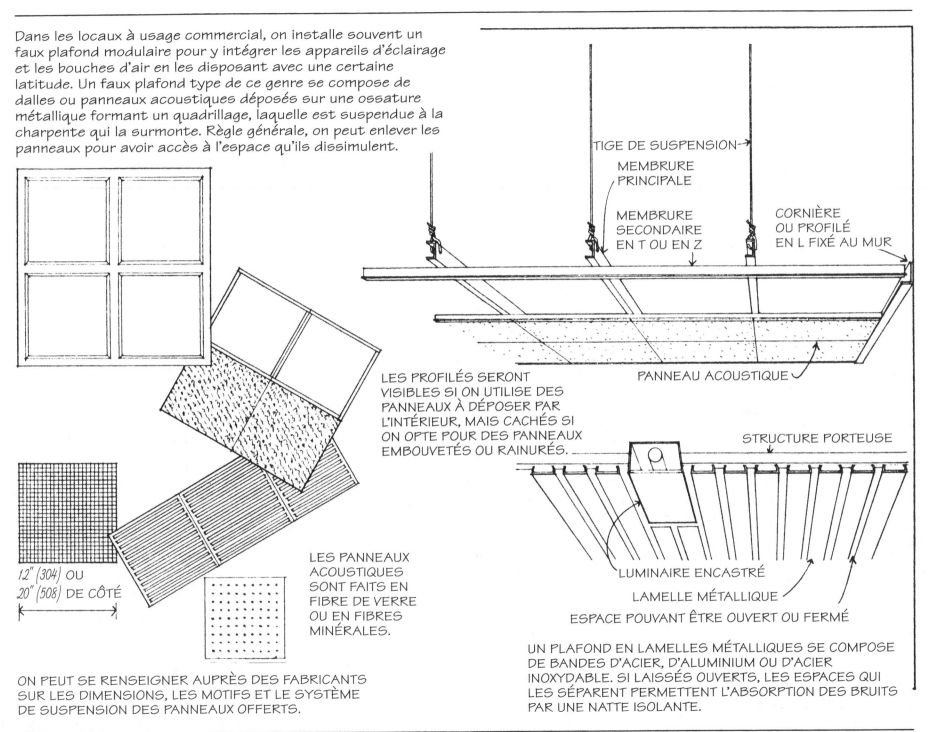

TIGE DE SUSPENSION
MEMBRURE PRINCIPALE
MEMBRURE SECONDAIRE EN T OU EN Z
CORNIÈRE OU PROFILÉ EN L FIXÉ AU MUR
PANNEAU ACOUSTIQUE

LES PROFILÉS SERONT VISIBLES SI ON UTILISE DES PANNEAUX À DÉPOSER PAR L'INTÉRIEUR, MAIS CACHÉS SI ON OPTE POUR DES PANNEAUX EMBOUVETÉS OU RAINURÉS.

STRUCTURE PORTEUSE
LUMINAIRE ENCASTRÉ
LAMELLE MÉTALLIQUE
ESPACE POUVANT ÊTRE OUVERT OU FERMÉ

12" (304) OU 20" (508) DE CÔTÉ

LES PANNEAUX ACOUSTIQUES SONT FAITS EN FIBRE DE VERRE OU EN FIBRES MINÉRALES.

ON PEUT SE RENSEIGNER AUPRÈS DES FABRICANTS SUR LES DIMENSIONS, LES MOTIFS ET LE SYSTÈME DE SUSPENSION DES PANNEAUX OFFERTS.

UN PLAFOND EN LAMELLES MÉTALLIQUES SE COMPOSE DE BANDES D'ACIER, D'ALUMINIUM OU D'ACIER INOXYDABLE. SI LAISSÉS OUVERTS, LES ESPACES QUI LES SÉPARENT PERMETTENT L'ABSORPTION DES BRUITS PAR UNE NATTE ISOLANTE.

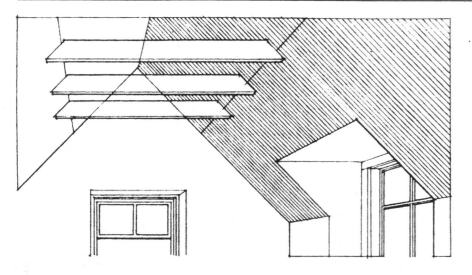

Les plafonds rattachés à la sous-face d'un plancher sont en général plats. Ceux créés par une charpente de toit peuvent par contre adopter une forme qui reflète celle de cette dernière, ajouter à l'intérêt visuel d'un espace et lui donner une orientation.

Un plafond incliné entraîne le regard vers son faîte ou sa ligne de rencontre avec les murs selon l'emplacement des fenêtres par où entre la lumière du jour. Un plafond en pignon agrandit l'espace jusqu'à son sommet. Suivant l'orientation de tout élément visible de sa charpente, c'est la hauteur ou la longueur de sa ligne de faîte qui retient l'attention.

Un plafond pyramidal attire lui aussi le regard vers son sommet, en particulier lorsqu'on y installe un lanterneau.

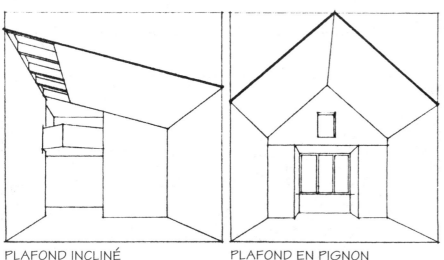

PLAFOND INCLINÉ

PLAFOND EN PIGNON

PLAFOND PYRAMIDAL AU SOMMET CENTRÉ

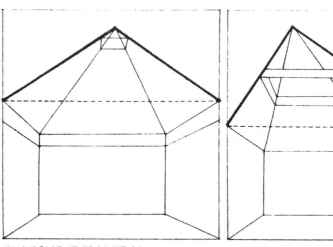

PLAFOND PYRAMIDAL AU SOMMET EXCENTRÉ

LES PLAFONDS ET LEUR FORME

Un plafond à gorge se termine par une courbure qui adoucit sa ligne de rencontre avec les murs de la pièce. Il s'ensuit une fusion des surfaces, verticale et horizontale, qui donne à l'espace délimité un caractère malléable. En augmentant l'échelle de la gorge, on obtient un plafond voûté ou en coupole. Un plafond voûté entraîne le regard vers le haut dans le sens de sa longueur. Un plafond en coupole, dont la forme même indique le centre, agrandit la pièce en hauteur et attire l'attention sur l'espace se trouvant sous son centre.

Les plafonds de forme irrégulière captent aussi l'attention par contraste avec la surface plane des murs et du plancher. Qu'ils soient de type curviligne ou rectiligne, ils s'avèrent décoratifs et dominent fréquemment les autres éléments d'un intérieur.

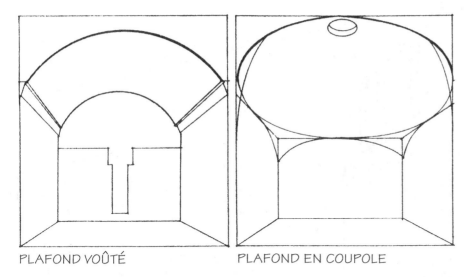

PLAFOND VOÛTÉ

PLAFOND EN COUPOLE

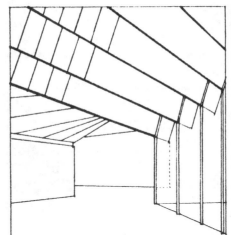

PLAFOND DE FORME IRRÉGULIÈRE RECTILIGNE

PLAFOND DE FORME IRRÉGULIÈRE CURVILIGNE

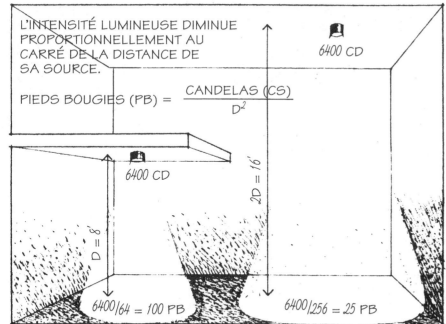

En tant qu'élément fonctionnel, tout plafond a une incidence sur l'éclairement d'un espace, sur sa qualité acoustique et sur la quantité d'énergie requise pour le réchauffer ou le refroidir.

La hauteur d'un plafond et les caractéristiques de sa surface déterminent en partie le niveau d'éclairement dans un intérieur. Les luminaires directement fixés au plafond doivent projeter leur lumière plus loin pour éclairer une pièce autant que le feraient des luminaires moins nombreux mais suspendus.

Comme il ne comporte en général aucun élément qui fait écran à la lumière, un plafond peut être un bon réflecteur lorsqu'il est uni et d'un ton clair. Lorsqu'un flux lumineux est dirigé vers lui, soit de côté ou d'en dessous, l'ensemble de sa vaste surface peut elle-même offrir un éclairage doux.

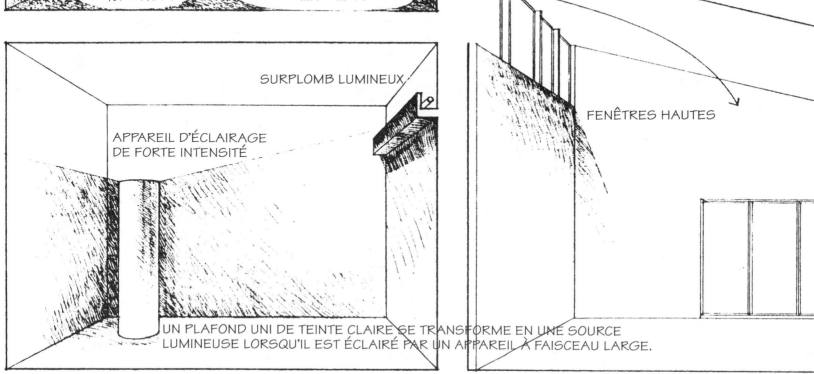

Comme le plafond constitue la plus grande surface inutilisée d'une pièce, sa forme et sa texture peuvent y influer pour beaucoup sur les propriétés acoustiques. La surface unie et dure de la plupart des plafonds réfléchit les sons. On s'en accommode, en général, parce que d'autres surfaces et éléments de la pièce peuvent être faits de matériaux qui absorbent les ondes sonores. Dans les bureaux, les magasins et les restaurants où il faut une meilleure insonorisation, il est possible d'installer de faux plafonds acoustiques.

Il y a réverbération à l'intérieur d'un espace lorsqu'un son est réfléchi plusieurs fois par deux surfaces parallèles non absorbantes, tels un plafond plat et un plancher ayant chacun une surface dure. Les plafonds en coupole et voûtés concentrent les ondes sonores, ce qui intensifie échos et réverbération. Un moyen de remédier à ce problème consiste à ajouter des surfaces absorbantes à l'intérieur de la pièce, et un autre, à y construire un plafond en pente ou à plusieurs facettes.

Comme l'air chaud monte tandis que l'air froid descend, un plafond haut permet à l'air plus chaud de s'élever à l'intérieur d'une pièce et à l'air plus frais de rester près du plancher. Ce phénomène rend les espaces hauts de plafond plus agréables par temps chaud, mais aussi plus difficiles à chauffer par temps froid. À l'inverse, une pièce au plafond bas emprisonne l'air chaud, ce qui est un avantage par temps froid mais peut devenir inconfortable par temps chaud.

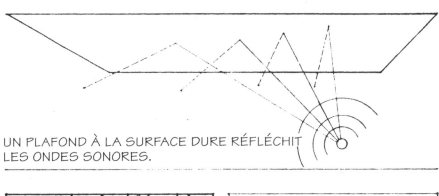

UN PLAFOND À LA SURFACE DURE RÉFLÉCHIT LES ONDES SONORES.

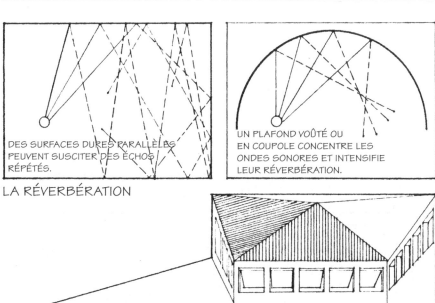

DES SURFACES DURES PARALLÈLES PEUVENT SUSCITER DES ÉCHOS RÉPÉTÉS.

UN PLAFOND VOÛTÉ OU EN COUPOLE CONCENTRE LES ONDES SONORES ET INTENSIFIE LEUR RÉVERBÉRATION.

LA RÉVERBÉRATION

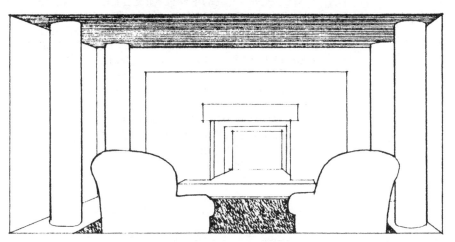

DANS UN ESPACE EN HAUTEUR, L'AIR CHAUD TEND À S'ÉLEVER AU PLAFOND ET L'AIR FROID, À S'ACCUMULER AU RAS DU SOL.

LES TYPES DE PLAFONDS

Il est possible de laisser la sous-face de la charpente du toit ou d'un plancher intermédiaire à nu pour qu'elle joue le rôle d'un plafond. On choisit toutefois plus souvent de créer ce dernier en fixant ou en suspendant à la charpente des éléments distincts. Le choix des matériaux est le même que pour les murs, exception faite des matériaux trop lourds pour qu'on les suspende.

LES PLAFONDS EN PLÂTRE ET EN PLAQUES DE GYPSE

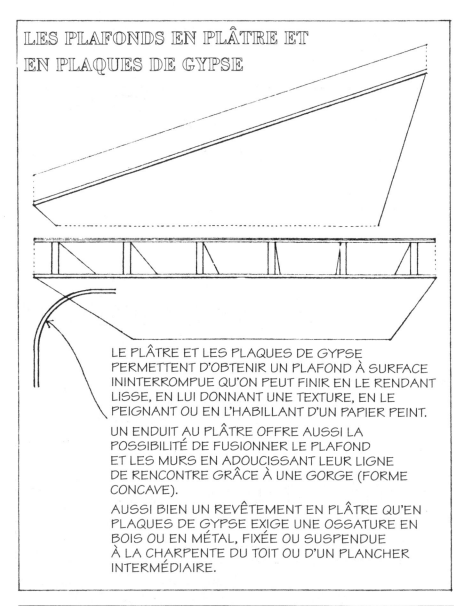

LE PLÂTRE ET LES PLAQUES DE GYPSE PERMETTENT D'OBTENIR UN PLAFOND À SURFACE ININTERROMPUE QU'ON PEUT FINIR EN LE RENDANT LISSE, EN LUI DONNANT UNE TEXTURE, EN LE PEIGNANT OU EN L'HABILLANT D'UN PAPIER PEINT.

UN ENDUIT AU PLÂTRE OFFRE AUSSI LA POSSIBILITÉ DE FUSIONNER LE PLAFOND ET LES MURS EN ADOUCISSANT LEUR LIGNE DE RENCONTRE GRÂCE À UNE GORGE (FORME CONCAVE).

AUSSI BIEN UN REVÊTEMENT EN PLÂTRE QU'EN PLAQUES DE GYPSE EXIGE UNE OSSATURE EN BOIS OU EN MÉTAL, FIXÉE OU SUSPENDUE À LA CHARPENTE DU TOIT OU D'UN PLANCHER INTERMÉDIAIRE.

LES PLAFONDS EN BOIS

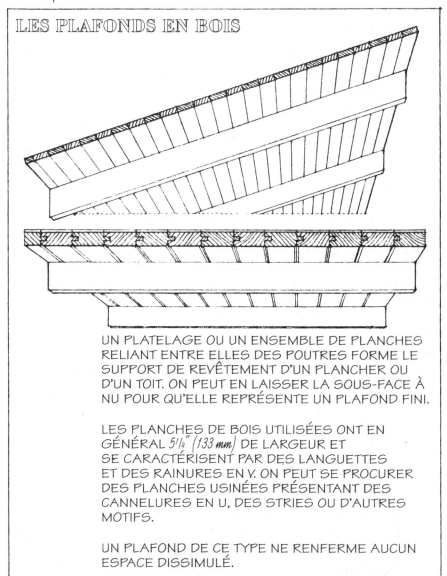

UN PLATELAGE OU UN ENSEMBLE DE PLANCHES RELIANT ENTRE ELLES DES POUTRES FORME LE SUPPORT DE REVÊTEMENT D'UN PLANCHER OU D'UN TOIT. ON PEUT EN LAISSER LA SOUS-FACE À NU POUR QU'ELLE REPRÉSENTE UN PLAFOND FINI.

LES PLANCHES DE BOIS UTILISÉES ONT EN GÉNÉRAL 5 1/4" (133 mm) DE LARGEUR ET SE CARACTÉRISENT PAR DES LANGUETTES ET DES RAINURES EN V. ON PEUT SE PROCURER DES PLANCHES USINÉES PRÉSENTANT DES CANNELURES EN U, DES STRIES OU D'AUTRES MOTIFS.

UN PLAFOND DE CE TYPE NE RENFERME AUCUN ESPACE DISSIMULÉ.

LES PLAFONDS MÉTALLIQUES

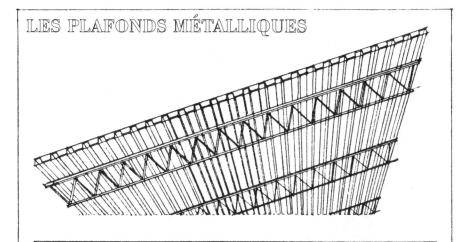

ON UTILISE PARFOIS UN TABLIER EN TÔLE NERVURÉE COMME SUPPORT POUR L'ISOLANT ET LA COUVERTURE D'UN TOIT. PAREIL TABLIER PEUT EN OUTRE SERVIR DE COFFRAGE PERMANENT ET D'ARMATURE AU BÉTON LORSQU'ON CONSTRUIT UN PLANCHER EN MATÉRIAUX COMPOSITES.

ON PEUT LAISSER LA SOUS-FACE D'UN TABLIER MÉTALLIQUE À NU POUR QU'ELLE FORME LA SURFACE D'UN PLAFOND. COMBINÉ À DES POUTRELLES À TREILLIS, CE TABLIER DÉFINIT ALORS UN PLAFOND AU DESSIN LINÉAIRE ET À LA TEXTURE PARTICULIÈRE.

LES PLAFONDS MODULAIRES

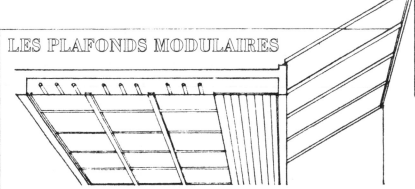

UN PLAFOND LUMINEUX PEUT SE COMPOSER DE PLAQUES TRANSLUCIDES OU COMPORTER DES LANTERNEAUX QUI LAISSENT VOIR LE CIEL ET JETTENT DE LA LUMIÈRE DANS LA PIÈCE AU COURS DE LA JOURNÉE.

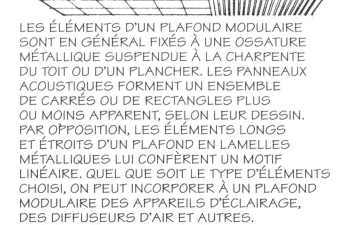

LES ÉLÉMENTS D'UN PLAFOND MODULAIRE SONT EN GÉNÉRAL FIXÉS À UNE OSSATURE MÉTALLIQUE SUSPENDUE À LA CHARPENTE DU TOIT OU D'UN PLANCHER. LES PANNEAUX ACOUSTIQUES FORMENT UN ENSEMBLE DE CARRÉS OU DE RECTANGLES PLUS OU MOINS APPARENT, SELON LEUR DESSIN. PAR OPPOSITION, LES ÉLÉMENTS LONGS ET ÉTROITS D'UN PLAFOND EN LAMELLES MÉTALLIQUES LUI CONFÈRENT UN MOTIF LINÉAIRE. QUEL QUE SOIT LE TYPE D'ÉLÉMENTS CHOISI, ON PEUT INCORPORER À UN PLAFOND MODULAIRE DES APPAREILS D'ÉCLAIRAGE, DES DIFFUSEURS D'AIR ET AUTRES.

LES FENÊTRES

Les portes et les fenêtres viennent interrompre la surface des murs qui donnent à un bâtiment sa forme et en délimitent les espaces intérieurs. Elles représentent des éléments de transition en architecture et en design d'intérieur. Elles établissent un lien, tant visuel que matériel, entre une pièce et une autre ou entre l'intérieur et l'extérieur.

La taille, la forme et l'emplacement des fenêtres a une incidence sur l'intégrité visuelle d'un mur et l'impression d'isolement qu'il dégage. Toute fenêtre peut être envisagée comme une tache brillante dans un mur, une ouverture entourée par lui, ou un vide le séparant en deux. Elle peut aussi occuper toute la surface murale, c'est-à-dire être un mur transparent qui reliera visuellement un espace intérieur à un autre ou avec le dehors.

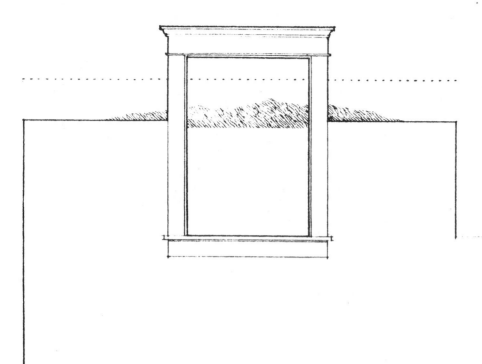

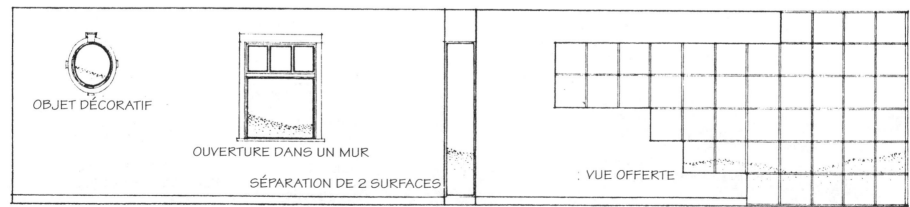

LES DIMENSIONS, LA FORME ET L'EMPLACEMENT DES FENÊTRES

La grandeur d'une fenêtre dépend non seulement de la superficie d'un mur mais aussi de la taille des gens à qui elle sert. Ces derniers s'attendent à ce que le sommet d'une fenêtre soit un peu plus élevé que leur tête et à ce que son appui se trouve à hauteur de ceinture. Lorsqu'on choisit une fenêtre de grandes dimensions pour qu'elle soit proportionnelle à un espace, le fasse paraître plus vaste ou élargisse la vue offerte à ses occupants, on peut la subdiviser en éléments plus petits afin qu'elle demeure à l'échelle humaine.

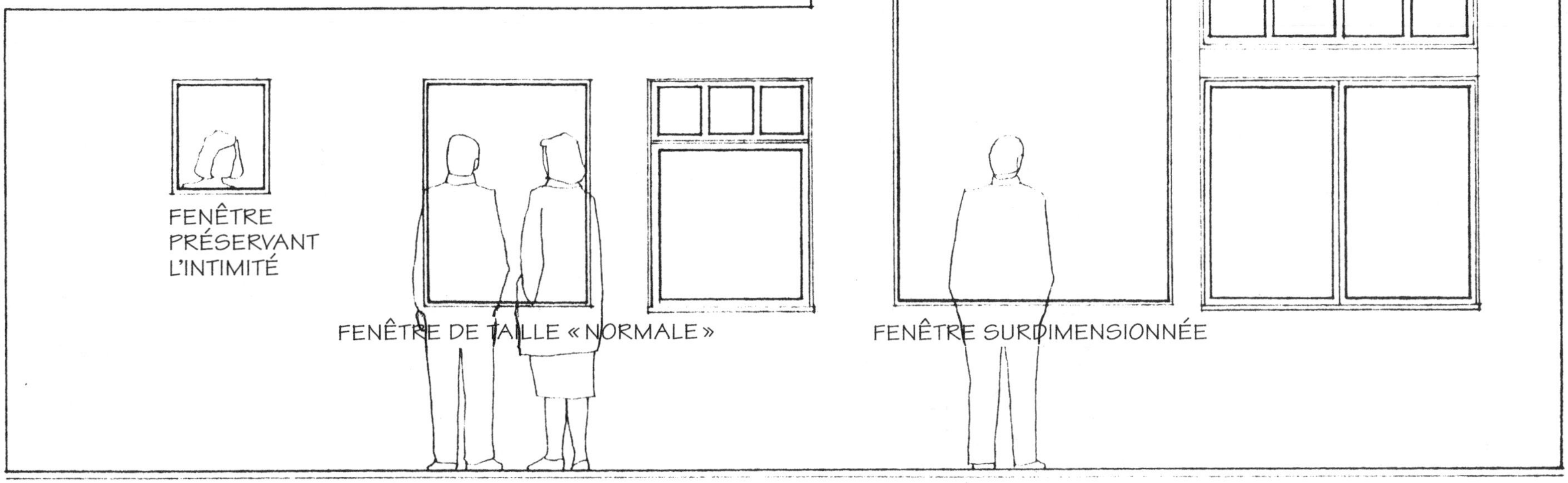

FENÊTRE PRÉSERVANT L'INTIMITÉ

FENÊTRE DE TAILLE « NORMALE »

FENÊTRE SURDIMENSIONNÉE

VARIATION DE LA TAILLE DES FENÊTRES

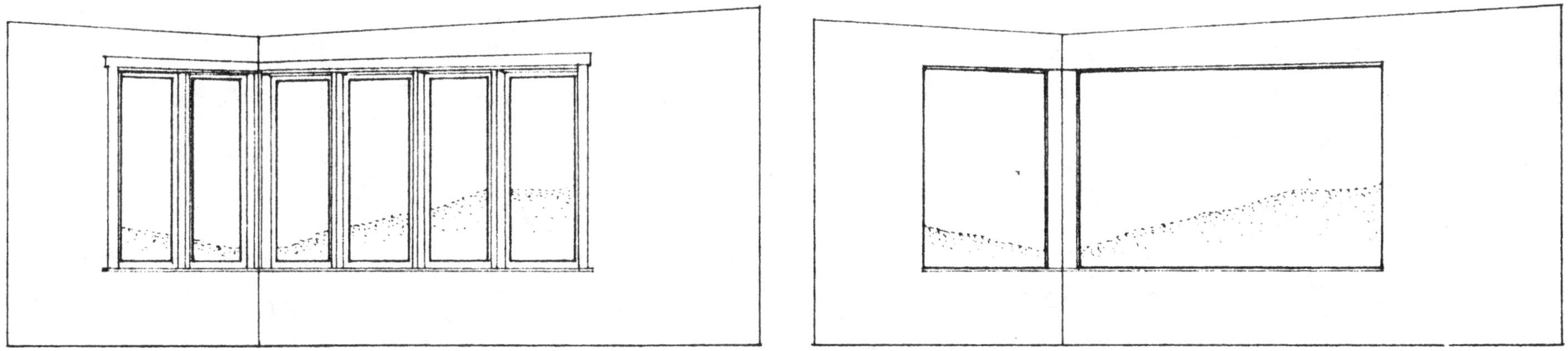

LE CADRE ET LA FINITION D'UNE FENÊTRE INFLUENT SUR L'IMPRESSION DE SÉPARATION ASSOCIÉE À UN MUR.

La vue sur laquelle s'ouvre une fenêtre devient partie intégrante d'un espace intérieur. En plus de fournir un point d'intérêt extérieur à la pièce, elle procure de l'information visuelle au sujet de l'endroit où on se trouve. Elle crée en fait un lien entre l'intérieur et l'extérieur. Au moment de choisir les dimensions, la forme et l'emplacement des fenêtres d'un espace, il convient de s'attarder à la vue qu'elles offriront de même qu'à la manière dont celle-ci sera encadrée et dont elle se transformera à mesure que les occupants de la pièce se déplaceront.

Les fenêtres ne servent pas qu'à encadrer un paysage. Il arrive ainsi que pour assurer la ventilation et l'éclairage naturels d'une pièce, elles offrent une vue peu attirante. En pareil cas, on peut leur donner un aspect qui fragmente cette vue, la masque par une sorte d'écran ou en détourne le regard. Un aménagement paysager peut aussi aider à dissimuler un panorama déplaisant ou même à créer une vue attrayante là où il n'en existait pas.

DIVERS MOYENS D'ÉVITER UN PANORAMA DÉPLAISANT

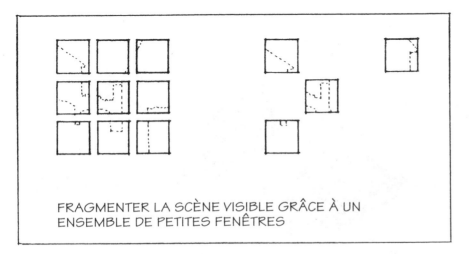

FRAGMENTER LA SCÈNE VISIBLE GRÂCE À UN ENSEMBLE DE PETITES FENÊTRES

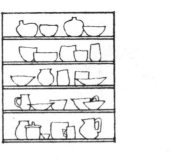

ÉLIMINER LA VUE EN PLAÇANT DANS LA FENÊTRE UN ENSEMBLE D'OBJETS QUI FERA ÉCRAN

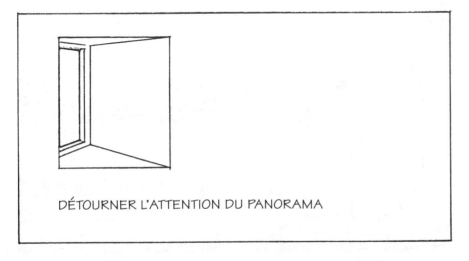

DÉTOURNER L'ATTENTION DU PANORAMA

CRÉER UN PANORAMA ATTRAYANT EN AMÉNAGEANT UNE COUR OU UN JARDIN

Ce sont les dimensions et l'orientation des fenêtres et des lanterneaux qui déterminent la quantité de lumière naturelle entrant dans un espace intérieur et la qualité de cet éclairage. Le lien est évident entre la grandeur d'une fenêtre et la quantité de lumière qu'elle laisse passer. La qualité de l'éclairage, c'est-à-dire son intensité et sa couleur, dépend pour sa part de l'orientation et de l'emplacement des fenêtres à l'intérieur de la pièce.

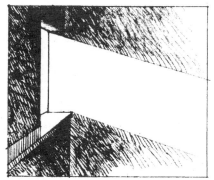
FENÊTRE ORDINAIRE

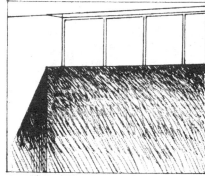
FENÊTRE HAUTE

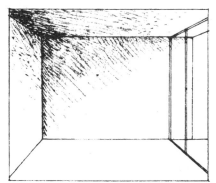
PAROI VITRÉE

LANTERNEAU

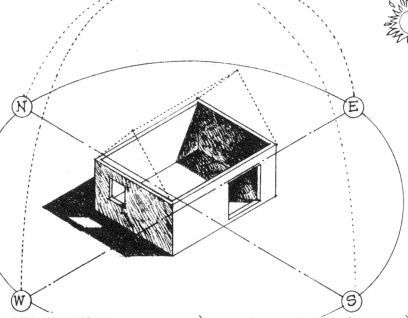

UNE ZONE DE LUMIÈRE BRILLANTE ATTIRE L'ATTENTION.

LA LUMIÈRE DU JOUR PEUT FOURNIR UN BON ÉCLAIRAGE D'APPOINT.

LES JEUX D'OMBRE ET DE LUMIÈRE DONNENT VIE À UN ESPACE.

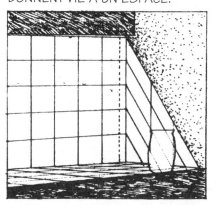

ON PEUT UTILISER LA LUMIÈRE POUR DÉFINIR UN ESPACE.

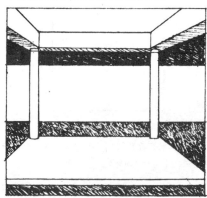

L'un des problèmes associés à un éclairage naturel est celui de l'éblouissement, lequel résulte d'un trop grand contraste de brillance entre la surface d'une fenêtre et celle plus foncée du mur qui l'entoure. Afin de l'éviter, on doit accorder tout autant d'importance à l'emplacement des fenêtres qu'à leurs dimensions. Le mieux consiste à établir un éclairage équilibré provenant d'au moins deux directions, tels deux murs ou un mur et le plafond. Notons que les lanterneaux, en particulier, peuvent aider à rendre un éclairage naturel direct moins dur.

Lorsqu'une pièce a des fenêtres à ras de plancher, ses occupants sont parfois éblouis par la lumière que réfléchit la surface du sol à l'extérieur. On peut atténuer ce phénomène soit en plantant des arbres qui feront de l'ombre au bon endroit, soit en posant des persiennes aux fenêtres.

On maximise la quantité de lumière qu'apporte une fenêtre en l'installant tout contre la surface perpendiculaire d'un mur ou du plafond. Baignée par les rayons lumineux entrant dans la pièce, cette surface deviendra elle-même une source plane étendue de lumière réfléchie.

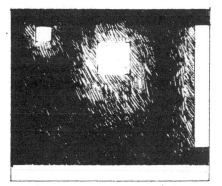

UN ÉBLOUISSEMENT RÉSULTE DU FAIT QUE LES YEUX NE PEUVENT S'ADAPTER SIMULTANÉMENT À DES ZONES CARACTÉRISÉES PAR UNE INTENSITÉ LUMINEUSE TRÈS DIFFÉRENTE.

LES YEUX S'AJUSTENT À LA LUMIÈRE LA PLUS BRILLANTE, RÉDUISANT AINSI LA CAPACITÉ DE TOUT INDIVIDU DE VOIR LES ENDROITS MOINS BIEN ÉCLAIRÉS.

UN ÉCLAIRAGE NATUREL PROVENANT DE DEUX DIRECTIONS APPORTE PLUS DE LUMIÈRE DIFFUSE ET RÉDUIT LES POSSIBILITÉS D'ÉBLOUISSEMENT.

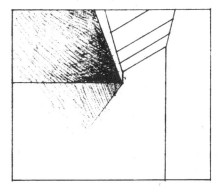
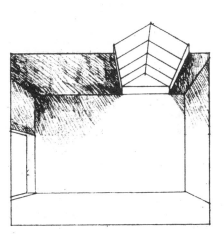

Sous tous les climats, la vitesse, la température et la direction du vent influent sur l'emplacement des fenêtres d'un bâtiment. Une ventilation générée par le vent est souhaitable lors des périodes de chaleur afin d'assurer le refroidissement par évaporation ou par conduction. Par temps froid, on y gagne à protéger les fenêtres du vent pour réduire au minimum les infiltrations d'air à l'intérieur. Il faut néanmoins une certaine ventilation en tout temps pour contribuer à la bonne santé des occupants et pour évacuer au dehors l'air vicié et les odeurs.

Toute ventilation naturelle d'un intérieur résulte des différences de pression et de température de l'atmosphère. Or, la configuration d'un bâtiment influe davantage sur les courants d'air créés que la vitesse du vent.

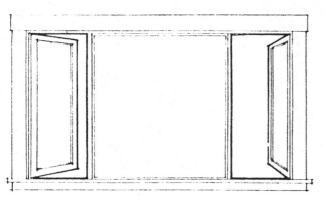

UNE VENTILATION NATURELLE EXIGE DES FENÊTRES OUVRANTES.

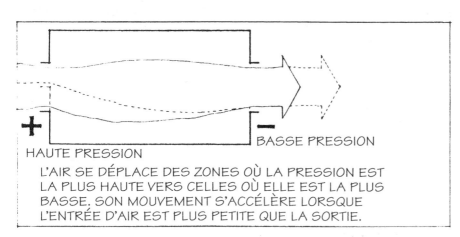

L'AIR SE DÉPLACE DES ZONES OÙ LA PRESSION EST LA PLUS HAUTE VERS CELLES OÙ ELLE EST LA PLUS BASSE. SON MOUVEMENT S'ACCÉLÈRE LORSQUE L'ENTRÉE D'AIR EST PLUS PETITE QUE LA SORTIE.

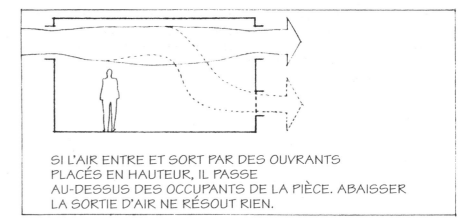

SI L'AIR ENTRE ET SORT PAR DES OUVRANTS PLACÉS EN HAUTEUR, IL PASSE AU-DESSUS DES OCCUPANTS DE LA PIÈCE. ABAISSER LA SORTIE D'AIR NE RÉSOUT RIEN.

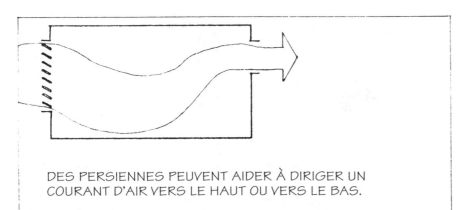

DES PERSIENNES PEUVENT AIDER À DIRIGER UN COURANT D'AIR VERS LE HAUT OU VERS LE BAS.

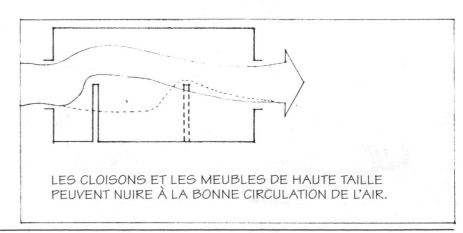

LES CLOISONS ET LES MEUBLES DE HAUTE TAILLE PEUVENT NUIRE À LA BONNE CIRCULATION DE L'AIR.

Ce sont les fenêtres qui assurent la ventilation. Même fermées, elles entraînent des déperditions ou des apports thermiques. Bienvenus en hiver mais non en été, les apports de chaleur s'expliquent par le rayonnement solaire qui traverse le vitrage des fenêtres. Quant aux déperditions thermiques, non recherchées par temps froid, elles découlent d'un écart entre la température à l'intérieur d'un bâtiment chauffé et à l'extérieur où l'air est plus froid.

Le verre est un piètre isolant thermique, mais on peut accroître la résistance d'une fenêtre au passage de la chaleur en l'équipant de vitrages doubles ou triples. La ou les couches d'air emprisonnées entre ses vitres servent alors d'isolant. Bien orienter une fenêtre permet de bloquer ou de filtrer les radiations solaires à moindre coût.

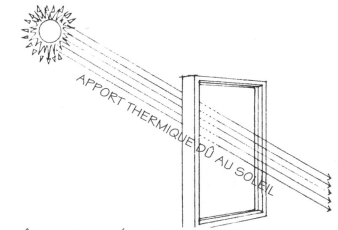

LES FENÊTRES ORIENTÉES AU SUD LAISSENT PASSER LES RADIATIONS SOLAIRES.

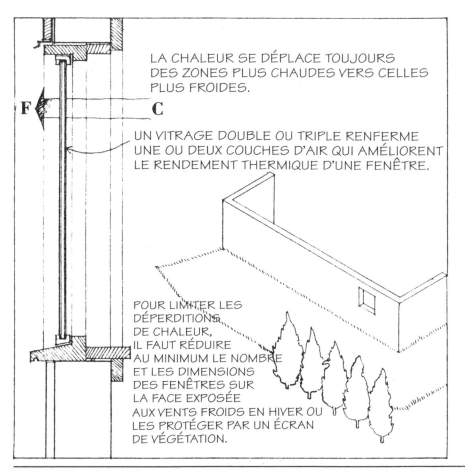

LA CHALEUR SE DÉPLACE TOUJOURS DES ZONES PLUS CHAUDES VERS CELLES PLUS FROIDES.

UN VITRAGE DOUBLE OU TRIPLE RENFERME UNE OU DEUX COUCHES D'AIR QUI AMÉLIORENT LE RENDEMENT THERMIQUE D'UNE FENÊTRE.

POUR LIMITER LES DÉPERDITIONS DE CHALEUR, IL FAUT RÉDUIRE AU MINIMUM LE NOMBRE ET LES DIMENSIONS DES FENÊTRES SUR LA FACE EXPOSÉE AUX VENTS FROIDS EN HIVER OU LES PROTÉGER PAR UN ÉCRAN DE VÉGÉTATION.

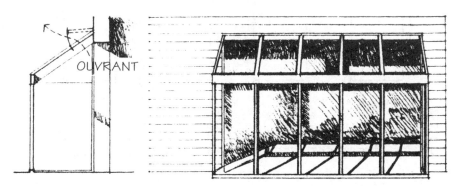

UNE FORME DE CHAUFFAGE SOLAIRE PASSIF FAIT APPEL À UN SOLARIUM POUR CAPTER LES RADIATIONS SOLAIRES, AINSI QU'À DES ÉLÉMENTS TELS QUE MURS ET PLANCHER DE MAÇONNERIE POUR EN EMMAGASINER LA CHALEUR. TOUT SOLARIUM DOIT COMPORTER DES OUVRANTS AFIN DE PERMETTRE SA VENTILATION PAR TEMPS CHAUD.

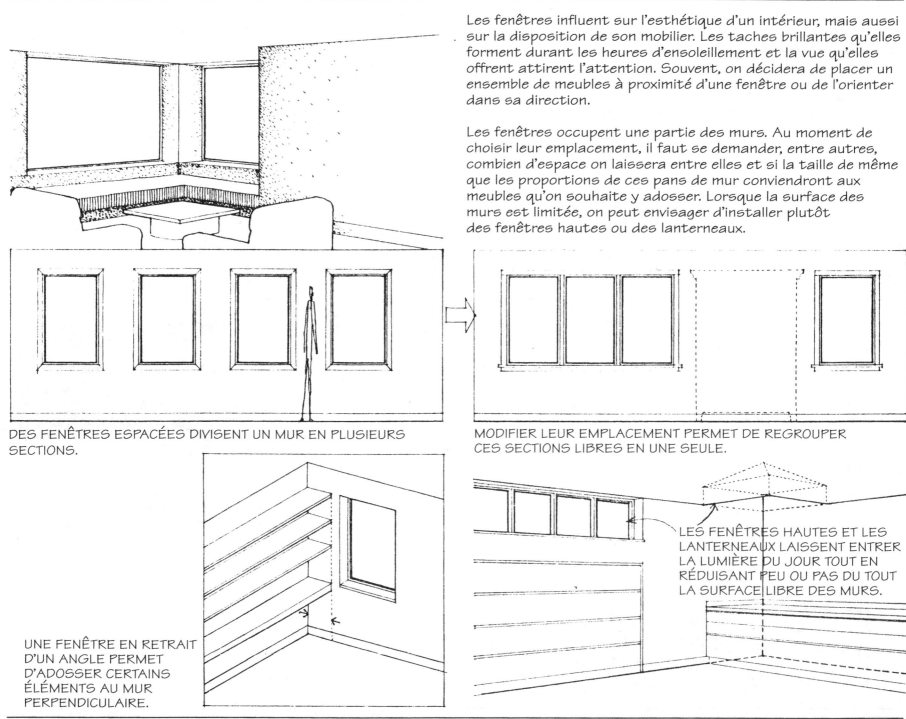

Les fenêtres influent sur l'esthétique d'un intérieur, mais aussi sur la disposition de son mobilier. Les taches brillantes qu'elles forment durant les heures d'ensoleillement et la vue qu'elles offrent attirent l'attention. Souvent, on décidera de placer un ensemble de meubles à proximité d'une fenêtre ou de l'orienter dans sa direction.

Les fenêtres occupent une partie des murs. Au moment de choisir leur emplacement, il faut se demander, entre autres, combien d'espace on laissera entre elles et si la taille de même que les proportions de ces pans de mur conviendront aux meubles qu'on souhaite y adosser. Lorsque la surface des murs est limitée, on peut envisager d'installer plutôt des fenêtres hautes ou des lanterneaux.

DES FENÊTRES ESPACÉES DIVISENT UN MUR EN PLUSIEURS SECTIONS.

MODIFIER LEUR EMPLACEMENT PERMET DE REGROUPER CES SECTIONS LIBRES EN UNE SEULE.

UNE FENÊTRE EN RETRAIT D'UN ANGLE PERMET D'ADOSSER CERTAINS ÉLÉMENTS AU MUR PERPENDICULAIRE.

LES FENÊTRES HAUTES ET LES LANTERNEAUX LAISSENT ENTRER LA LUMIÈRE DU JOUR TOUT EN RÉDUISANT PEU OU PAS DU TOUT LA SURFACE LIBRE DES MURS.

La hauteur de l'appui d'une fenêtre a également une incidence sur ce qui peut être placé sous elle. On peut ainsi devoir laisser le plancher dégagé devant une fenêtre à l'appui bas, ce qui réduit la superficie utile de la pièce. Cette remarque s'applique tout particulièrement dans le cas d'une paroi vitrée qui s'étend jusqu'au plancher afin d'établir une meilleure continuité visuelle entre l'intérieur et l'extérieur.

Il y a une autre chose à considérer lorsqu'on choisit l'emplacement des fenêtres. Ce sont les effets néfastes qu'un éclairage solaire direct peut avoir sur les occupants d'une pièce (chaleur et éblouissement) de même que sur la moquette et le mobilier qui s'y trouvent (décoloration et détérioration).

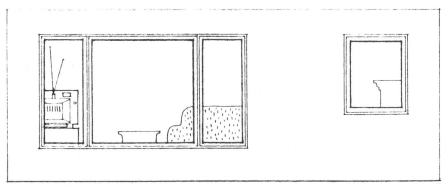

LES FENÊTRES LAISSENT VOIR LE DOS DES MEUBLES APPUYÉS CONTRE ELLES.

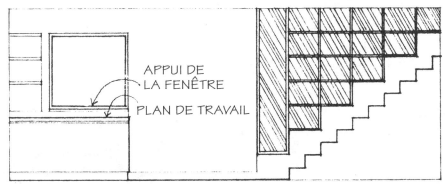

IL FAUT COORDONNER LES FENÊTRES AUX ÉLÉMENTS INCORPORÉS LORSQUE FAIRE SE PEUT.

ON NE PEUT DISPOSER DES MEUBLES TOUT CONTRE UNE PAROI VITRÉE S'ÉTENDANT JUSQU'AU PLANCHER.

CERTAINS MATÉRIAUX SE DÉCOLORENT ET SE DÉTÉRIORENT SOUS L'EFFET DES RAYONS SOLAIRES DIRECTS.

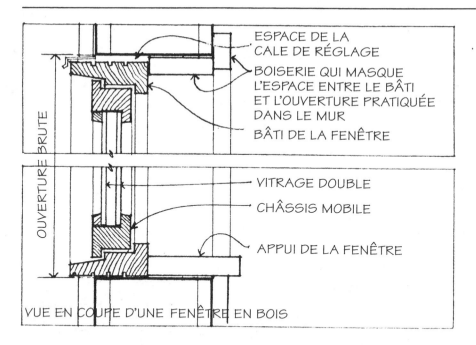

La plupart des fenêtres installées de nos jours sont fabriquées en usine et présentent un bâti en bois ou en métal. Les bâtis en bois sont en général faits de pièces sans nœud, coupées dans le fil et séchées au four. On les traite d'ordinaire à l'usine au moyen d'un préservateur ou d'un enduit hydrofuge. Ils sont offerts avec une surface extérieure non finie, enduite d'un apprêt ou parée d'un revêtement d'aluminium ou de vinyle qui en réduit l'entretien. L'intérieur des bâtis est le plus souvent laissé non fini.

Les bâtis métalliques s'avèrent plus résistants et ont donc un profil plus mince que ceux en bois. Ils sont en général faits d'aluminium ou d'acier, bien qu'il en existe aussi en acier inoxydable et en bronze. On peut assurer aux bâtis en aluminium une finition naturelle au laminoir, ou les anodiser pour les protéger davantage et leur donner une couleur. Les bâtis en acier doivent être soit galvanisés ou recouverts d'un apprêt et d'une peinture, soit les deux, pour résister à la corrosion. De plus, le métal étant un bon conducteur de chaleur, l'humidité peut se condenser, par temps froid, sur la face interne des châssis mobiles métalliques, s'ils n'ont pas un coupe-bise.

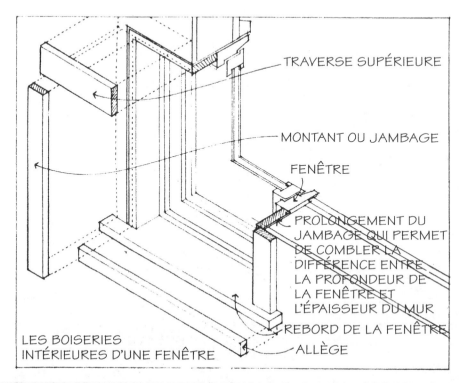

Les fenêtres fabriquées en usine présentent des dimensions standard, lesquelles varient d'une entreprise à l'autre. On peut aussi obtenir des fenêtres d'une forme ou de dimensions inusitées, mais cela entraîne souvent un coût additionnel.

Lorsqu'on pratique une ouverture brute dans un mur pour y installer une fenêtre, on laisse d'ordinaire un espace de 1/2 à 3/4 pouces (13 à 19 mm) de chaque côté et au-dessus du bloc-fenêtre afin de pouvoir le mettre d'aplomb et de niveau. L'installation d'un solin et le calfeutrage du bâti à l'extérieur permettent de rendre les joints étanches et de réduire au minimum les infiltrations d'air.

On installe un chambranle et des boiseries pour masquer les espaces vides entre le bloc-fenêtre et son ouverture brute de même que pour en assurer la finition. Le type d'encadrement intérieur choisi contribue pour beaucoup à l'impression qui se dégage d'une ouverture.

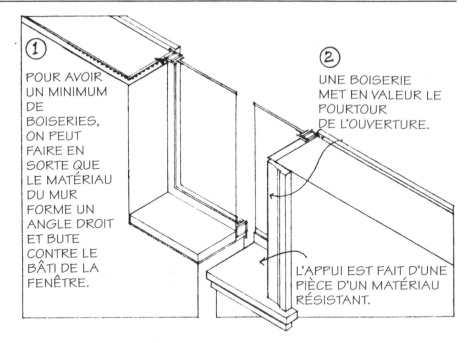

① POUR AVOIR UN MINIMUM DE BOISERIES, ON PEUT FAIRE EN SORTE QUE LE MATÉRIAU DU MUR FORME UN ANGLE DROIT ET BUTE CONTRE LE BÂTI DE LA FENÊTRE.

② UNE BOISERIE MET EN VALEUR LE POURTOUR DE L'OUVERTURE.

L'APPUI EST FAIT D'UNE PIÈCE D'UN MATÉRIAU RÉSISTANT.

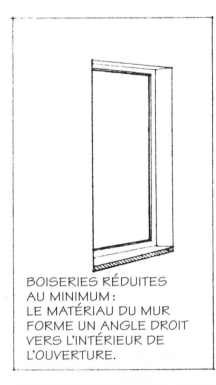

BOISERIES RÉDUITES AU MINIMUM : LE MATÉRIAU DU MUR FORME UN ANGLE DROIT VERS L'INTÉRIEUR DE L'OUVERTURE.

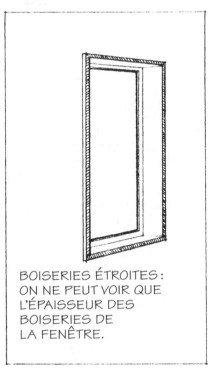

BOISERIES ÉTROITES : ON NE PEUT VOIR QUE L'ÉPAISSEUR DES BOISERIES DE LA FENÊTRE.

BOISERIES DE LARGEUR MOYENNE : UNE BOISERIE ÉTROITE ENCADRE L'OUVERTURE.

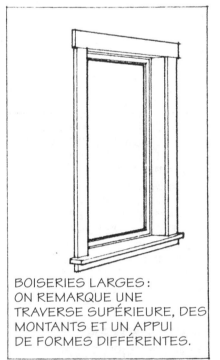

BOISERIES LARGES : ON REMARQUE UNE TRAVERSE SUPÉRIEURE, DES MONTANTS ET UN APPUI DE FORMES DIFFÉRENTES.

Les fenêtres se divisent en deux grandes catégories, les unes étant fixes et les autres ouvrantes. Toutes les fenêtres jettent de la lumière et offrent une vue, mais seules celles de type ouvrant permettent le passage de l'air. En effet, on ne peut jamais ouvrir une fenêtre fixe. Cependant, il est toujours possible de fermer une fenêtre ouvrante. Il semble donc logique de bien réfléchir avant d'opter pour des fenêtres fixes.

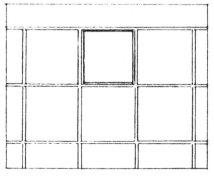 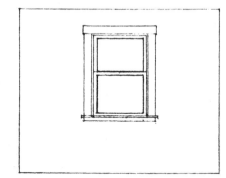 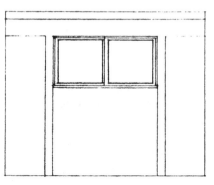 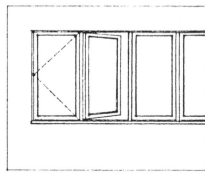

 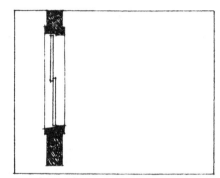 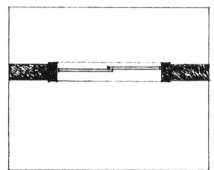 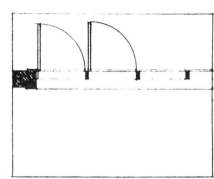

FENÊTRE FIXE

- COMPORTE UN BÂTI ET UN CHÂSSIS VITRÉ FIXES ;
- NE PERMET AUCUNE VENTILATION ;
- PRÉSENTE DES DIMENSIONS ET DES FORMES VARIÉES SUIVANT LA TAILLE DES VITRAGES DISPONIBLES ;
- PEUT AVOIR UNE FORME TRIDIMENSIONNELLE (FENÊTRE EN SAILLIE) ;
- N'EXIGE NI QUINCAILLERIE NI MOUSTIQUAIRES.

LES TYPES DE FENÊTRES

FENÊTRE À GUILLOTINE

- COMPORTE DEUX CHÂSSIS MOBILES À TRANSLATION VERTICALE MAINTENUS À LA POSITION DÉSIRÉE PAR LA FRICTION OU GRÂCE À UN SYSTÈME DE CONTREPOIDS ;
- N'OFFRE AUCUNE PROTECTION CONTRE LA PLUIE ;
- PEUT ÊTRE RENDUE ÉTANCHE ;
- PRÉSENTE UN MOUSTIQUAIRE À L'EXTÉRIEUR ;
- S'OUVRE SUR 50 % DE SA SURFACE ;
- S'AVÈRE DIFFICILE À PEINDRE ET À NETTOYER EN L'ABSENCE DE CHÂSSIS MOBILES PIVOTANTS.

FENÊTRE COULISSANTE

- COMPORTE SOIT A) DEUX CHÂSSIS DONT L'UN SE DÉPLACE HORIZONTALEMENT (OUVERTURE À 50 %), SOIT B) TROIS CHÂSSIS DONT CELUI DU MILIEU EST FIXE ET LES DEUX AUTRES MOBILES (OUVERTURE À 66 %) ;
- N'OFFRE AUCUNE PROTECTION CONTRE LA PLUIE ;
- PRÉSENTE UN MOUSTIQUAIRE À L'EXTÉRIEUR.
- LES PORTES-FENÊTRES COULISSANTES S'APPARENTENT À DE GRANDES FENÊTRES DU MÊME TYPE.

FENÊTRE À BATTANT

- COMPORTE UN CHÂSSIS PIVOTANT SUR UN AXE VERTICAL POUR S'OUVRIR LE PLUS SOUVENT VERS L'EXTÉRIEUR, DE MÊME QU'UN MOUSTIQUAIRE À L'INTÉRIEUR ;
- S'OUVRE SUR TOUTE SA SURFACE ET PEUT ORIENTER OU DÉTOURNER UN COURANT D'AIR ;
- N'OFFRE AUCUNE PROTECTION CONTRE LA PLUIE ;
- PEUT CONSTITUER UN OBSTACLE LORSQU'OUVERTE ;
- PRÉSENTE UNE QUINCAILLERIE DE ROTATION OU DE FRICTION POUR STABILISER SON VANTAIL LORSQU'IL EST OUVERT.

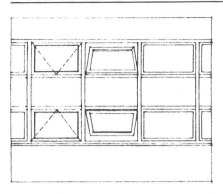
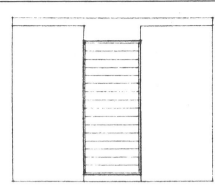
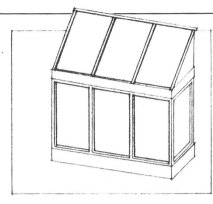
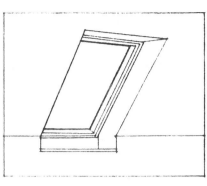

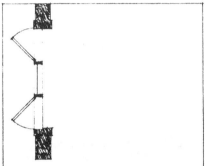
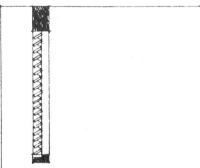
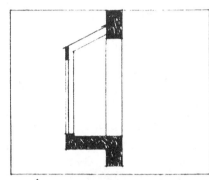
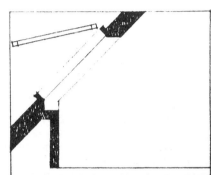

FENÊTRE-AUVENT OU FENÊTRE À SOUFFLET

- RESSEMBLE AUX FENÊTRES À BATTANT MAIS COMPORTE UN CHÂSSIS PIVOTANT AUTOUR D'UN AXE HORIZONTAL SUPÉRIEUR (FENÊTRE-AUVENT) OU INFÉRIEUR (FENÊTRE À SOUFFLET);
- S'OUVRE SUR TOUTE SA SURFACE;
- AÈRE UNE PIÈCE SANS COURANT D'AIR (LES FENÊTRES À AUVENT OFFRENT EN OUTRE UNE CERTAINE PROTECTION CONTRE LA PLUIE);
- S'AVÈRE PARFOIS DIFFICILE À RENDRE ÉTANCHE;
- EXIGE UN DÉGAGEMENT POUR PERMETTRE LA ROTATION DE SON CHÂSSIS MOBILE.

FENÊTRE-JALOUSIE

- FONCTIONNE SUIVANT LE MÊME PRINCIPE QU'UNE FENÊTRE À AUVENT, MAIS COMPORTE UNE SUCCESSION D'ÉTROITES LAMES OPAQUES OU TRANSLUCIDES;
- PEUT ORIENTER L'AIR QU'ELLE LAISSE ENTRER;
- EST DIFFICILE À NETTOYER ET À RENDRE ÉTANCHE; ON L'UTILISE DANS LES RÉGIONS CHAUDES OÙ IL FAUT ASSURER UNE CERTAINE VENTILATION TOUT EN PRÉSERVANT L'INTIMITÉ VISUELLE.

FENÊTRE EN SAILLIE ET LANTERNEAU

FENÊTRE EN SAILLIE

- PEUT COMPORTER DES CHÂSSIS FIXES ET OUVRANTS AINSI QUE DES LANTERNEAUX TOUT EN PROJETANT UNE PARTIE DE L'ESPACE INTÉRIEUR À L'EXTÉRIEUR.

LANTERNEAU

- PEUT ÊTRE FIXE OU OUVRANT;
- DOIT ÊTRE SOIT EN VERRE DE SÉCURITÉ (TREMPÉ OU ARMÉ), SOIT EN ACRYLIQUE;
- LAISSE ENTRER LA LUMIÈRE DU JOUR SANS NUIRE À L'AGENCEMENT DU MOBILIER ET PRÉSERVE L'INTIMITÉ VISUELLE;
- PEUT CONSTITUER UN BON MÉCANISME DE REFROIDISSEMENT S'IL S'OUVRE, PERMETTANT À L'AIR CHAUD DE S'ÉCHAPPER PAR TEMPS CHAUD.

L'habillage des fenêtres, au sens large, fait intervenir divers éléments qui permettent de masquer ou de filtrer la vue et la lumière, et de mieux contrôler le passage de l'air, de la chaleur et du froid. Règle générale, tout habillage extérieur des fenêtres fait partie intégrante de l'architecture d'un bâtiment. Si on ajoute des éléments d'habillage à l'extérieur d'un immeuble existant, il faut donc s'assurer qu'ils en respectent le style architectural.

PERSIENNES

- SERVENT TRADITIONNELLEMENT À DOSER LA LUMIÈRE AINSI QUE L'AIR CHAUD OU FROID ;
- SONT AUJOURD'HUI RARES SOUS LEUR VÉRITABLE FORME.

AUVENT

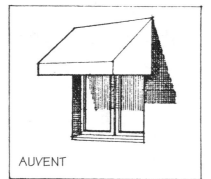

- SE COMPOSE D'UNE ARMATURE RECOUVERTE D'UN TISSU IMPERMÉABLE ET PARFOIS TRANSLUCIDE QUI FOURNIT DE L'OMBRE ; PEUT ÊTRE ESCAMOTABLE DANS CERTAINS CAS.

SURPLOMB

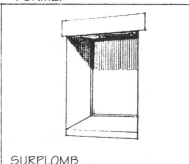

- PROTÈGE DU SOLEIL ET DE LA PLUIE, TOUT COMME UNE FENÊTRE EN RETRAIT.

TREILLIS

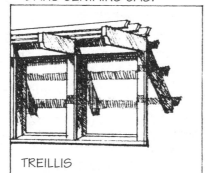

- CONSISTE EN UNE ARMATURE À NU QUI FILTRE LA LUMIÈRE ET FOURNIT UN SUPPORT À DES PLANTES GRIMPANTES.

À L'EXTÉRIEUR

PERSIENNES

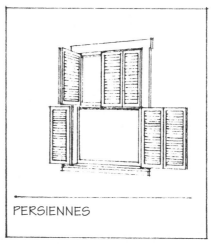

- SE COMPOSENT DE PANNEAUX RIGIDES, LE PLUS SOUVENT EN BOIS, QUI SONT ARTICULÉS AFIN QU'ON PUISSE LES OUVRIR ET LES FERMER À LA MANIÈRE DE PORTES MINIATURES ;
- PRÉSENTENT DES PANNEAUX À CLAIRE-VOIE DONT ON PEUT EN GÉNÉRAL DÉPLACER LES LAMES POUR FAIRE ÉCRAN À LA LUMIÈRE ET À LA VUE ;
- ONT UNE APPARENCE NETTE, SOIGNÉE ET DÉPOUILLÉE ;
- AJOUTENT À L'IMPRESSION D'ISOLEMENT LORSQU'ON LES FERME.

GRILLAGE

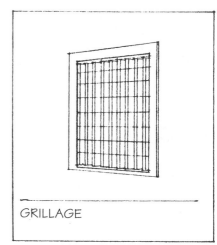

- CONSISTE EN UN ÉCRAN DÉCORATIF EN BOIS OU EN MÉTAL SERVANT À MASQUER LA VUE, À TAMISER LA LUMIÈRE OU À DIFFUSER L'AIR DANS LA PIÈCE ;
- REMPLIT CES TROIS FONCTIONS D'UNE MANIÈRE PLUS OU MOINS POUSSÉE SUIVANT L'ESPACEMENT ET L'ORIENTATION DE SES ÉLÉMENTS ;
- PEUT ÊTRE FIXE OU RÉGLABLE ;
- PRÉSENTE UN MOTIF QUI PEUT EN FAIRE UN ÉLÉMENT VISUEL IMPORTANT.

À L'INTÉRIEUR

L'HABILLAGE DES FENÊTRES

Les éléments d'habillage intérieur varient quant à la façon dont ils filtrent l'air, la vue et la lumière et dont ils changent la forme de même que l'apparence d'une fenêtre. Ils se distinguent aussi par leur mode d'ouverture et de fermeture. Notons qu'aucun d'entre eux ne doit nuire à la manœuvre d'une fenêtre ni limiter l'accès à sa quincaillerie.

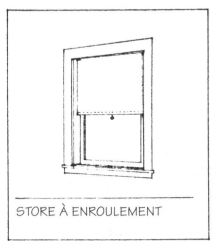

STORE À ENROULEMENT

STORE HORIZONTAL (VÉNITIEN) OU VERTICAL

DRAPERIES OU RIDEAUX COULISSÉS

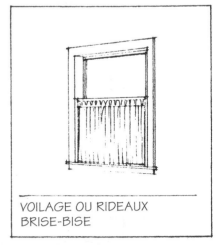

VOILAGE OU RIDEAUX BRISE-BISE

- OFFRE UN MOYEN ÉCONOMIQUE D'HABILLER UNE FENÊTRE À L'AIDE D'UN ÉCRAN DE TISSU, DE VINYLE OU DE BAMBOU ;
- PEUT ÊTRE DÉROULÉ POUR COUVRIR UNE FENÊTRE EN PARTIE OU EN TOTALITÉ ;
- EST FAIT D'UN MATÉRIAU TRANSLUCIDE OU OPAQUE ;
- FAIT ÉCRAN À LA LUMIÈRE TOUT EN PRÉSERVANT L'INTIMITÉ D'UNE PIÈCE ;
- PRÉSENTE UNE TEXTURE AGRÉABLE, TOUT EN FILTRANT LA LUMIÈRE ET LA VUE, LORSQU'IL EST FAIT DE BAMBOU ;
- PEUT ÊTRE ENROULÉ À SA PARTIE SUPÉRIEURE.

STORE HORIZONTAL

- SE COMPOSE DE LAMELLES EN BOIS OU EN MÉTAL, ÉTROITES OU LARGES, DONT L'ORIENTATION RÉGLABLE ET L'ESPACEMENT PERMETTENT DE MODULER LA LUMIÈRE ET LA CIRCULATION DE L'AIR ;
- OBSTRUE MOINS LA VUE SI A DES LAMELLES ÉTROITES ;
- S'AVÈRE DIFFICILE À NETTOYER.

STORE VERTICAL

- SE COMPOSE DE LAMELLES PIVOTANTES LE PLUS SOUVENT EN TISSU OPAQUE OU TRANSLUCIDE ;
- FAIT PARAÎTRE UNE PIÈCE PLUS HAUTE, S'EMPOUSSIÈRE MOINS QU'UN STORE VÉNITIEN ET PEUT ÊTRE FAIT SUR MESURE POUR HABILLER UNE OUVERTURE DE FORME INUSITÉE.

DRAPERIES

- CONSISTENT EN DES PIÈCES D'UN TISSU GÉNÉRALEMENT ÉPAIS, SUSPENDUES ET FORMANT DE GRANDS PLIS ;
- PEUVENT ÊTRE RETENUES PAR UNE EMBRASSE OU UNE ATTACHE SUR LE CÔTÉ ET S'ACCOMPAGNENT SOUVENT D'UNE CANTONNIÈRE.

RIDEAUX COULISSÉS

- SONT FAITS D'UN TISSU OPAQUE OU TRANSLUCIDE ET SUSPENDUS À UNE TRINGLE À COULISSE ;
- DOIVENT TOMBER DROIT À PARTIR DU PLAFOND OU D'UN PEU PLUS HAUT QUE LE CHAMBRANLE JUSQU'À UN PEU PLUS BAS QUE CE DERNIER OU PRESQUE JUSQU'AU PLANCHER.

VOILAGE

- CONSISTE EN UNE GARNITURE DE TISSU LÉGER ET DIAPHANE QU'ON SUSPEND DEVANT LE VITRAGE D'UNE FENÊTRE OU D'UNE PORTE FRANÇAISE ;
- ADOUCIT ET DIFFUSE LA LUMIÈRE, FILTRE LA VUE ET PROTÈGE DES REGARDS INDISCRETS DURANT LA JOURNÉE, PAR SON CARACTÈRE DIAPHANE ;
- PEUT ÊTRE SUSPENDU À L'INTÉRIEUR DU CHAMBRANLE, OU À L'EXTÉRIEUR DE CELUI-CI LORSQU'ON VEUT UNIFIER UN ENSEMBLE DE FENÊTRES.

RIDEAUX BRISE-BISE

- RESSEMBLENT AU VOILAGE MAIS COUVRENT LE CHÂSSIS D'UNE FENÊTRE.

LES PORTES

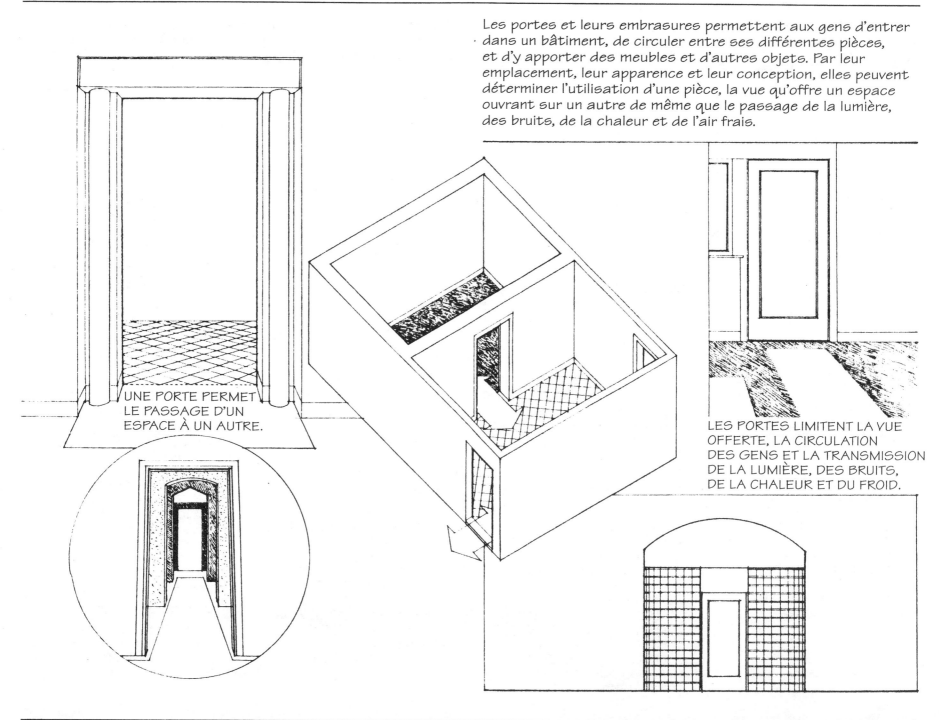

Les portes et leurs embrasures permettent aux gens d'entrer dans un bâtiment, de circuler entre ses différentes pièces, et d'y apporter des meubles et d'autres objets. Par leur emplacement, leur apparence et leur conception, elles peuvent déterminer l'utilisation d'une pièce, la vue qu'offre un espace ouvrant sur un autre de même que le passage de la lumière, des bruits, de la chaleur et de l'air frais.

UNE PORTE PERMET LE PASSAGE D'UN ESPACE À UN AUTRE.

LES PORTES LIMITENT LA VUE OFFERTE, LA CIRCULATION DES GENS ET LA TRANSMISSION DE LA LUMIÈRE, DES BRUITS, DE LA CHALEUR ET DU FROID.

On trouve aujourd'hui des portes ayant un cadre en bois ou en métal recouvert soit de bois, de métal ou d'un matériau particulier tel que le plastique stratifié. Certaines sont peintes ou enduites d'un apprêt en usine, d'autres sont revêtues de divers matériaux. On fait aussi des portes avec vitrage, pour leur transparence, ou avec persiennes, pour une meilleure ventilation. Certaines portes se distinguent aussi par le fait qu'elles résistent au feu, qu'elles assourdissent les bruits ou qu'elles offrent une isolation thermique (dans le cas d'une porte extérieure).

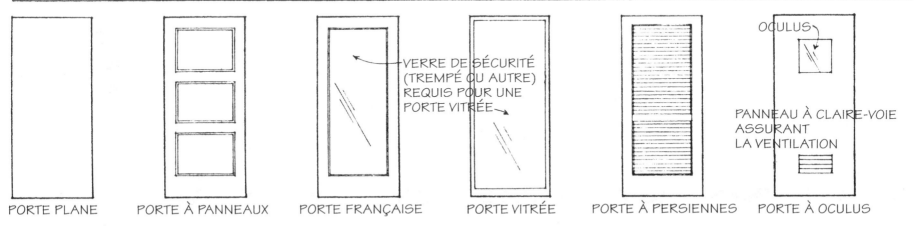

L'ASPECT EXTÉRIEUR DES PORTES

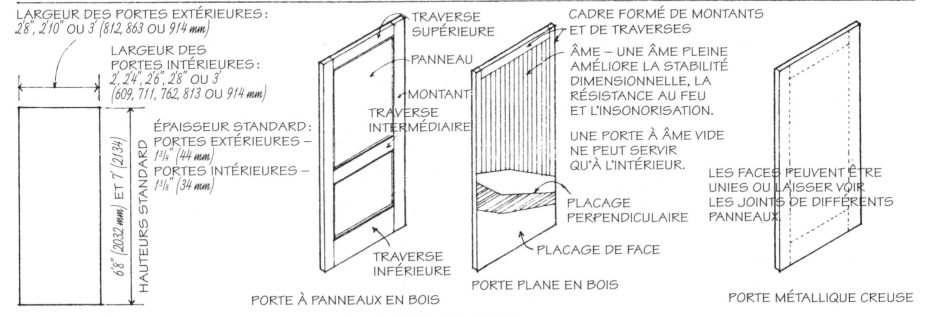

LES DIMENSIONS DES PORTES — LA CONSTRUCTION DES PORTES

LES TYPES DE PORTES

On peut diviser les portes non seulement en fonction de la manière dont elles sont conçues et fabriquées, mais aussi de leur mode de fonctionnement.

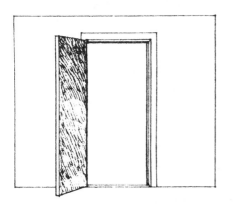
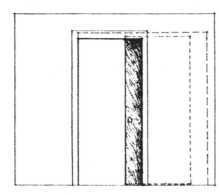
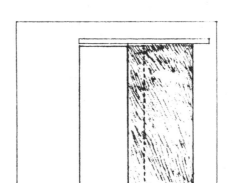
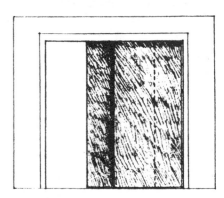

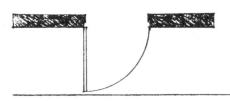

PORTE BATTANTE

- PIVOTE SUR LE JAMBAGE ;
- PIVOTE AU LINTEAU ET AU SEUIL SI ELLE EST LOURDE OU LARGE ;
- S'AVÈRE LA PLUS PRATIQUE POUR PERMETTRE L'ENTRÉE ET LA CIRCULATION ;
- FOURNIT LA MEILLEURE INSONORISATION ET SE RÉVÈLE LA PLUS ÉTANCHE ;
- CONVIENT À L'EXTÉRIEUR ET À L'INTÉRIEUR ;
- EXIGE UN CERTAIN DÉGAGEMENT POUR SON OUVERTURE.

PORTE COULISSANTE ENCLOISONNÉE

- EST UN VANTAIL SUSPENDU À UN RAIL DE GUIDAGE QUI L'AMÈNE À L'INTÉRIEUR D'UN ESPACE AMÉNAGÉ DANS L'ÉPAISSEUR DU MUR ;
- SERT LORSQU'UNE PORTE ORDINAIRE NUIRAIT À L'UTILISATION DE L'ESPACE ;
- PRÉSENTE UN ASPECT FINI EN POSITION OUVERTE ;
- NE CONVIENT QU'À L'INTÉRIEUR.

PORTE COULISSANTE EN APPLIQUE

- RESSEMBLE À UNE PORTE ENCLOISONNÉE, MAIS PRÉSENTE UN VANTAIL SUSPENDU EN APPLIQUE À UN RAIL DE GUIDAGE APPARENT ;
- SERT AVANT TOUT À L'INTÉRIEUR ;
- EST DIFFICILE À RENDRE ÉTANCHE, BIEN QU'ELLE PUISSE SERVIR DE PORTE EXTÉRIEURE DANS LES RÉGIONS CHAUDES.

PORTE COULISSANTE DOUBLE

- COMPORTE DEUX PANNEAUX QUI SE DÉPLACENT PARALLÈLEMENT LE LONG D'UN RAIL EN TÊTE ET D'UN SEUIL DE GUIDAGE FIXÉ AU PLANCHER ;
- NE LIBÈRE QUE 50 % DE SON EMBRASURE ;
- JOUE SURTOUT LE RÔLE D'UN ÉCRAN EN INTÉRIEUR ;
- SERT DE PORTE EXTÉRIEURE DANS LE CAS D'UNE PORTE-FENÊTRE COULISSANTE.

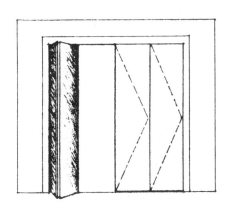 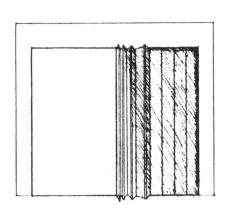 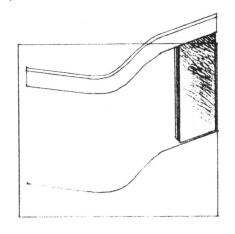 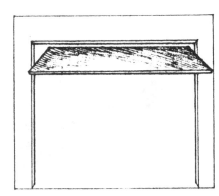

 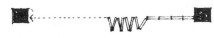  

PORTE PLIANTE

- SE COMPOSE DE PANNEAUX ARTICULÉS DONT LE DÉPLACEMENT EST GUIDÉ PAR UN RAIL EN TÊTE;
- NE CONVIENT QU'À L'INTÉRIEUR;
- SERT EN GÉNÉRAL D'ÉCRAN POUR MASQUER LE CONTENU D'UN RANGEMENT OU D'UNE PENDERIE.

PORTE ACCORDÉON

- RESSEMBLE À UNE PORTE PLIANTE MAIS PRÉSENTE DES PANNEAUX PLUS ÉTROITS;
- NE CONVIENT QU'À L'INTÉRIEUR;
- SERT À SUBDIVISER UN VASTE ESPACE EN DES PIÈCES PLUS PETITES.

PORTE PLIANTE SPÉCIALE

- SE COMPOSE DE PANNEAUX SUSPENDUS À UN RAIL DE GUIDAGE AUQUEL ON PEUT DONNER UNE FORME CURVILIGNE;
- PEUT ÊTRE REPLIÉE À L'INTÉRIEUR D'UNE NICHE OU D'UN RENFONCEMENT;
- NE CONVIENT QU'À L'INTÉRIEUR.

PORTE BASCULANTE

- SE COMPOSE D'UN SEUL VANTAIL OU DE PANNEAUX ARTICULÉS QUI BASCULENT SUR DES RAILS EN TÊTE;
- PEUT FERMER UNE OUVERTURE TRÈS HAUTE OU TRÈS LARGE;
- CONVIENT À L'EXTÉRIEUR ET À L'INTÉRIEUR;
- N'EST PAS DESTINÉE À UN USAGE FRÉQUENT.

En faisant communiquer les espaces intérieurs d'un bâtiment, les portes créent les voies de circulation. Leur emplacement influe sur la manière dont les gens se déplacent d'une pièce à l'autre, de même qu'à l'intérieur de chaque espace. Ces voies de circulation doivent convenir à l'utilisation des intérieurs en cause et aux activités qu'ils abritent.

Les occupants d'une pièce doivent avoir assez d'espace pour s'y déplacer avec aisance et en ouvrir toute porte. L'espace restant doit toutefois avoir les dimensions et les proportions voulues afin qu'on puisse y agencer le mobilier. Règle générale, le nombre des portes dans une pièce devrait être limité au minimum, et les trajets qui les relient devraient être aussi courts et directs que possible sans nuire aux activités propres à tel ou tel espace.

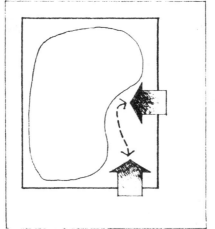

DEUX PORTES RAPPROCHÉES DÉFINISSENT UNE VOIE DE CIRCULATION RESTREINTE QUI PERMET D'UTILISER AU MAXIMUM LA SURFACE DE LA PIÈCE.

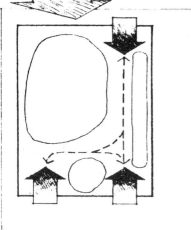

DES PORTES SITUÉES AUX ANGLES D'UNE PIÈCE OU PRÈS DE CEUX-CI DÉFINISSENT DES VOIES DE CIRCULATION PARALLÈLES AUX MURS. LORSQUE LES PORTES SONT UN PEU EN RETRAIT DES ANGLES DE LA PIÈCE, ON PEUT DISPOSER CERTAINS ÉLÉMENTS DE MOBILIER LE LONG DES MURS.

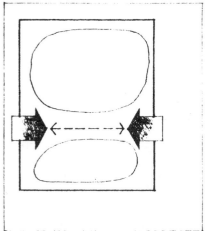

DES PORTES SE FAISANT FACE DÉTERMINENT UNE VOIE DE CIRCULATION RECTILIGNE QUI DIVISE UNE PIÈCE EN DEUX.

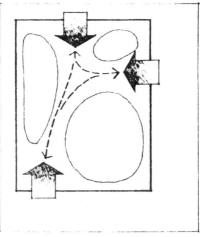

TROIS PORTES PERCÉES CHACUNE DANS UN MUR DIFFÉRENT PEUVENT CAUSER UN PROBLÈME LORSQUE LES VOIES DE CIRCULATION QU'ELLES DÉFINISSENT OCCUPENT LA PLUS GRANDE PARTIE DE LA SURFACE DE LA PIÈCE ET N'Y LAISSENT QUE DES FRAGMENTS D'ESPACE UTILISABLES.

Un autre élément d'importance, lorsqu'on choisit l'emplacement d'une porte, est la vue qu'elle offre tant à partir de son seuil que de l'espace adjacent. Si on veut préserver l'intimité d'une certaine portion d'un espace intérieur, toute porte – même ouverte – ne doit pas la laisser voir directement.

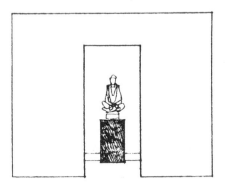
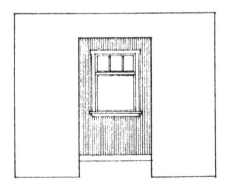
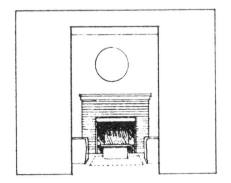
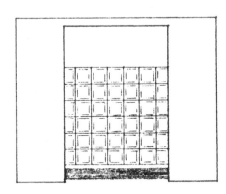

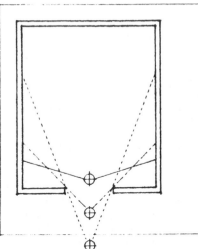

LA VUE OFFERTE S'ÉLARGIT À MESURE QU'ON APPROCHE D'UNE PORTE POUR ENSUITE LA FRANCHIR.

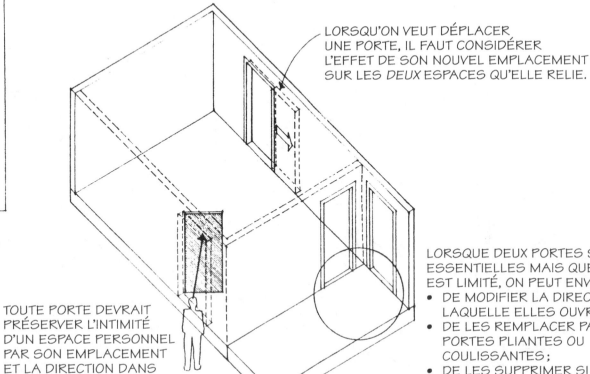

LORSQU'ON VEUT DÉPLACER UNE PORTE, IL FAUT CONSIDÉRER L'EFFET DE SON NOUVEL EMPLACEMENT SUR LES *DEUX* ESPACES QU'ELLE RELIE.

TOUTE PORTE DEVRAIT PRÉSERVER L'INTIMITÉ D'UN ESPACE PERSONNEL PAR SON EMPLACEMENT ET LA DIRECTION DANS LAQUELLE ELLE OUVRE.

LORSQUE DEUX PORTES SONT ESSENTIELLES MAIS QUE LEUR JEU EST LIMITÉ, ON PEUT ENVISAGER :
- DE MODIFIER LA DIRECTION DANS LAQUELLE ELLES OUVRENT ;
- DE LES REMPLACER PAR DES PORTES PLIANTES OU COULISSANTES ;
- DE LES SUPPRIMER SI ON NE LES FERME JAMAIS.

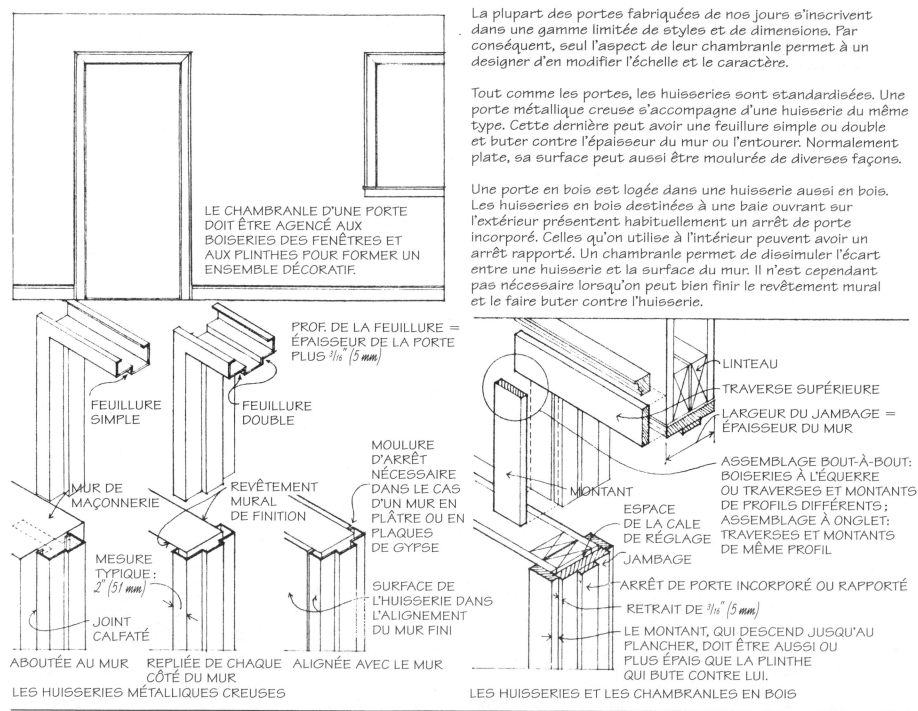

Par sa forme et sa couleur, un chambranle peut mettre une porte en évidence et en faire un élément visuel distinct au sein d'un espace. On peut en outre agrandir la baie d'une porte, soit dans la réalité par l'ajout de fenêtres latérales ou d'une imposte, soit sur le plan visuel par une utilisation judicieuse de la couleur et de moulures.

À l'inverse, il est possible de réduire l'effet visuel de l'huisserie et de l'encadrement pour que l'embrasure semble plus petite, dans l'échelle de la pièce, ou qu'elle soit vue comme une simple absence de mur. Lorsqu'une porte est dans l'alignement de la paroi, on peut aussi la finir de telle manière qu'elle se confonde avec le mur et en devienne partie intégrante.

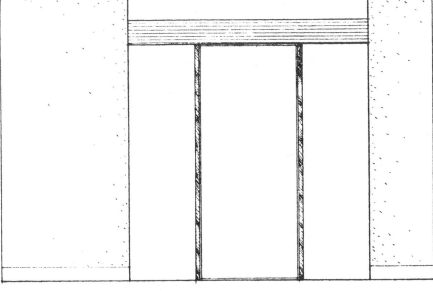

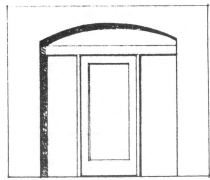

UNE PORTE PARAÎTRA PLUS GRANDE EN ÉTANT SURMONTÉE D'UNE IMPOSTE ET FLANQUÉE DE FENÊTRES LATÉRALES QUI AUGMENTENT SON ÉCHELLE.

UN CHAMBRANLE SOIGNÉ AUTOUR D'UNE PORTE SOULIGNE L'ENTRÉE D'UNE PIÈCE. SON STYLE PEUT FOURNIR UNE INDICATION SUR CE QUI SE TROUVE DE L'AUTRE CÔTÉ DE LA PORTE.

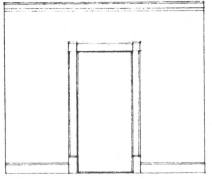

MÊME DES BOISERIES SIMPLES PEUVENT METTRE EN ÉVIDENCE UNE EMBRASURE DE PORTE.

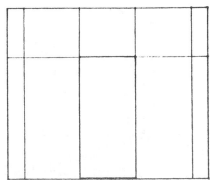

UNE PORTE PEUT SE CONFONDRE AVEC LE MUR QUI L'ENTOURE.

DANS LES QUATRE CAS DÉCRITS, LA COULEUR ET LES TONS CHOISIS PEUVENT MODIFIER LA FAÇON DONT ON PERÇOIT LA RELATION D'UNE PORTE, SON HUISSERIE ET SES BOISERIES AVEC LA SURFACE DU MUR QUI L'ENTOURE.

LES ESCALIERS

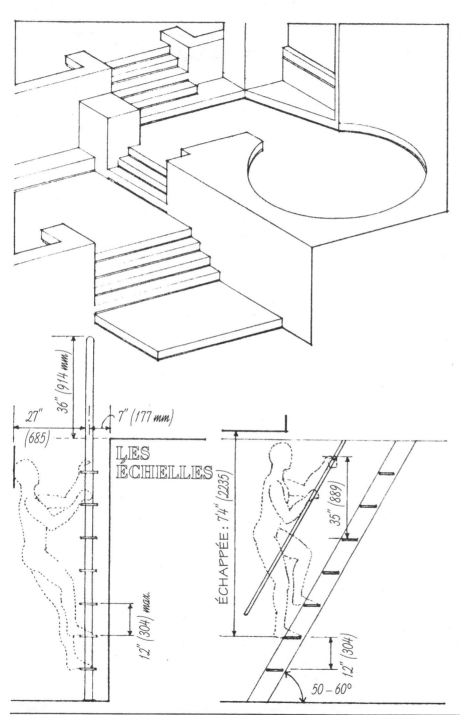

Un escalier permet de se déplacer d'un étage à un autre. Au moment de le concevoir, la sécurité et la facilité de montée et de descente s'avèrent les deux points les plus importants sur le plan fonctionnel. Les dimensions des marches et contremarches doivent être adaptées aux mouvements du corps humain. Un escalier trop raide peut paraître menaçant, être fatigant à monter et dangereux à descendre. Un escalier peu incliné doit avoir des marches suffisamment profondes pour convenir au pas de ses utilisateurs.

La hauteur (contremarche) et le giron (profondeur) des marches d'un escalier doivent respecter les normes fixées dans les codes du bâtiment. Trois règles empiriques peuvent en outre servir à déterminer la proportion appropriée entre les deux:

- hauteur × giron = 70 à 75 pouces (1778 à 1905 mm);
- hauteur + giron = 17 à 17½ pouces (432 à 445 mm);
- (2 × hauteur) + giron = 24 à 25 pouces (609 à 635 mm).

Pour déterminer avec précision la hauteur de marche, on divise la montée totale (la distance d'un plancher à l'autre) par le nombre entier qui donne le résultat le plus près de la hauteur de marche recherchée. On établit ensuite le giron en utilisant l'une des règles indiquées plus haut. Comme toute volée d'escalier compte une marche de moins que le nombre total de ses contremarches, il est alors facile d'en calculer la course totale.

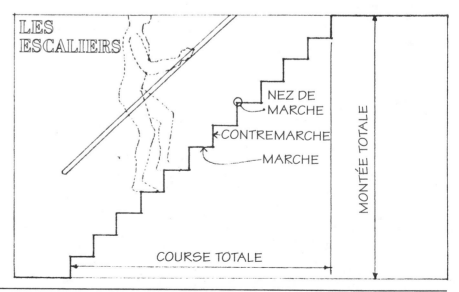

Tout escalier devrait être suffisamment large pour qu'on puisse aisément y circuler et y transporter les meubles ainsi que l'équipement à monter ou à descendre par cette voie. Les codes du bâtiment indiquent la largeur minimale requise selon le nombre d'utilisateurs. En plus de s'y conformer, on doit établir la largeur d'un escalier en se rappelant qu'elle fournit une indication visuelle sur le caractère privé ou public des lieux.

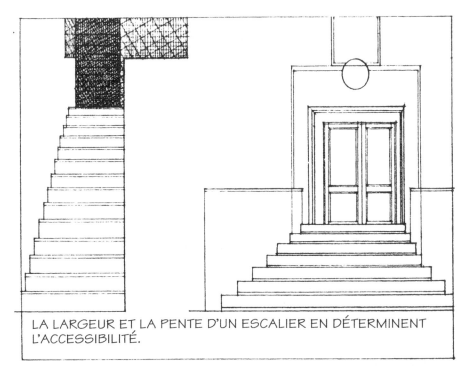

LA LARGEUR ET LA PENTE D'UN ESCALIER EN DÉTERMINENT L'ACCESSIBILITÉ.

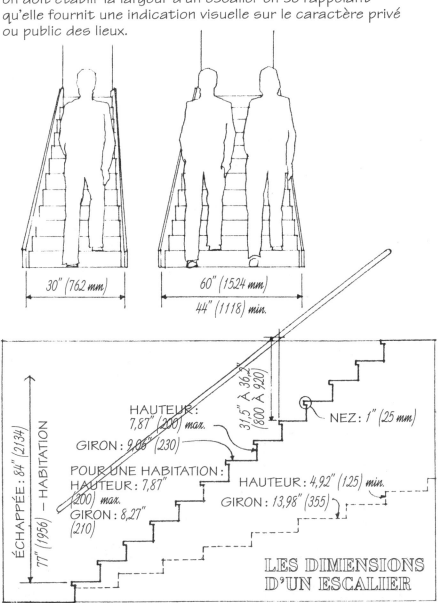

LES DIMENSIONS D'UN ESCALIER

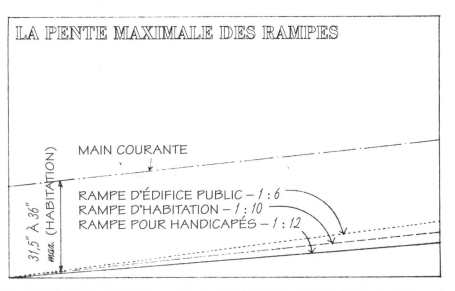

LA PENTE MAXIMALE DES RAMPES

La forme d'un escalier détermine la direction suivie lorsqu'on le monte ou qu'on le descend. Il existe plusieurs manières de disposer les volées d'un escalier. Ces variantes résultent de l'utilisation de paliers, qui interrompent une volée de marches et peuvent modifier la direction d'un escalier. Les paliers offrent la possibilité de se reposer, de contempler les alentours et parfois d'accéder au plancher d'un étage. Leur emplacement et la pente d'un escalier établissent le rythme auquel on monte ou on descend ce dernier.

Au moment de faire le tracé d'un escalier, on doit tenir compte de la manière dont il reliera les voies de circulation à chaque étage et de l'espace qu'il occupera. Chaque grand type d'escaliers a des proportions qui lui sont propres et qui influent sur son emplacement possible par rapport aux espaces environnants. On peut modifier quelque peu ces proportions en adaptant la position des paliers. Il faut toujours laisser un espace suffisant au pied et au sommet d'un escalier pour qu'on puisse y accéder et le quitter aisément et en toute sécurité.

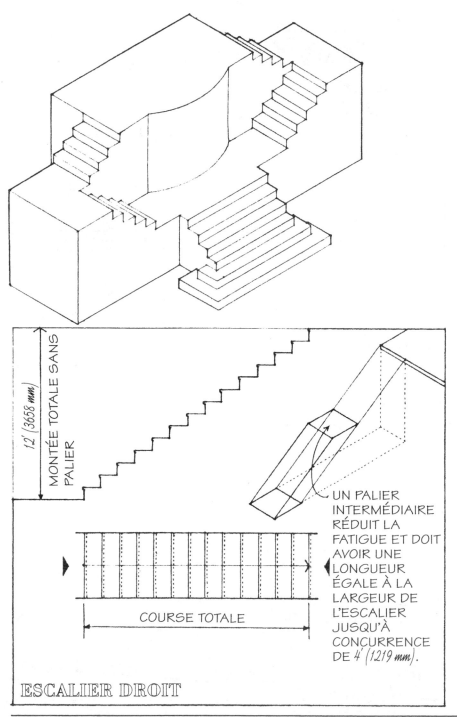

12' (3658 mm) MONTÉE TOTALE SANS PALIER

COURSE TOTALE

UN PALIER INTERMÉDIAIRE RÉDUIT LA FATIGUE ET DOIT AVOIR UNE LONGUEUR ÉGALE À LA LARGEUR DE L'ESCALIER JUSQU'À CONCURRENCE DE 4' (1219 mm).

ESCALIER DROIT

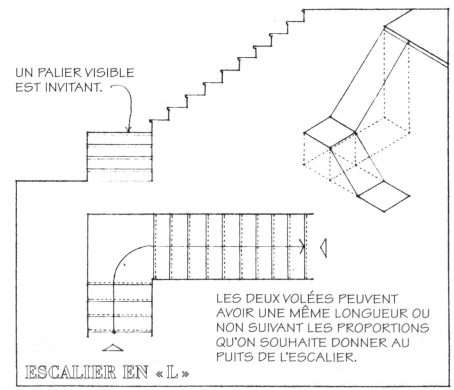

UN PALIER VISIBLE EST INVITANT.

LES DEUX VOLÉES PEUVENT AVOIR UNE MÊME LONGUEUR OU NON SUIVANT LES PROPORTIONS QU'ON SOUHAITE DONNER AU PUITS DE L'ESCALIER.

ESCALIER EN « L »

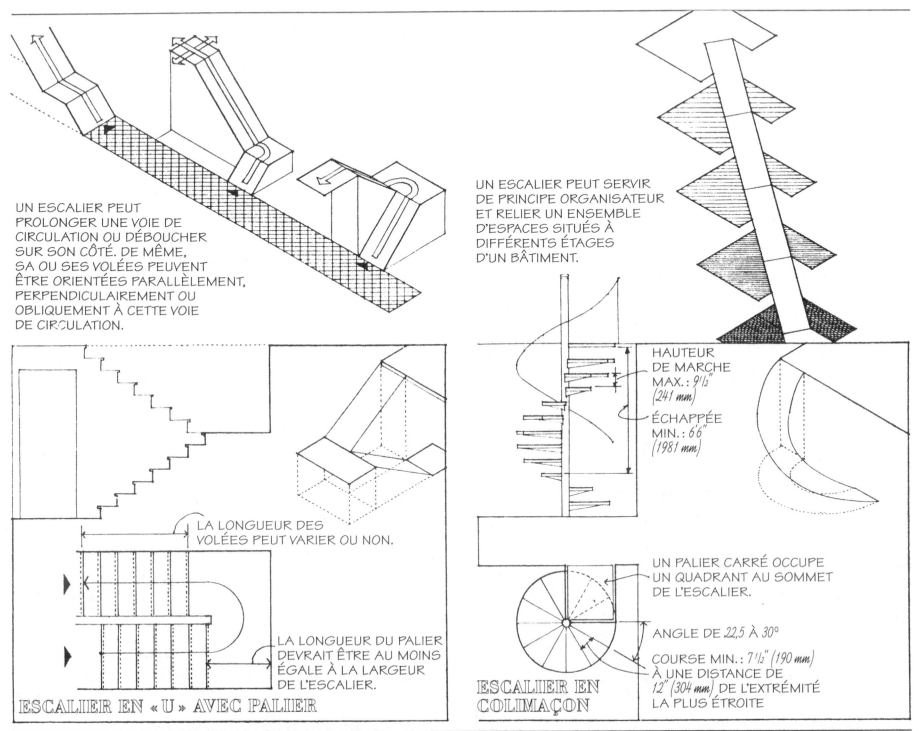

Tout en respectant les exigences dimensionnelles établies par les codes du bâtiment et la mécanique du corps humain, on jouit d'une grande latitude quant à la forme et à l'aspect qu'on peut donner à un escalier. Ce dernier constitue un élément tridimensionnel, le gravir ou le descendre entraînant un déplacement dans les trois dimensions de l'espace. On peut mettre cette caractéristique à profit en envisageant tout escalier à la manière d'une sculpture isolée au milieu d'un espace ou fixée à un mur.

Il est possible de se représenter une cage d'escalier soit comme un agencement de surfaces planes, soit comme un volume solide dans lequel on a creusé des espaces destinés à la circulation et au repos.

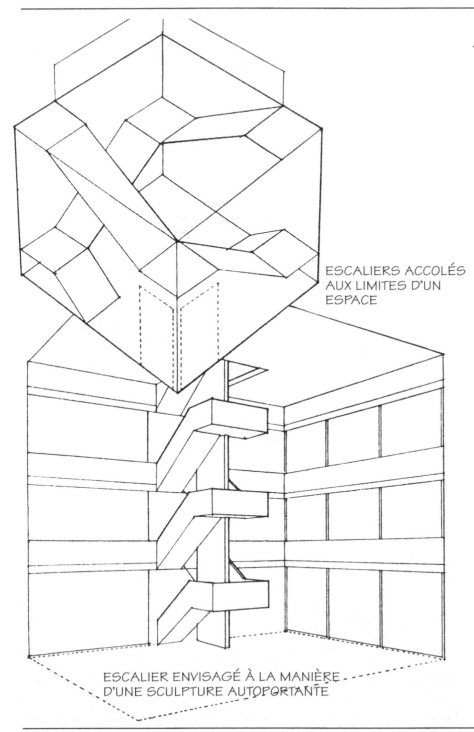

ESCALIERS ACCOLÉS AUX LIMITES D'UN ESPACE

ESCALIER ENVISAGÉ À LA MANIÈRE D'UNE SCULPTURE AUTOPORTANTE

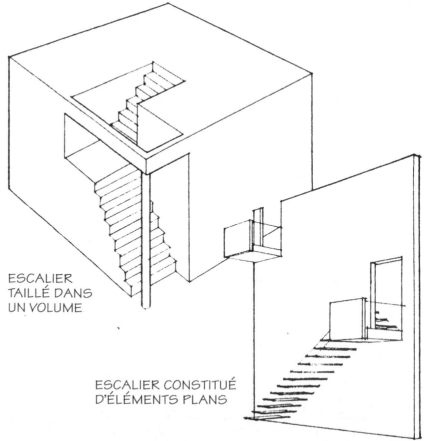

ESCALIER TAILLÉ DANS UN VOLUME

ESCALIER CONSTITUÉ D'ÉLÉMENTS PLANS

Un escalier peut s'élever dans un puits étroit entre deux murs ou traverser successivement divers espaces en les reliant. Il arrive d'ailleurs qu'un espace devienne lui-même une gigantesque cage d'escalier de forme complexe.

On peut en outre prolonger les marches, au pied d'un escalier en guise d'invitation, ou en accroître la superficie pour créer des gradins où s'assoeir, ou de véritables terrasses.

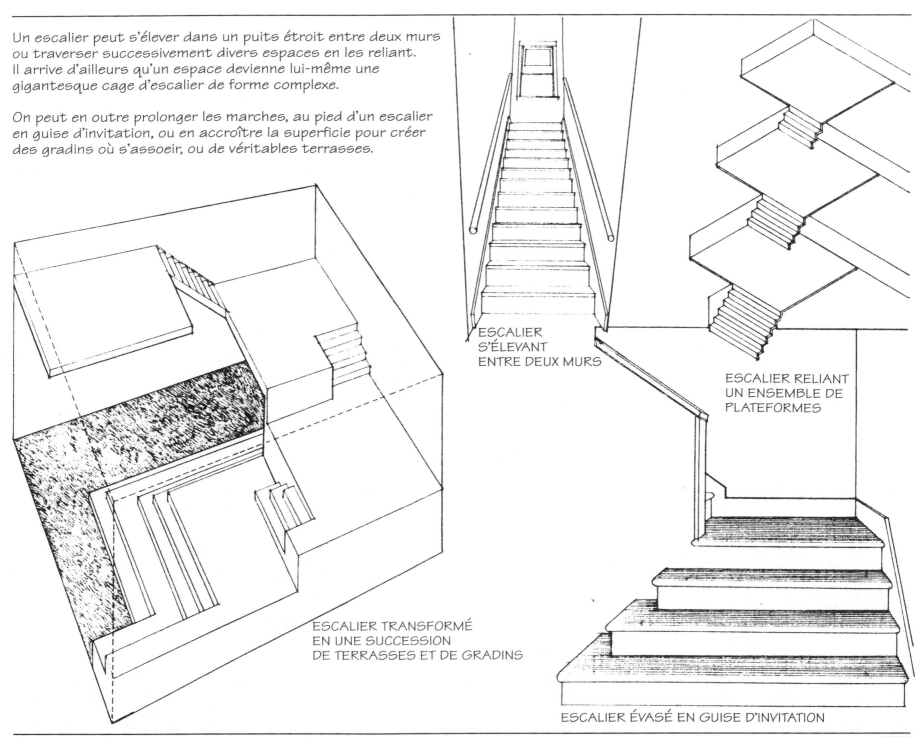

ESCALIER S'ÉLEVANT ENTRE DEUX MURS

ESCALIER RELIANT UN ENSEMBLE DE PLATEFORMES

ESCALIER TRANSFORMÉ EN UNE SUCCESSION DE TERRASSES ET DE GRADINS

ESCALIER ÉVASÉ EN GUISE D'INVITATION

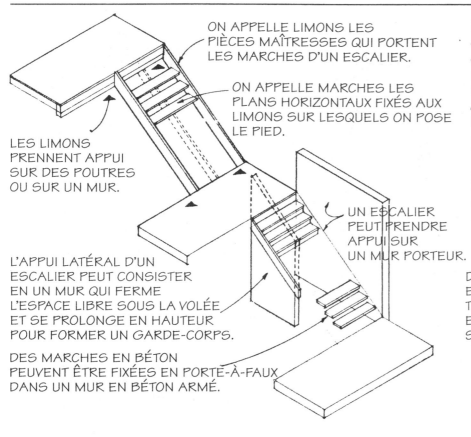

ON APPELLE LIMONS LES PIÈCES MAÎTRESSES QUI PORTENT LES MARCHES D'UN ESCALIER.

ON APPELLE MARCHES LES PLANS HORIZONTAUX FIXÉS AUX LIMONS SUR LESQUELS ON POSE LE PIED.

LES LIMONS PRENNENT APPUI SUR DES POUTRES OU SUR UN MUR.

UN ESCALIER PEUT PRENDRE APPUI SUR UN MUR PORTEUR.

L'APPUI LATÉRAL D'UN ESCALIER PEUT CONSISTER EN UN MUR QUI FERME L'ESPACE LIBRE SOUS LA VOLÉE ET SE PROLONGE EN HAUTEUR POUR FORMER UN GARDE-CORPS.

DES MARCHES EN BÉTON PEUVENT ÊTRE FIXÉES EN PORTE-À-FAUX DANS UN MUR EN BÉTON ARMÉ.

Pour bien comprendre la structure d'un escalier, il faut envisager ce dernier comme un plancher incliné soutenu à ses extrémités ou de chaque côté soit par des poutres ou par un mur. On peut ensuite se représenter chaque marche comme une poutrelle en bois ou en métal s'étendant entre les limons de l'escalier. De la même façon, on conçoit les escaliers en béton à la manière d'une dalle de plancher inclinée.

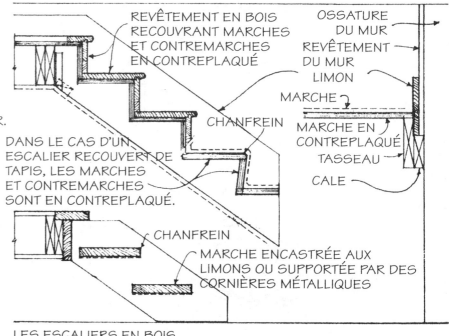

REVÊTEMENT EN BOIS RECOUVRANT MARCHES ET CONTREMARCHES EN CONTREPLAQUÉ

OSSATURE DU MUR

REVÊTEMENT DU MUR

LIMON

MARCHE

CHANFREIN

MARCHE EN CONTREPLAQUÉ

TASSEAU

CALE

DANS LE CAS D'UN ESCALIER RECOUVERT DE TAPIS, LES MARCHES ET CONTREMARCHES SONT EN CONTREPLAQUÉ.

CHANFREIN

MARCHE ENCASTRÉE AUX LIMONS OU SUPPORTÉE PAR DES CORNIÈRES MÉTALLIQUES

LES ESCALIERS EN BOIS

NEZ CHANFREINÉ

IL EXISTE DIVERSES PIÈCES MÉTALLIQUES SERVANT À PROTÉGER LE NEZ DES MARCHES.

ARMATURE EN ACIER

LE PROFIL DU NEZ ET DES CONTREMARCHES PEUT VARIER.

ÉPAISSEUR DE LA DALLE (pour calculs préliminaires): PORTÉE/26

LES ESCALIERS EN BÉTON

PROFILÉ D'ACIER SERVANT DE LIMON

MARCHE FORMÉE D'UN BAC EN ACIER REMPLI DE BÉTON LÉGER

LA FORME DES CONTREMARCHES VARIE.

LES MARCHES PRENNENT APPUI SUR DES CORNIÈRES OU DES BARRES MÉTALLIQUES.

LES MARCHES PEUVENT AUSSI AVOIR UNE TEXTURE EN SURFACE OU ÊTRE FAITES D'UN TREILLIS MÉTALLIQUE.

MARCHE EN PORTE-À-FAUX

LES ESCALIERS EN ACIER

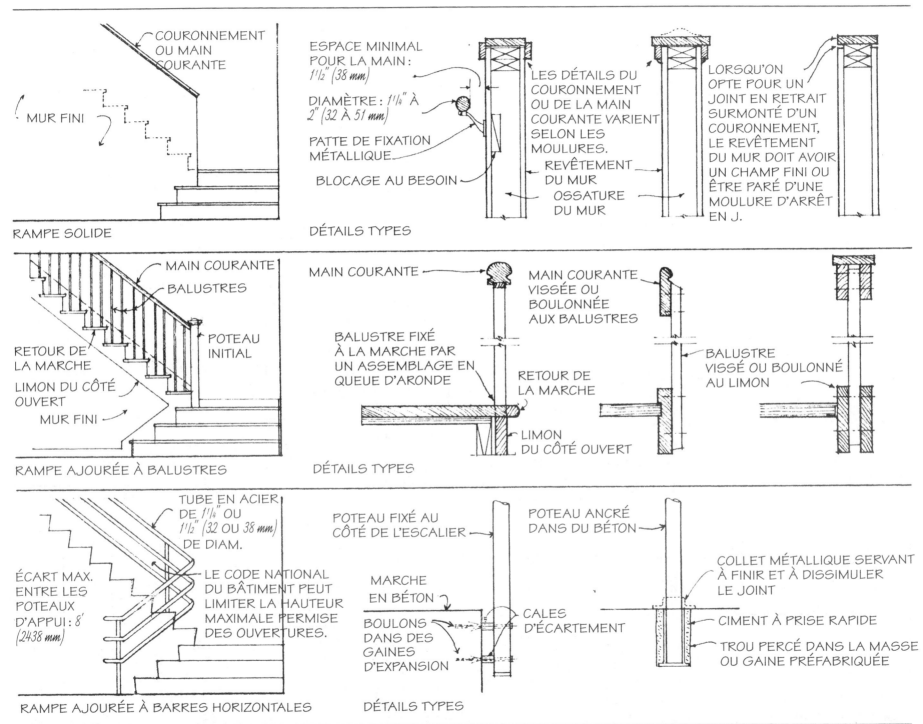

LES CHEMINÉES

Une cheminée traditionnelle à foyer ouvert se révèle moins efficace qu'un bon poêle pour chauffer un espace intérieur. Rares sont ceux toutefois qui nieront son attrait particulier. La chaleur et les flammes d'un feu ouvert agissent en effet à la manière d'un aimant et incitent les gens à se rassembler devant le foyer. Même lorsqu'aucun feu ni brûle, une cheminée à foyer ouvert peut constituer un centre d'intérêt sans pareil autour duquel on aménage une pièce.

Toute cheminée doit être conçue pour offrir un bon tirage, assurer la combustion en toute sécurité et aspirer efficacement la fumée. Ses dimensions, de même que l'agencement de ses parties, doivent par conséquent répondre à certaines lois de la nature de même qu'aux exigences du Code national du bâtiment. Il importe pour tout designer de considérer l'espace nécessaire à une cheminée ainsi que l'aspect qu'il peut donner à sa façade, c'est-à-dire à son foyer, son manteau et son âtre.

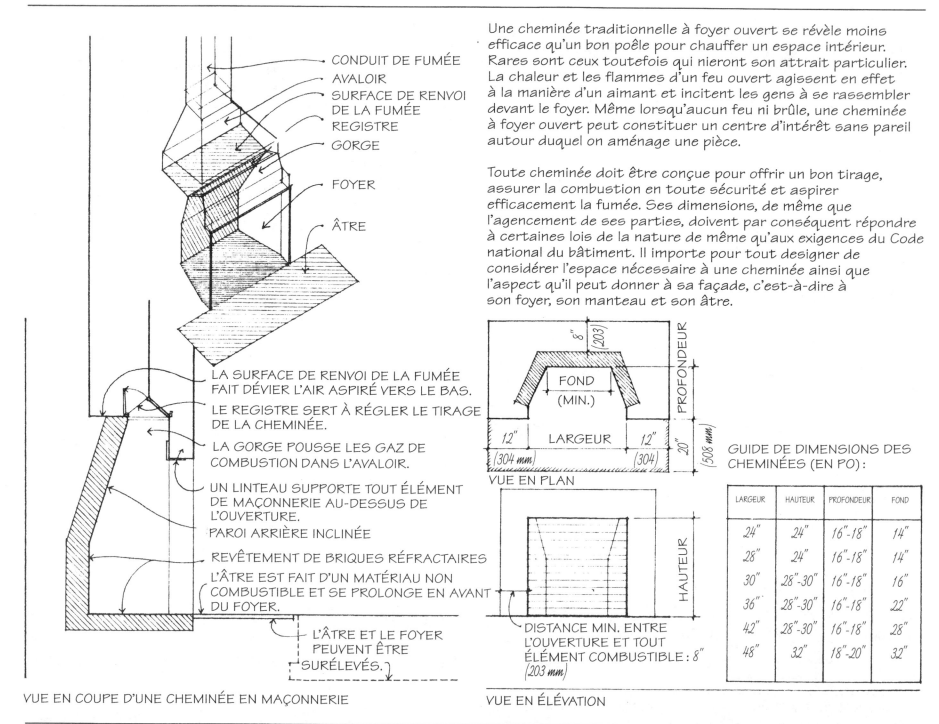

GUIDE DE DIMENSIONS DES CHEMINÉES (EN PO):

LARGEUR	HAUTEUR	PROFONDEUR	FOND
24"	24"	16"-18"	14"
28"	24"	16"-18"	14"
30"	28"-30"	16"-18"	16"
36"	28"-30"	16"-18"	22"
42"	28"-30"	16"-18"	28"
48"	32"	18"-20"	32"

VUE EN COUPE D'UNE CHEMINÉE EN MAÇONNERIE

VUE EN ÉLÉVATION

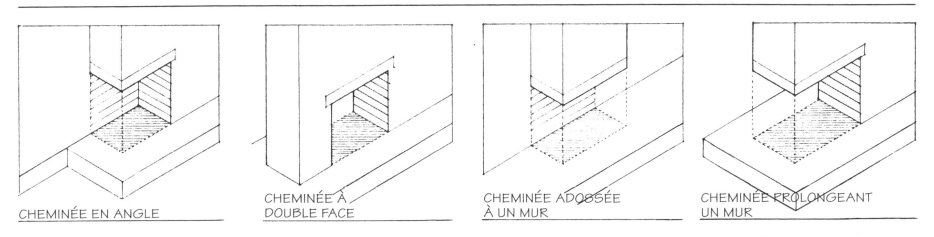

CHEMINÉE EN ANGLE

CHEMINÉE À DOUBLE FACE

CHEMINÉE ADOSSÉE À UN MUR

CHEMINÉE PROLONGEANT UN MUR

Au lieu de présenter une forme typique, une cheminée peut avoir un foyer ouvert sur deux, trois ou même quatre faces (étant autoportante dans le dernier cas). Même lorsqu'elle est bien conçue, toute cheminée de ce genre doit être placée et orientée avec soin pour éviter que les courants d'air dans la pièce n'engendrent des problèmes de fumée.

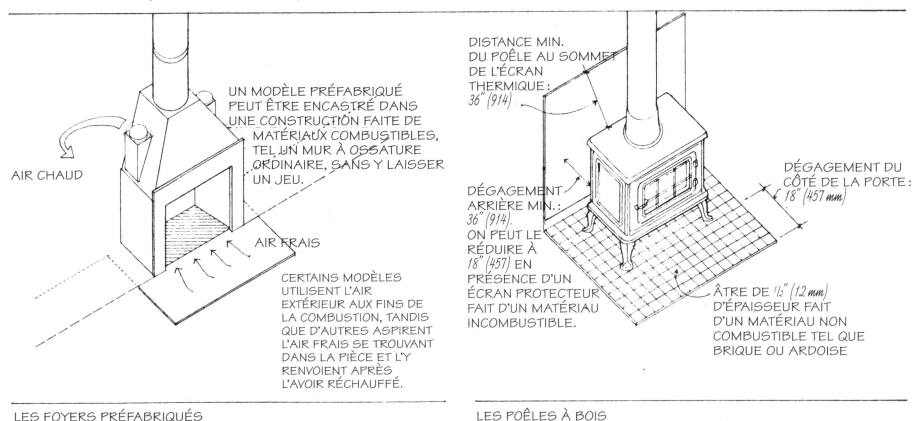

LES FOYERS PRÉFABRIQUÉS

LES POÊLES À BOIS

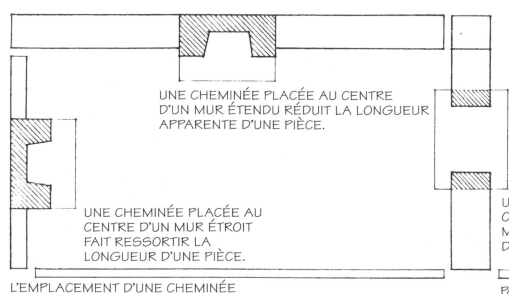

UNE CHEMINÉE PLACÉE AU CENTRE D'UN MUR ÉTENDU RÉDUIT LA LONGUEUR APPARENTE D'UNE PIÈCE.

UNE CHEMINÉE D'ANGLE ATTIRE L'ATTENTION SUR LA LONGUEUR D'UNE PIÈCE.

UNE CHEMINÉE PLACÉE AU CENTRE D'UN MUR ÉTROIT FAIT RESSORTIR LA LONGUEUR D'UNE PIÈCE.

UNE CHEMINÉE AYANT UN FOYER OUVERT DES DEUX CÔTÉS D'UN MUR MET EN ÉVIDENCE LA DIVISION DE L'ESPACE.

L'EMPLACEMENT D'UNE CHEMINÉE

Pour déterminer l'emplacement d'une cheminée, il faut tenir compte de l'effet qu'elle aura sur les proportions de la pièce suivant l'endroit choisi, et de l'espace requis si on veut agencer certains meubles tout autour.

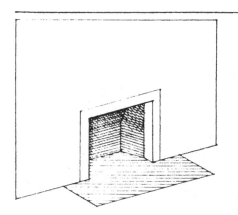

FOYER DANS L'ALIGNEMENT DU MUR

La cheminée peut être un élément effacé ou dynamique sur le plan visuel selon son aspect extérieur.

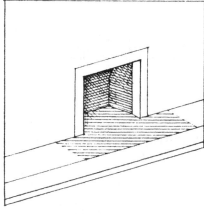

FOYER ET ÂTRE SURÉLEVÉS

La cheminée et l'âtre peuvent faire davantage partie intégrante de la pièce.

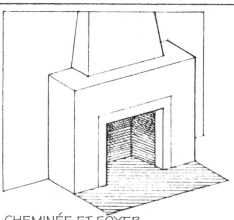

CHEMINÉE ET FOYER EN SAILLIE

La cheminée forme ici un élément tridimensionnel ayant un poids visuel important.

LA RELATION ENTRE LA CHEMINÉE ET LA SURFACE DU MUR

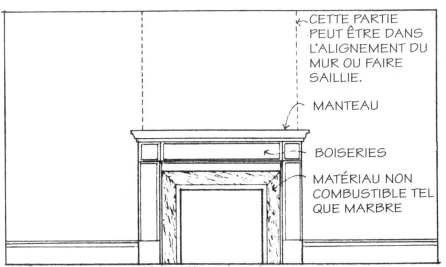

UN CHAMBRANLE FAIT PARAÎTRE L'OUVERTURE D'UNE CHEMINÉE PLUS GRANDE, ATTIRE DAVANTAGE L'ATTENTION SUR ELLE ET LUI PERMET DE S'INTÉGRER AU RESTE DES BOISERIES DE LA PIÈCE.

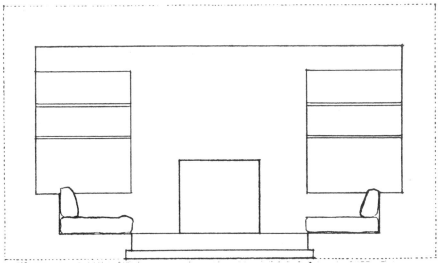

IL EST POSSIBLE D'AGRANDIR LA DALLE D'UN ÂTRE SURÉLEVÉ POUR CRÉER UNE PLATEFORME OFFRANT UN ENDROIT OÙ S'ASSEOIR. ON OBTIENT AINSI L'ÉBAUCHE D'UN COIN CONVERSATION.

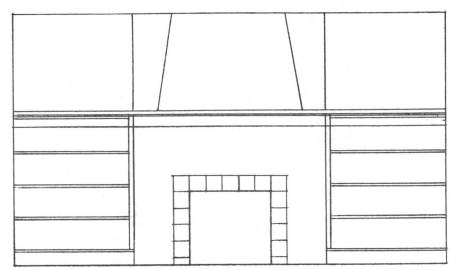

UNE CHEMINÉE EN SAILLIE EST FLANQUÉE DE CHAQUE CÔTÉ D'UN RENFONCEMENT QU'ON PEUT UTILISER À DES FINS DE RANGEMENT.

L'ASPECT EXTÉRIEUR DES CHEMINÉES

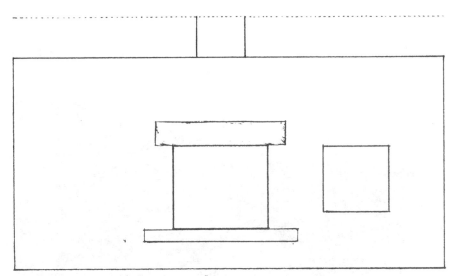

ON PEUT LAISSER À LA VUE LE LINTEAU QUI SURMONTE L'OUVERTURE D'UNE CHEMINÉE DANS UN MUR DE MAÇONNERIE ET L'EMBELLIR POUR EN FAIRE UN ÉLÉMENT DU DÉCOR.

LE MOBILIER

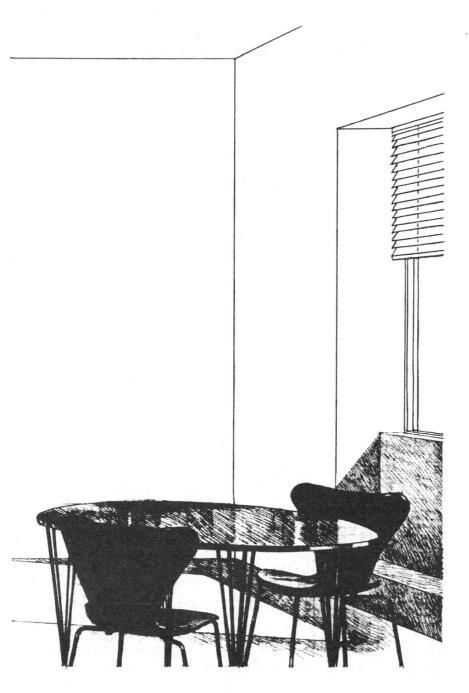

Le mobilier représente le seul élément d'un intérieur dont le designer assume presque entièrement la responsabilité. En effet, ce sont les architectes qui déterminent l'emplacement des murs, des planchers, des plafonds, des fenêtres et des portes d'un bâtiment. Il revient toutefois au designer, comme tâche importante, d'en choisir le mobilier et de l'agencer dans ses différentes pièces.

Les meubles servent de trait d'union entre les gens et les immeubles que ceux-ci fréquentent. En effet, par leur forme et leur taille relative, ils établissent un lien entre un espace intérieur et ses occupants. Ils rendent cet espace habitable en procurant un certain confort à ses occupants et en leur étant utiles dans le cadre de leurs tâches ou leurs activités.

En plus de remplir certaines fonctions particulières, le mobilier contribue à l'aspect visuel d'un intérieur. La forme, les lignes, la couleur, la texture et la taille relative des divers éléments qui le composent – de même que leur organisation au sein de l'espace – déterminent en effet dans une large mesure les qualités expressives d'une pièce.

Les meubles peuvent avoir une forme qui fait appel à la ligne, la surface ou le volume ; leur aspect peut être rectiligne, curviligne, anguleux ou irrégulier. Ils peuvent être délicats et élancés, ou solides et massifs. Leur texture sera lisse et brillante, unie et satinée, chaude et moelleuse, ou rugueuse et prononcée. Ils auront une couleur naturelle ou translucide, chaude ou froide, claire ou foncée.

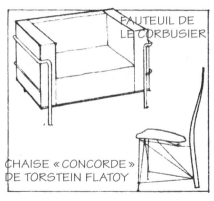

FAUTEUIL DE LE CORBUSIER

CHAISE « CONCORDE » DE TORSTEIN FLATOY

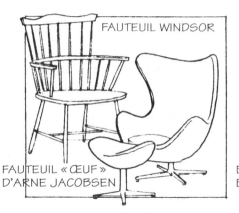

FAUTEUIL WINDSOR

FAUTEUIL « ŒUF » D'ARNE JACOBSEN

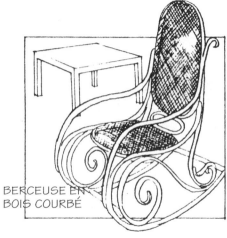

BERCEUSE EN BOIS COURBÉ

FAUTEUIL DE HANS WEGNER

CHAISE DE MACKINTOSH

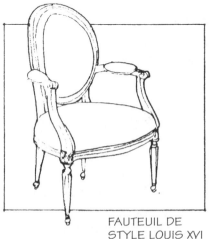

FAUTEUIL DE STYLE LOUIS XVI

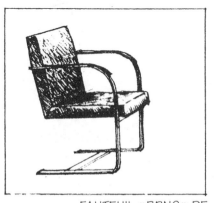

FAUTEUIL « BRNO » DE MIES VAN DER ROHE

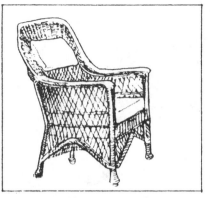

FAUTEUIL EN OSIER DE STYLE BAR HARBOR

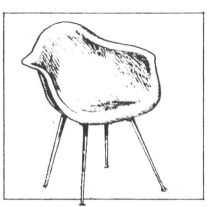

FAUTEUIL EN PLASTIQUE MOULÉ DE CHARLES EAMES

Suivant la qualité de sa conception, le mobilier peut contribuer ou nuire au confort physique de ses utilisateurs d'une façon réelle et tangible. Toute personne se rend compte, à la manière dont son corps réagit, qu'un fauteuil est inconfortable ou qu'une table n'a pas la hauteur voulue. Chacun reçoit ainsi une rétroaction lui indiquant si un meuble donné convient bien à l'utilisation à laquelle on le destine.

L'élément humain influe par conséquent pour beaucoup sur la forme, les proportions et la taille relative des meubles. Ces derniers ne peuvent offrir un certain confort à leurs utilisateurs et les aider à réaliser leurs tâches que s'ils ont été conçus en fonction de leurs dimensions anatomiques, des cotes d'encombrement associées à leurs mouvements et de la nature de l'activité en cause.

La perception qu'on a du confort varie bien évidemment en fonction de la nature de l'activité ou de la tâche qu'on accomplit, de sa durée et d'autres variables liées aux circonstances, comme la qualité de l'éclairage ou même l'état d'esprit dans lequel on se trouve. Il suffit à l'occasion d'utiliser un meuble correctement ou d'apprendre à le faire pour qu'il remplisse bien son rôle.

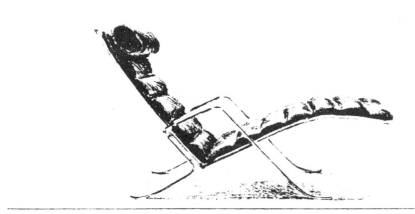
KNOLL INTERNATIONAL INC.

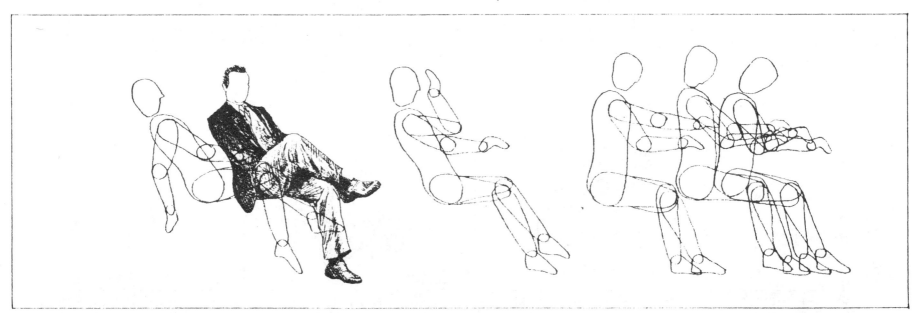

L'agencement du mobilier à l'intérieur d'une pièce a une incidence sur la façon dont on utilise l'espace et dont on le perçoit. Il est possible de simplement disposer les meubles dans la pièce à la manière d'objets sculpturaux. On choisit toutefois plus souvent de les regrouper en des ensembles fonctionnels qu'on peut ensuite agencer de façon à organiser et à structurer l'espace.

Dans la plupart des cas, un mobilier se compose d'éléments distincts qu'on peut déplacer et agencer avec une certaine latitude. Parfois destinés chacun à un usage particulier, ces éléments peuvent aussi présenter des formes et des styles variés.

Un mobilier intégré permet quant à lui d'utiliser à diverses fins une plus grande portion de l'espace. Ses éléments se ressemblent en général davantage, par leur forme, et sont moins fréquemment séparés les uns des autres. Un ameublement modulaire, pour terminer, combine l'aspect uniforme d'un mobilier intégré à l'adaptabilité et à la mobilité d'éléments individuels distincts.

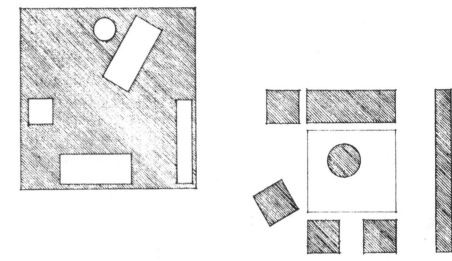

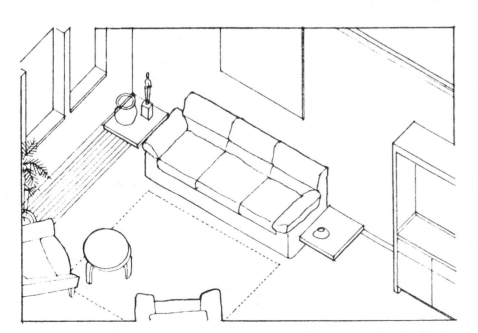

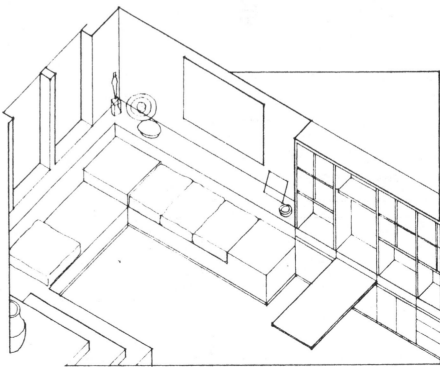

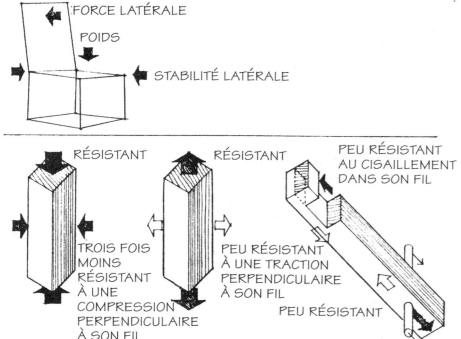

LA RÉSISTANCE DU BOIS PAR RAPPORT À SON FIL

Il existe des meubles en bois, en métal et en plastique. Chacun de ces matériaux présente certaines qualités et certains défauts qu'il importe de reconnaître lors de la conception et de la fabrication d'un meuble pour en garantir la solidité, la stabilité et la durabilité.

Le bois est le matériau courant en fabrication de meubles. Son fil influe pour beaucoup sur la destination et l'assemblage des pièces. Le bois résiste bien à la compression dans le sens de ses fibres, mais risque de se déformer sous une charge perpendiculaire à celles-ci. Il peut subir une tension suivant son fil, mais risque de se fendre sous une force de traction perpendiculaire à celui-ci. Il est très peu résistant au cisaillement dans le sens de ses fibres. Un autre point dont il faut tenir compte est que le bois se dilate ou se contracte perpendiculairement à son fil lorsque sa teneur en eau varie. Tous ces éléments ont une incidence sur la manière dont on dessine des pièces en bois et dont on les assemble pour fabriquer des meubles.

On appelle contreplaqué un matériau formé d'un nombre impair de minces feuilles de bois (plis) assemblées de façon que leurs fibres soient perpendiculaires. Cette structure en fait un matériau résistant en longueur et en largeur. On peut en outre choisir l'apparence de ses faces extérieures.

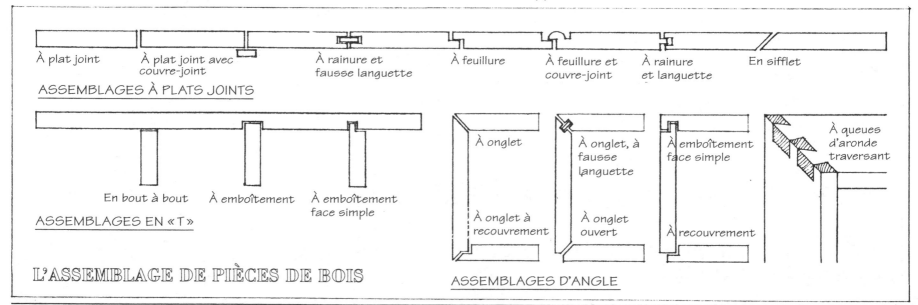

L'ASSEMBLAGE DE PIÈCES DE BOIS

À l'exemple du bois, le métal résiste bien à la compression et à la traction. Il est cependant dépourvu d'un fil et se révèle ductile. Toutes ces qualités, combinées à un rapport élevé entre la résistance et le poids, permettent d'obtenir des pièces de métal relativement fines et de les plier ou de les courber dans le but de fabriquer des meubles. L'assemblage de pièces en métal est analogue à celui de pièces en bois. Mais il faut plutôt les visser, les boulonner ou les river au lieu de les clouer, et on les soude au lieu de les coller.

Le plastique constitue un matériau unique par ses divers usages possibles et par les différentes formes, textures et couleurs qu'on peut lui donner. Il en va ainsi en raison du grand nombre de matériaux plastiques actuellement sur le marché et en cours de mise au point. Même s'il n'a pas la résistance du bois ou du métal, le plastique peut être renforcé de fibre de verre. Plus important encore, on peut sans peine le façonner en un objet stable et rigide. C'est pourquoi la plupart des meubles en plastique sont faits d'une seule pièce sans aucun assemblage.

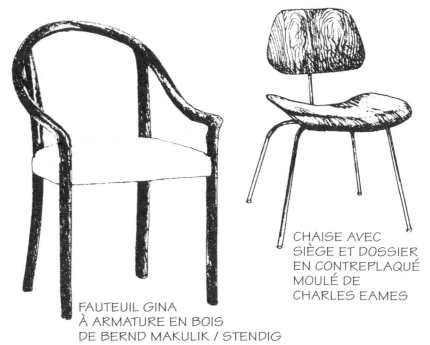

FAUTEUIL GINA
À ARMATURE EN BOIS
DE BERND MAKULIK / STENDIG

CHAISE AVEC
SIÈGE ET DOSSIER
EN CONTREPLAQUÉ
MOULÉ DE
CHARLES EAMES

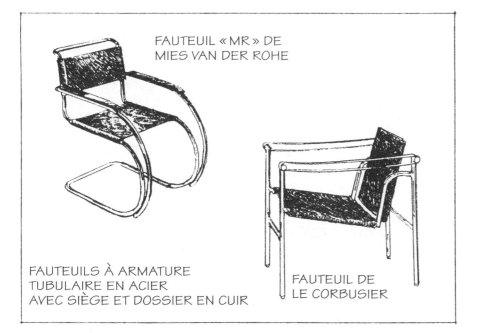

FAUTEUIL « MR » DE
MIES VAN DER ROHE

FAUTEUILS À ARMATURE
TUBULAIRE EN ACIER
AVEC SIÈGE ET DOSSIER EN CUIR

FAUTEUIL DE
LE CORBUSIER

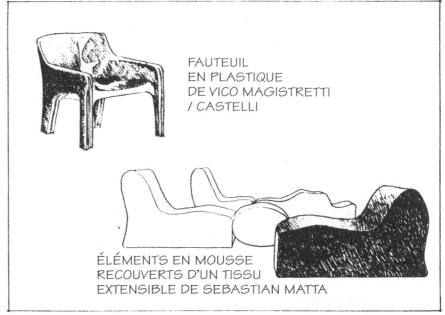

FAUTEUIL
EN PLASTIQUE
DE VICO MAGISTRETTI
/ CASTELLI

ÉLÉMENTS EN MOUSSE
RECOUVERTS D'UN TISSU
EXTENSIBLE DE SEBASTIAN MATTA

LES SIÈGES

CHAISES ET FAUTEUILS EN BOIS COURBÉ DE THONET

Tout siège devrait être conçu pour offrir un soutien confortable à ses utilisateurs, compte tenu de leur poids et de leur morphologie. On doit cependant se rappeler que les dimensions anatomiques peuvent varier de beaucoup et éviter de se montrer trop précis au moment de dessiner un siège se voulant confortable. C'est pourquoi nous présentons ici les éléments qui ont une incidence sur la manière dont chacun évalue le confort ; les dimensions fournies le sont à titre purement indicatif.

La nature de l'activité à laquelle se livre la personne assise influe également sur sa perception du confort. Il existe ainsi divers types de chaises, fauteuils et autres sièges destinés à différents usages. Les illustrations des pages suivantes donnent un aperçu de l'éventail des sièges parmi lesquels un designer peut choisir.

LE SIÈGE DEVRAIT ÊTRE ASSEZ LARGE POUR PERMETTRE LES MOUVEMENTS. IL EST AUSSI PRÉFÉRABLE DE POUVOIR EN RÉGLER LA HAUTEUR.

LE SIÈGE ET LE DOSSIER DEVRAIENT ÊTRE INCLINÉS POUR OFFRIR UN BON SOUTIEN.

LE SIÈGE DEVRAIT ÊTRE MODELÉ OU POUVOIR S'ADAPTER À LA FORME DU CORPS.

LE DOSSIER DOIT OFFRIR UN APPUI LOMBAIRE.

LA HAUTEUR DU SIÈGE DOIT PERMETTRE DE POSER LES PIEDS SUR LE SOL.

LA PROFONDEUR DU SIÈGE DOIT ÊTRE LÉGÈREMENT INFÉRIEURE À LA LONGUEUR DES CUISSES.

LE SIÈGE NE DOIT PAS FAIRE PRESSION DERRIÈRE LES GENOUX.

CONSIDÉRATIONS D'ORDRE GÉNÉRAL

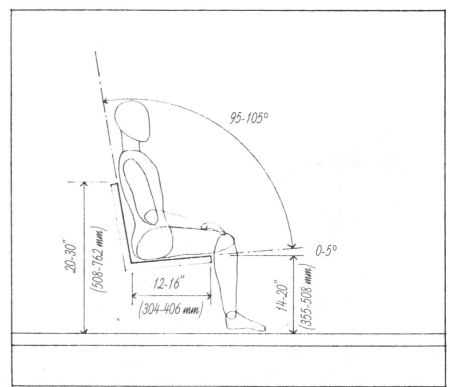

SIÈGE TOUT USAGE

KNOLL
INTERNATIONAL INC.

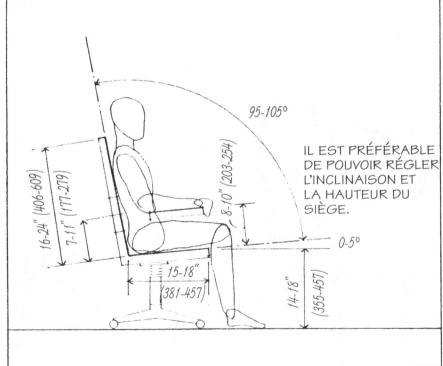

IL EST PRÉFÉRABLE
DE POUVOIR RÉGLER
L'INCLINAISON ET
LA HAUTEUR DU
SIÈGE.

CHAISE OU FAUTEUIL DE BUREAU

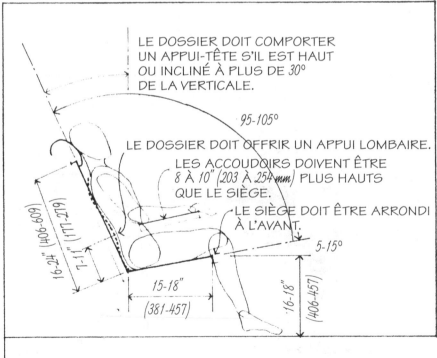

LE DOSSIER DOIT COMPORTER
UN APPUI-TÊTE S'IL EST HAUT
OU INCLINÉ À PLUS DE 30°
DE LA VERTICALE.

LE DOSSIER DOIT OFFRIR UN APPUI LOMBAIRE.

LES ACCOUDOIRS DOIVENT ÊTRE
8 À 10" (203 À 254 mm) PLUS HAUTS
QUE LE SIÈGE.

LE SIÈGE DOIT ÊTRE ARRONDI
À L'AVANT.

FAUTEUIL DE REPOS

FAUTEUIL « ERGON » DE WILLIAM STUMPF / HERMAN MILLER

FAUTEUIL « LINEA » DE KLÖBER / BRAYTON INTERNATIONAL

FAUTEUIL « WILKHAHN » DE VECTA CONTRACT

CHAISE LONGUE DE MARTIN SZEKELY

FAUTEUIL DE REPOS DE CHARLES EAMES / HERMAN MILLER

BERGÈRE À OREILLES

CHAISE « SLING » DE BONET, HURCHAN ET FERRARI-HARDOY

FAUTEUIL « LCS » DE KRUEGER

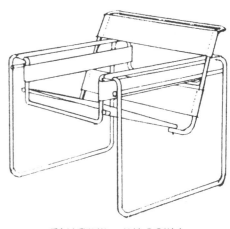
FAUTEUIL « WASSILY » DE MARCEL BREUER

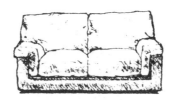
PIERLUIGI MOLINARI

ALESSANDRO MENDINI

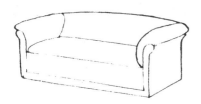
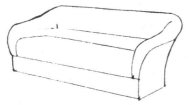
QUATRE CANAPÉS DE WARD BENNETT DESIGNS ET BRICKEL ASSOCIATES

MAURO LIPPARINI ET ROBERTO TAPINASSI

BURKHARDT VOGTHERR

LES TABLES

Une table consiste essentiellement en une surface horizontale plane supportée au-dessus du sol qu'on utilise pour manger, travailler, et ranger ou exposer des objets. Toute table devrait :

- présenter la résistance et la stabilité voulues pour porter ce qu'on y dépose ;
- avoir les dimensions, la forme et la hauteur convenant à sa destination ;
- être faite de matériaux durables.

Le dessus ou plateau d'une table peut être en bois, verre, plastique, pierre, céramique ou béton. Il doit avoir une finition qui résiste à l'usure. Sa couleur et sa texture doivent réfléchir la quantité de lumière qui convient à la tâche qu'on y accomplira.

Ce plateau peut reposer sur des pattes, des tréteaux, une base centrale ou sur un module de rangement. Parfois, il consiste en un simple panneau mobile attaché à une armoire ou un mur, et muni de supports ou pieds pliants.

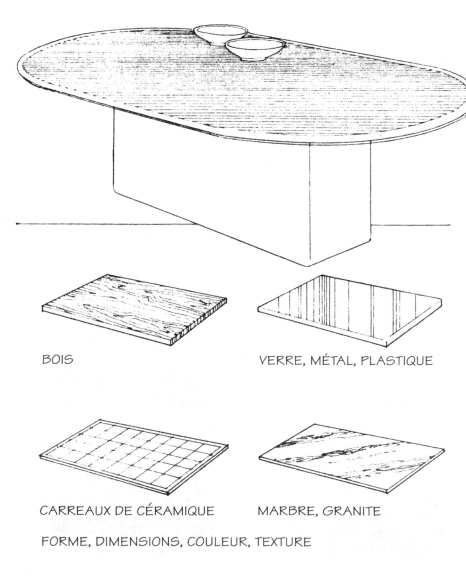

BOIS

VERRE, MÉTAL, PLASTIQUE

CARREAUX DE CÉRAMIQUE

MARBRE, GRANITE

FORME, DIMENSIONS, COULEUR, TEXTURE

DESSUS OU PLATEAUX DE TABLE

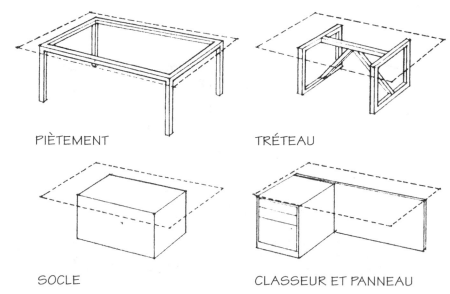

PIÈTEMENT

TRÉTEAU

SOCLE

CLASSEUR ET PANNEAU

SUPPORTS DE TABLE

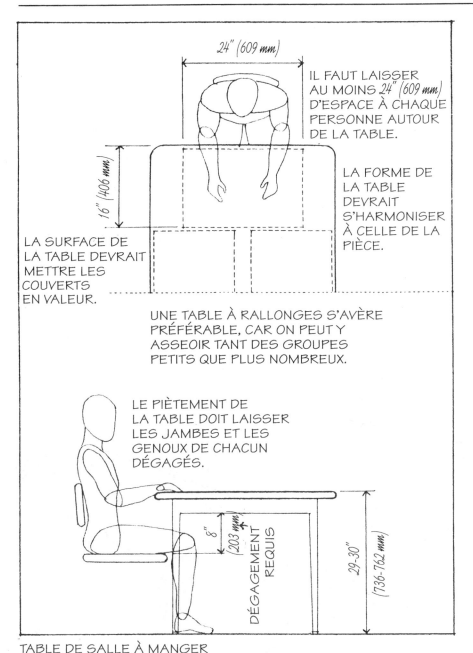

TABLE DE SALLE À MANGER

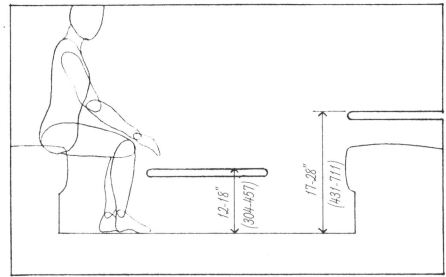

TABLE D'APPOINT

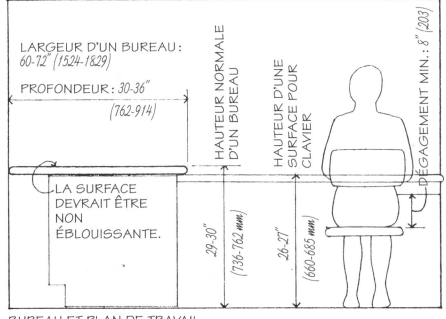

BUREAU ET PLAN DE TRAVAIL

LES DIMENSIONS DES TABLES ET DES PLANS DE TRAVAIL

TABLE À THÉ DE STYLE QUEEN ANNE

TABLE À ABATTANTS

PETITE TABLE DÉCORATIVE

GUÉRIDON À DESSUS BASCULANT

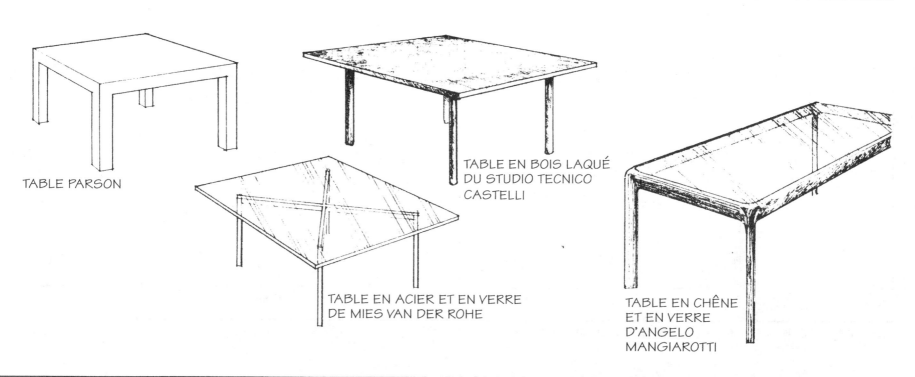

TABLE PARSON

TABLE EN BOIS LAQUÉ DU STUDIO TECNICO CASTELLI

TABLE EN ACIER ET EN VERRE DE MIES VAN DER ROHE

TABLE EN CHÊNE ET EN VERRE D'ANGELO MANGIAROTTI

PLATEAU EN VERRE SUR PIÈTEMENT EN MÉTAL PEINT À L'ENCAUSTIQUE – LELLA E. MASSIMO VIGNELLI / DAVID LAW

PLATEAU EN VERRE SUR PIÈTEMENT EN MÉTAL PEINT – MICHELLE DE LUCHI

PLATEAU EN MARBRE SUR PIÈTEMENT EN BOIS LAQUÉ – IGNAZIO GARDELLA

PLATEAU EN MARBRE ET EN BOIS SUR PIÈTEMENT EN MÉTAL – DANIELA PUPPA

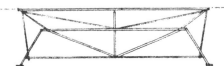

PLATEAU EN VERRE SUR PIÈTEMENT EN MÉTAL – KURT ZIEHMER

PLATEAU EN VERRE SUR PIÈTEMENT EN MÉTAL LAQUÉ AVEC ENTRETOISES CHROMÉES – R. CARTA MANTIGLIA

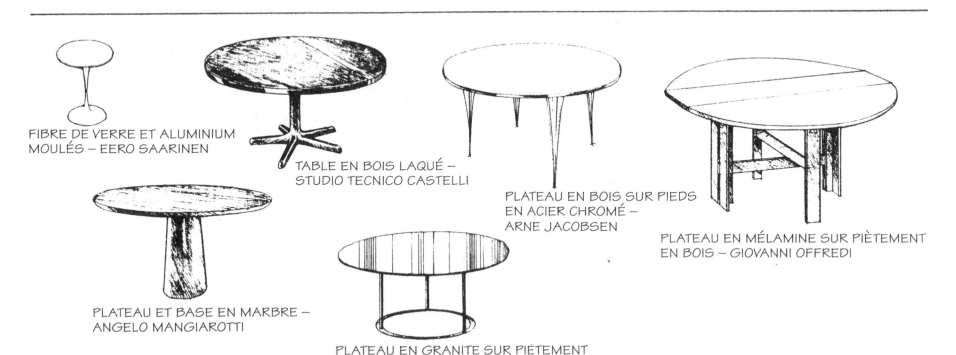

FIBRE DE VERRE ET ALUMINIUM MOULÉS – EERO SAARINEN

TABLE EN BOIS LAQUÉ – STUDIO TECNICO CASTELLI

PLATEAU EN BOIS SUR PIEDS EN ACIER CHROMÉ – ARNE JACOBSEN

PLATEAU EN MÉLAMINE SUR PIÈTEMENT EN BOIS – GIOVANNI OFFREDI

PLATEAU ET BASE EN MARBRE – ANGELO MANGIAROTTI

PLATEAU EN GRANITE SUR PIÈTEMENT EN MÉTAL – LAURA GRIZIOTTI

LES POSTES DE TRAVAIL

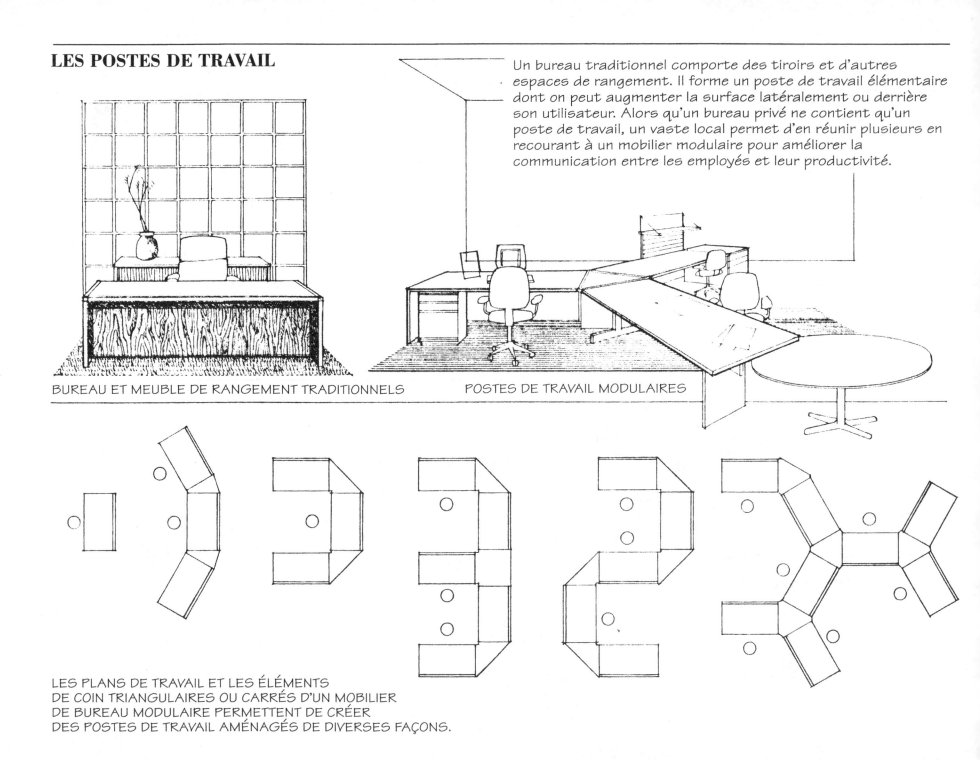

Un bureau traditionnel comporte des tiroirs et d'autres espaces de rangement. Il forme un poste de travail élémentaire dont on peut augmenter la surface latéralement ou derrière son utilisateur. Alors qu'un bureau privé ne contient qu'un poste de travail, un vaste local permet d'en réunir plusieurs en recourant à un mobilier modulaire pour améliorer la communication entre les employés et leur productivité.

BUREAU ET MEUBLE DE RANGEMENT TRADITIONNELS

POSTES DE TRAVAIL MODULAIRES

LES PLANS DE TRAVAIL ET LES ÉLÉMENTS DE COIN TRIANGULAIRES OU CARRÉS D'UN MOBILIER DE BUREAU MODULAIRE PERMETTENT DE CRÉER DES POSTES DE TRAVAIL AMÉNAGÉS DE DIVERSES FAÇONS.

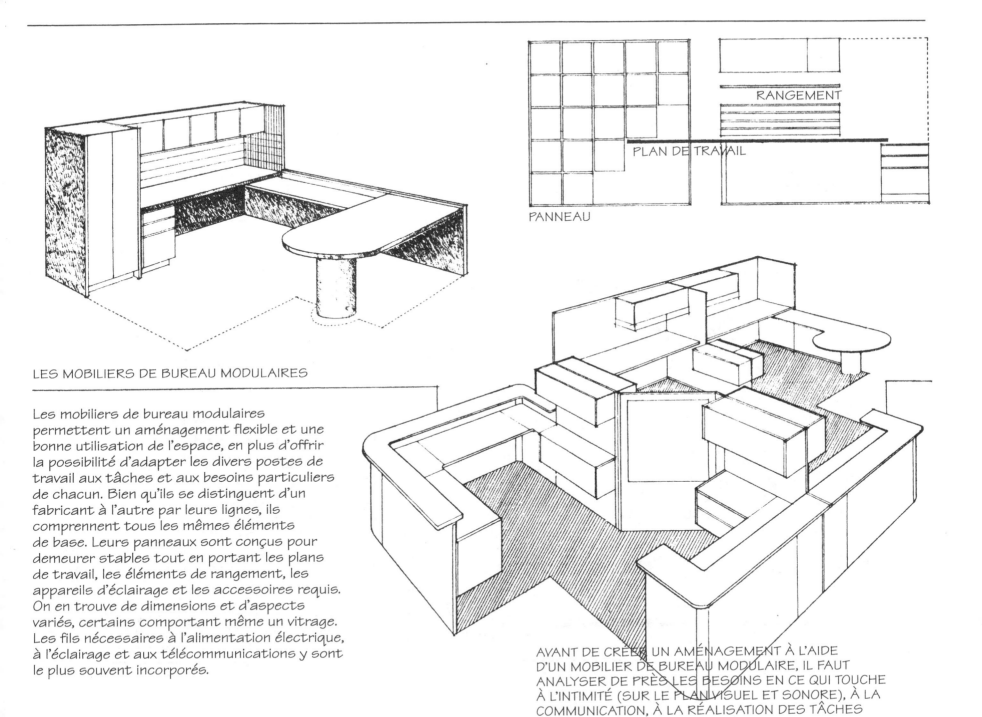

RANGEMENT

PLAN DE TRAVAIL

PANNEAU

LES MOBILIERS DE BUREAU MODULAIRES

Les mobiliers de bureau modulaires permettent un aménagement flexible et une bonne utilisation de l'espace, en plus d'offrir la possibilité d'adapter les divers postes de travail aux tâches et aux besoins particuliers de chacun. Bien qu'ils se distinguent d'un fabricant à l'autre par leurs lignes, ils comprennent tous les mêmes éléments de base. Leurs panneaux sont conçus pour demeurer stables tout en portant les plans de travail, les éléments de rangement, les appareils d'éclairage et les accessoires requis. On en trouve de dimensions et d'aspects variés, certains comportant même un vitrage. Les fils nécessaires à l'alimentation électrique, à l'éclairage et aux télécommunications y sont le plus souvent incorporés.

AVANT DE CRÉER UN AMÉNAGEMENT À L'AIDE D'UN MOBILIER DE BUREAU MODULAIRE, IL FAUT ANALYSER DE PRÈS LES BESOINS EN CE QUI TOUCHE À L'INTIMITÉ (SUR LE PLAN VISUEL ET SONORE), À LA COMMUNICATION, À LA RÉALISATION DES TÂCHES ET À L'UTILISATION EFFICACE DE L'ESPACE.

LES LITS

Un lit comporte deux éléments : un matelas (ou un ensemble matelas et sommier) et un cadre ou châlit. Il existe différents types de matelas conçus chacun à leur manière pour offrir un soutien lorsqu'on s'y étend. La sélection d'un matelas est donc affaire de jugement et de préférences personnelles.

Un designer interviendra surtout dans le choix du châlit ou cadre de lit, des éléments connexes du mobilier — tels que tête de lit et tables de chevet — ainsi que de la parure de lit.

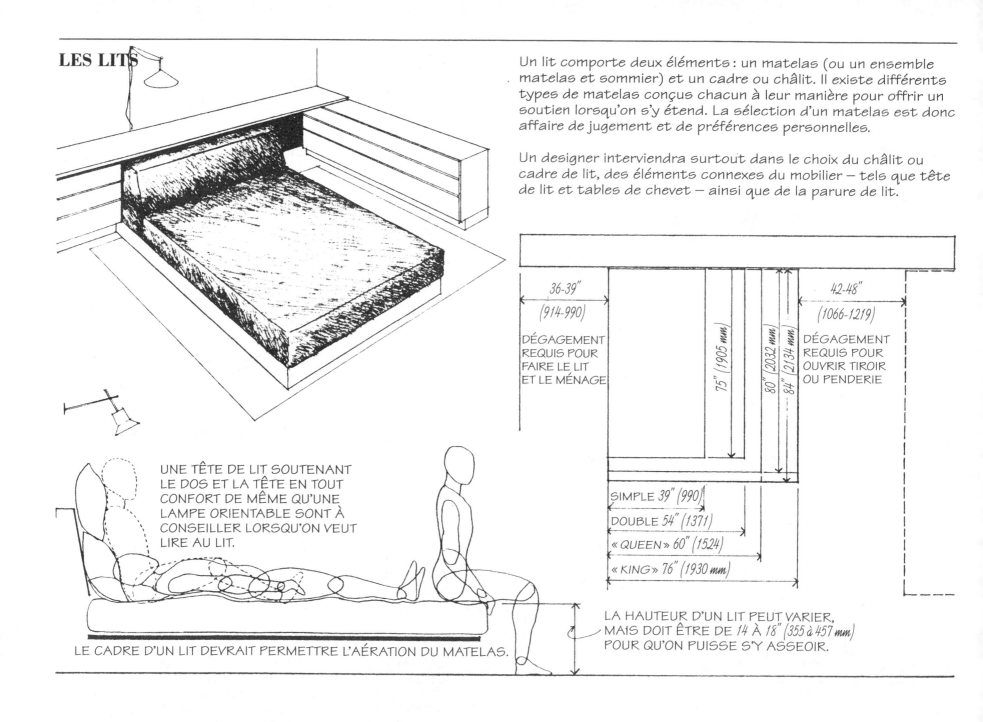

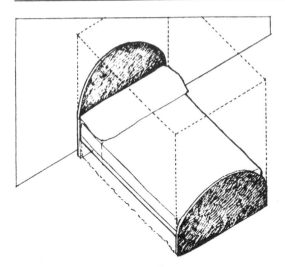

UN PIED DE LIT, UNE TÊTE DE LIT ET UN BALDAQUIN DÉLIMITENT ENSEMBLE LE VOLUME D'ESPACE QU'OCCUPE UN LIT.

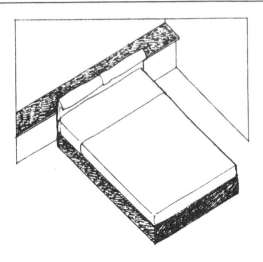

UN LIT SE COMPOSANT D'UNE SIMPLE PLATEFORME SUR LAQUELLE REPOSE UN MATELAS FAIT RESSORTIR LE CARACTÈRE HORIZONTAL DU DÉCOR.

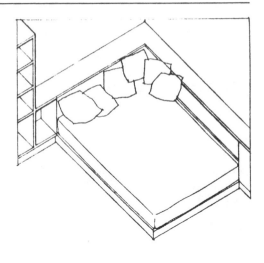

UN LIT PLACÉ DANS UN ANGLE OU UN RENFONCEMENT ENCOMBRE MOINS LA PIÈCE MAIS PEUT SE RÉVÉLER PLUS DIFFICILE À FAIRE.

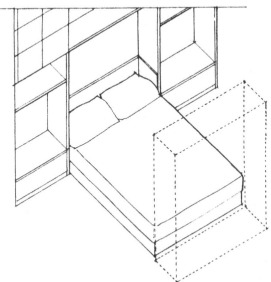

DES ÉLÉMENTS DE RANGEMENT PEUVENT ENTOURER SOIT LA TÊTE OU LE PIED D'UN LIT, SOIT LES DEUX.

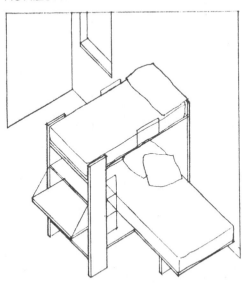

DES LITS SUPERPOSÉS OCCUPENT L'ESPACE VERTICAL EN ÉCONOMISANT L'ESPACE AU PLANCHER. ON PEUT Y INCORPORER DES ÉLÉMENTS DE RANGEMENT ET DES PLANS DE TRAVAIL.

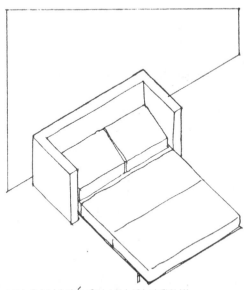

UN CANAPÉ OU UN FAUTEUIL SE TRANSFORMANT EN LIT EST PRATIQUE LORSQU'ON REÇOIT QUELQU'UN À COUCHER POUR UNE COURTE PÉRIODE.

LES ÉLÉMENTS DE RANGEMENT

Il importe de fournir un rangement adéquat et bien conçu au moment d'aménager un intérieur et ce, en particulier si l'espace est limité ou si on recherche une apparence dégagée. Pour déterminer les besoins en rangement, on doit s'intéresser à trois aspects, soit :

- l'accessibilité : où a-t-on besoin de rangement ?
- la commodité : quel type de rangement doit-on fournir ? quelle taille et quelle forme ont les objets à ranger ? quelle est leur fréquence d'utilisation ?
- la visibilité : faut-il exposer ces objets ou les dissimuler ?

Il convient de placer les espaces de rangement là où ils sont nécessaires. La façon d'y accéder devrait tenir compte de la zone d'atteinte de leurs utilisateurs lorsqu'ils sont assis, agenouillés ou debout. Tout article souvent utilisé devrait être à portée de la main, tandis que tout objet d'usage peu fréquent ou saisonnier peut être dissimulé aux regards.

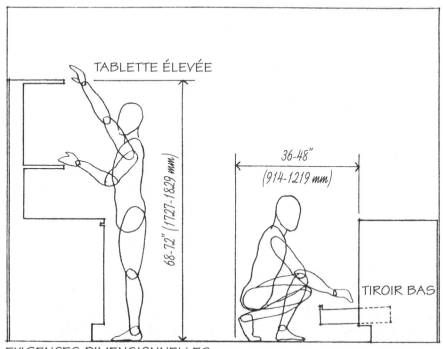

EXIGENCES DIMENSIONNELLES

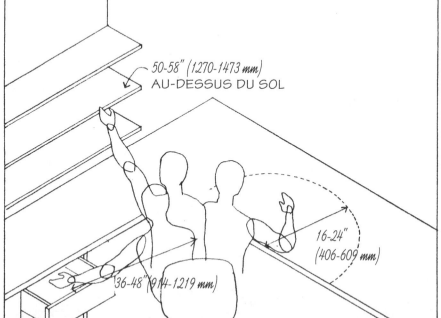

Les dimensions, les proportions et la forme des éléments de rangement choisis varieront suivant la nature des objets qu'ils doivent contenir, leur nombre, leur fréquence d'utilisation et la mesure dans laquelle on souhaite les laisser à la vue. Étagères, tiroirs et armoires représentent les trois grands types d'éléments de rangement. On peut selon le cas les suspendre au plafond, les fixer au mur ou simplement les poser sur le sol. Il arrive aussi qu'un rangement soit encastré dans l'épaisseur d'un mur, qu'il occupe une niche ou qu'il mette à profit un espace autrement inutilisé, sous un escalier par exemple.

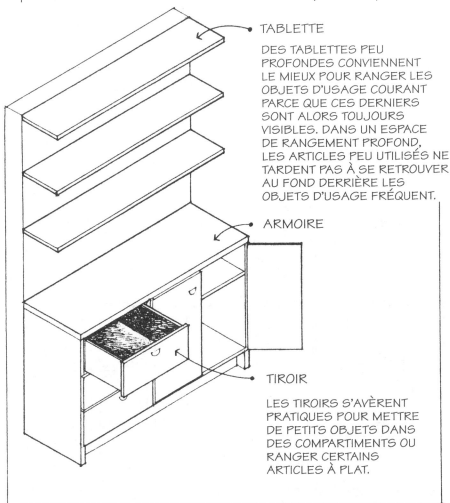

• TABLETTE

DES TABLETTES PEU PROFONDES CONVIENNENT LE MIEUX POUR RANGER LES OBJETS D'USAGE COURANT PARCE QUE CES DERNIERS SONT ALORS TOUJOURS VISIBLES. DANS UN ESPACE DE RANGEMENT PROFOND, LES ARTICLES PEU UTILISÉS NE TARDENT PAS À SE RETROUVER AU FOND DERRIÈRE LES OBJETS D'USAGE FRÉQUENT.

• ARMOIRE

• TIROIR

LES TIROIRS S'AVÈRENT PRATIQUES POUR METTRE DE PETITS OBJETS DANS DES COMPARTIMENTS OU RANGER CERTAINS ARTICLES À PLAT.

LES GRANDS TYPES D'ÉLÉMENTS DE RANGEMENT

• MEUBLE AUTONOME

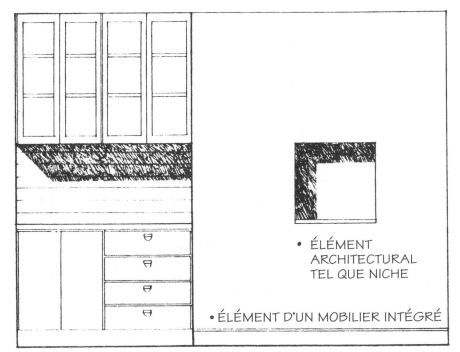

• ÉLÉMENT ARCHITECTURAL TEL QUE NICHE

• ÉLÉMENT D'UN MOBILIER INTÉGRÉ

LES DIVERSES FORMES DE RANGEMENT

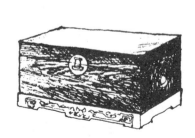
COFFRE CHINOIS

COMMODE ANGLAISE DE CAPITAINE DE MARINE

TABLE DE TOILETTE ANGLAISE

COMMODE À MIROIR DE STYLE COLONIAL AMÉRICAIN

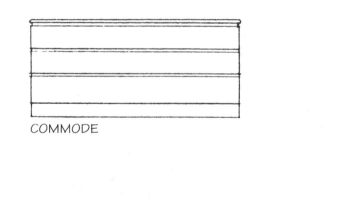
COMMODE

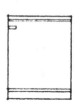

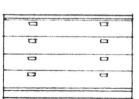
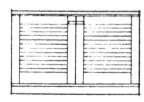

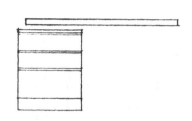
ÉLÉMENT À TIROIRS SUPPORTANT UN PLAN DE TRAVAIL

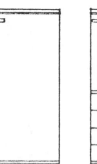

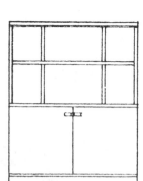
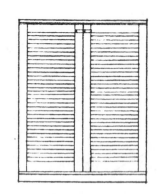

SYSTÈME DE RANGEMENT DONT ON PEUT UTILISER LES ÉLÉMENTS DE MANIÈRE SÉPARÉE OU EN LES PLAÇANT SOIT CÔTE À CÔTE, SOIT LES UNS SUR LES AUTRES.

ARMOIRE DE STYLE COLONIAL AMÉRICAIN

ARMOIRE DE STYLE PROVINCIAL FRANÇAIS

CRÉDENCE ITALIENNE

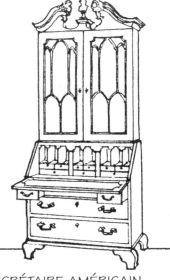

SECRÉTAIRE AMÉRICAIN

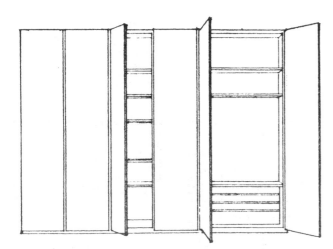

ENSEMBLE DE PLACARDS POUVANT AVOIR DES PORTES PLANES, VITRÉES OU À PERSIENNES D'UFFICIO TECNICO BRIVIO

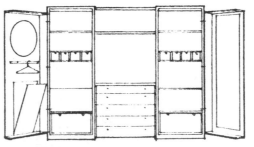

SYSTÈME DE RANGEMENT COMPORTANT PLACARDS, TIROIRS ET TABLETTES DE LUIGI MASSONI

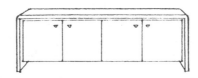

MEUBLE DE RANGEMENT DE HANS WEITZ

SECRÉTAIRE DE FRANCO BIZZOZZERO

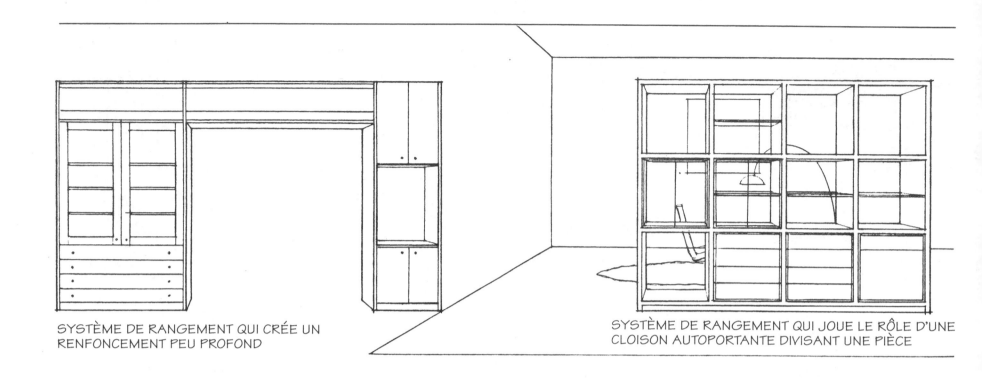

SYSTÈME DE RANGEMENT QUI CRÉE UN RENFONCEMENT PEU PROFOND

SYSTÈME DE RANGEMENT QUI JOUE LE RÔLE D'UNE CLOISON AUTOPORTANTE DIVISANT UNE PIÈCE

LES SYSTÈMES DE RANGEMENT SE COMPOSENT DE TABLETTES, DE TIROIRS ET D'AUTRES ÉLÉMENTS QU'ON PEUT AGENCER DE DIVERSES FAÇONS EN DES STRUCTURES AUTOPORTANTES. LEURS ÉLÉMENTS SONT OUVERTS À L'AVANT OU PRÉSENTENT DES PORTES PLANES, VITRÉES OU À PERSIENNES. CERTAINS D'ENTRE EUX SONT MUNIS D'APPAREILS D'ÉCLAIRAGE QUI EN ILLUMINENT LE CONTENU.

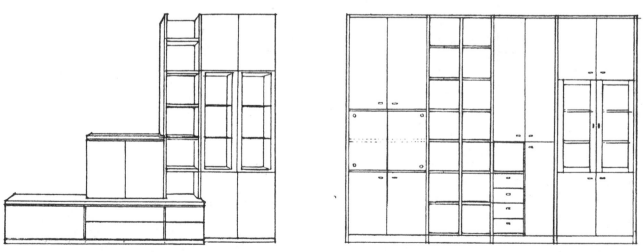

UN SYSTÈME DE RANGEMENT PEUT CONSTITUER UNE STRUCTURE INDÉPENDANTE OU OCCUPER UN RENFONCEMENT.

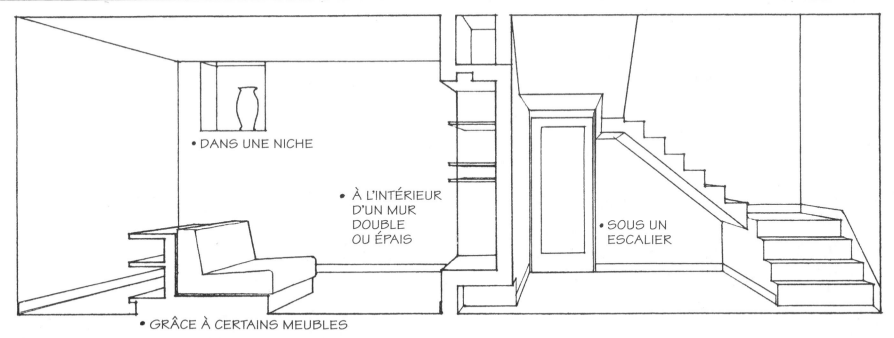

□ CRÉER DES ESPACES DE RANGEMENT

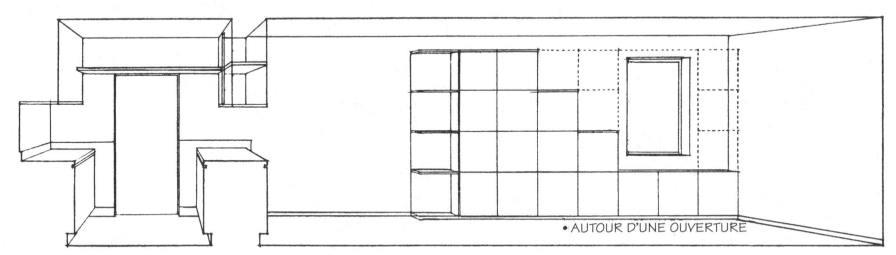

ON TROUVE DES ÉLÉMENTS DE RANGEMENT INCORPORÉS SURTOUT DANS LES CUISINES, LES GARDE-MANGER ET LES SALLES DE BAIN, MAIS RIEN N'EMPÊCHE D'EN CRÉER AILLEURS.

LES APPAREILS D'ÉCLAIRAGE

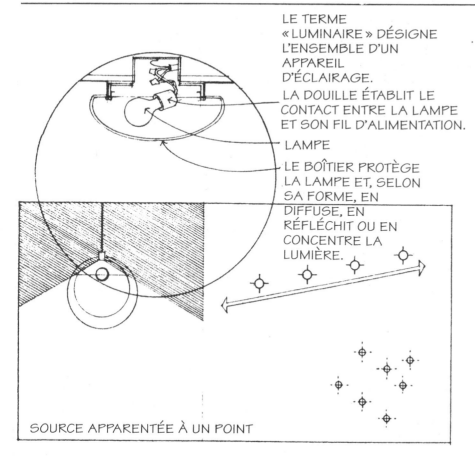

LE TERME « LUMINAIRE » DÉSIGNE L'ENSEMBLE D'UN APPAREIL D'ÉCLAIRAGE.

LA DOUILLE ÉTABLIT LE CONTACT ENTRE LA LAMPE ET SON FIL D'ALIMENTATION.

LAMPE

LE BOÎTIER PROTÈGE LA LAMPE ET, SELON SA FORME, EN DIFFUSE, EN RÉFLÉCHIT OU EN CONCENTRE LA LUMIÈRE.

SOURCE APPARENTÉE À UN POINT

Les appareils d'éclairage font partie intégrante de l'installation électrique d'un bâtiment. Ils en utilisent l'énergie pour générer une lumière utile. Tout appareil d'éclairage exige un branchement électrique (ou une source d'énergie), un boîtier et une lampe. Nous examinerons au chapitre 5 les divers types de lampes, la répartition des sources lumineuses et le niveau d'éclairement. Pour le moment, nous nous intéresserons aux appareils d'éclairage en tant qu'éléments décoratifs.

Il faut accorder de l'importance à la forme d'un appareil d'éclairage, mais aussi à celle du flux lumineux qu'il produit. Les sources apparentées à un point créent un centre d'intérêt, puisque la zone la plus brillante d'un espace tend à attirer le regard. Elles permettent ainsi de faire ressortir une partie d'une pièce ou un objet intéressant. On peut agencer plusieurs sources de ce genre pour qu'elles se succèdent en établissant un rythme. De petits points lumineux regroupés peuvent créer un effet de scintillement et d'éclat.

Les sources apparentées à une ligne servent à donner une orientation, à accentuer la rencontre de deux plans ou à délimiter une portion de l'espace. Disposées en parallèle, plusieurs sources de ce type forment un plan lumineux efficace qui diffuse un bon éclairage général.

Les sources apparentées à un volume tirent leur origine d'un point auquel un diffuseur translucide donne une forme tridimensionnelle sphérique ou autre.

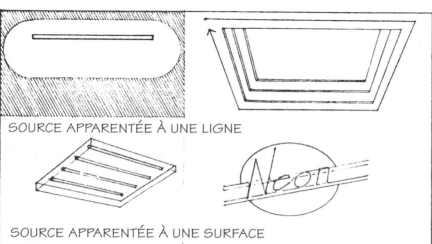

SOURCE APPARENTÉE À UNE LIGNE

SOURCE APPARENTÉE À UNE SURFACE

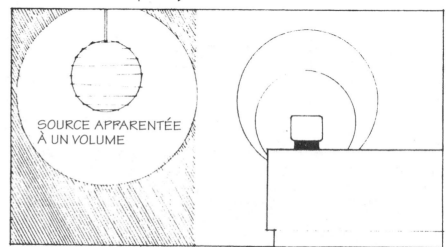

SOURCE APPARENTÉE À UN VOLUME

Les appareils existants peuvent fournir soit un éclairage direct ou indirect, soit les deux. Le type d'éclairage qu'ils apportent varie suivant leur conception ainsi que leur emplacement et leur orientation dans l'espace.

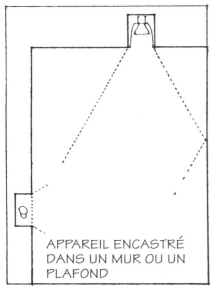

APPAREIL ENCASTRÉ DANS UN MUR OU UN PLAFOND

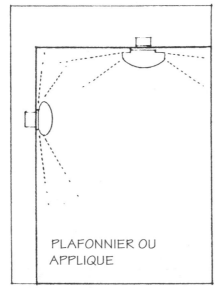

PLAFONNIER OU APPLIQUE

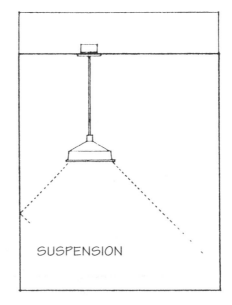

SUSPENSION

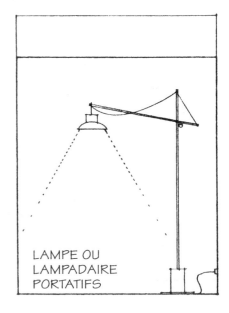

LAMPE OU LAMPADAIRE PORTATIFS

LES APPAREILS OFFRANT UN ÉCLAIRAGE DIRECT

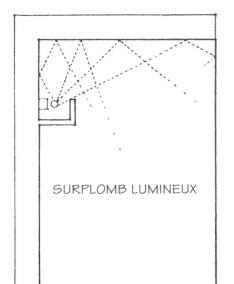

SURPLOMB LUMINEUX

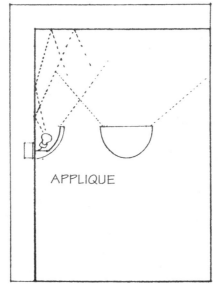

APPLIQUE

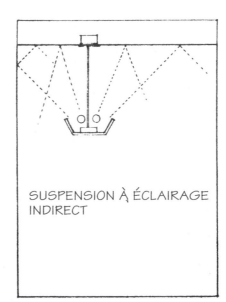

SUSPENSION À ÉCLAIRAGE INDIRECT

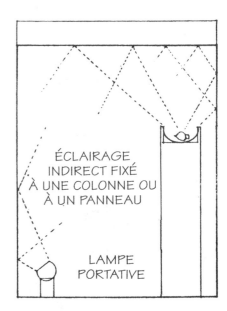

ÉCLAIRAGE INDIRECT FIXÉ À UNE COLONNE OU À UN PANNEAU

LAMPE PORTATIVE

LES APPAREILS OFFRANT UN ÉCLAIRAGE INDIRECT

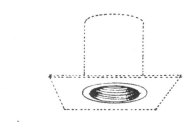
- À RAINURES MULTIPLES

LES APPAREILS D'ÉCLAIRAGE PEUVENT ÊTRE FIXÉS À UN RAIL OU SUSPENDUS À CELUI-CI AU BOUT D'UNE TIGE.

UN RAIL PEUT AUSSI ÊTRE SUSPENDU.

- ORIENTABLE

QUELQUES EXEMPLES D'APPAREILS SUR RAIL

- À OUVERTURE RÉDUITE

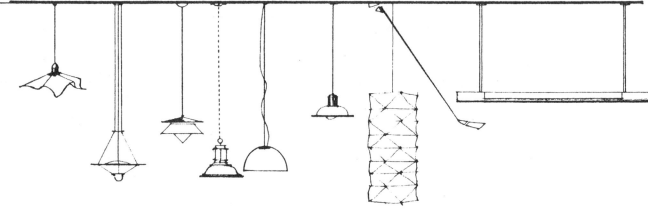

- AVEC DÉFLECTEUR LATÉRAL

LES TYPES D'APPAREILS ENCASTRÉS

QUELQUES EXEMPLES DE SUSPENSIONS

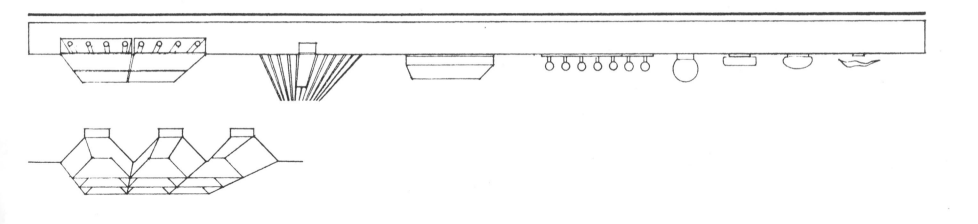

QUELQUES EXEMPLES D'APPAREILS D'ÉCLAIRAGE ENCASTRÉS DANS LE PLAFOND OU FIXÉS À SA SURFACE

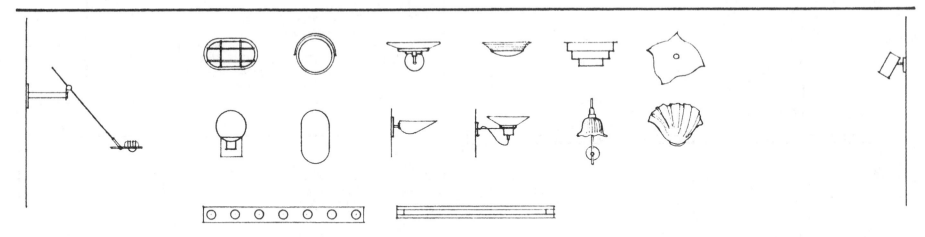

QUELQUES EXEMPLES D'APPLIQUES

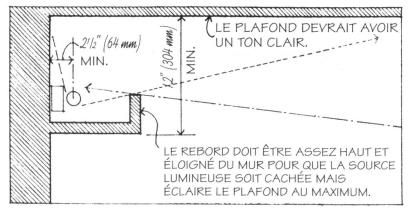

LES SURPLOMBS LUMINEUX

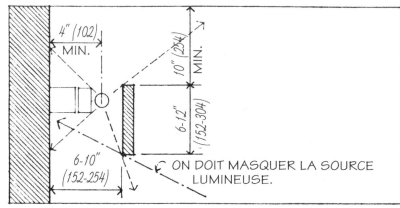

LES BANDEAUX LUMINEUX

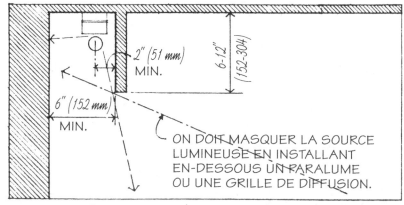

LES CORNICHES LUMINEUSES

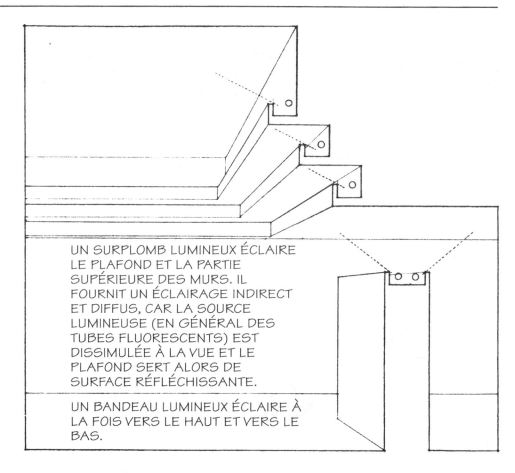

UN SURPLOMB LUMINEUX ÉCLAIRE LE PLAFOND ET LA PARTIE SUPÉRIEURE DES MURS. IL FOURNIT UN ÉCLAIRAGE INDIRECT ET DIFFUS, CAR LA SOURCE LUMINEUSE (EN GÉNÉRAL DES TUBES FLUORESCENTS) EST DISSIMULÉE À LA VUE ET LE PLAFOND SERT ALORS DE SURFACE RÉFLÉCHISSANTE.

UN BANDEAU LUMINEUX ÉCLAIRE À LA FOIS VERS LE HAUT ET VERS LE BAS.

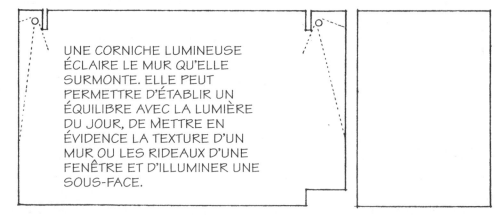

UNE CORNICHE LUMINEUSE ÉCLAIRE LE MUR QU'ELLE SURMONTE. ELLE PEUT PERMETTRE D'ÉTABLIR UN ÉQUILIBRE AVEC LA LUMIÈRE DU JOUR, DE METTRE EN ÉVIDENCE LA TEXTURE D'UN MUR OU LES RIDEAUX D'UNE FENÊTRE ET D'ILLUMINER UNE SOUS-FACE.

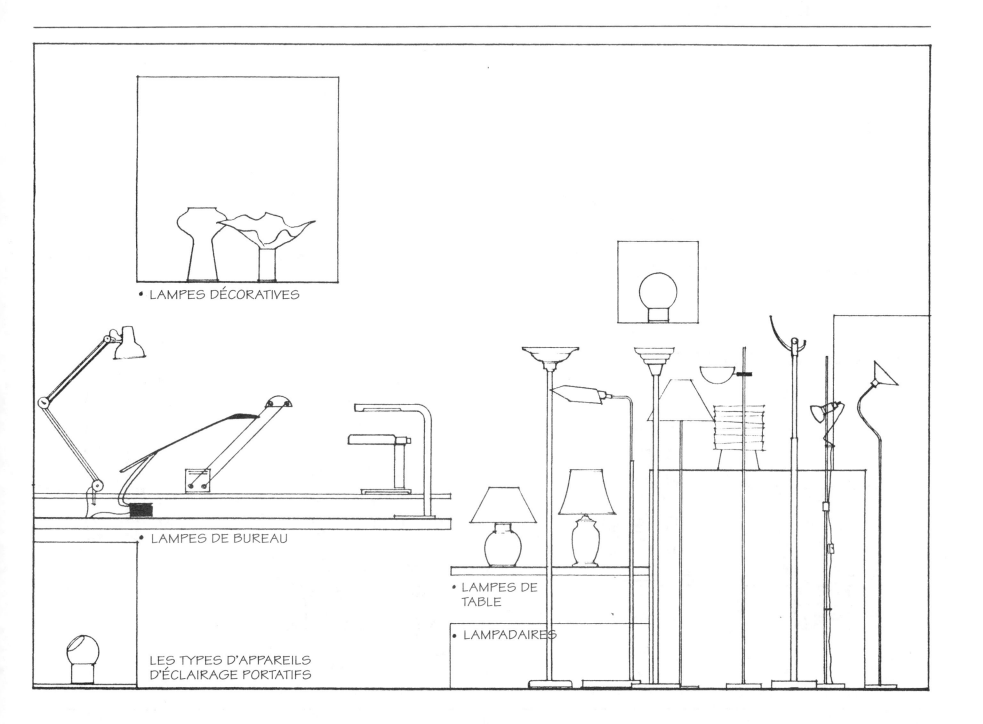

LES ACCESSOIRES

En design d'intérieur, les objets qui ajoutent à la beauté d'un espace portent le nom d'accessoires. Ils peuvent être agréables à regarder, offrir une texture intéressante au toucher ou stimuler l'esprit. C'est grâce à eux qu'on reconnaît qu'un espace est habité.

Les accessoires pouvant contribuer à l'attrait visuel et tactile d'un intérieur sont :

- utilitaires (instruments et objets usuels);
- fonctionnels (éléments architecturaux et meubles);
- décoratifs (objets d'art et plantes).

Les accessoires utilitaires existent en plusieurs modèles. Dans bien des cas, ceux que choisissent les occupants d'un espace au fil du temps reflètent leur personnalité.

LES ACCESSOIRES UTILITAIRES

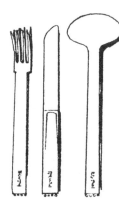

Les accessoires fonctionnels ajoutent à la beauté d'un espace mais ont avant tout un caractère pratique. C'est le cas, par exemple, des éléments architecturaux et des détails qui résultent du mode d'assemblage des matériaux. Les meubles font partie de cette catégorie en raison de leur forme, de leur couleur et de leur texture.

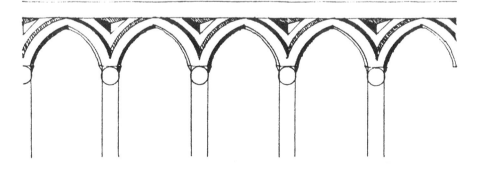
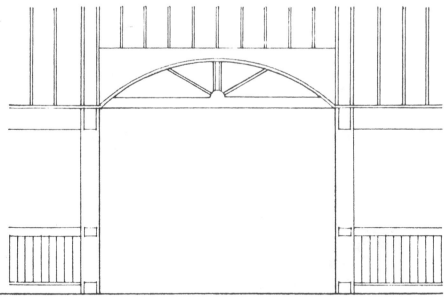

LES ACCESSOIRES FONCTIONNELS

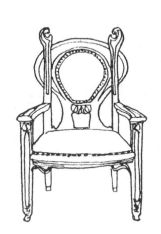
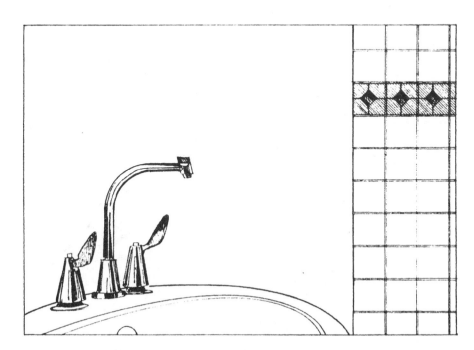

Les accessoires décoratifs présentent un attrait visuel, tactile ou intellectuel, mais ne sont pas nécessairement utiles. Il s'agit soit d'objets d'art, de collections diverses ou de plantes.

- Les *objets d'art* qui embellissent un espace sont le fruit d'une longue tradition voulant qu'on décore divers objets et surfaces. On peut qualifier d'objets d'art beaucoup d'accessoires utilitaires et fonctionnels.
- Les *collections d'objets divers* ont presque toujours une signification personnelle, peu importe leur caractère sérieux ou frivole.
- Les *plantes et les fleurs*, en tant que manifestations visibles de la nature, créent une impression de vie et de croissance dans un intérieur.

LES OBJETS D'ART

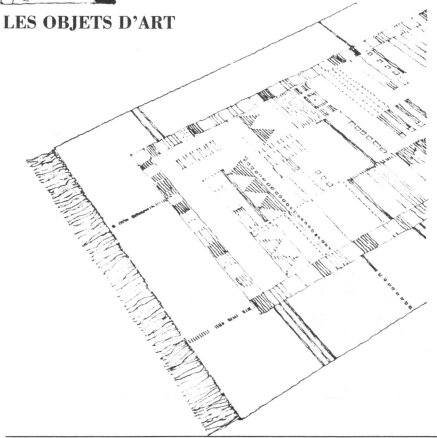

LES COLLECTIONS D'OBJETS DIVERS

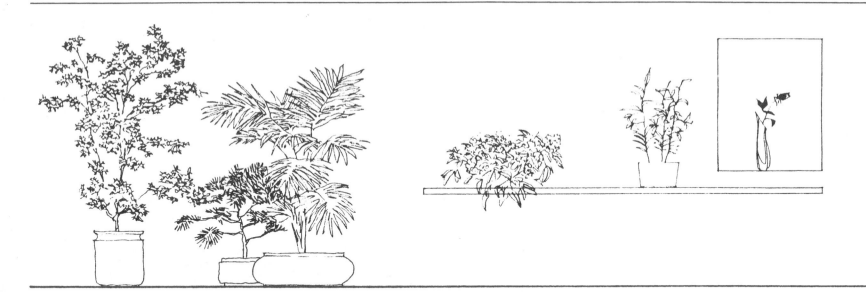

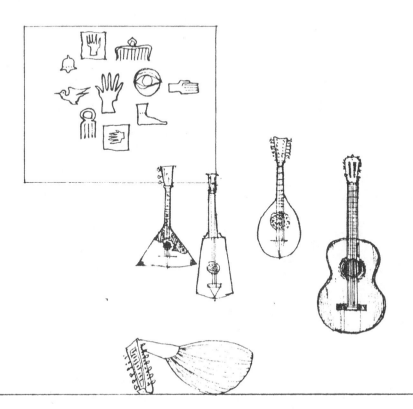

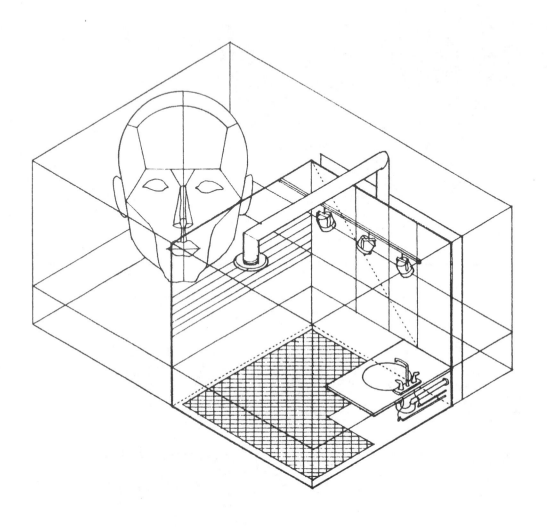

5
LES SOUS-SYSTÈMES

LES SOUS-SYSTÈMES D'UN BÂTIMENT

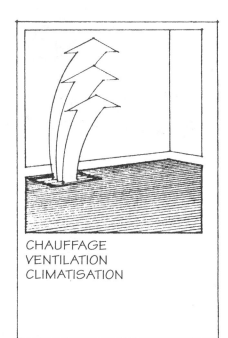

CHAUFFAGE
VENTILATION
CLIMATISATION

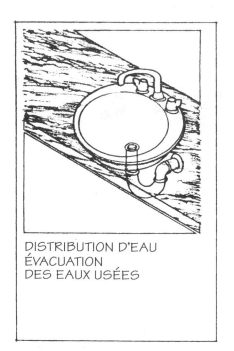

DISTRIBUTION D'EAU
ÉVACUATION
DES EAUX USÉES

Les sous-systèmes représentent des éléments essentiels de tout bâtiment. Ce sont eux en effet qui permettent à ses occupants de jouir des conditions thermiques, visuelles, auditives et hygiéniques nécessaires à leur confort et à leur agrément. Il faut les concevoir pour qu'ils fonctionnent bien, mais aussi pour qu'ils soient intégrés au système architectural d'un bâtiment. Or, cela exige les connaissances et le savoir-faire d'ingénieurs ainsi que d'architectes. Les designers devraient toutefois être conscients de l'existence de ces sous-systèmes et reconnaître comment ils influent sur la qualité d'un environnement intérieur.

Le présent chapitre décrit brièvement les sous-systèmes qui assurent :

- LE CHAUFFAGE ET LA CLIMATISATION ;

- LA DISTRIBUTION D'EAU ET L'ÉVACUATION DES EAUX USÉES ;

- L'ALIMENTATION EN ÉLECTRICITÉ ET L'ÉCLAIRAGE ;

- LE CONFORT ACOUSTIQUE.

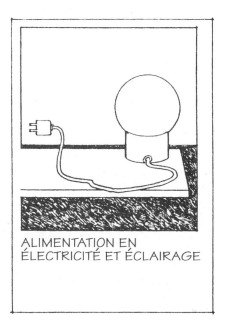

ALIMENTATION EN
ÉLECTRICITÉ ET ÉCLAIRAGE

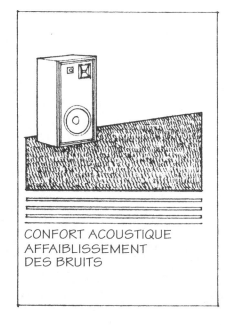

CONFORT ACOUSTIQUE
AFFAIBLISSEMENT
DES BRUITS

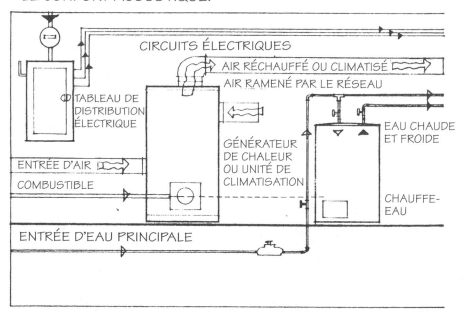

LES SOUS-SYSTÈMES

LEURS SOURCES

Tous ces sous-systèmes se ressemblent à certains égards. Chacun d'entre eux présente une source ou un point d'origine et utilise un réseau pour fournir quelque chose à un intérieur (air climatisé, eau chaude et froide, électricité ou éclairage).

Leur réseau se compose soit de câbles, de gaines ou de tuyaux tant horizontaux que verticaux. Sur un trait vertical, les câbles, les gaines et les tuyaux de petite section peuvent être dissimulés dans l'épaisseur des murs, mais les conduites plus grosses doivent passer dans un puits. Sur un trajet horizontal, on peut tous les incorporer à la charpente d'un plancher ou, si l'espace est insuffisant, les poser entre ce dernier et un faux plafond.

L'emplacement des différentes sorties des sous-systèmes dans une pièce influe sur l'efficacité de ces derniers, mais aussi sur l'utilisation de l'espace. Un designer doit accorder tout autant d'importance aux composantes visibles de ces sous-systèmes, car leur aspect détermine en partie les qualités visuelles d'une pièce. Certains de ces éléments passent plutôt inaperçus (tels les diffuseurs d'air et les interrupteurs), tandis que d'autres ressortent davantage (comme un luminaire ou un appareil sanitaire).

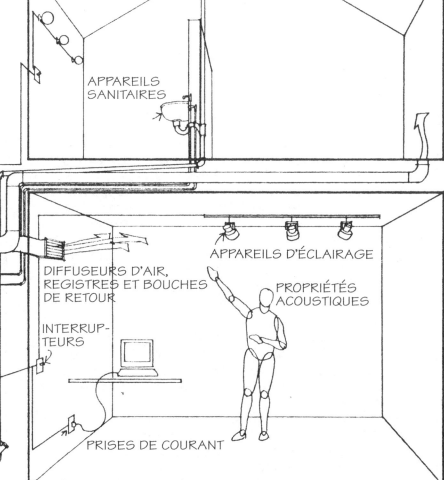

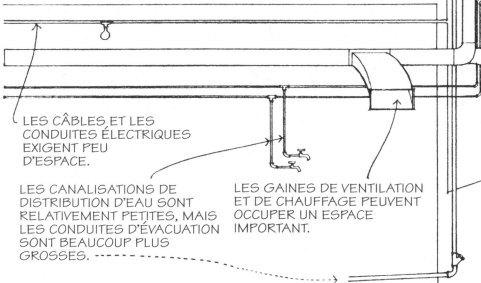

LEURS RÉSEAUX

LEURS SORTIES ET LEURS DISPOSITIFS DE COMMANDE

279

LE CHAUFFAGE ET LA CLIMATISATION

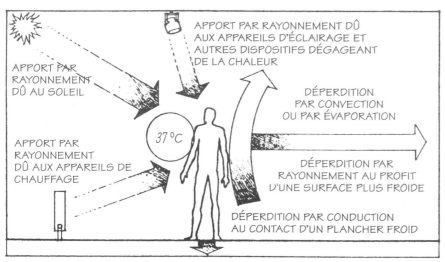

LES TYPES DE TRANSFERT THERMIQUE

Toute installation de chauffage a pour but premier de compenser les déperditions thermiques à l'intérieur d'une pièce ou d'un bâtiment. Elle exige une source d'énergie calorifique, un équipement qui permet de libérer cette énergie ainsi qu'un moyen d'acheminer la chaleur produite et de la distribuer à l'intérieur d'un espace.

Alors qu'une installation de chauffage apporte de la chaleur, une installation de climatisation apparaît en général comme un moyen de fournir de l'air frais. Une véritable installation de climatisation aide cependant au confort à l'année. Elle y parvient en tirant de l'air de l'extérieur pour ensuite le purifier, le réchauffer ou le refroidir et l'humidifier ou le déshumidifier avant de l'acheminer jusqu'aux différentes pièces d'un bâtiment.

RAYONNEMENT : phénomène par lequel la chaleur se propage d'une surface chaude à une autre plus froide et sur lequel ni la température ni le mouvement de l'air n'a une incidence.

CONVECTION : transfert thermique attribuable au passage d'un courant d'air froid ou chaud à la surface d'un corps.

CONDUCTION : échange de chaleur direct entre deux surfaces en contact dont la température varie.

ÉVAPORATION : transformation d'un liquide en vapeur qui entraîne une déperdition de chaleur.

Pour assurer et maintenir le confort thermique d'une pièce, il faut établir un équilibre acceptable entre les divers types d'échange de chaleur pouvant y survenir.

- Plus la température radiante moyenne des surfaces d'une pièce est élevée, plus la température de l'air doit y être basse.
- Plus le degré d'humidité de l'air dans la pièce est élevé, plus sa température doit être basse.
- Plus l'air qui circule dans la pièce est froid, plus il doit se déplacer lentement.

LES CONSIDÉRATIONS LIÉES AU CONFORT THERMIQUE

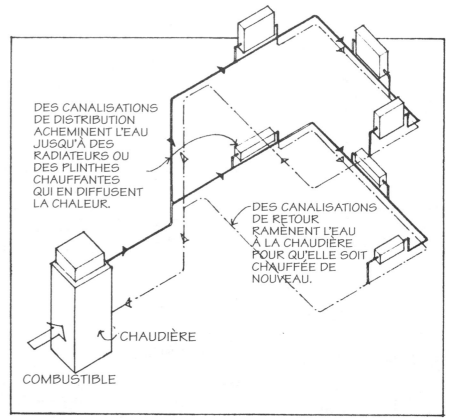

INSTALLATION DE CHAUFFAGE À EAU CHAUDE

Toute installation de climatisation conditionne l'air de plusieurs façons parce que le confort thermique varie en fonction de la température de l'air, mais aussi de son degré d'humidité, de ses mouvements et de la température radiante des surfaces qui l'entourent. Elle peut permettre de purifier l'air et d'éliminer les odeurs, ce qui est un facteur de confort additionnel.

Il revient aux ingénieurs et aux architectes de planifier les circuits de chauffage ou de climatisation d'un bâtiment. Le designer d'intérieur peut cependant influer sur les mouvements de l'air par sa planification de l'espace et par le choix qu'il fait dans l'habillage du plancher, des murs et des fenêtres.

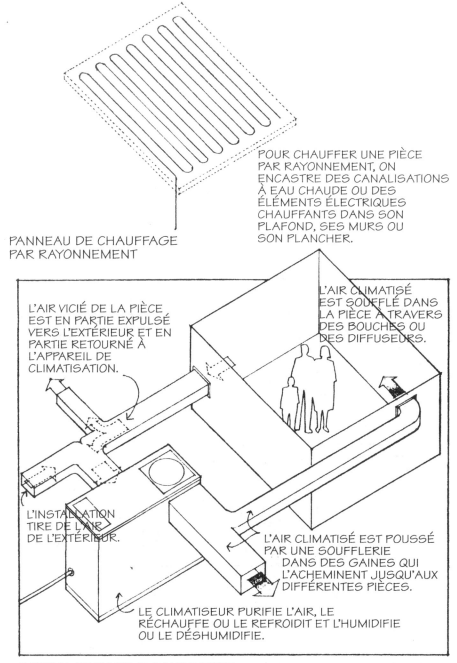

POUR CHAUFFER UNE PIÈCE PAR RAYONNEMENT, ON ENCASTRE DES CANALISATIONS À EAU CHAUDE OU DES ÉLÉMENTS ÉLECTRIQUES CHAUFFANTS DANS SON PLAFOND, SES MURS OU SON PLANCHER.

PANNEAU DE CHAUFFAGE PAR RAYONNEMENT

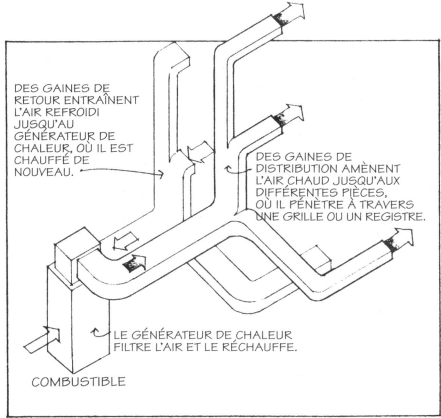

DES GAINES DE RETOUR ENTRAÎNENT L'AIR REFROIDI JUSQU'AU GÉNÉRATEUR DE CHALEUR, OÙ IL EST CHAUFFÉ DE NOUVEAU.

DES GAINES DE DISTRIBUTION AMÈNENT L'AIR CHAUD JUSQU'AUX DIFFÉRENTES PIÈCES, OÙ IL PÉNÈTRE À TRAVERS UNE GRILLE OU UN REGISTRE.

LE GÉNÉRATEUR DE CHALEUR FILTRE L'AIR ET LE RÉCHAUFFE.

COMBUSTIBLE

INSTALLATION DE CHAUFFAGE À AIR CHAUD

L'AIR VICIÉ DE LA PIÈCE EST EN PARTIE EXPULSÉ VERS L'EXTÉRIEUR ET EN PARTIE RETOURNÉ À L'APPAREIL DE CLIMATISATION.

L'AIR CLIMATISÉ EST SOUFFLÉ DANS LA PIÈCE À TRAVERS DES BOUCHES OU DES DIFFUSEURS.

L'INSTALLATION TIRE DE L'AIR DE L'EXTÉRIEUR.

L'AIR CLIMATISÉ EST POUSSÉ PAR UNE SOUFFLERIE DANS DES GAINES QUI L'ACHEMINENT JUSQU'AUX DIFFÉRENTES PIÈCES.

LE CLIMATISEUR PURIFIE L'AIR, LE RÉCHAUFFE OU LE REFROIDIT ET L'HUMIDIFIE OU LE DÉSHUMIDIFIE.

INSTALLATION DE CLIMATISATION

LA DISTRIBUTION D'EAU ET L'ÉVACUATION DES EAUX USÉES

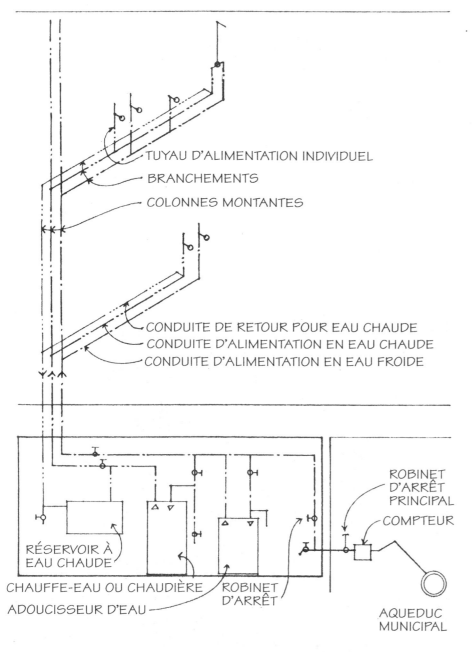

SCHÉMA D'UN RÉSEAU DE DISTRIBUTION D'EAU

Une installation de plomberie compte deux réseaux distincts mais parallèles. L'un fournit de l'eau propre aux occupants d'un immeuble, à certains appareils et aux extincteurs automatiques lorsqu'il y en a. L'autre évacue l'eau usée et ses déchets. L'eau parvient sous pression à un bâtiment à partir d'un aqueduc principal. Après usage, la gravité lui fait prendre le chemin de l'égout.

Un réseau de distribution doit vaincre l'effet de la pesanteur et du frottement pour entraîner l'eau en hauteur jusqu'à ses divers points d'utilisation. La pression nécessaire est générée par celle qui existe dans l'aqueduc ou par des pompes à l'intérieur du bâtiment. Si la pression est insuffisante, on pompe l'eau jusqu'à un réservoir élevé d'où elle se rend à ses divers points d'utilisation sous l'effet de la gravité.

Tout bâtiment présente une installation secondaire de distribution d'eau. Celle-ci amène l'eau chaude, produite par un chauffe-eau ou une chaudière, aux appareils qui en ont besoin. Elle se subdivise encore en un circuit fermé à circulation constante pour économiser l'énergie quand le système de chauffage central de l'immeuble est à eau chaude.

Les réseaux de distribution d'eau doivent par ailleurs comporter des robinets. Ceux-ci permettent de régler le débit d'eau à chaque point d'utilisation, ou d'isoler un ou plusieurs appareils du réseau à des fins de réparation ou d'entretien.

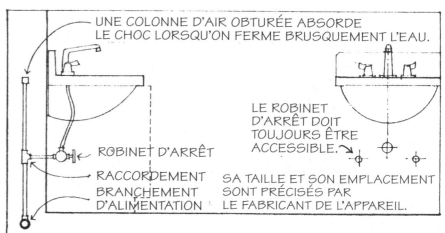

Le réseau de distribution se termine à chacun des appareils. Après utilisation, l'eau fournie est emportée par le réseau d'évacuation. Comme son nom l'indique, ce dernier sert avant tout à évacuer les déchets liquides et les matières organiques le plus rapidement possible.

Tout réseau d'évacuation fait appel à la gravité pour entraîner les eaux usées. Il présente de ce fait des canalisations beaucoup plus grosses que celles du réseau de distribution, où l'eau circule sous pression. La longueur de ses conduites horizontales de même que la nature et le nombre de ses coudes font en outre l'objet de certaines restrictions.

En se décomposant dans les conduites d'évacuation, les déchets y produisent des gaz. Pour éviter que ces derniers n'envahissent une pièce ou l'autre d'un bâtiment, tout appareil sanitaire doit comporter un siphon retenant une garde d'eau. Il faut aussi que le réseau d'évacuation possède des colonnes de ventilation débouchant sur l'extérieur pour empêcher l'aspiration des gardes d'eau et permettre la circulation de l'air à l'intérieur des tuyaux.

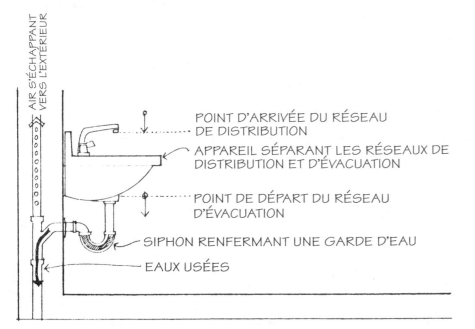

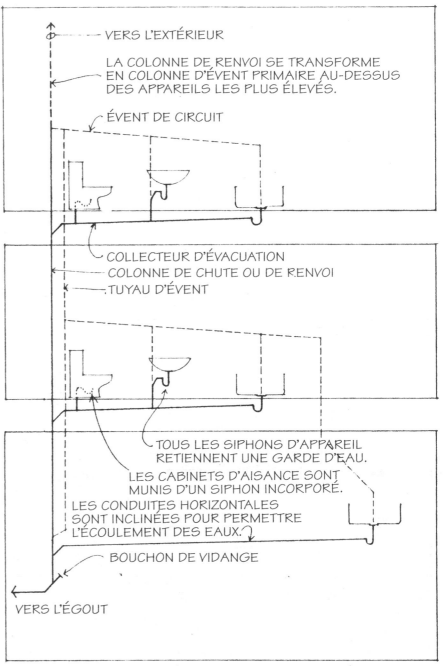

SCHÉMA D'UN RÉSEAU D'ÉVACUATION DES EAUX USÉES

L'ALIMENTATION EN ÉLECTRICITÉ

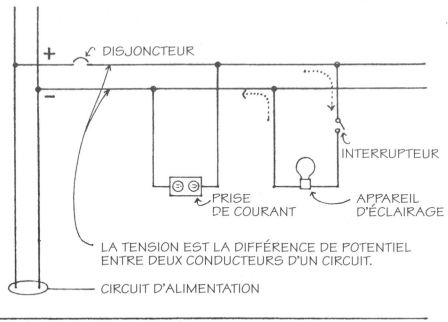

SCHÉMA D'UN CIRCUIT DE DÉRIVATION

L'installation électrique d'un bâtiment fournit de l'énergie pouvant servir à l'éclairage et au chauffage, de même qu'à l'alimentation d'appareils électroménagers et autres. Elle doit se révéler sûre, fiable et efficace.

Un courant électrique circule dans un conducteur lorsqu'il y a une différence de potentiel (appelée tension) entre deux points d'un circuit. On mesure cette différence en volts (V), et la quantité d'énergie ou le courant produit, en ampères (A). La puissance nécessaire pour maintenir ce courant s'exprime en watts (W). La puissance (en W) est égale au courant (en A) multiplié par la tension (en V).

Tout circuit doit être complet pour que le courant y circule. Un interrupteur permet d'ouvrir ou de fermer un circuit à volonté pour y interrompre ou y rétablir le passage du courant.

L'électricité qu'on consomme dans un bâtiment provient d'une entreprise de distribution. Elle y est acheminée par un branchement connecté tout d'abord à un compteur et à un interrupteur principal, puis à un tableau ou panneau de distribution. Ce dernier répartit l'électricité entre des circuits plus petits et plus faciles à contrôler qu'il protège des surcharges au moyen de disjoncteurs ou coupe-circuits. La plupart des appareils utilisent l'électricité sous forme d'un courant alternatif (c.a.), mais certaines pièces d'équipement lourd exigent un courant continu (c.c.).

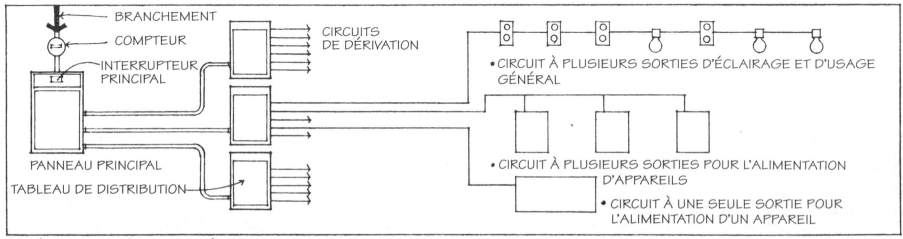

SCHÉMA D'UNE INSTALLATION ÉLECTRIQUE

Des circuits de dérivation alimentent les différentes pièces d'un bâtiment en électricité. Leurs câbles sont plus ou moins gros selon le courant qui doit y passer. Chaque fois que le courant devient trop intense pour un circuit, il est coupé par un fusible ou un disjoncteur du tableau de distribution. La charge permanente d'un circuit ne devrait pas excéder 80 % de sa capacité nominale. Un circuit de 15 A, par exemple, devrait porter un courant limité à 12 A. Sous une tension de 110 V, sa charge pourra ainsi atteindre 1320 W (soit 12 A × 110 V). Une certaine marge de sécurité étant nécessaire, la charge d'un circuit de 15 A sous une tension de 110 V ne devrait pas dépasser 1200 W.

La conception d'une installation électrique relève d'ingénieurs spécialisés. Un designer a toutefois son mot à dire en ce qui touche à l'emplacement des luminaires, des prises de courant et des interrupteurs. Il doit aussi connaître la quantité d'énergie requise par les différents appareils électriques qu'il veut placer dans un intérieur et ce, afin de s'assurer que les circuits existants ou projetés seront à même de les alimenter.

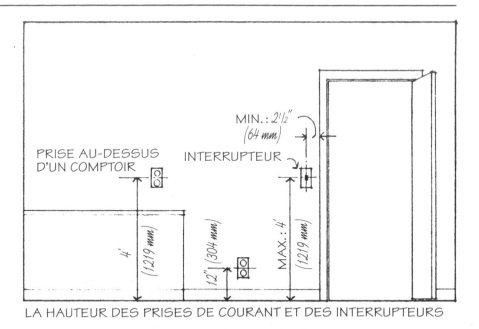

LA HAUTEUR DES PRISES DE COURANT ET DES INTERRUPTEURS

▬	Panneau d'éclairage	▭	Appareil fluorescent
▨	Panneau de force	○	Plafonnier
S	Interrupteur unipolaire	⊢○	Applique
S₃	Commutateur à trois voies	Ⓡ	Appareil encastré
⊖	Prise de courant double	Ⓧ	Indicateur lumineux de sortie
⊖	Prise de courant double au plancher	Ⓕ	Sortie pour ventilateur
⊖	Prise de courant à usage spécial	Ⓔ	Sortie électrique
◀	Prise de téléphone	Ⓜ	Moteur
◀	Prise de téléphone au plancher	Ⓙ	Boîte de jonction
TV	Prise pour câblodistribution	Ⓣ	Thermostat

LES SYMBOLES USUELS EN INSTALLATION ÉLECTRIQUE

EXEMPLE D'UN PLAN D'INSTALLATION

L'ÉCLAIRAGE

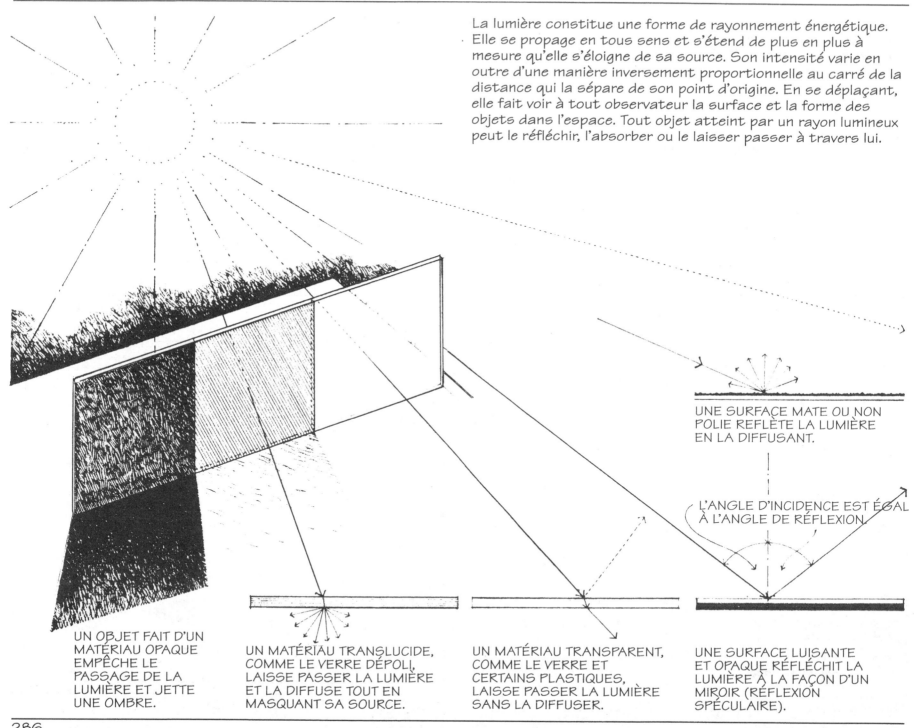

La lumière constitue une forme de rayonnement énergétique. Elle se propage en tous sens et s'étend de plus en plus à mesure qu'elle s'éloigne de sa source. Son intensité varie en outre d'une manière inversement proportionnelle au carré de la distance qui la sépare de son point d'origine. En se déplaçant, elle fait voir à tout observateur la surface et la forme des objets dans l'espace. Tout objet atteint par un rayon lumineux peut le réfléchir, l'absorber ou le laisser passer à travers lui.

UNE SURFACE MATE OU NON POLIE REFLÈTE LA LUMIÈRE EN LA DIFFUSANT.

L'ANGLE D'INCIDENCE EST ÉGAL À L'ANGLE DE RÉFLEXION.

UN OBJET FAIT D'UN MATÉRIAU OPAQUE EMPÊCHE LE PASSAGE DE LA LUMIÈRE ET JETTE UNE OMBRE.

UN MATÉRIAU TRANSLUCIDE, COMME LE VERRE DÉPOLI, LAISSE PASSER LA LUMIÈRE ET LA DIFFUSE TOUT EN MASQUANT SA SOURCE.

UN MATÉRIAU TRANSPARENT, COMME LE VERRE ET CERTAINS PLASTIQUES, LAISSE PASSER LA LUMIÈRE SANS LA DIFFUSER.

UNE SURFACE LUISANTE ET OPAQUE RÉFLÉCHIT LA LUMIÈRE À LA FAÇON D'UN MIROIR (RÉFLEXION SPÉCULAIRE).

On peut repérer le soleil, les étoiles et les lampes électriques grâce à la lumière qu'ils produisent. Cependant, la plupart des objets qu'on discerne sont visibles en raison de la lumière que reflète leur surface. La quantité de lumière éclairant un objet détermine en partie la capacité d'un observateur à le différencier d'un autre et à en reconnaître la forme, la couleur ainsi que la texture. Il ne s'agit toutefois pas du seul élément en cause, les autres étant :

- la luminance des surfaces ;
- le contraste ;
- le phénomène de l'éblouissement ;
- le degré de diffusion de la lumière ;
- la couleur de la lumière.

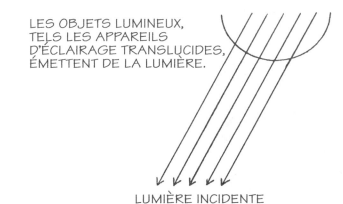

LES OBJETS LUMINEUX, TELS LES APPAREILS D'ÉCLAIRAGE TRANSLUCIDES, ÉMETTENT DE LA LUMIÈRE.

LUMIÈRE INCIDENTE

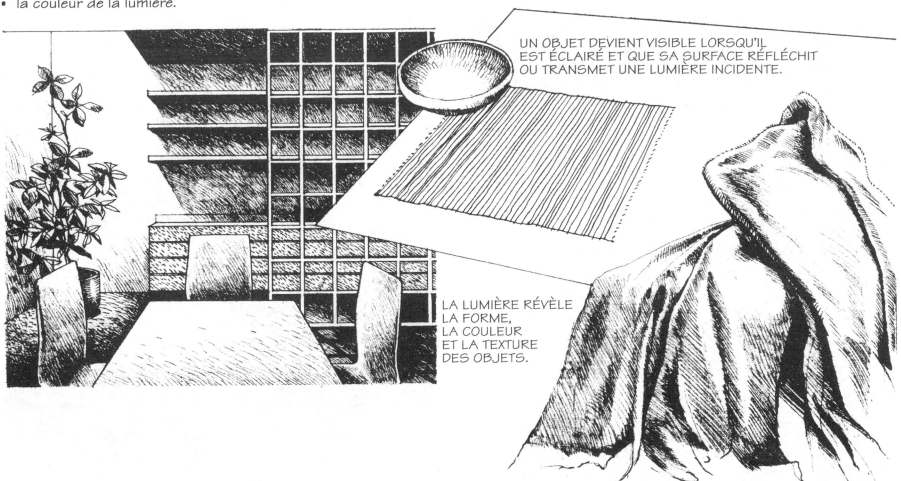

UN OBJET DEVIENT VISIBLE LORSQU'IL EST ÉCLAIRÉ ET QUE SA SURFACE RÉFLÉCHIT OU TRANSMET UNE LUMIÈRE INCIDENTE.

LA LUMIÈRE RÉVÈLE LA FORME, LA COULEUR ET LA TEXTURE DES OBJETS.

MÊME SOUS UN ÉCLAIRAGE IDENTIQUE, LES OBJETS CI-DESSUS PEUVENT AVOIR UNE LUMINANCE DIFFÉRENTE SUIVANT LEUR TON ET LEUR TEXTURE, ÉLÉMENTS QUI DÉTERMINENT JUSQU'À QUEL POINT LEUR SURFACE RÉFLÉCHIT LA LUMIÈRE.

LUMINANCE = ÉCLAIREMENT × FACTEUR DE RÉFLEXION.

LES DIFFÉRENCES DE LUMINANCE AIDENT À PERCEVOIR LE CONTOUR ET LA FORME DES OBJETS.

LA LUMINANCE

La *luminance* représente la quantité d'énergie lumineuse que reflète une surface. Elle varie suivant le ton et la texture de cette dernière. Ainsi, sous un même éclairage, une surface pâle et brillante réfléchira plus de lumière qu'une surface foncée, mate ou rugueuse.

Règle générale, plus un objet est lumineux, plus on le distingue nettement. Sa luminance par rapport à ce qui l'entoure se révèle tout aussi importante. On ne pourra en effet discerner la forme et la texture de cet objet que s'il est plus ou moins lumineux que son environnement. Un objet blanc, par exemple, est difficile à distinguer d'un arrière-plan tout aussi lumineux de même teinte. Il en va de même pour un objet foncé placé devant une surface qui l'est également.

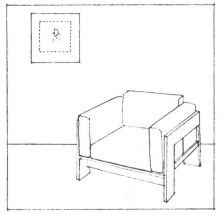 

LE CONTRASTE

Un objet doit tout particulièrement faire contraste avec son arrière-plan lorsqu'il est primordial d'en reconnaître la forme et le contour. On sait par exemple qu'un texte se révélera plus facile à lire s'il est imprimé en caractères foncés sur un papier de ton clair.

Lorsqu'il s'agit de pouvoir distinguer la texture et les détails d'un objet, un contraste moindre entre celui-ci et son environnement s'avère préférable. Nos yeux s'adaptent en effet automatiquement à la luminance moyenne d'une scène. Toute personne se détachera ainsi nettement d'un arrière-plan très éclairé, mais ses traits seront peut-être difficiles à discerner.

La luminance d'un plan de travail devrait être égale ou à peine supérieure à celle de ce qui l'entoure. On recommande d'ordinaire un contraste maximal de 3 pour 1. En outre, le contraste entre un plan de travail et la partie la plus sombre de la pièce ne devrait pas excéder 5 pour 1. Une différence plus marquée risque, en effet, de susciter un éblouissement, ce qui peut entraîner une fatigue des yeux et réduire la capacité visuelle.

UN ARRIÈRE-PLAN BRILLAMMENT ÉCLAIRÉ FAIT RESSORTIR LA FORME ET LE CONTOUR.

IL FAUT ACCROÎTRE LA LUMINANCE D'UNE SURFACE POUR EN DISTINGUER LES DÉTAILS.

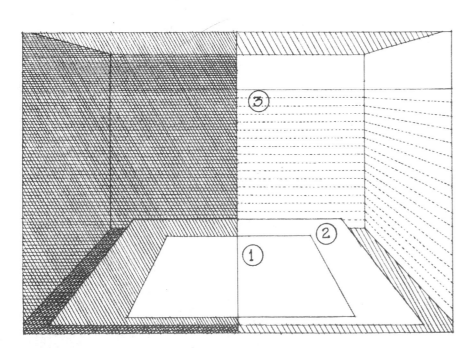

LA LUMINANCE DES MURS (3) DEVRAIT ÊTRE DE 5 FOIS PLUS FAIBLE À 5 FOIS PLUS GRANDE QUE CELLE DU PLAN DE TRAVAIL (1).

3:1

LE CONTRASTE MAXIMAL RECOMMANDÉ ENTRE LE PLAN DE TRAVAIL (1) ET CE QUI L'ENTOURE (2) EST DE 3 POUR 1.

CERTAINES SITUATIONS RENDENT LA LUMINANCE ET LE CONTRASTE SOUHAITABLES.

L'ÉBLOUISSEMENT

UN ÉBLOUISSEMENT DIRECT S'EXPLIQUE PAR L'ÉCLAT D'UNE SOURCE LUMINEUSE SE TROUVANT DANS LE CHAMP DE VISION NORMAL D'UN INDIVIDU.

Un éclairage uniforme s'avère le moins exigeant pour les yeux, surtout dans le cas d'un plan de travail et de ce qui l'entoure. Nos yeux peuvent toutefois s'adapter à des différences de luminance très variées. Ils s'accommodent, pour une période limitée, d'un contraste minimal de 2 pour 1 et d'un contraste maximal de 100 pour 1 ou plus ; mais ils ne peuvent pas réagir immédiatement à une variation subite du niveau d'éclairement. Toute augmentation importante de la luminance peut susciter un éblouissement, une fatigue des yeux et une diminution de la capacité visuelle.

On note des éblouissements directs et indirects. Un éblouissement direct résulte de l'éclat d'une source lumineuse se trouvant à l'intérieur du champ de vision normal d'un individu. Son importance varie selon la luminosité de cette source. Voici quelques moyens d'éviter ce type d'éblouissement :

- éloigner les sources lumineuses de la ligne de vision directe des occupants de la pièce ;
- si cela est impossible, opter pour des luminaires munis d'une lentille ou d'un paralume ;
- accroître la luminance de ce qui entoure ces sources afin de réduire le contraste créé.

QUELQUES MOYENS D'ÉVITER LES ÉBLOUISSEMENTS DIRECTS :

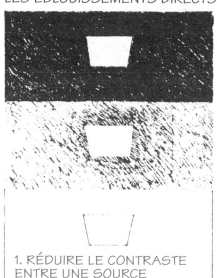

1. RÉDUIRE LE CONTRASTE ENTRE UNE SOURCE LUMINEUSE ET CE QUI L'ENTOURE.

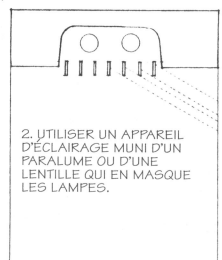

2. UTILISER UN APPAREIL D'ÉCLAIRAGE MUNI D'UN PARALUME OU D'UNE LENTILLE QUI EN MASQUE LES LAMPES.

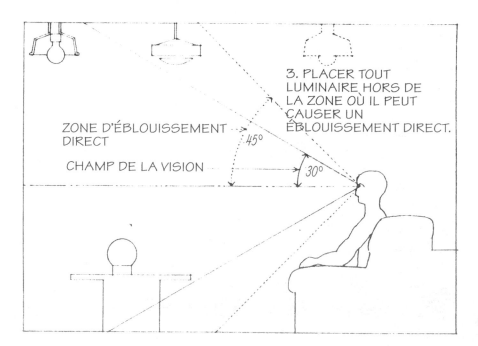

3. PLACER TOUT LUMINAIRE HORS DE LA ZONE OÙ IL PEUT CAUSER UN ÉBLOUISSEMENT DIRECT.

ZONE D'ÉBLOUISSEMENT DIRECT

CHAMP DE LA VISION

Un éblouissement indirect survient lorsque la surface ou le plan de travail sur lequel se fixe le regard d'un observateur lui renvoie dans les yeux la lumière d'une source quelconque. Le reflet créé s'avère aveuglant ou éblouissant parce qu'il voile la surface en cause, engendrant une perte de contraste qui empêche l'individu de voir ce qu'il regarde. Il est plus prononcé dans le cas d'une surface ou d'un plan de travail brillant qui agit comme un miroir. Une surface mate et terne aide à réduire l'ampleur du phénomène, sans toutefois y remédier totalement.

Voici quelques solutions possibles pour éliminer les reflets voilants :

- placer tout appareil d'éclairage de manière à empêcher les rayons incidents de se réfléchir vers l'observateur;
- utiliser des luminaires munis d'un diffuseur ou d'une lentille qui en atténue l'éclat;
- réduire l'intensité de l'éclairage général et ajouter un appareil d'éclairage d'appoint plus près du plan de travail.

ON APPRÉCIE LES REFLETS QUE SONT LES ÉTINCELLES ET LES SCINTILLEMENTS.

UN ÉBLOUISSEMENT INDIRECT (OU RÉFLÉCHI) NUIT À LA RÉALISATION D'UNE ACTIVITÉ À CARACTÈRE VISUEL, COMME LA LECTURE OU LE DESSIN.

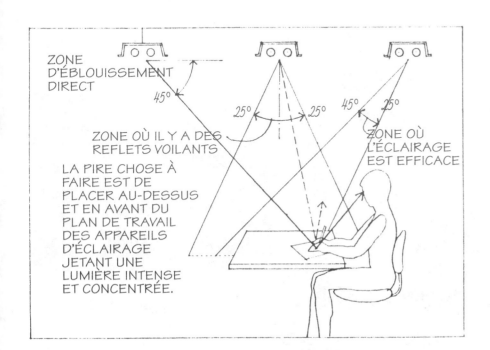

LA PIRE CHOSE À FAIRE EST DE PLACER AU-DESSUS ET EN AVANT DU PLAN DE TRAVAIL DES APPAREILS D'ÉCLAIRAGE JETANT UNE LUMIÈRE INTENSE ET CONCENTRÉE.

POUR ATTÉNUER LES REFLETS VOILANTS LORSQU'ON IGNORE OÙ SE DÉROULERA CHAQUE ACTIVITÉ DANS UNE PIÈCE, ON CHOISIT DES LUMINAIRES À FAIBLE INTENSITÉ OU ON RECOURT À UN FAIBLE ÉCLAIRAGE D'AMBIANCE.

UNE SOLUTION POLYVALENTE : UN ÉCLAIRAGE D'AMBIANCE DE FAIBLE INTENSITÉ COMBINÉ À UN ÉCLAIRAGE D'APPOINT FOURNI PAR UN APPAREIL ORIENTABLE.

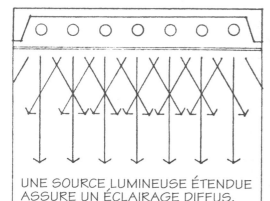

UNE SOURCE LUMINEUSE ÉTENDUE ASSURE UN ÉCLAIRAGE DIFFUS.

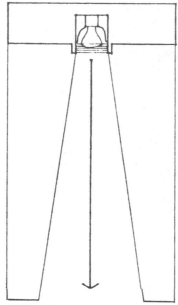

UNE SOURCE LUMINEUSE AU FAISCEAU CONCENTRÉ GÉNÈRE UN ÉCLAIRAGE ORIENTÉ.

LA DIFFUSION

Toute lumière est plus ou moins diffuse suivant son orientation et son degré de dispersion à partir de sa source. Par cette qualité, elle influe non seulement sur l'ambiance visuelle d'une pièce, mais aussi sur l'apparence des objets qui s'y trouvent. Une source lumineuse étendue, tel un plafond lumineux, procure un éclairage diffus, plat et relativement uniforme qui ne crée en général aucun reflet. Sa lumière douce réduit le contraste et les ombres au minimum, ce qui peut rendre la texture des surfaces difficile à distinguer.

Par opposition, une source ponctuelle, comme une lampe à incandescence, génère un flux orienté avec peu de diffusion. Or, un éclairage orienté fait davantage ressortir le contour, la forme et la texture des objets qu'il illumine en créant des ombres et des variations de luminance à leur surface.

Un éclairage diffus aide à obtenir une perception visuelle générale d'un intérieur, mais il peut s'avérer monotone. Il est toutefois possible de remédier à ce défaut en utilisant un éclairage orienté pour créer des points d'intérêt, établir des contrastes et illuminer davantage un plan de travail. On y gagne souvent à combiner un éclairage diffus à un éclairage orienté, surtout lorsque différentes activités doivent avoir lieu dans une même pièce.

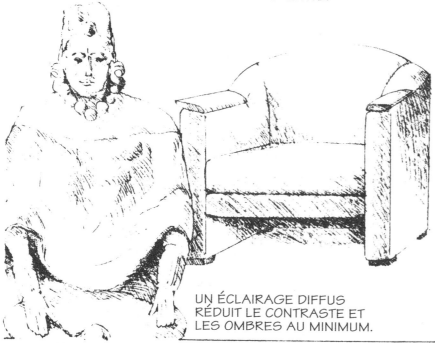

UN ÉCLAIRAGE DIFFUS RÉDUIT LE CONTRASTE ET LES OMBRES AU MINIMUM.

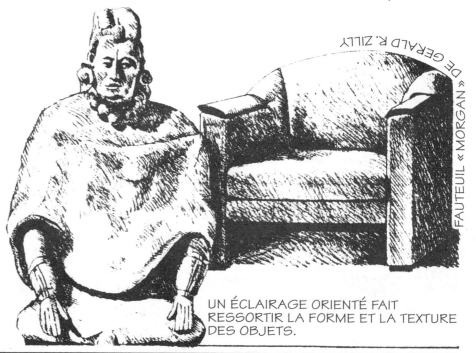

UN ÉCLAIRAGE ORIENTÉ FAIT RESSORTIR LA FORME ET LA TEXTURE DES OBJETS.

FAUTEUIL « MORGAN » DE GERALD R. ZILLY

Un autre aspect important de la lumière réside dans sa couleur et la manière dont elle influe sur la teinte des objets et des surfaces à l'intérieur d'une pièce. Bien qu'on suppose la plupart du temps qu'une lumière est blanche, sa distribution spectrale varie dans les faits selon la nature de sa source. Le soleil à son zénith produit la lumière blanche la mieux équilibrée. Aux petites heures du matin, toutefois, la lumière du jour varie du violet au rouge. Durant la matinée, elle passe progressivement de l'orangé au jaune pour en arriver au blanc bleu lorsque le soleil atteint son zénith. Sa couleur revient ensuite vers l'orangé puis se teinte de plus en plus de rouge au moment du crépuscule.

La lumière artificielle présente une distribution spectrale différente selon le type de lampe en cause. Une lampe à incandescence jette ainsi une lumière blanche tirant sur le jaune et un tube fluorescent, une lumière blanche teintée de bleu (quoiqu'il existe maintenant des tubes à spectre complet dont la lumière est presque blanche).

Une surface semble avoir une couleur donnée parce qu'elle réfléchit une certaine teinte de la lumière qu'elle reçoit et absorbe les autres. La distribution spectrale de toute source lumineuse revêt de l'importance, car aucune surface ne peut réfléchir les longueurs d'onde absentes de la lumière qui la frappe. Les couleurs associées à ces longueurs d'onde sembleront manquer à la surface illuminée ou y paraîtront grisâtres.

LA COULEUR DE LA LUMIÈRE

ÉCHELLE DE TEMPÉRATURE DE COULEUR

KELVINS	SOURCE LUMINEUSE
10 000	Ciel clair (la température peut atteindre 25 000 K)
9000	
8000	Aurore boréale
7000	
	Tube fluorescent de type lumière du jour
6000	Ciel couvert
5000	Soleil à son zénith
	Tube fluorescent de type blanc froid
4000	Lampe à incandescence de type lumière du jour
	Tube fluorescent de type blanc chaud
3000	
	Lampe à incandescence
2000	Soleil à son lever

LUMIÈRE BLANCHE AU SPECTRE ÉQUILIBRÉ

ROUGE, ORANGÉ, JAUNE, VERT, BLEU, INDIGO, VIOLET

LA COMPOSANTE ROUGE DE LA LUMIÈRE RÉFLÉCHIE DOMINE.

SURFACE ROUGE

LUMIÈRE D'UN TUBE FLUORESCENT DE TYPE BLANC FROID

L'ORANGÉ, LE JAUNE ET LE BLEU SONT ACCENTUÉS.

LE ROUGE DEVIENT GRISÉ.

SURFACE ROUGE

LES SOURCES LUMINEUSES

La lumière du jour provient du soleil. Bien que d'une intensité soutenue, elle varie en fonction de l'heure, de la saison et de l'endroit où on se trouve. Un ciel nuageux, un voile atmosphérique, des précipitations ou des polluants en suspension dans l'air peuvent la rendre diffuse.

Au moment de concevoir l'éclairage naturel d'un intérieur, il faut tenir compte non seulement des rayons solaires directs, mais aussi de la lumière réfléchie par un ciel dégagé et par un ciel couvert. Un éclairage naturel direct accentue les couleurs chaudes et brillantes, tandis que la lumière solaire réfléchie par le ciel est plus diffuse et rehausse les teintes froides.

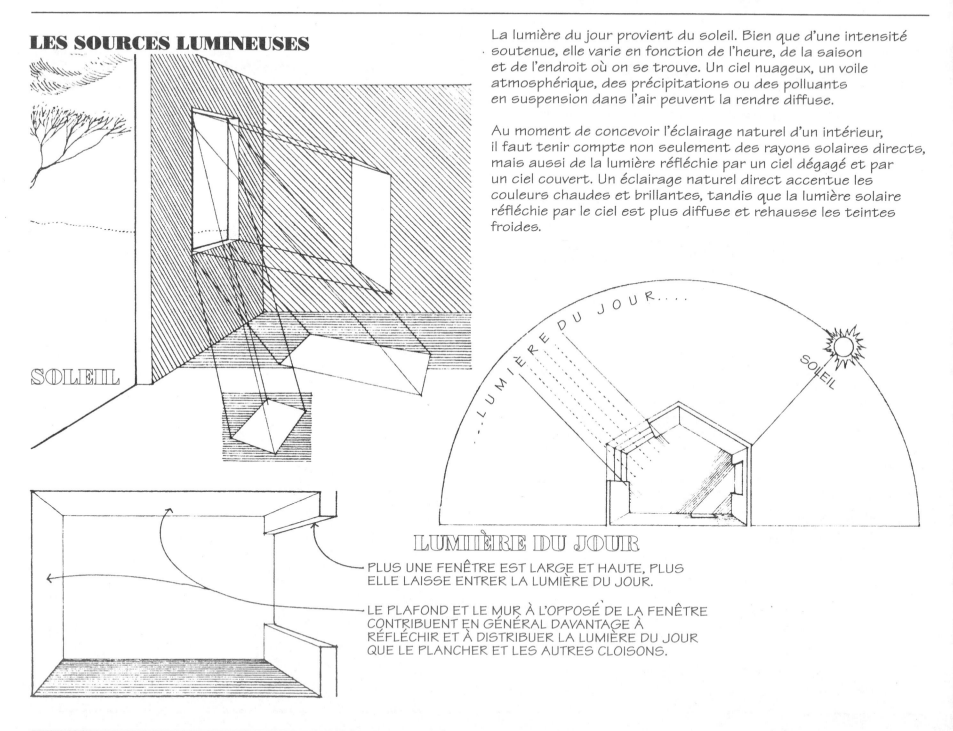

PLUS UNE FENÊTRE EST LARGE ET HAUTE, PLUS ELLE LAISSE ENTRER LA LUMIÈRE DU JOUR.

LE PLAFOND ET LE MUR À L'OPPOSÉ DE LA FENÊTRE CONTRIBUENT EN GÉNÉRAL DAVANTAGE À RÉFLÉCHIR ET À DISTRIBUER LA LUMIÈRE DU JOUR QUE LE PLANCHER ET LES AUTRES CLOISONS.

La lumière artificielle résulte de l'utilisation d'éléments fabriqués par l'homme. Son intensité et sa qualité varient d'un type de lampe à l'autre. Le boîtier qui protège une lampe et l'alimente en énergie peut également influer sur l'éclairage obtenu.

Il existe deux grands types de sources lumineuses artificielles d'usage courant, soit les lampes à incandescence et les lampes fluorescentes. Une lampe à incandescence consiste en une ampoule de verre dans laquelle se trouve un filament qui devient lumineux sous l'effet d'une chaleur intense. Règle générale, les lampes de ce type coûtent moins cher qu'un tube fluorescent et produisent une lumière plus chaude qu'on peut plus facilement tamiser à l'aide d'un variateur ou gradateur. Étant relativement petites et peu encombrantes, elles peuvent jouer le rôle de sources ponctuelles servant à mettre en évidence la forme et la texture des objets.

Les lampes à incandescence ont une piètre efficacité lumineuse. Seulement 12 % environ de l'énergie qu'elles consomment sert à la production de lumière, le reste étant converti en chaleur. En outre, leur durée de vie est relativement courte.

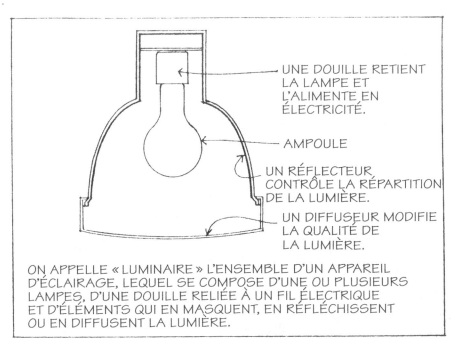

UNE DOUILLE RETIENT LA LAMPE ET L'ALIMENTE EN ÉLECTRICITÉ.

AMPOULE

UN RÉFLECTEUR CONTRÔLE LA RÉPARTITION DE LA LUMIÈRE.

UN DIFFUSEUR MODIFIE LA QUALITÉ DE LA LUMIÈRE.

ON APPELLE « LUMINAIRE » L'ENSEMBLE D'UN APPAREIL D'ÉCLAIRAGE, LEQUEL SE COMPOSE D'UNE OU PLUSIEURS LAMPES, D'UNE DOUILLE RELIÉE À UN FIL ÉLECTRIQUE ET D'ÉLÉMENTS QUI EN MASQUENT, EN RÉFLÉCHISSENT OU EN DIFFUSENT LA LUMIÈRE.

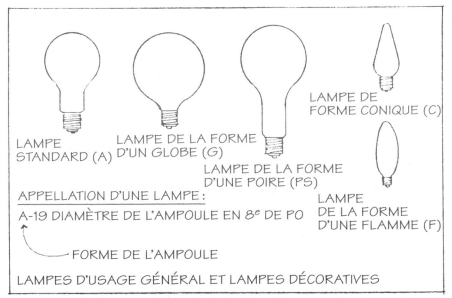

LAMPE STANDARD (A)

LAMPE DE LA FORME D'UN GLOBE (G)

LAMPE DE LA FORME D'UNE POIRE (PS)

LAMPE DE FORME CONIQUE (C)

LAMPE DE LA FORME D'UNE FLAMME (F)

APPELLATION D'UNE LAMPE :
A-19 DIAMÈTRE DE L'AMPOULE EN 8e DE PO
FORME DE L'AMPOULE
LAMPES D'USAGE GÉNÉRAL ET LAMPES DÉCORATIVES

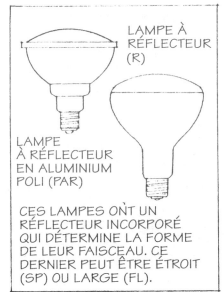

LAMPE À RÉFLECTEUR (R)

LAMPE À RÉFLECTEUR EN ALUMINIUM POLI (PAR)

CES LAMPES ONT UN RÉFLECTEUR INCORPORÉ QUI DÉTERMINE LA FORME DE LEUR FAISCEAU. CE DERNIER PEUT ÊTRE ÉTROIT (SP) OU LARGE (FL).

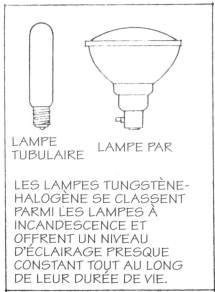

LAMPE TUBULAIRE

LAMPE PAR

LES LAMPES TUNGSTÈNE-HALOGÈNE SE CLASSENT PARMI LES LAMPES À INCANDESCENCE ET OFFRENT UN NIVEAU D'ÉCLAIRAGE PRESQUE CONSTANT TOUT AU LONG DE LEUR DURÉE DE VIE.

LES LAMPES À INCANDESCENCE

LONGUEUR DU TUBE : . . . . 18" (457 mm) – 15 WATTS
24" (609 mm) – 20 W
36" (914 mm) – 30 W
48" (1219 mm) – 40 W
96" (2438 mm) – 75 W

LES LAMPES FLUORESCENTES

DONNÉES COMPARATIVES :

Un tube fluorescent F48 T12 :	40 W –	3150 lumens
Deux lampes incandescentes 100 W :	200 W –	3420 lumens
Quatre lampes incandescentes 60 W :	240 W –	3480 lumens

Les lampes fluorescentes sont des lampes tubulaires à décharge de faible intensité. Dans leur tube rempli de vapeur de mercure, le passage d'un arc électrique d'une extrémité à l'autre produit des rayons ultraviolets. Sous l'excitation de ces derniers, la poudre fluorescente qui recouvre la paroi intérieure du tube émet une lumière visible.

Les tubes fluorescents présentent une meilleure efficacité (50 à 80 lumens par watt) et une durée de vie plus longue (9000 à 20 000 heures) que les lampes à incandescence. Ils dégagent en outre peu de chaleur.

Minces et allongées, les lampes fluorescentes s'apparentent à une ligne et assurent un éclairage diffus. Il est cependant difficile de moduler leur lumière, d'où un éclairage souvent plat et monotone. Notons qu'il existe des tubes fluorescents circulaires et d'autres en forme de U, qui conviennent à des appareils d'éclairage plus petits.

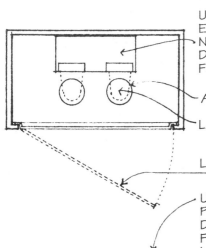

UN BALLAST LIMITE LE COURANT ET FOURNIT LA TENSION NÉCESSAIRE À L'ALLUMAGE DE LA LAMPE ET À SON FONCTIONNEMENT.

AMPOULE TUBULAIRE

LAMPES

LES TYPES DE DIFFUSEURS :

UNE LENTILLE EN VERRE OU EN PLASTIQUE JOUE LE RÔLE D'UN DIFFUSEUR EN RÉORIENTANT LE FLUX LUMINEUX ET EN RÉDUISANT LA LUMINANCE DE L'APPAREIL.

DES LAMES PARALLÈLES MASQUENT LES LAMPES DANS LEUR LONGUEUR LORSQU'ON LES PLACE PERPENDICULAIREMENT À CELLES-CI.

ANGLE SOUS LEQUEL LES TUBES SONT MASQUÉS

DES LAMES ENTRECROISÉES MASQUENT LES TUBES DANS LES DEUX SENS, EN PLUS D'EN DIFFUSER LA LUMIÈRE.

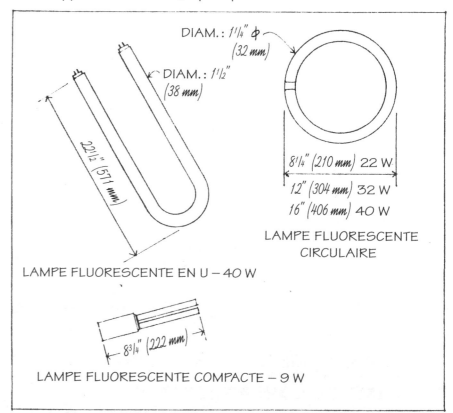

DIAM. : 1¼" ⌀ (32 mm)
DIAM. : 1½" (38 mm)
22½" (571 mm)

8¼" (210 mm) 22 W
12" (304 mm) 32 W
16" (406 mm) 40 W

LAMPE FLUORESCENTE CIRCULAIRE

LAMPE FLUORESCENTE EN U – 40 W

8¾" (222 mm)

LAMPE FLUORESCENTE COMPACTE – 9 W

On peut faire varier le rendement d'un tube fluorescent et la couleur de la lumière qu'il produit en modifiant la composition de la poudre fluorescente qui en tapisse la paroi intérieure. Il y a ainsi sur le marché plusieurs types de lampes fluorescentes générant chacun une lumière « blanche » différente.

F48 T12 CW · HO

- TYPE (FLUORESCENT)
- LONGUEUR DU TUBE
- FORME DE LA LAMPE (TUBULAIRE)
- DIAMÈTRE DE LA LAMPE EN 8ᵉ DE PO
- COULEUR DE LA LUMIÈRE
- SYMBOLE D'UNE LAMPE FLUORESCENTE À RENDEMENT PLUS ÉLEVÉ EXIGEANT UN CIRCUIT ET UN BALLAST PARTICULIERS

LES PROPRIÉTÉS CHROMATIQUES DES TUBES FLUORESCENTS ET DES LAMPES À INCANDESCENCE

SOURCE : LA DIVISION DES LAMPES DE LA GÉNÉRALE ÉLECTRIQUE

TYPE DE LAMPE	EFFET SUR UNE SURFACE DE TON NEUTRE	SENSATION PERÇUE	COULEURS ACCENTUÉES	COULEURS GRISÉES	COMMENTAIRES
BLANC FROID (CW)	BLANC	NEUTRE À MODÉRÉMENT FROID	ORANGÉ, JAUNE, BLEU	ROUGE	S'HARMONISE AVEC UN ÉCLAIRAGE NATUREL
BLANC FROID DELUXE (CWX)	BLANC	NEUTRE À MODÉRÉMENT FROID	TOUTES D'UNE MANIÈRE À PEU PRÈS ÉGALE	AUCUNE	OFFRE DANS L'ENSEMBLE LE MEILLEUR RENDU DES COULEURS
BLANC CHAUD (WW)	BLANC JAUNÂTRE	CHAUD	ORANGÉ, JAUNE	ROUGE, VERT, BLEU	S'HARMONISE AVEC UNE LAMPE À INCANDESCENCE
BLANC CHAUD DELUXE (WWX)	BLANC JAUNÂTRE	CHAUD	ROUGE, ORANGÉ, JAUNE, VERT	BLEU	IMITE UNE LAMPE À INCANDESCENCE
LUMIÈRE DU JOUR	BLANC BLEU	TRÈS FROID	VERT, BLEU	ROUGE, ORANGÉ	
À INCANDESCENCE	BLANC JAUNÂTRE	CHAUD	ROUGE, ORANGÉ, JAUNE	BLEU	OFFRE UN BON RENDU DES COULEURS

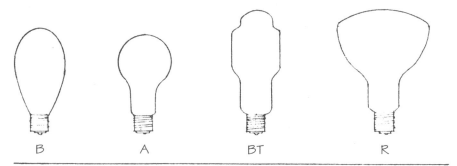

B A BT R

LA FORME DES LAMPES À VAPEUR DE MERCURE

> LE CATALOGUE DU FABRICANT PERMET DE CONNAÎTRE LA TAILLE, LA PUISSANCE, LE FLUX LUMINEUX INITIAL ET LA DURÉE DE VIE MOYENNE D'UNE LAMPE À VAPEUR DE MERCURE.

Les lampes à décharge de haute intensité forment un troisième groupe important de sources lumineuses artificielles. Celui-ci comprend les lampes à vapeur de mercure, les lampes au sodium à haute pression et les lampes aux halogénures métalliques. Toutes ces lampes ont une longue durée de vie et produisent beaucoup de lumière, à partir d'une source réduite, tout en consommant peu d'énergie. Elles combinent la forme d'une lampe à incandescence à l'efficacité lumineuse d'un tube fluorescent.

À l'origine, ces lampes servaient avant tout à l'éclairage des voies publiques ainsi que de vastes espaces industriels. Elles étaient efficaces, mais présentaient une distribution spectrale inégale, modifiant de beaucoup la couleur des objets qu'elles éclairaient. On a toutefois amélioré leur rendu des couleurs, de sorte qu'on utilise de plus en plus ce type de lampes dans les grands espaces intérieurs commerciaux et publics.

Les lampes à vapeur de mercure émettent de la lumière lorsqu'un arc traverse la vapeur de mercure contenue dans leur ampoule de quartz. D'une puissance de 40 à 1000 W, elles éclairent deux fois plus qu'une lampe à incandescence et sont presque aussi efficaces (40 à 60 lumens par watt) qu'un tube fluorescent. Comme elles durent de 16 000 à 24 000 heures, on les utilise souvent là où de longues heures d'éclairage sont requises et où la source est peu accessible. Les lampes à ampoule claire jettent une lumière bleu verdâtre. Celles qui sont phosphorées sont plus éclairantes et rendent mieux les couleurs, ce qui permet de les utiliser en éclairage intérieur.

LES LAMPES À DÉCHARGE DE HAUTE INTENSITÉ

LES PROPRIÉTÉS CHROMATIQUES DES LAMPES À VAPEUR DE MERCURE					SOURCE : LA DIVISION DES LAMPES DE LA GÉNÉRALE ÉLECTRIQUE
TYPE DE LAMPE	EFFET SUR UNE SURFACE DE TON NEUTRE	SENSATION PERÇUE	COULEURS ACCENTUÉES	COULEURS GRISÉES	COMMENTAIRES
LAMPE À VAPEUR DE MERCURE CLAIRE	BLANC BLEU VERDÂTRE	TRÈS FROID, VERDÂTRE	JAUNE, BLEU, VERT	ROUGE, ORANGÉ	MAUVAIS RENDU DES COULEURS
LAMPE À VAPEUR DE MERCURE BLANCHE	BLANC VERDÂTRE	MODÉRÉMENT FROID, VERDÂTRE	JAUNE, VERT, BLEU	ROUGE, ORANGÉ	RENDU MOYEN DES COULEURS
LAMPE À VAPEUR DE MERCURE DELUXE	BLANC VIOLACÉ	CHAUD, VIOLACÉ	ROUGE, BLEU, JAUNE	VERT	RENDU DES COULEURS SIMILAIRE À CELUI D'UN TUBE FLUORESCENT BLANC FROID

Les lampes aux halogénures métalliques sont des lampes à vapeur de mercure qui contiennent, en plus, un halogénure métallique pour produire plus de lumière (efficacité de 80 à 100 lumens par watt) et rendre mieux les couleurs. Leur puissance varie de 400 à 1500 W et leur durée de vie, de 1500 à 15 000 heures. Comme elles sont petites, on peut aisément en contrôler le flux lumineux. Grâce à leur rendu des couleurs relativement fidèle, ces lampes peuvent servir aussi bien à l'extérieur qu'à l'intérieur.

Les lampes au sodium à haute pression constituent la source de lumière blanche la plus efficace. D'une puissance de 75 à 1000 W, elles présentent une efficacité de 100 à 130 lumens par watt et une durée de vie de 10 000 à 20 000 heures. Leur lumière est quelque peu jaunâtre et ressemble à celle d'un tube fluorescent blanc chaud.

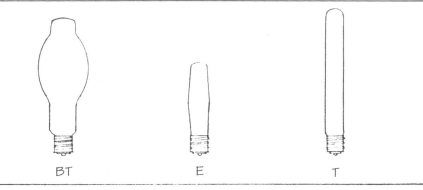

LA FORME DES LAMPES AUX HALOGÉNURES MÉTALLIQUES ET DES LAMPES AU SODIUM À HAUTE PRESSION

ON PEUT POSER UNE LAMPE PORTATIVE SUR UNE TABLETTE OU LA FIXER AU SOMMET D'UN PANNEAU AFIN QU'ELLE SOIT PLUS ÉLEVÉE QUE LA HAUTEUR DES YEUX.

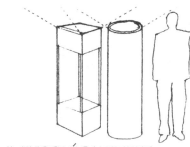

DANS UN ESPACE COMMERCIAL, LES LAMPES À DÉCHARGE FOURNISSENT UNE SOLUTION DE RECHANGE À L'EMPLOI D'APPAREILS D'ÉCLAIRAGE JETANT LEUR LUMIÈRE DU PLAFOND. ELLES PROCURENT UN ÉCLAIRAGE D'AMBIANCE INDIRECT EN UTILISANT LE PLAFOND POUR RÉFLÉCHIR ET DIFFUSER LEUR FLUX LUMINEUX.

IL EXISTE ÉGALEMENT DES LAMPES SUR PIED PORTATIVES.

LES PROPRIÉTÉS CHROMATIQUES DES LAMPES AUX HALOGÉNURES MÉTALLIQUES ET DES LAMPES AU SODIUM À HAUTE PRESSION					
				SOURCE : LA DIVISION DES LAMPES DE LA GÉNÉRALE ÉLECTRIQUE	
TYPE DE LAMPE	EFFET SUR UNE SURFACE DE TON NEUTRE	SENSATION PERÇUE	COULEURS ACCENTUÉES	COULEURS GRISÉES	COMMENTAIRES
LAMPE AUX HALOGÉNURES MÉTALLIQUES	BLANC VERDÂTRE	MODÉRÉMENT FROID, VERDÂTRE	JAUNE, VERT, BLEU	ROUGE	RENDU DES COULEURS SIMILAIRE À CELUI D'UN TUBE FLUORESCENT BLANC FROID
LAMPE AU SODIUM À HAUTE PRESSION	JAUNÂTRE	CHAUD, JAUNÂTRE	JAUNE, VERT, ORANGÉ	ROUGE, BLEU	RENDU DES COULEURS SIMILAIRE À CELUI D'UN TUBE FLUORESCENT BLANC CHAUD

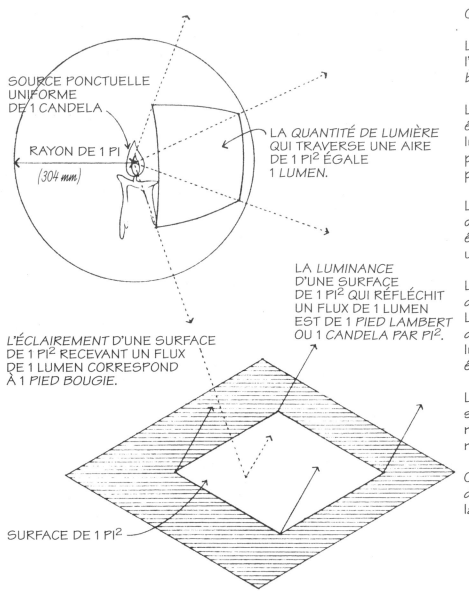

Quatre grandes unités de mesure s'appliquent à la lumière.

La CANDELA est l'unité internationale servant à exprimer l'intensité lumineuse d'une source. On utilise souvent le *pied bougie* pour décrire l'intensité relative d'une source lumineuse.

Le LUMEN traduit la quantité de lumière continuellement émise par une source donnée, c'est-à-dire son flux lumineux. Un lumen correspond à la quantité de lumière qui atteint une portion de 1 pied carré d'une sphère de 1 pied de rayon éclairée par une source ponctuelle de 1 candela placée en son centre.

Le PIED BOUGIE est une unité d'éclairement et indique la quantité de lumière que reçoit une surface. Un pied bougie équivaut à l'éclairement d'une surface que baigne uniformément un flux lumineux de 1 lumen par pied carré.

Le pied bougie ESI (Equivalent Sphere Illumination) est l'unité de mesure de l'éclairement utile en un point donné d'une pièce. Le résultat obtenu traduira plus fidèlement le rendement de l'éclairage, car il tiendra compte de la capacité de tout luminaire de réduire ou d'éliminer les reflets et les éblouissements.

Le PIED LAMBERT sert à exprimer la luminance d'une surface, soit la quantité de lumière qu'elle réfléchit. Un pied lambert représente la luminance d'une surface émettant ou réfléchissant 1 lumen par pied carré.

Comme presque tout ce qu'on voit est visible en raison de la lumière réfléchie par les surfaces à l'intérieur d'une pièce, la luminance révèle la nature d'un espace.

LES CALCULS D'ÉCLAIRAGE

Le pied bougie traduit l'éclairement d'une surface et se définit de la manière suivante :

1 pied bougie = $\dfrac{1 \text{ lumen (uniformément distribué)}}{1 \text{ pi}^2}$

À partir de cette équation, on peut établir une formule pour calculer le niveau d'éclairement moyen d'un espace éclairé par un nombre de sources lumineuses connues, soit :

$\boxed{E = \dfrac{F}{S}}$ où E représente le niveau d'éclairement (en pieds bougies), F le flux lumineux généré par l'ensemble des appareils d'éclairage (en lumens) et S la superficie de la pièce (en pi²). Cette formule suppose que toute la lumière produite par les sources en cause sert à l'éclairement de l'espace. Dans les faits, cependant, plusieurs choses empêchent la transmission de la totalité du flux lumineux émis par un luminaire et ont une incidence sur l'efficacité de l'éclairage d'appoint dans une pièce donnée.

- *L'efficacité des luminaires*: Une partie du flux lumineux que produit un appareil d'éclairage se perd à l'intérieur même de celui-ci.

- *Les caractéristiques de la pièce*: Les proportions d'une pièce (soit le rapport entre ses dimensions horizontales et verticales) de même que le facteur de réflexion de ses surfaces influent sur la quantité de lumière qui se perd en étant absorbée par ces dernières lorsqu'elle les frappe.

Une mesure tient compte de ce qui précède, soit le coefficient d'utilisation (CU). Celui-ci représente le pourcentage du flux lumineux généré qui atteint le plan utile. Les appareils d'éclairage s'accompagnent en général de tableaux préparés par leur fabricant, lesquels permettent d'en déterminer le coefficient d'utilisation. En incorporant ce dernier à la formule énoncée précédemment, on obtient :

$\boxed{E = \dfrac{F \times CU}{S}}$

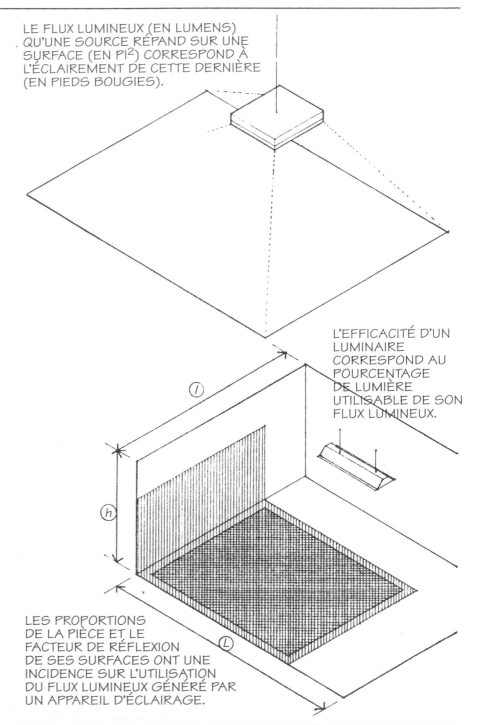

LE FLUX LUMINEUX (EN LUMENS) QU'UNE SOURCE RÉPAND SUR UNE SURFACE (EN PI²) CORRESPOND À L'ÉCLAIREMENT DE CETTE DERNIÈRE (EN PIEDS BOUGIES).

L'EFFICACITÉ D'UN LUMINAIRE CORRESPOND AU POURCENTAGE DE LUMIÈRE UTILISABLE DE SON FLUX LUMINEUX.

LES PROPORTIONS DE LA PIÈCE ET LE FACTEUR DE RÉFLEXION DE SES SURFACES ONT UNE INCIDENCE SUR L'UTILISATION DU FLUX LUMINEUX GÉNÉRÉ PAR UN APPAREIL D'ÉCLAIRAGE.

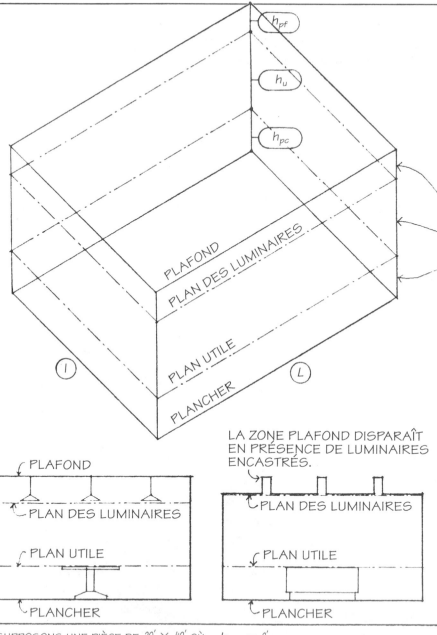

Avant de pouvoir se servir de la table de coefficient d'utilisation d'un luminaire, on doit réaliser certains calculs touchant les proportions de la pièce à éclairer et le pourcentage de réflexion de ses surfaces. C'est ici qu'intervient la méthode de calcul par zone qu'a élaborée l'Illuminating Engineering Society (IES) dans le but d'établir le nombre de luminaires requis pour qu'un plan utile horizontal ait un niveau d'éclairement donné. Cette méthode amène à diviser une pièce en différents espaces horizontaux limités chacun par les murs du local. On reconnaît ainsi :

- la *zone plafond* (pf) comprise entre le plafond et le plan horizontal des luminaires ;
- la *zone utile* (u) située entre le plan des luminaires et un plan utile horizontal établi à la hauteur des surfaces de travail ;
- la *zone plancher* ou *sol* (pc) comprise entre le plan utile et le plancher.

Notons que toute pièce comporte une zone utile. L'existence d'une zone plafond dépend toutefois de la hauteur où se trouvent les luminaires et celle d'une zone plancher de l'emplacement du plan utile.

En divisant ainsi une pièce, on peut étudier la façon dont se comporte la lumière dans chaque zone avant d'atteindre le plan utile. Or, celle-ci varie suivant le rapport entre la superficie et la hauteur de chaque zone, la répartition du flux lumineux des appareils d'éclairage et le facteur de réflexion des surfaces en cause.

Le rapport de cavité (RC) d'une zone indique le rapport entre sa hauteur et sa superficie. On le calcule grâce à la formule

$$RC = \frac{5 \times h \times (L + l)}{L \times l}$$

où h correspond à la hauteur d'une zone, L à sa longueur et l à sa largeur.

SUPPOSONS UNE PIÈCE DE 20' × 40' OÙ $h_{pf} = 2'$, $h_u = 8'$, $h_{pc} = 3'$. ON OBTIENT :

① $RC_u = \dfrac{5 \times 8 \times (20 + 40)}{20 \times 40} = 3{,}0$

$RC_{pf} = {}^2\!/_8 \times RC_u = 0{,}75$
$RC_{pc} = {}^3\!/_8 \times RC_u = 1{,}13$

Le pourcentage de réflexion réelle (ρ) traduit la quantité de lumière qui s'échappe d'une zone après l'absorption d'une partie du flux lumineux incident par ses surfaces. L'*IES Lighting Handbook* de l'Illuminating Engineering Society renferme des tables qui indiquent le pourcentage de réflexion réelle des zones plafond et plancher suivant leur rapport de cavité et le facteur de réflexion de leurs surfaces. Une fois qu'on connaît le rapport de cavité de la zone utile, le pourcentage de réflexion réelle des zones plafond et plancher ainsi que le pourcentage de réflexion des murs, on peut trouver le coefficient d'utilisation (*CU*) d'un luminaire donné en consultant la table fournie par son fabricant.

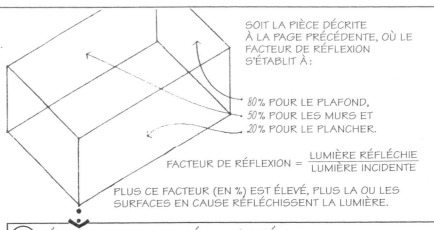

SOIT LA PIÈCE DÉCRITE À LA PAGE PRÉCÉDENTE, OÙ LE FACTEUR DE RÉFLEXION S'ÉTABLIT À :

- 80 % POUR LE PLAFOND,
- 50 % POUR LES MURS ET
- 20 % POUR LE PLANCHER.

$$\text{FACTEUR DE RÉFLEXION} = \frac{\text{LUMIÈRE RÉFLÉCHIE}}{\text{LUMIÈRE INCIDENTE}}$$

PLUS CE FACTEUR (EN %) EST ÉLEVÉ, PLUS LA OU LES SURFACES EN CAUSE RÉFLÉCHISSENT LA LUMIÈRE.

③ DÉTERMINER LE COEFFICIENT D'UTILISATION (*CU*) POUR UN TYPE PARTICULIER DE LUMINAIRE

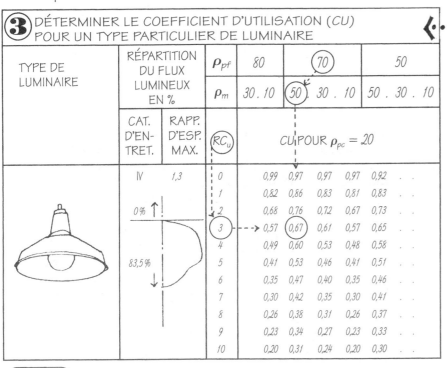

$CU = 0{,}67$

Advenant que le pourcentage de réflexion réelle de la zone plancher (ρ_{pc}) soit différent de 20, on devra modifier la valeur de *CU* en conséquence. Il faudra l'augmenter si ρ_{pc} dépasse 20 et la diminuer si ρ_{pc} est inférieur à 20.

② DÉTERMINER LE % DE RÉFLEXION *RÉELLE* DES ZONES PLAFOND ET PLANCHER

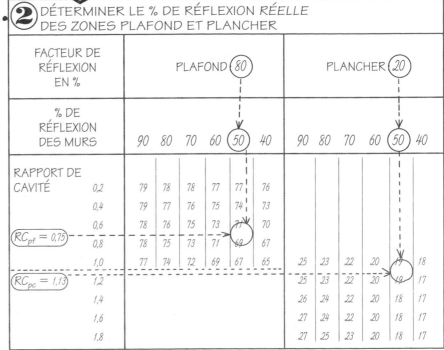

En extrapolant, on obtient $\rho_{pf} = 70$ et $\rho_{pc} = 19$

Notons qu'en principe, le pourcentage de réflexion *réelle* des zones plafond et plancher décroît lorsque leur rapport de cavité augmente et que le pourcentage de réflexion des murs diminue.

LE FACTEUR DE DÉPRÉCIATION DU LUMEN (d_1) POUR CERTAINES LAMPES

TYPE DE LAMPE	PUISSANCE (EN W)	MOYENNE	MINIMUM
À INCANDESCENCE	75	0,90	0,86
	100	0,93	0,90
	300	0,91	0,87
FLUORESCENTE	40	0,87	0,83
	60	0,93	0,89
	75	0,93	0,89
À VAPEUR DE MERCURE	250	0,81	0,75
AUX HALOGÉNURES MÉTALLIQUES	250	0,83	0,76

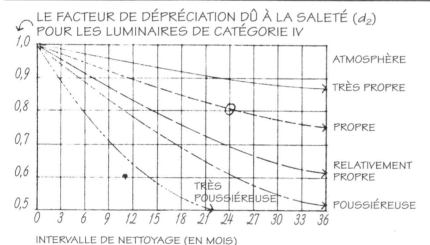

LE FACTEUR DE DÉPRÉCIATION DÛ À LA SALETÉ (d_2) POUR LES LUMINAIRES DE CATÉGORIE IV

INTERVALLE DE NETTOYAGE (EN MOIS)

SOIT L'EXEMPLE DE LA PAGE PRÉCÉDENTE. SUPPOSONS QUE LE LUMINAIRE UTILISE UNE SEULE LAMPE À INCANDESCENCE DE 300 W GÉNÉRANT UN FLUX DE 6360 LUMENS ; L'INTERVALLE DE NETTOYAGE EST DE 24 MOIS, LA PIÈCE À ÉCLAIRER AYANT UNE ATMOSPHÈRE PROPRE. ON OBTIENT :

$$FPL = d_1 \times d_2 = 0,91 \times 0,8 = 0,73$$

TEL QU'INDIQUÉ AUX PAGES PRÉCÉDENTES :

LA PIÈCE = 20' × 40'
CU = 0,67
LE NIVEAU D'ÉCLAIREMENT DÉSIRÉ = 100 PIEDS BOUGIES
DONC, ON AURA BESOIN DE

$$\frac{(100) \times (20 \times 40)}{0,67 \times 0,73 \times 6360 \times 1} = 25,7 \text{ OU PLUTÔT } \underline{26} \text{ LUMINAIRES}$$

Deux autres éléments réduisent la quantité de lumière disponible aux fins d'éclairage. Ainsi, le facteur de dépréciation du lumen tient compte de la diminution du flux lumineux attribuable à l'usure. Il varie selon le type de lampes utilisé. Le facteur de dépréciation dû à la saleté compense pour sa part la perte de lumière résultant de l'accumulation de poussières sur la lampe et le boîtier d'un appareil d'éclairage. Il varie selon le type de luminaire choisi, le niveau de propreté de l'air dans la pièce en cause et l'intervalle prévu entre les nettoyages.

Il suffit de consulter l'*IES Lighting Handbook* ou les tables du fabricant de l'appareil d'éclairage en cause pour trouver les valeurs de ces deux facteurs. En les multipliant, on obtient un facteur de perte de lumière (*FPL* – en anglais MF) qu'on intègre comme suit à la formule servant à établir le niveau d'éclairement :

$$E = \frac{F \times CU \times FPL}{S}$$

Cette formule n'est guère utile sous la forme qui précède, car l'utilisation prévue d'un espace détermine en général le niveau d'éclairement souhaitable. On peut cependant transposer ses termes de manière à calculer la valeur du flux lumineux (*F*) requis pour un niveau d'éclairement (*E*) donné :

$$F = \frac{E \times S}{CU \times FPL}$$

Comme chaque luminaire a un nombre connu de lampes et que chacune d'elles génère un flux initial donné en lumens, on peut déterminer le nombre de luminaires requis en utilisant la formule :

$$N = \frac{E \times S}{CU \times FPL \times (L \times M)}$$

où N représente le nombre de luminaires, L le nombre de lampes par luminaire et M le nombre de lumens fournis par lampe.

TABLE PERMETTANT D'ÉTABLIR LE COEFFICIENT D'UTILISATION POUR TROIS TYPES DE LUMINAIRES

Voir l'*IES Lighting Handbook* ou consulter les catalogues des fabricants, où apparaissent les données les plus récentes.

TYPE DE LUMINAIRE	RÉPARTITION DU FLUX LUMINEUX EN %		ρ_{pf}	80			70			50			30			10			0
			ρ_m	50	30	10	50	30	10	50	30	10	50	30	10	50	30	10	0
	CAT. D'ENTRET.	RAPP. D'ESP. MAX.	RC_u	COEFFICIENT D'UTILISATION POUR $\rho_{pc} = 20$															
LAMPE À INCANDESCENCE RECOUVERTE D'UN GLOBE DIFFUSEUR	V (35 % ↑ / 45 % ↓)	1,5	1	0,71	0,67	0,63	0,66	0,62	0,59	0,56	0,53	0,50	0,47	0,45	0,43	0,39	0,37	0,35	0,31
			2	0,61	0,54	0,49	0,56	0,50	0,46	0,47	0,43	0,39	0,39	0,36	0,33	0,32	0,29	0,27	0,23
			3	0,52	0,45	0,39	0,48	0,42	0,37	0,41	0,36	0,31	0,34	0,30	0,26	0,27	0,24	0,22	0,18
			4	0,46	0,38	0,33	0,42	0,36	0,30	0,36	0,30	0,26	0,30	0,26	0,22	0,24	0,21	0,18	0,15
			5	0,40	0,33	0,27	0,37	0,30	0,25	0,32	0,26	0,22	0,26	0,22	0,19	0,21	0,18	0,15	0,12
			6	0,36	0,28	0,23	0,33	0,26	0,21	0,28	0,23	0,19	0,23	0,19	0,16	0,19	0,15	0,13	0,10
			7	0,32	0,25	0,20	0,29	0,23	0,18	0,25	0,20	0,16	0,21	0,16	0,13	0,17	0,13	0,11	0,09
			8	0,29	0,22	0,17	0,27	0,20	0,16	0,23	0,17	0,14	0,19	0,15	0,12	0,15	0,12	0,09	0,07
			9	0,26	0,19	0,15	0,24	0,18	0,14	0,20	0,15	0,12	0,17	0,13	0,10	0,14	0,11	0,08	0,06
			10	0,23	0,17	0,13	0,22	0,16	0,12	0,19	0,14	0,10	0,16	0,12	0,09	0,13	0,09	0,07	0,05
APPAREIL D'ÉCLAIRAGE ENCASTRÉ R-40 À FAISCEAU LARGE MUNI D'UN RÉFLECTEUR CONIQUE	IV (0 % / 85 %)	0,7	1	0,96	0,94	0,92	0,94	0,92	0,91	0,90	0,89	0,88	0,87	0,86	0,85	0,84	0,84	0,83	0,82
			2	0,91	0,88	0,86	0,90	0,87	0,85	0,87	0,85	0,83	0,84	0,83	0,82	0,82	0,81	0,80	0,79
			3	0,87	0,84	0,81	0,86	0,83	0,81	0,84	0,81	0,79	0,82	0,80	0,78	0,80	0,78	0,77	0,76
			4	0,83	0,80	0,77	0,82	0,79	0,77	0,81	0,78	0,76	0,79	0,77	0,75	0,78	0,76	0,74	0,73
			5	0,79	0,76	0,73	0,79	0,75	0,73	0,77	0,74	0,72	0,76	0,73	0,71	0,75	0,73	0,71	0,70
			6	0,76	0,73	0,70	0,76	0,72	0,70	0,75	0,72	0,69	0,74	0,71	0,69	0,73	0,70	0,68	0,67
			7	0,73	0,69	0,66	0,73	0,69	0,66	0,72	0,68	0,66	0,71	0,68	0,66	0,70	0,67	0,65	0,64
			8	0,70	0,66	0,63	0,70	0,66	0,63	0,69	0,65	0,63	0,68	0,65	0,63	0,67	0,65	0,63	0,62
			9	0,67	0,63	0,60	0,67	0,63	0,60	0,66	0,62	0,60	0,65	0,62	0,60	0,65	0,62	0,60	0,59
			10	0,64	0,60	0,58	0,64	0,60	0,58	0,63	0,60	0,58	0,63	0,60	0,57	0,62	0,59	0,57	0,56
DEUX TUBES FLUORESCENTS RECOUVERTS D'UNE LENTILLE PRISMATIQUE	V (24 % ↑ / 50 % ↓)	1,2	1	0,71	0,68	0,65	0,67	0,65	0,62	0,60	0,58	0,56	0,53	0,51	0,50	0,47	0,45	0,44	0,41
			2	0,63	0,58	0,54	0,59	0,55	0,52	0,53	0,50	0,47	0,47	0,45	0,42	0,42	0,40	0,38	0,35
			3	0,56	0,50	0,46	0,53	0,48	0,44	0,47	0,44	0,40	0,42	0,39	0,37	0,38	0,35	0,33	0,31
			4	0,50	0,44	0,40	0,48	0,42	0,38	0,43	0,39	0,35	0,38	0,35	0,32	0,34	0,32	0,29	0,27
			5	0,45	0,39	0,34	0,43	0,37	0,33	0,38	0,34	0,31	0,35	0,31	0,28	0,31	0,28	0,26	0,24
			6	0,41	0,35	0,30	0,39	0,33	0,29	0,35	0,30	0,27	0,32	0,28	0,25	0,28	0,25	0,23	0,21
			7	0,37	0,31	0,27	0,35	0,30	0,26	0,32	0,27	0,24	0,29	0,25	0,22	0,26	0,23	0,20	0,19
			8	0,33	0,27	0,23	0,32	0,26	0,23	0,29	0,24	0,21	0,26	0,22	0,20	0,23	0,20	0,18	0,16
			9	0,30	0,24	0,20	0,29	0,23	0,20	0,26	0,22	0,18	0,24	0,20	0,17	0,21	0,18	0,16	0,14
			10	0,27	0,22	0,18	0,26	0,21	0,18	0,24	0,19	0,16	0,22	0,18	0,15	0,19	0,16	0,14	0,13

LA RÉPARTITION DU FLUX LUMINEUX SELON LES APPAREILS D'ÉCLAIRAGE

On peut classer les appareils d'éclairage suivant la manière dont ils distribuent la lumière qu'émettent leurs lampes et la forme caractéristique de leur faisceau. Cette information, tout comme le rapport d'espacement maximal E/HM, est normalement fournie par le fabricant pour chaque luminaire.

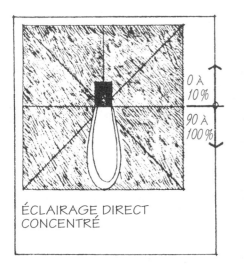

ÉCLAIRAGE DIRECT CONCENTRÉ

0 à 10 %
90 à 100 %

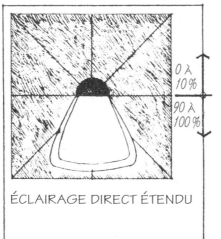

ÉCLAIRAGE DIRECT ÉTENDU

0 à 10 %
90 à 100 %

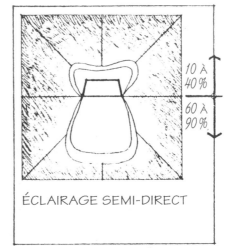

ÉCLAIRAGE SEMI-DIRECT

10 à 40 %
60 à 90 %

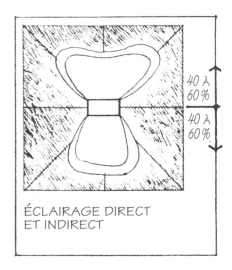

ÉCLAIRAGE DIRECT ET INDIRECT

40 à 60 %
40 à 60 %

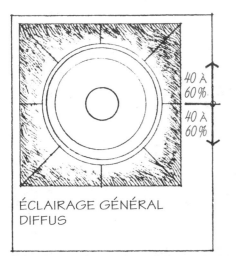

ÉCLAIRAGE GÉNÉRAL DIFFUS

40 à 60 %
40 à 60 %

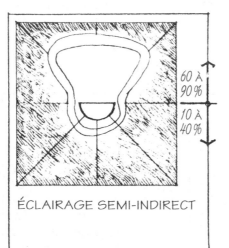

ÉCLAIRAGE SEMI-INDIRECT

60 à 90 %
10 à 40 %

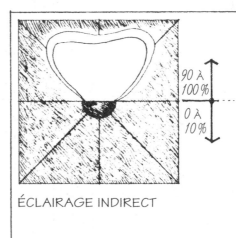

ÉCLAIRAGE INDIRECT

90 à 100 %
0 à 10 %

CETTE CLASSIFICATION REPOSE SUR LE POURCENTAGE DU FLUX LUMINEUX ÉMIS AU-DESSUS ET EN DESSOUS DE L'HORIZONTALE.

LA RÉPARTITION DU FLUX LUMINEUX D'UN APPAREIL D'ÉCLAIRAGE VARIE SUIVANT LA CONCEPTION DE CE DERNIER ET LE TYPE DE LAMPE UTILISÉ. POUR LA CONNAÎTRE, ON S'ADRESSERA À SON FABRICANT.

Le rapport E/HM permet d'établir l'espacement maximal des luminaires, compte tenu de leur hauteur de montage, pour assurer un éclairage uniforme. Règle générale, la hauteur de montage représente la distance entre le luminaire et le plan utile. Elle s'étend toutefois du plafond au plan utile dans le cas d'un appareil d'éclairage indirect ou semi-indirect qui utilise le plafond comme réflecteur.

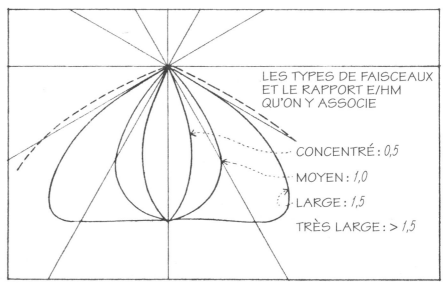

LES TYPES DE FAISCEAUX ET LE RAPPORT E/HM QU'ON Y ASSOCIE

CONCENTRÉ : 0,5

MOYEN : 1,0

LARGE : 1,5

TRÈS LARGE : > 1,5

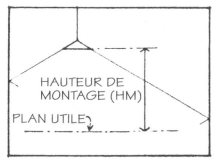

ÉCLAIRAGE DIRECT DU PLAN UTILE

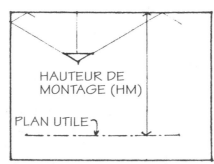

ÉCLAIRAGE INDIRECT OÙ LE PLAFOND SERT DE RÉFLECTEUR

LES FABRICANTS DE LUMINAIRES CALCULENT LE RAPPORT E/HM MAXIMAL POUR CHACUN DE LEURS MODÈLES ET L'INDIQUENT DANS LEUR DOCUMENTATION.

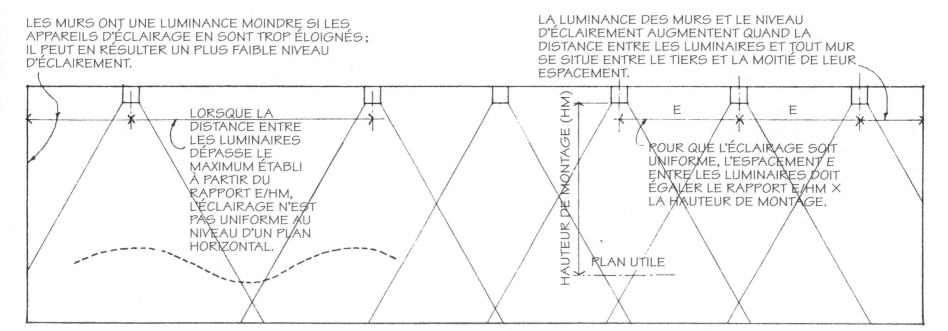

LES MURS ONT UNE LUMINANCE MOINDRE SI LES APPAREILS D'ÉCLAIRAGE EN SONT TROP ÉLOIGNÉS ; IL PEUT EN RÉSULTER UN PLUS FAIBLE NIVEAU D'ÉCLAIREMENT.

LORSQUE LA DISTANCE ENTRE LES LUMINAIRES DÉPASSE LE MAXIMUM ÉTABLI À PARTIR DU RAPPORT E/HM, L'ÉCLAIRAGE N'EST PAS UNIFORME AU NIVEAU D'UN PLAN HORIZONTAL.

LA LUMINANCE DES MURS ET LE NIVEAU D'ÉCLAIREMENT AUGMENTENT QUAND LA DISTANCE ENTRE LES LUMINAIRES ET TOUT MUR SE SITUE ENTRE LE TIERS ET LA MOITIÉ DE LEUR ESPACEMENT.

POUR QUE L'ÉCLAIRAGE SOIT UNIFORME, L'ESPACEMENT E ENTRE LES LUMINAIRES DOIT ÉGALER LE RAPPORT E/HM × LA HAUTEUR DE MONTAGE.

LE CONFORT ACOUSTIQUE

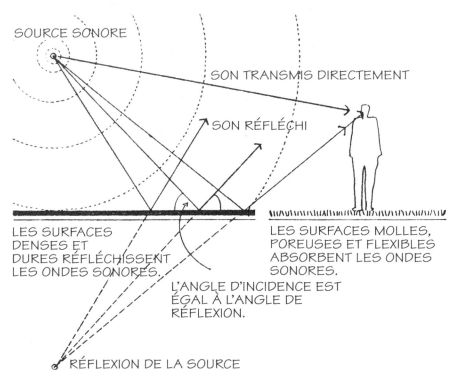

SOURCE SONORE
SON TRANSMIS DIRECTEMENT
SON RÉFLÉCHI
LES SURFACES DENSES ET DURES RÉFLÉCHISSENT LES ONDES SONORES.
LES SURFACES MOLLES, POREUSES ET FLEXIBLES ABSORBENT LES ONDES SONORES.
L'ANGLE D'INCIDENCE EST ÉGAL À L'ANGLE DE RÉFLEXION.
RÉFLEXION DE LA SOURCE

Les designers d'intérieur se préoccupent du confort acoustique. Ils veulent en particulier préserver et accentuer les sons agréables tout en réduisant ou en éliminant les bruits gênants.

Toute onde sonore est une forme d'énergie cinétique produite par une vibration. Elle se propage sphériquement à partir de son point d'origine jusqu'à ce qu'elle rencontre une surface ou un obstacle quelconque. Les matériaux durs, denses et rigides réfléchissent les ondes sonores; les matériaux mous, poreux et flexibles absorbent et dissipent cette forme d'énergie.

Toute onde sonore qui atteint l'oreille fait vibrer le tympan, d'où une sensation auditive. Dans un intérieur, on entend un bruit d'abord lorsqu'il se propage à partir de sa source, puis lorsqu'il est réfléchi. Une surface réfléchissante est utile si elle amplifie les sons agréables en les dirigeant et en les répartissant à travers la pièce; mais la réflexion répétée d'une onde sonore peut engendrer un problème d'écho ou de réverbération.

Un écho peut survenir dans tout grand espace où il y a des surfaces réfléchissantes parallèles éloignées de plus de 60 pieds (18 m). Il s'écoule alors plus d'un quinzième de seconde entre le moment où un son est émis et celui où il est réfléchi. Dans une pièce plus petite, des surfaces réfléchissantes parallèles peuvent engendrer un certain traînage des sons. La réverbération est la persistance d'un son dans l'espace. Une longue durée de réverbération rehausse certains types de musique, mais peut embrouiller les paroles. Pour remédier à ce problème, on peut devoir modifier la forme et l'orientation des surfaces d'une pièce ou y poser des matériaux qui absorbent davantage les sons.

Les exigences sur le plan du niveau sonore, du temps de réverbération et de la résonance varient suivant la nature de l'activité à laquelle on réserve une pièce et le type de sons produits. Un acousticien est à même de les déterminer lorsqu'on lui fournit les critères voulus. Tout designer devrait cependant savoir comment les matériaux réfléchissants et absorbants choisis, de même que leur disposition, influent sur les propriétés acoustiques d'une pièce.

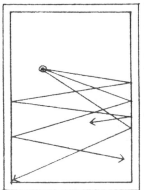

DES SURFACES RÉFLÉCHISSANTES PARALLÈLES PEUVENT SUSCITER DES ÉCHOS SIMPLES OU RÉPÉTITIFS.

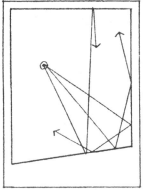

DES SURFACES OBLIQUES PEUVENT FRAGMENTER LES ONDES SONORES.

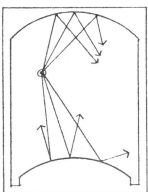

UNE SURFACE CONCAVE CONCENTRE LES ONDES SONORES, TANDIS QU'UNE SURFACE CONVEXE LES DIFFUSE.

Il existe trois moyens d'atténuer ou d'éliminer les bruits indésirables provenant de l'extérieur d'une pièce. On peut tout d'abord les étouffer et les isoler à la source. Une autre solution consiste à aménager l'intérieur d'un immeuble en éloignant le plus possible les endroits bruyants des endroits tranquilles. Le troisième moyen d'y parvenir est de boucher toutes les voies qu'une onde sonore peut emprunter à travers l'espace ou la structure du bâtiment pour atteindre la pièce en cause.

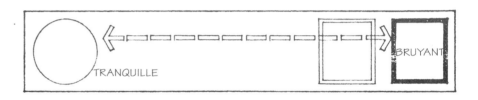

Les ondes sonores peuvent se propager à travers les matériaux solides de la structure d'un bâtiment. Comme il est difficile d'atténuer ou d'éliminer les bruits de ce type, on doit les isoler à la source. Équipements silencieux, supports flexibles et fixations souples aident à les réduire.

Le son se transmet par tout espace libre, aussi petit soit-il. On assourdira une pièce en bouchant tout interstice autour des fenêtres, des portes et des prises de courant.

Les ondes sonores se propagent aussi par les murs, le plancher ou le plafond d'une pièce. On peut réduire l'ampleur de ce phénomène en désolidarisant les éléments de ces structures et en recourant à des matériaux lourds et rigides qui résistent aux vibrations sonores. Divers assemblages structuraux ont fait l'objet de tests pour évaluer leur rendement acoustique, ce qui a permis de leur attribuer un coefficient d'affaiblissement sonore à titre indicatif.

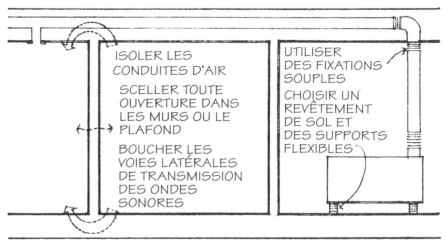

COMMENT RÉDUIRE LES BRUITS AÉRIENS ET CEUX TRANSMIS PAR LA STRUCTURE

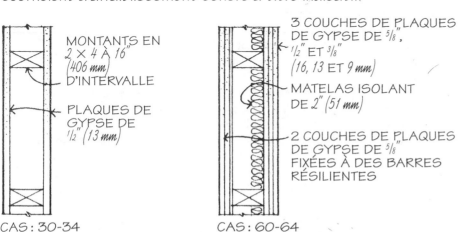
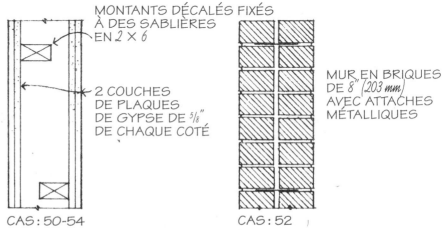

CLASSEMENT SELON LE COEFFICIENT D'AFFAIBLISSEMENT SONORE (CAS) DE DIVERS TYPES DE MURS

LES NORMES ET LES CODES

Cette dernière section porte sur un élément qui, sans être manifeste, a une incidence sur la conception d'un bâtiment et le design de son intérieur. Il s'agit de l'ensemble des lois et des règlements qu'appliquent les gouvernements fédéral, provinciaux et municipaux afin de protéger la santé, la sécurité et le bien-être de la population.

Les règlements de zonage régissent la taille, l'emplacement et l'utilisation d'un bâtiment. Il faut en outre respecter le code du bâtiment lors de la construction et de l'occupation d'un immeuble. Beaucoup des réglementations adoptées englobent certaines normes définies par des organismes gouvernementaux ou des laboratoires d'essai indépendants. (Apparaît à la fin de cette section une liste de codes types et d'organismes de normalisation.)

Ce sont avant tout les architectes et les ingénieurs qui ont à assurer le respect des codes en vigueur. Tout designer devrait cependant connaître ces exigences légales et tenir compte de la manière dont elles peuvent influer sur l'aménagement d'un intérieur. Il faut aussi se rappeler que les normes établies représentent souvent un minimum et ne garantissent pas qu'un bâtiment sera sans problème, confortable ou bien conçu.

Nous allons maintenant parler de certains aspects particuliers ayant une incidence sur le design d'intérieur. Il importe de toujours consulter les codes pertinents afin de connaître toutes les exigences à respecter.

Règle générale, le code en vigueur établit certaines normes touchant la stabilité structurale d'un bâtiment, la qualité et la conception de ses matériaux ainsi que les méthodes à utiliser pour le construire. Qu'il planifie l'aménagement de l'intérieur d'un nouvel immeuble ou la rénovation de celui d'une construction existante, tout designer doit consulter un architecte ou un ingénieur s'il prévoit faire modifier la structure du bâtiment. Advenant un contrat qui touche un édifice public ou dont les coûts surpassent le seuil permis par l'Ordre des architectes, le designer doit se référer à un architecte.

Un des aspects importants traités dans les codes du bâtiment est la protection contre les incendies. Le mode d'occupation d'un immeuble, son aire de plancher, sa hauteur et son emplacement déterminent les normes d'incombustibilité et de résistance au feu que doivent respecter ses éléments de charpente et ses murs extérieurs. Il arrive aussi qu'on exige des cloisons et des portes coupe-feu à l'intérieur d'un bâtiment pour éviter qu'un incendie puisse s'y propager d'une partie à une autre.

Même s'il présente une charpente et une enveloppe incombustibles, un bâtiment n'est pas à l'abri d'un incendie alimenté par son contenu ou ses matériaux de finition. Ce point revêt une importance particulière pour les designers lors du choix d'éléments tels que meubles, tentures et moquettes. Les règlements en vigueur peuvent interdire l'utilisation de certains matériaux, en raison de leur point d'inflammabilité, ou fixer un maximum quant à leur indice de propagation de la flamme et à la quantité de fumée et de gaz dangereux qu'ils peuvent dégager en brûlant.

On s'en remet de plus en plus à des extincteurs automatiques pour combattre tout incendie qui se déclare. La réglementation oblige en outre le plus souvent à installer des détecteurs de fumée et un système d'alarme afin de prévenir les occupants en cas d'incendie.

Les exigences relatives aux issues visent pour leur part à permettre l'évacuation sûre et rapide d'un bâtiment, advenant un incendie. Elles varient d'ordinaire selon la taille d'un immeuble, sa conception et son mode d'occupation. Tout espace à l'intérieur d'un immeuble devrait en principe comporter au moins deux issues pour qu'on puisse le quitter même si le feu ou la fumée rend une sortie inutilisable. Il faut aussi que les couloirs, les escaliers, les rampes et les portes débouchant sur l'extérieur soient clairement indiqués, bien éclairés et suffisamment larges, compte tenu du nombre des occupants de l'immeuble. Les portes de sortie doivent en outre pivoter vers l'extérieur, dans la direction suivie lors d'une évacuation. Celles d'un édifice public devraient aussi comporter un dispositif d'ouverture par simple poussée (barre de panique).

Les codes du bâtiment ne touchent pas que la solidité des immeubles et leur sécurité en cas de feu. Ils portent aussi sur divers éléments liés à la santé et à la sécurité en général. Dans le cas des escaliers, on y trouve des indications relatives aux paliers, aux rampes, à la largeur requise, compte tenu du nombre d'utilisateurs, et au rapport entre le giron et la hauteur des marches.

Les espaces d'habitation doivent par ailleurs être pourvus d'une ventilation et d'un éclairage naturels grâce à des fenêtres et à d'autres ouvertures débouchant sur l'extérieur. Règle générale, les exigences en la matière sont en fonction d'un pourcentage relié à la superficie d'une pièce. Dans certains cas, le mode d'occupation d'une pièce permet de l'éclairer artificiellement et d'en assurer la ventilation par des moyens mécaniques.

On s'efforce aussi de plus en plus de rendre les immeubles — et surtout les édifices publics — accessibles aux personnes handicapées, soit aux non-voyants, aux malentendants et aux individus en chaise roulante. À cet égard, on se préoccupe de faciliter l'accès aux divers étages d'un bâtiment grâce à des rampes et à des ascenseurs, de créer des voies de circulation suffisamment larges et dégagées, d'aménager des salles de toilette et d'autres installations adaptées aux besoins des personnes handicapées, de placer les boutons de porte, les interrupteurs et les commandes des ascenseurs à la portée des gens en chaise roulante et de fournir aux non-voyants les moyens de s'orienter.

QUELQUES EXEMPLES DE CODES TYPES

- le *Code national du bâtiment du Canada* du Conseil national de recherches du Canada ;

- le *Code national de prévention des incendies du Canada* du Conseil national de recherches du Canada ;

- le *Code de l'électricité du Québec* de la Direction générale de la normalisation du ministère du Travail du Québec ;

- le *Code canadien de la plomberie* du Conseil national de recherches du Canada.

QUELQUES EXEMPLES D'ORGANISMES QUI ÉTABLISSENT DES NORMES

- l'American National Standards Institute (ANSI) ;

- l'American Society for Testing Materials (ASTM) ;

- l'Association canadienne de normalisation (ACNOR) ;

- l'Underwriters' Laboratories Inc. (UL) ;

- la Direction générale de la normalisation du ministère du Travail du Québec ;

- la Société canadienne d'hypothèques et de logement (SCHL).

BIBLIOGRAPHIE

Albers, Anni. *On Weaving*, Wesleyan University Press, 1965.

Allen, Edward. *How Buildings Work*, Oxford University Press, 1980.

Arnheim, Rudolph. *Art and Visual Perception*, University of California Press, 1971.

Ball, Victoria. *The Art of Interior Design*, 2ᵉ éd., John Wiley and Sons, 1982.

Bevlin, Marjorie Elliott. *Design Through Discovery*, Holt, Rinehart & Winston, 1980.

Birren, Faber. *Light, Color, and Environment*, Van Nostrand Reinhold Company, 1969.

Birren, Faber. *Principles of Color*, Van Nostrand Reinhold Company, 1969.

Ching, Francis D.K. *Building Construction Illustrated*, Van Nostrand Reinhold Company, 1975.

Cousin, Jean. *L'espace vivant*, Montréal et Paris : Presses de l'Université de Montréal et éditions du Moniteur, 1980.

Dreyfuss, Henry. *Measure of Man: Human Factors in Design*, Watson-Guptill, 1967.

Faulkner, Ray et Sarah Faulkner. *Inside Today's Home*, 4ᵉ éd., Holt, Rinehart & Winston, 1975.

Figoli, Yves, dir. *L'art de bâtir*, 4 vol., Mont-Royal : Modulo éditeur, 1988.

Friedmann, Arnold, John Pile et Forrest Wilson. *Interior Design: An Introduction to Architectural Interiors*, 3ᵉ éd., Elsevier Science Publishing, 1982.

Garner, Philippe. *Twentieth Century Furniture*, Van Nostrand Reinhold Company, 1980.

General Electric. *Light and Color*, General Electric, Nela Park, Cleveland, Ohio, 1968.

Germond, François. *L'ébéniste restaurateur*, Paris : Armand Colin, 1992.

Gerretsen, Franz. *Présence de la couleur*, Paris : Dessain et Tolsa, 1974.

Hall, Edward T. *La dimension cachée*, traduit de l'américain par Amélie Petita, Paris : Seuil, 1971.

Hosch, Xavier et Hénault Lagues. *Dessin de construction du meuble*, Paris : Dunod, 1988.

Hickethier, Alfred. *Le cube des couleurs*, Paris : Dessain et Tolsa, 1973.

Illuminating Engineering Society. *IES Lighting Handbook*, sous la direction de John E. Kauffman, Illuminating Engineering Society, 1972.

Itten, Johannes. *L'art de la couleur*, Paris : Dessain et Tolsa, 1973.

Jackson, Albert et David Day. *Guide du bois, de la menuiserie et de l'ébénisterie*, Grande-Bretagne : La maison rustique, 1991.

Kuppers, Harold. *La couleur : origine, méthodologie et application*, Fribourg : Office du livre, 1975.

Ministère des Communications du Québec. Série *Construction et rénovation de bâtiments* et lexiques consacrés aux domaines de la construction et de l'habitation.

Munsell, Albert H. *A Color Notation System*, The Munsell Color Company, 1954.

Nelson, George. *How to See*, Little, Brown and Company, 1977.

Nelson, George. *Living Spaces*, Whitney Library of Design, 1952.

Panero, Julius et Martin Zelnick. *Human Dimension and Interior Space*. Whitney Library of Design, 1979.

Pile, John. *Design: Purpose, Form and Meaning*, University of Massachusetts Press, 1979.

Pile, John. *Open Office Planning*, Whitney Library of Design, 1978.

Pye, David. *The Nature and Aesthetics of Design*, Van Nostrand Reinhold Company, 1978.

Ramsey, C. et H. Sleeper. *Architectural Graphic Standards*, 8e éd., Wiley-Interscience, 1988.

Rasmussen, Steen Eiler. *Experiencing Architecture*, MIT Press, 1962.

Salvadori, M. et R. Heller. *Structure in Architecture*, Prentice-Hall, 1975.

Siegel, Harry. *A Guide to Business Principles and Practices for Interior Designers*, Whitney Library of Design, 1968.

Société canadienne d'hypothèques et de logement (SCHL). *Glossaire des termes de construction*, Canada, 1982.

Sommer, Robert. *Personal Space: The Behavioral Basis for Design*, Prentice-Hall, 1969.

Whiton, Sherrill. *Interior Design and Decoration*, Lippincott Company, 1974.

Wilson, Forrest. *Structure: The Essence of Architecture*, Van Nostrand Reinhold Company, 1971.

Zwimpfer, Moritz. *Couleur, optique et perception*, Paris : Dessain et Tolsa, 1992.

Vidéocassettes

Qui rénove, 1 et 2, Artaud communication.

Certains périodiques constituent également de bonnes sources de référence en design d'intérieur. Mentionnons ici les publications québécoises *Chez-soi*, *Décormag* et *Les idées de ma maison* ; les publications françaises *Architecture intérieure*, *Art et Décoration*, *Elle Décoration*, *La maison française*, *Maison et Jardin* et *Mobilia* ; de même que les publications de langue étrangère *Abitare*, *Architecture*, *Architectural Record*, *Contract*, *Domus*, *Interior Design*, *Interiors* et *Progressive Architecture*. Les catalogues des fabricants et des distributeurs permettent, quant à eux, de se renseigner sur les matériaux et les produits actuellement sur le marché.

INDEX

A

accentuation, 154-156
    éclairage d'__ , 129
accessoires, 272-275
acoustique, 25, 165, 308-309
    effet du plafond sur l'__ , 201
activités
    exigences liées aux __ , 54
    relations entre les __ , 72
allège, 214
âme, 221
aménagement(s)
    polyvalents, 78-79
    sur mesure, 76-77
    types d'__ , 74-79
ameublement, voir mobilier
ampères, 284
ampoule, 295
analyse de l'espace, 55, 71
appareils
    d'éclairage, 266-271
        encastrés, 268
        forme des __ , 126
        répartition du flux lumineux des __ , 306
        sur rail, 268
    sanitaires, 279
applique(s), 267, 269
appui d'une fenêtre, 214
aqueduc municipal, 282
armoire, 263
arrêt de porte, 226
assemblage
    à emboîtement, 244
        face simple, 244
    à feuillure, 244
        et couvre-joint, 244
    à onglet, 189, 244
        à fausse languette, 244
        à recouvrement, 244
    à plat joint, 244
        avec couvre-joint, 244
    à queues d'aronde, 244
    à rainure et fausse languette, 244
    à rainure et languette, 244
    à recouvrement, 244
    de pièces de bois, 244
    en bout à bout, 244
    en sifflet, 244
asymétrie, 144
âtre, 236
auvent, 218
avaloir, 236

B

ballast, 296
balustres, 235
bandeau(x) lumineux, 127, 270
bâti d'une fenêtre, 214
bâtiment
    charges d'un __ , 16
    enveloppe d'un __ , 17
    fondations d'un __ , 16
    milieu physique d'un __ , 12
    sous-systèmes d'un __ , 17, 278-279
    superstructure d'un __ , 16
bergère à oreilles, 251
béton, 170
    dalle en __ , 21, 28, 163, 169
bois, 189, 202
    assemblage de pièces de __ , 244
boiseries, 214-215, 226
    voir aussi moulure
boîtier d'un appareil d'éclairage, 266
bouches, 281
    de retour, 279
bouchon de vidange, 283
branchement
    d'alimentation, 282
    électrique, 284
bureau, 256

C

calculs d'éclairage, 200, 300-307
    par zone, 302-305
cale(s) d'écartement, 235
candela, 300
cantonnière, 219
caractéristiques
    des surfaces, 98
    visuelles, 91
carpettes, 175
carré, 29, 105
céramique, 170, 191
cercle, 103
    chromatique, 114
        de Brewster, 108
        de Prang, 108
chaise de bureau, 247
    voir aussi sièges
châlit, 258
chambranle(s) de porte, 226, 227
chanfrein, 234
chape de ciment, 163
charge(s)
    d'un bâtiment, 16
    dynamique, 16
    morte, 16
    permanente, 16
    vive, 16
châssis, 38
    mobile, 214
chaudière, 280
chauffage, 280-281
    par rayonnement, 281
chauffe-eau, 282
cheminées, 236-239
chevron, 16
cimaise, 170, 191
ciment-colle, 170
circuit, 284
    d'alimentation, 284
    de dérivation, 284
climatisation, 280-281
climatiseur, 281
cloison(s), 24, 177
    non porteuse, 19
codes, 310-312
coefficient d'affaiblissement sonore, 309

collecteur d'évacuation, 283
colonne(s)
    champignons, 21
    d'évent, 283
    de chute, 283
    de renvoi, 283
commode, 262
compression, 18
compteur, 282, 284
concept de design, 130
conduction, 280
conduit de fumée, 236
configurations architecturales, 43
confort
    acoustique, 308-309
    thermique, 280
construction à poteaux et poutres, 18-19, 177
contraste, 289
    clair-obscur, 112
    de ton, 88
    simultané, 112-113
contremarche(s), 228, 234
contreplaqué, 189, 244
convection, 280
corniches lumineuses, 270
cornière, 197
    d'angle, 190
cotes d'encombrement, 62-69, 228-229, 246-247, 253, 258, 260
couche
    brune, 190
    de finition, 190
    de pose, 163
    striée, 190
couleur(s), 106-119, 146, 147, 182
    attributs d'une __ , 108
    de la lumière, 293, 297
    formes et __ , 114-115
    harmonies de __ , 116-117
    lumière et __ , 106, 107, 111
    répartition des __ , 118-119
coupe-circuits, 284
couronnement, 191, 235

course totale d'un escalier, 228
crédence, 263

D

dalle(s)
    à caissons, 21
    acoustiques, 197
    armée dans les deux sens, 21
    armée dans un seul sens, 21
    en béton, 21, 28, 163, 169
    nervurée armée dans un seul sens, 21
densité d'une moquette, 174
design, 51
    caractère fonctionnel d'un __ , 53
    concept de __ , 130
    d'intérieur, 15, 46-47
        but du __ , 46
        considérations d'importance en __ , 52
        vocabulaire du __ , 91
    principes de __ , 130
    processus de __ , 48-51
dessus de table, 252
diffuseur(s)
    d'air, 279, 281
    d'un appareil d'éclairage, 295, 296
diffusion, 292
dimensions
    anatomiques du corps humain, 60-61
        voir aussi encombrement
    d'un escalier, 63, 228-229
    de l'espace, 28-35, 58
disjoncteurs, 284
distance(s)
    interpersonnelles, 63
    personnelle, 59
    sociale, 59
diversité, 147, 148-149
dossier, 172
    primaire, 172
douille d'un appareil d'éclairage, 266, 295
draperies, 219

E

éblouissement(s), 209, 290-291
échelle(s), 136-139, 228
    humaine, 138
    réelle, 136
    texture et __ , 121, 124
    visuelle, 137
écho, 308
éclairage, 286-307
    voir aussi lumière
    appareils d' __ , voir appareils
    calcul(s) d' __ , voir calculs d'éclairage
    couleurs et __ , 111
    d'accentuation, 129
    d'ambiance, 127
    d'appoint, 128
    direct, 267, 306
    général, 127
    indirect, 127, 267, 270, 306
éclairement, 300
    effet du plafond sur l' __ , 200
élément(s)
    de rangement, 260-265
    dominants, 154
    humain, 58, 242
    linéaires, 18-19, 97
    plans, 20-21
    volumiques, 22
embrasse, 219
encombrement du corps humain, 60-69, 242
    cotes d' __ , voir cotes
enveloppe d'un bâtiment, 17
équilibre, 140-145
    asymétrique, 144, 148
    radial, 143
    symétrique, 142
escalier(s), 39, 228-235
    construction d'un __ , 234
    dimensions d'un __ , 63, 228-229
    droit, 230
    en colimaçon, 231
    en « L », 230
    en « U » avec palier, 231
    forme et aspect d'un __ , 232-233

espace(s), 10-15, 101
    analyse des __ , 55, 71
    architectural, 11
    curvilignes, 32-33
        circulaire, 32
    dimensions de l'__ , 28-35, 58
    elliptique, 32
    extérieur, 12
    forme de l'__ , 26-27
    intérieur, 14-15
    modification de l'__ , 40-42
    organisation de l'__ , 24-25
    planification des __ , 70-73
    rectangulaires, 30-31
    structuration de l'__ , 16-25
évaporation, 280
évent
    colonne d'__ , 283
    de circuit, 283
    tuyau d'__ , 283
exigences
    définies lors de l'étude des besoins, 53-57
    des utilisateurs, 53, 70
    dimensionnelles, 55
    liées au mobilier, 54
    liées aux activités, 54

F

fauteuil
    voir aussi sièges
        de bureau, 247
        de repos, 64, 247
faux plafond(s), 24, 196-197
fenêtre(s), 13, 38, 204-219
    à battant, 216
    à guillotine, 216
    à soufflet, 217
    boiseries d'une __ , 214-215
    construction des __ , 214-215
    coulissante, 216
    en saillie, 217
    fixe, 216
    habillage des __ , 219
    lumière et __ , 208-209
    mobilier et __ , 212-213
    rendement thermique d'une __ , 211
    taille des __ , 205
    ventilation et __ , 210-211
    vue offerte par une __ , 206-207
fenêtre-auvent, 217
fenêtre-jalousie, 217
fermes, 28
feuillure
    double, 226
    simple, 226
figures géométriques, 92-101
fléchissement, 18
fondation(s), 16
    mur de __ , 16
    pieu de __ , 16
forme(s), 88, 98, 100, 102-105, 146, 147
    couleurs et __ , 114-115
    d'un escalier, 232-233
    d'un plafond, 198-199
    de l'espace, 26-27
    des meubles, 241, 243
    des murs, 180
    espace et __ , 101
    géométriques, 102
    lignes et __ , 96
    naturelles, 102
    non objectives, 102
    relation(s) entre le fond et la __ , 26-27, 88, 89
fourrures, 179, 188, 189
foyer(s), 236
    préfabriqués, 237

G

gaines, 279
    de distribution, 281
    de retour, 281
galerie à arcades, 13
garde d'eau, 283
générateur de chaleur, 281

giron, 228, 229
gorge, 170, 183, 191
    d'une cheminée, 236
    plinthe à __ , 170
guéridon à dessus basculant, 254
guide de plâtrage, 190

H

habillage
    des fenêtres, 218-219
    des plafonds, 202-203
harmonie(s), 146-147
    à quatre tons, 116
    à trois tons, 116
    d'analogie, 116
    de complémentaires, 116
        à trois tons, 116
    de couleurs, 116-117
    monochrome, 116
hauteur(s), 69
    de marche, 228, 229
    du plafond, 34-35, 193-194
huisseries, 226-227

I

imposte, 227
installation(s)
    de chauffage
        à air chaud, 281
        à eau chaude, 280
    de climatisation, 281
    de plomberie, 282-283
    électrique, 17, 284-285
    mécaniques, 17
intérieur, 10
    voir aussi espace(s)
    composantes d'un __ , 160-161
    design d'__ , voir design
    organisation des espaces d'un __ , 24-25
interrupteur(s), 279, 284, 285

J

jambage, 214, 226
    prolongement du __ , 214
jauge, 174
joint
    à emboîtement à face simple, 189
    d'about, 189
    en retrait, 189
    en V, 189
    feuilluré, 189
    saillant, 189

L

lambourdes, 169
lambris, 183
lames de parquet, 168
lampadaires, 271
lampe(s), 266, 271, 295-299
    à décharge de haute intensité, 298-299
    à incandescence, 295
    à vapeur de mercure, 298
    au sodium à haute pression, 299
    aux halogénures métalliques, 299
    fluorescentes, 296-297
lanterneau, 42, 208, 217
largeur d'un espace, 28
lattes de parquet, 168
ligne(s), 94-97
    courbe, 95
    diagonales, 95
    droite, 95
    forme et __ , 96
limons, 234
linoléum, 171
linteau, 41, 226, 239
lit(s), 258-259
    cadre d'un __ , 258
    types de __ , 68
longueur d'un espace, 29
lumen, 300

lumière, 24, 126-129, 286-287
    voir aussi éclairage
    artificielle, 293, 295
    couleur(s) et __ , 106, 107, 111, 293, 297
    du jour, 208-209, 294
    texture et __ , 122
luminaire, 266, 295
    voir aussi appareils (d'éclairage)
luminance, 288-289, 300

M

maçonnerie
    de béton, 179
    de briques, 179
    de pierre, 179
main courante, 235
manteau d'une cheminée, 239
marche(s), 228, 234
    en porte-à-faux, 234
    hauteur de(s) __ , 228, 229
    nez de __ , 228, 234
    profondeur des __ , 228
    retour de la __ , 235
matelas isolant, 309
membrure
    principale, 197
    secondaire, 197
meubles, 24
    voir aussi mobilier
    fabrication de __ , 244-245
    forme des __ , 241, 243
milieu physique d'un bâtiment, 12
mobilier, 240-265
    voir aussi meubles
    agencement du __ , 74-79
    exigences liées au __ , 54
    fenêtres et __ , 212-213
    intégré, 77, 243
    modulaire(s), 77, 243, 257, 262, 264-265
modification de l'espace, 40-42

montant, 214, 221, 226
montée totale d'un escalier, 228
moquette(s), 172-174
    collée, 173
    nappée, 173
    tissée, 173
    touffetée ou tuftée, 173
motif, 125, 166, 167, 195
    d'une texture, 124
moulure, 182, 183
    voir aussi boiseries
    d'arrêt, 189
mur(s), 11, 176-187
    voir aussi revêtement(s) (muraux de finition)
    à ossature en bois ou en métal, 178
    construction d'un __ , 178-179
    de fondation, 16
    en béton, 179
    en maçonnerie, 179
    extérieurs, 13
    forme des __ , 180
    non porteurs, 177, 186-187
    ouvertures pratiquées dans les __ , 36, 41, 181
    porteur(s), 16, 20, 176, 177
    texture d'un __ , 185

N

nez de marche, 228, 234
nombre d'or, 132
normes, 310-312

O

oculus, 221
    porte à __ , 221
organisation de l'espace, 24-25
ossature d'un mur, 178
ouvertures, 36, 41, 42, 181

P

palier, 230
panneau(x)
    acoustiques, 197, 203
    de bois, 189
    principal, 284
pare-vapeur, 169, 178
parement extérieur de finition, 178
parquets, 168-169
    mosaïques, 168
perception visuelle, 88-89
persiennes, 218
    porte à __ , 221
perspective
    à deux points de fuite, 85
    à un point de fuite, 84
    isométrique, 82
    oblique, 83
pied
    bougie, 300
        ESI, 300
    lambert, 300
pierre, 170
piètement, 252
pieu de fondation, 16
pigmentation, 107
pigments, 107, 110
placage
    de face, 221
    perpendiculaire, 221
placards, 263
plafond(s), 192-203
    en coupole, 199
    en pignon, 35, 198
    faux __ , 24, 196-197
    habillage des __ , 202-203
    hauteur du __ , 34-35, 193-194
    incliné, 35, 198
    métallique(s), 197, 203
    modulaires, 203
    motif d'un __ , 195
    pyramidal, 198
    suspendu, 196-197
    voûté, 35, 199
plafonnier, 267

plancher(s), 11, 162-163
    voir aussi revêtement(s) (de sol)
planification des espaces, 70-73
plaques de gypse, 190, 202
plateaux de table, 252
platelage, 163
plâtre, 190, 202
plinthe(s), 169, 189, 191, 226
    à gorge, 170
    chauffantes, 280
    en retrait, 182
poêles à bois, 237
point(s), 92, 93
    d'intérêt, 156
    de fuite, 84
porche, 13
porte(s), 13, 37, 220-227
    à oculus, 221
    à panneaux, 221
    à persiennes, 221
    accordéon, 223
    aspect extérieur des __ , 221
    basculante, 223
    battante, 222
    construction des __ , 221
    coulissante
        double, 222
        en applique, 222
        encloisonnée, 222
    française, 221
    huisseries de __ , 226-227
    plane, 221
    pliante, 223
        spéciale, 223
    vitrée, 221
    voies de circulation et __ , 224
    vue offerte par une __ , 225
postes de travail, 256-257
poteau(x), 11, 18-19, 177
poutre(s), 11, 18-19, 28, 177
    maîtresse(s), 21
    secondaire, 21
poutrelles à treillis, 203
principes de design, 130
prise(s) de courant, 279, 284, 285
processus de design, 48-51

profilés, 197
proportion(s), 131-135
    d'un carré, 29
    d'un rectangle, 30-31
protection contre les incendies, 311
puits de lumière, 42

Q

quart-de-rond, 169
queue d'aronde, 244

R

raccordement, 282
rampe(s), 229
    d'escalier, 235
rangement
    éléments de __ , 260-265
    systèmes de __ , 264-265
rapport, 132
    E/HM, 307
rayonnement, 280
rebord arrondi, 191
rectangle(s), 30-31, 105
réflecteur d'un appareil d'éclairage, 295
reflets voilants, 291
registre(s), 279, 281
    d'une cheminée, 236
relation(s)
    entre le fond et la forme, 26-27, 88, 89
    entre les activités, 72
rendement thermique d'une fenêtre, 211
renfort d'angle, 190
répartition
    des couleurs, 118-119
    du flux lumineux des appareils d'éclairage, 306
représentations graphiques, 80-85
réseau
    d'évacuation des eaux usées, 283
    de distribution d'eau, 282
réverbération, 201, 308

revêtement(s)
　de sol, 164-175
　　souples, 171
　　support de __, 163
　muraux de finition, 188-191
rideaux
　brise-bise, 219
　coulissés, 219
robinet d'arrêt, 282
　principal, 282
rythme, 150-153

S

saturation, 108, 118-119
secrétaire, 263
semelle, 16
série de Fibonacci, 132
sièges, 246-251
siphon, 283
solarium, 211
solives, 163, 169
soufflerie, 281
sources lumineuses, 294-299
　voir aussi éclairage
sous-couche, 163
sous-systèmes d'un bâtiment, 17, 278-279
store
　à enroulement, 219
　horizontal, 219
　vénitien, 219
　vertical, 219
structuration de l'espace, 16-25
structure, 24
superstructure d'un bâtiment, 16
surcharge, 16
surface(s), 98-99
　de renvoi de la fumée, 236
surplomb(s) lumineux, 127, 200, 270
suspension(s), 267, 268
symétrie
　axiale, 142
　bilatérale, 142

locale, 143
système(s)
　architectural(aux), 18-23, 24, 28
　de rangement, 264-265
　de représentation des couleurs de Munsell, 109

T

table(s), 252-255
　à abattants, 254
　à thé, 254
　d'appoint, 253
　de salle à manger, 253
　de toilette, 262
tableau de distribution, 284
tablier en tôle nervurée, 203
talon, 170
tapis, 172-175
　Durhi, 172
tasseau, 234
teinte, 108
　grisée, 117
　lavée, 110, 117
　rabattue, 110, 117
tension, 18
　électrique, 284
terrazzo, 170
texture, 120-125, 146, 147, 166, 182, 185
　échelle et __, 121, 124
　lumière et __, 122
　motif et __, 125
　palpable, 120
　tactile, 120
　visuelle, 120
toit, 11, 28
tranchage
　à plat, 168
　sur quartier, 168
transitions spatiales, 13, 36-39
traverse
　inférieure, 221
　intermédiaire, 221
　supérieure, 214, 221, 226

triangle, 104
　chromatique de Faber Birren, 117
tuyau d'évent, 283
types d'aménagement, 74-79

U

unité, 148-149
utilisateurs, exigences des, 53, 70

V

valeur, 108, 118-119
velours, 172
　bouclé, 174
　　côtelé, 174
　　en relief, 174
　　structuré, 174
　　uni, 174
　bouclé-coupé, 174
　combiné, 174
　coupé, 174
　　à longues mèches, 174
　　Saxony, 174
　　uni, 174
　torsadé, 174
ventilation, 210-211
véranda, 13
vision, 90
vitrage double, 214
voies de circulation, 224
voilage, 219
volts, 284
volume, 100-101
vue, 206-207, 225
　en coupe, 81
　en perspective, 82-85
　en plan, 80

W

watts, 284